UN

GUET-APENS JUDICIAIRE

DU MÊME AUTEUR

Le Self-Government et le Césarisme. — Paris, Armand Le Chevalier, éditeur, 1869.

Deux Républiques. — Paris, G. Charpentier, 1880.

La Révision. — Lettres échangées entre M. Emile de Girardin, directeur de la *France* et M. A.-Edouard Portalis, directeur de la *Vérité*. Paris, E. Dentu, 1880.

A.-ÉDOUARD PORTALIS

ANCIEN DIRECTEUR DU XIXᵐᵉ SIÈCLE

UN
GUET-APENS

JUDICIAIRE

MÉMOIRE D'UN CONDAMNÉ PAR DÉFAUT : A L'OPINION, A LA PRESSE
A SES JUGES.

> Je dirai presque de moi : « Je ne
> serai pas voleur ou meurtrier : Je
> ne serai pas un jour puni comme
> tel », c'est parler bien hardiment.
> LA BRUYÈRE.

PARIS

ALBERT SAVINE, ÉDITEUR

39 et 41, PASSAGE CHOISEUIL, 39 et 41.

—

1896

AVIS DE L'ÉDITEUR

Pour des raisons indépendantes de la volonté de l'auteur et de l'éditeur, le présent volume n'a pas pu paraître à l'époque fixée par l'auteur, qui était le mois de juin dernier.

Depuis, des événements se sont produits. Des personnes citées par l'auteur comme vivantes sont mortes, d'autres ont changé de situations.

Pour des raisons également indépendantes de sa volonté, l'auteur n'a pu faire les corrections qu'auraient demandées ces événements et ces changements de situation et l'ouvrage paraît aujourd'hui tel qu'il aurait dû paraître il y a sept mois.

Décembre 1896.

I

Pourquoi j'écris ce mémoire.

Je n'ai jamais fait de chantage ! — Faut-il me défendre ? — La dictature judiciaire. — A qui a-t-on fait rendre gorge ? — L'envers de l'épuration.

Qui se rappelle l'affaire des Cercles et l'affaire de la Transatlantique ?... C'est déjà de l'histoire ancienne.

Dans ces deux affaires, j'ai été condamné par défaut, d'abord le 22 février, ensuite le 24 octobre 1895, avec confusion des peines, à cinq ans de prison, 3,000 francs d'amende et aux frais du procès.

Je me propose de démontrer ici que toutes les accusations qui ont été portées contre moi, et qui m'ont valu ces deux condamnations, sont fausses, odieuses, invraisemblables ; que je n'ai jamais fait, ni eu l'idée de faire du chantage ni contre les cercles ouverts, ni contre la Compagnie Transatlantique, ni contre personne ; que le contraire n'a pas été prouvé et ne pouvait pas l'être ; que dans ces deux procès, le chantage n'a été qu'un prétexte ; qu'ils ont eu pour cause réelle soit des manœuvres politiques, soit des manœuvres financières, soit la satisfaction d'inavouables vengeances ; que les poursuites ont été ordonnées par un ministre désireux de se débarrasser de l'opposition du *XIXe Siècle* ; qu'elles ont été échafaudées sur des

1

dénonciations calomnieuses et de faux témoignages dictés par l'intérêt, la rancune ou la peur ; que pour faire cette démonstration, deux choses m'étaient indispensables : le temps et la liberté ; enfin, que pour avoir ces deux choses, c'est-à-dire pour pouvoir me défendre, je n'avais qu'un seul moyen : faire défaut et me soustraire aux recherches de la police...

Mais le souci de me justifier n'est pas la seule raison qui me détermine à écrire ce mémoire.

Le *XIXᵉ Siècle*, que j'avais recréé, que j'avais vivifié, qui m'avait coûté tant d'efforts, tant de veilles, tant d'argent, a été assassiné, assassinat d'autant plus lâche, d'autant plus odieux qu'on lui a donné les apparences d'une exécution judiciaire et que des magistrats, des mandataires de justice, des administrateurs judiciaires, des experts ont prêté les mains à ce mauvais coup. Ma vaillante rédaction est dispersée. Les braves gens qui, ayant confiance dans un journal où les droits du public étaient défendus avec intrépidité, avaient placé leurs économies dans les obligations du *XIXᵉ Siècle*, ont perdu leur argent. La veille encore, j'étais directeur politique et rédacteur en chef d'un grand journal ayant des milliers de lecteurs. J'étais honoré des miens, aimé de mes amis. Je me croyais estimé de mes collaborateurs et de mes confrères avec lesquels, sauf une seule exception bien excusable pour qui connaît le fond des choses, je n'avais jamais eu que des polémiques courtoises et d'excellents rapports. Le lendemain, sur la vague et calomnieuse dénonciation d'un tenancier de tripot qui ne m'avait jamais vu, j'étais sacrifié, anathématisé, excommunié, maudit. En récompense de trente années de travail entièrement consacrées à la défense du droit, de la liberté, de l'intérêt public, le gouvernement de la République faisait lancer contre moi un mandat d'arrestation sans m'avoir interrogé, sans m'avoir demandé aucune explication, sans m'avoir confronté avec mon accusateur. Mon nom, que je m'étais toujours efforcé de porter avec honneur, était mis au pilori. On m'arrachait à ma famille, à mes affaires, on me ruinait moralement et matériellement. Mes meubles, vieux compagnons achetés jadis au fur et à mesure des trouvailles quand mes ressources me le permettaient, mes pauvres livres qui charmaient les heures tranquilles où je n'étais pas absorbé par le travail incessant du journal, tout a été vendu à vil prix à l'hôtel des ventes. Les notes que je prenais pour moi seul, ma correspondance politique depuis trente ans, mes lettres intimes parmi lesquelles tant de lettres de morts, tristes et chers souvenirs, ils ont tout pris, tout violé, tout profané. M. le commissaire de police Clément a tout jeté pêle-mêle dans des caisses, sans dresser aucun inventaire, afin sans doute que les documents gênants, les lettres de fonctionnaires et de magistrats, celles aussi de certains ministres, collègues de M. Charles Dupuy, où ils me demandaient des services, où ils me remerciaient, où ils me suppliaient de leur venir en aide dans des moments de détresse électorale, puissent s'égarer plus facilement. Tout a été emporté au palais de justice. Un substitut goguenard a procédé au dépouillement en présence de M. de Clercq, qui, sur chaque papier, trouvait moyen de faire un lazzi dont s'esclaffait le magistrat. Mon père touche à sa quatre-vingt-sixième année : le reverrai-je? Ma femme avait une petite nièce dont nous avions fait notre fille : quand je reviendrai, — si jamais je reviens! — elle ne me reconnaîtra plus. J'aurai été traité tous les jours, pendant des mois, dans les journaux et par les gens qui ne me connaissent pas, dans les conversations privées, de maître-chanteur, de voleur, d'escroc, de chevalier d'industrie, d'aventurier, sans protestation possible...

J'admets l'hypothèse la plus favorable. On s'est aperçu
que j'étais victime d'un abominable guet-apens, que les
magistrats se sont faits, sans le savoir, les instruments de
vengeances politiques et de rancunes particulières, que
mon principal crime est de ne pas avoir admiré un
ministre, M. Charles Dupuy. Mon innocence est reconnue.
Des juges mieux informés l'ont proclamée. Me rendra-t-on
mon honneur, ma situation, mon journal ? Les obligataires
du *XIXᵉ Siècle* retrouveront-ils leur argent ? Quelle compensation m'offrira-t-on pour mon existence brisée ?

Aucune.

D'abord pour des déboires comme ceux que j'ai subis,
et que je subis encore à chaque heure, à chaque minute,
il n'y a pas de compensation. Et puis dans l'état actuel de
nos institutions et de nos mœurs, les injustices commises
par le gouvernement, la police et les magistrats ne sont
susceptibles d'aucune réparation légale...

Alors, à quoi bon me défendre ? L'opinion des hommes
vaut-elle qu'on se donne tant de peine ? J'ai déjà vécu plus
que ma part d'existence moyenne. Encore quelque temps
et je précéderai ou je suivrai bon gré, mal gré, tous les ac-
teurs connus ou inconnus de ce drame judiciaire au champ
de repos où règne enfin l'égalité, suprême revanche de ceux
qui ont tiré un mauvais numéro à la loterie de la vie (¹).

Si donc il ne s'agissait que de moi, j'attendrais patiem-
ment le dénouement fatal, et à l'humiliation de me défendre
contre des accusations infâmes, je préférerais le silence
qui, comme la mort, a son amère jouissance et sa dignité.

Mais il ne s'agit pas seulement de moi.

Souvent depuis quelques années on a vu apparaître à
l'horizon le spectre de la dictature judiciaire. Tous les

(¹) Déjà M. Chenest, qui a joué un si grand rôle dans cette affaire
comme procureur de la république à Paris, est mort. Il était de plusieurs années plus jeune que moi.

partis se sont plus ou moins menacés du juge. Plus d'une fois on a pu dire :

Qu'est-ce qu'on fait de Tortose à Cadix,
Et d'un bout du royaume à l'autre ? On dénonce.

Ç'a été le fort et le fin de la politique, le grand argument des partis, le dernier mot des polémiques. Ceux qui insultent le plus furieusement la police et la magistrature ont été les premiers à réclamer son concours. On a pu croire que la policecorrectionnellomanie avait remplacé la guillotinomanie. Je croirais dans ces conditions trahir mon devoir et donner un démenti à toute ma carrière de publiciste, si je ne protestais pas hautement et publiquement contre des pratiques gouvernementales, policières et judiciaires dont pas un journaliste, pas un homme politique, personne ne saurait se dire complètement à l'abri, et si je laissais échapper l'occasion de montrer par mon exemple comment, sous cette république parlementaire, on prépare certains procès, comment on les bâtit, comment on les instruit, comment on les juge, comment, pour condamner les gens, on fait dire aux lois le contraire de ce que le législateur a voulu qu'elles disent et comment sont traités les malheureux qu'une louche combinaison politique ou une basse vengeance particulière fait tomber sous la main de la justice.

Le ministère radical, présidé par M. Bourgeois, a été accusé d'avoir mêlé la politique à la justice. C'est l'origine de sa brouille avec le Sénat; mais, avant lui, d'autres ministères, qui se disaient modérés, ont fait bien pis sans que le Sénat se soit insurgé.

En somme, ces bruyantes enquêtes parlementaires, ces poursuites judiciaires, ces arrestations, ces perquisitions, ces attentats à la liberté individuelle, tout ce remue-ménage qui devait régénérer un monde qu'on disait en putréfaction, n'a, que je sache, amené la punition d'aucun prévaricateur, d'aucun concussionnaire, d'aucun corrompu, si ce n'est celle de l'ancien ministre Baïhaut. Les quelques autres victimes sacrifiées sur l'autel de la vertu sont d'obscurs comparses, des écloppés de la lutte pour la vie, des besogneux. On n'a fait rendre gorge à aucun voleur de marque. L'unique résultat, en somme, qu'on ait obtenu, le seul dont l'opinion publique gardera l'impression, c'est qu'on a vengé des critiques et des indiscrétions de la presse les tenanciers de tripots, les gros financiers, les détenteurs de fortunes mal acquises, les monopoles, et qu'on est arrivé à la suppression d'un journal républicain, le *XIX⁰ Siècle*, qui en toutes circonstances défendait les réformes démocratiques et prenait la défense du petit contre le gros, de l'exploité contre l'exploiteur...

On s'apercevra peut-être un jour qu'il ne serait pas sans intérêt et sans utilité d'ouvrir une contre-enquête qui pourrait être intitulée : « L'envers de l'épuration » ou « La tartuferie de certains vertueux. »

Ce mémoire pourra servir à cette contre-enquête.

Il sera d'ailleurs presque entièrement consacré à l'exposition et à la discussion terre à terre des faits de mon procès qui par eux-mêmes sont assez scandaleux et, pour qui sait réfléchir, assez instructifs et assez effrayants. J'y apporterai toute la modération dont je puis être capable dans l'état moral où je me trouve, après tout ce que j'ai souffert depuis dix-huit mois.

J'ajouterai ensuite quelques observations qui n'ont assurément rien de neuf, mais qu'on ne répétera jamais assez sur l'instruction secrète, sur la nouvelle jurisprudence en vertu de laquelle on m'a poursuivi et condamné, sur l'épouvantable préjugé qui fait de tout accusé un coupable, enfin, sur cette barbare et honteuse coutume, plus que jamais en honneur, de la prison préventive.

II

Le maximum de la diffamation.

Trois acquittements sur cinq chefs d'accusation. — Pas de
preuves positives. — Un tribunal qui s'érige en cour de
morale. — Vautours et colombes. — Mon crime est d'être
pauvre! — Un jugement d'Émile de Girardin. — La mort
d'Edmond About. — Le rêve de toute ma vie. — Ce qu'on
appelle faits de moralité.

L'instruction du procès des cercles a duré deux mois et
demi; l'instruction du procès de la Transatlantique, six
mois.

Pendant tout ce temps, il a été fait un perpétuel appel
à la délation. On a usé de tous les moyens dont peut disposer la police et la justice pour susciter des plaintes.

Au total, on n'a trouvé qu'un plaignant, un tenancier
de tripot, M. Isidore Bloch, directeur du Cercle de l'escrime et des arts, à Paris, et du Casino de Dieppe, à
Dieppe.

Ce plaignant de complaisance s'est plaint d'une prétendue tentative de chantage; mais saisie de sa plainte par
l'appel de l'administrateur du *XIXᵉ Siècle*, M. Girard, la
cour a dû reconnaître, qu'au moins en ce qui concernait
M. Girard, elle n'était pas fondée.

Dans toutes les autres affaires, ce qui ne s'était jamais
vu, le parquet a poursuivi d'office.

M. Clément, commissaire aux délégations judiciaires; M. Dopffer, juge d'instruction; M. Thomas, substitut du procureur de la république, ont interrogé les principaux banquiers, les directeurs de grandes sociétés, tous les tenanciers de cercles ouverts, un grand nombre de tenanciers de casinos; ils n'ont pas pu faire dire qu'à leur connaissance le *XIX*° *Siècle*, où par parenthèse je ne m'occupais que de politique et de rédaction, ait jamais touché un centime provenant d'une extorsion de fonds, d'un chantage.

Le seul argent, qu'après avoir fouillé ma vie et après avoir questionné tous mes ennemis, on m'ait reproché d'avoir touché, est celui que, dans un moment de gêne, j'ai emprunté à un prêteur d'argent, M. Charles Bertrand, et pour rendre une apparence de solidité à une accusation qui s'écroulait, il a fallu qu'on transformât en délit une opération très licite, très naturelle, très honnête, consistant en un prêt d'argent et une vente d'action.

Le 22 février 1895, la 11° chambre du tribunal correctionnel de la Seine me condamnait, sur les cinq chefs d'accusation relevés contre moi par la prévention :

1° Pour *tentative d'extorsion* de fonds à l'égard de M. Isidore Bloch, seul plaignant dans le procès. Condamné au même titre que moi, et par les mêmes motifs, M. Girard a fait appel : il a été acquitté de ce chef par arrêt de la cour du 10 avril 1895;

2° Pour *extorsion* de fonds à l'égard de M. Charles Bertrand, *ancien* tenancier du Cercle Washington, prêteur d'argent. Condamné comme coauteur, M. Girard a fait appel. La cour a décidé, par son arrêt du 10 avril, que M. Girard ne pouvait pas être retenu comme coauteur, mais elle a maintenu la condamnation en disant qu'il devait être considéré comme recéleur des fonds que j'avais personnellement touchés, qui ne lui étaient jamais passés par les mains et qui étaient le résultat d'une opération qu'il n'avait connue que longtemps après. M. Girard, au surplus, n'a pas pu se défendre contre cette inculpation nouvelle qui n'est apparue que dans l'arrêt de la cour, dont il n'avait été question précédemment ni dans l'instruction, ni dans le réquisitoire définitif, ni dans le réquisitoire oral, ni à aucun moment du procès. La cour de cassation, enfin, par son arrêt du 19 juillet 1895, a jugé que la qualification donnée par la cour au délit reproché à M. Girard était erronée, qu'il pouvait ne pas y avoir eu recel, mais que la condamnation n'en devait pas moins être maintenue. M. Bertrand n'a pas porté plainte;

3° Pour *tentative* d'extorsion à l'égard de M. Marius Sammarcelli, tenancier du Casino de la Villa des Fleurs, d'Aix-les-Bains. Condamné au même titre que moi et par les mêmes motifs, M. Girard a été acquitté sur ce chef d'accusation par l'arrêt de la cour du 10 avril 1895. M. Sammarcelli n'a pas porté plainte;

4° Pour *tentative* d'extorsion à l'égard de la dame Hugot-Müller, marchande à la toilette et prêteuse sur gage. Condamné au même titre que moi et par les mêmes motifs, M. Girard a été acquitté sur ce chef d'accusation par l'arrêt de la cour du 10 avril 1895. Mᵐᵉ Hugot n'a pas porté plainte;

5° Pour *tentative* d'extorsion à l'égard de la Compagnie des chemins de fer du Sud de la France, non plus comme auteur ou comme coauteur, mais comme complice de M. Girard condamné, sur une dénonciation du directeur de la Compagnie des chemins de fer du Sud, M. Félix Martin, dénonciation que ce dernier, déposant sous la foi du serment, a formellement et énergiquement rétractée à l'audience publique, en disant que sa déposition à l'instruction lui avait été extorquée, qu'elle n'était pas l'expression de sa pensée; mais le tribunal et la cour n'ont voulu tenir compte que de la première déposition déclarée par son auteur contraire à la vérité. M. Félix Martin n'a pas porté plainte ;

6° Enfin, le 24 octobre 1895, j'ai été condamné pour *tentative* d'extorsion de fonds au préjudice de la Compagnie Transatlantique. Dans cette affaire comme dans les précédentes, M. Girard avait été condamné en même temps que moi, mais pour lui comme pour moi, les peines avaient été confondues. Complètement épuisé par une lutte judiciaire qui durait depuis une année entière et par sept mois de prison préventive, dangereusement malade, M. Girard n'a pas fait appel; mais s'il l'eût fait, il eût sans doute été acquitté en appel, comme il l'a été pour l'affaire Bloch, pour l'affaire Sammarcelli et pour l'affaire Hugot. M. Pereire n'a pas porté plainte.

A l'exception de M. Charles Bertrand, que j'ai vu souvent, et de M. Pereire, que j'ai vu une fois dans ma vie, je ne connaissais aucune des personnes contre lesquelles j'étais accusé d'avoir exercé des *tentatives* de chantage. Le nom de Mme Hugot n'avait même jamais été prononcé devant moi, ni devant M. Girard. Je n'avais jamais eu avec ces personnes aucuns rapports ni directement, ni indirectement. Je n'avais chargé personne de les voir.

Dans tout le dossier, il n'existe pas une seule preuve positive.

On s'est rabattu sur la preuve par témoins toujours si incertaine, toujours si dangereuse, et qu'on devrait avoir vraiment la pudeur de ne pas accepter aveuglément quand parmi les témoins il n'y en a pas un seul de sérieux et d'indépendant, pas un seul qui n'ait un intérêt direct dans la cause. Qui a-t-on entendu dans l'affaire des cercles? Les tenanciers de tripot et un agent secret de la préfecture de police, jouant le rôle de mouton. Dans l'affaire des chemins de fer du Sud? Le directeur de la Compagnie, qui a lui-même rétracté sa déposition. Dans l'affaire de la

Transatlantique? M. Pereire, ses employés et le même mouton que dans l'affaire des cercles. Tous ces témoins étaient suspects et tous ils ont fait de faux témoignages. Je puis le démontrer aujourd'hui et même, pour la plupart, en donner la preuve certaine. J'aurais été dans l'impossibilité de le faire au moment du procès.

Ces dépositions, au surplus, ne tiennent dans les considérants du jugement qu'une place secondaire et accessoire. Les principaux motifs indiqués par le tribunal pour justifier ma condamnation sont énumérés dans un attendu qui sert de couronnement à ce monument judiciaire et dans lequel les juges de la 11e chambre s'érigeant, en une sorte de cour de morale et de tribunal d'inquisition, prétendent apprécier ma vie depuis ma sortie du collège, sinon avant, et de la juger.

Voici cet attendu :

Attendu qu'il est juste d'user de toute la rigueur de la loi envers Portalis, qui a vécu *comme un homme de proie* dans une société où il possédait le triple privilège du nom, de l'intelligence et de la fortune, et qu'*après une préférence perverse pour les affaires véreuses et malhonnêtes* qui lui ont servi à *faire des dupes sans nombre, se dérobe aujourd'hui à l'action de la justice,*

Condamne par défaut Portalis à cinq ans de prison et 3,000 francs d'amende.

Ainsi, je suis condamné parce que j'aurais « *vécu comme un homme de proie* dans une société où je possédais le triple privilège du nom, de l'intelligence et de la fortune ».

Les Pereire, les d'Erlanger, les de Hirsch, les Stern, tous ces grands dévastateurs de l'épargne qui ont dévoré la chair et le sang des petits capitalistes français dans des opérations comme l'Immobilière, comme le Crédit général français, comme les Lots ottomans, comme les Emprunts

péruviens, argentins, portugais, sont traités en bienfaiteurs
de l'humanité; ils sont commandeurs ou tout au moins
officiers de la Légion d'honneur ; les tenanciers de tripot
qui vivent de la chair et du sang des joueurs naïfs; les
usuriers qui s'engraissent de la chair et du sang des emprunteurs, tous ces grands carnassiers dont le *XIX° Siècle*
considérait comme un devoir de dénoncer la rapacité, sont
protégés par la police; la justice est à leurs ordres ; mais
moi qui me permettais de trouver que ces messieurs montraient parfois trop d'appétit, moi qui disais qu'on volait
trop et qui demandais qu'on volât moins, je suis dans
un arrêt de justice solennellement flétri de l'épithète
d' « homme de proie », je suis condamné comme « homme
de proie ». Je suis le vautour et ils sont les colombes.

Je ne suis pas encore revenu de la stupéfaction où m'a
plongé ce reproche. Moi « homme de proie »! En fait de
proie, hélas! je n'ai jamais mangé que mon propre patri-
moine. A la différence d'un si grand nombre de mes contemporains et de mes camarades, entrés en même temps que
moi dans la politique, pauvres alors, riches aujourd'hui, je
suis entré riche dans la politique et j'en sors pauvre. Parmi
tant de crimes dont je suis accusé, j'avoue celui-là et j'ai
tort, car ne pas s'enrichir ou du moins ne pas rester riche
quand on l'a été, c'est peut-être, dans notre société, le
plus impardonnable de tous les crimes.

Je suis condamné parce que j'aurais eu « *une préférence
perverse pour les affaires* véreuses et malhonnêtes ». Ce
grief est-il plus fondé? Puisque c'est ma vie entière qu'on
incrimine, je suis obligé de rechercher dans mes plus lointains souvenirs où, quand, comment, j'ai manifesté cette
« préférence perverse » qui a frappé le tribunal. Est-ce en
fondant sous l'Empire, à mon début dans la vie, avec cet
homme politique intelligent, spirituel, aimable, qui s'ap-

pelait Ernest Picard, l'*Electeur libre* (¹), qui a le premier
annoncé la défaite de Sedan et proclamé la République?
Est-ce en créant ensuite la *Vérité*, dans laquelle, après avoir
défendu la liberté sous la Commune — ce qui n'était pas sans
péril — et après avoir fait tous mes efforts pour empêcher
la démolition de l'hôtel de M. Thiers, j'osai seul, en plein
état de siège, alors qu'on fusillait encore les gens sur la
simple dénonciation d'un passant, prendre en mains la
cause de l'humanité, faire honte aux vainqueurs de ses
violences et protester hautement contre la justice sommaire
des conseils de guerre? Est-ce en publiant après la *Vérité*,
supprimée le 4 septembre 1871 (²), jour anniversaire de la
proclamation de la République, la *Constitution* qui fut elle-
même supprimée le 27 mars 1872, pour avoir demandé aux
législateurs de l'Assemblée nationale de « répondre par
un cri de clémence aux sentences de la justice militaire et
d'abolir la peine de la déportation, cette sœur de la peine
de mort » ? Est-ce en faisant renaître des cendres de la *Constitution* le *Corsaire*, qui fut supprimé deux fois, la première,

---

(¹) L'*Electeur libre*, qui avait envoyé un correspondant spécial sur le
théâtre de la guerre, publia le 3 septembre, vingt-quatre heures avant
tous les autres journaux, une dépêche annonçant la capitulation de
Sedan. Le même jour il publia, dans son édition du soir, un avis annonçant que le Corps législatif se réunirait le soir à minuit. C'est en lisant
cet avis que les députés, qui n'avaient pas été convoqués, se rendirent
au Palais Bourbon, se firent presque de force ouvrir les grilles, allèrent
tirer M. Schneider de son lit et tinrent la fameuse séance dans laquelle
Jules Favre proposa la déchéance.

(²) La *Vérité* a été supprimée, le 4 septembre 1872, pour un article intitulé « Constituante!... » publié au lendemain du jour où l'Assemblée nationale, en adoptant le 1ᵉʳ paragraphe de la proposition Rivet, s'était
proclamée Constituante. Il se terminait ainsi :

« La loi n'est pas votée encore dans son ensemble, elle n'a pas été
promulguée au *Journal officiel*; nous avons le droit entier, nous nous
sentons le devoir rigoureux de la combattre, de la repousser avec toute
notre énergie. Au nom de tous les républicains sincères, au nom de
tous ceux qui aiment leur patrie d'un amour éclairé, qui la chérissent
d'autant plus qu'elle a souffert davantage et qu'elle n'a trouvé que des
médecins incapables, nous refusons de reconnaître à l'Assemblée élue
le 26 février le caractère de Constituante... »

pour un article d'Émile Zola ([1]), alors mon collaborateur
avec Jean Richepin, Léon Cladel, Henry Maret, Maurice
Rouvier, Jules Claretie, Charles Quentin, Tony Révillon,
Gabriel Guillemot, Jules Barberet, etc.; la seconde, après
qu'il eut fait l'élection Barodet, pour la souscription de
Vienne? Est-ce en remplaçant le *Corsaire* par l'*Avenir
national*, qui fut à son tour sacrifié aux fureurs royalistes
de l'Assemblée de Versailles pour un magnifique article
d'Alceste : *A bas Chambord !* Est-ce en écrivant, en 1869,
mon premier livré : *Le self-government et le césarisme* ([2]),
au sujet duquel M. Édouard Laferrière, aujourd'hui
vice-président du conseil d'État, écrivait dans le *Rappel* un
article se terminant par ces mots : « On aime à lire ces
lignes, surtout quand elles sont signées Portalis ! » Est-ce
en écrivant plus tard, en 1880, mes *Deux Républiques* ([3]),
dont Émile de Girardin, dans un jugement trop indulgent
sans doute, mais plus compétent que celui des juges de la

([1]) L'article d'Émile Zola était intitulé : *Le lendemain de la crise.*
« Attendu, disait l'arrêté de suppression signé Léon Renault, préfet de
police, que la publication de cet article excite à la haine et au mépris
des citoyens les uns contre les autres et attaque les droits et l'autorité
de l'Assemblée nationale... » Le lendemain de cet arrêté, le 25 décembre 1872, la *République française*, qui avait Gambetta pour
directeur, protestait vivement contre « cette atteinte portée aux droits
imprescriptibles garantis par les institutions de tous les pays libres. Ce
n'est pas seulement, ajoutait-elle, la liberté de la presse qui est frappée,
c'est une propriété importante qui est supprimée d'un trait de plume.
Le gouvernement a-t-il bien mesuré la portée d'un acte qui a d'aussi
cruelles conséquences, et les conservateurs pensent-ils que la propriété
d'un journal soit moins respectable, moins sacrée que toute autre propriété?... Dès qu'il s'agit d'un journal, tout devient facile, on n'hésite
pas, on frappe avec une parfaite sécurité de conscience .. La presse est
hors la loi ». On verra, par la suite de ce mémoire, qu'on assassine toujours les journaux, mais on y met plus d'hypocrisie et la presse ne
proteste plus.

([2]) *Le self-government et le césarisme*, par A. ÉDOUARD PORTALIS.
Paris, Armand Lechevalier, éditeur, 61, rue de Richelieu, 1869.

([3]) *Deux Républiques*, par A. ÉDOUARD PORTALIS. Paris, G. Charpentier, éditeur, 13, rue de Grenelle-Saint-Germain, 1880.

11e chambre, disait, dans la *France* du 2 juillet 1880, que c'était « un beau livre, un très beau livre qui me plaçait au premier rang des publicistes français contemporains » ? Est-ce en faisant campagne, depuis 1880, par tous les moyens de propagande en mon pouvoir pour la revision de la Constitution du 25 février 1875, dont tout le monde paraît enfin reconnaître aujourd'hui les graves défauts ? Est-ce, enfin, en acceptant, en 1886, de remplacer comme directeur politique et comme rédacteur en chef du *XIXe Siècle*, mon ami Henry Fouquier, qui avait, dans les mêmes fonctions, remplacé Francisque Sarcey, qui lui-même avait succédé à Edmond About ? Pauvre Edmond About ! Lui aussi a succombé sous une accusation qui ressemblait beaucoup à une accusation d'extorsion de fonds. Des spéculateurs, enrichis sous les colonnes de la Bourse étaient venus lui offrir de lui acheter la majorité des actions du *XIXe Siècle*. Il avait accepté et eux, avec l'infatuation habituelle aux manieurs d'argent, s'étaient imaginé que, possédant la majorité des actions du *XIXe Siècle*, ils devaient posséder aussi le talent de le diriger. Ils rêvaient de se carrer aux « premières » avec mesdames leurs épouses dans les loges de la direction du *XIXe Siècle*, à la place du brillant écrivain qu'on appelait le petit-fils de Voltaire. Ils l'accusèrent de vol. Il en est mort. En me défendant aujourd'hui contre des injustices du même genre, il me semble que je venge un peu sa mémoire et celle de beaucoup d'autres journalistes de tout temps sacrifiés à la colère ou à la jalousie des turcarets de la politique et de la finance...

Quand j'arrivai à l'âge d'homme, mon père était trésorier payeur général de Seine-et-Oise. Il avait de gros émoluments et possédait une belle fortune. J'aurais pu ne rien faire, me contenter de mener la vie élégante et mondaine. J'aurais pu entrer dans les fonctions publiques. C'était le con-

seil que me donnaient mes parents. Mais je voulais garder mon indépendance. Un instant, je pensai à entrer au
barreau (¹), puis l'occasion s'offrit d'un voyage aux États-
Unis. J'étais désireux de voir de près un pays libre dont
mon frère aîné, qui avait été attaché à la légation de
Washington, m'avait dit des merveilles. Je partis. A mon
retour, je publiai *le Self-government et le Césarisme*. Le
succès de ce petit volume m'encouragea et je me lançai
dans le journalisme.

C'était en 1869. Nous étions alors convaincus que nous
vivions sous le plus intolérable despotisme. « L'Empire,
disions-nous, c'est l'arbitraire. Avec lui, nous n'aurons
jamais ni la liberté individuelle, la plus précieuse de toutes,
ni les autres. L'Empire n'est pas perfectible. A bas l'Empire ! » Nous avions l'ambition, la religion de la liberté.
Elle était à nos yeux le nécessaire instrument de toutes les

(¹) En 1867, après avoir obtenu mon diplôme de licencié en droit, je me
présentai à la barre du tribunal pour y prêter, selon l'usage, serment
d'avocat. Le président, M. Cazenave, alors juge au tribunal de la Seine,
depuis conseiller à la cour, puis conseiller à la cour de cassation,
refusa d'accepter mon serment parce que j'avais négligé de raser mes
moustaches, s'il est permis toutefois de décorer de ce nom majestueux
un léger duvet de vingtième année. Le lendemain, mon cousin ger-
main, le vicomte Portalis, conseiller à la cour de Paris, transmettait
à mon père ce petit billet, qui paraît bien drôle aujourd'hui :

Cour impériale.

Paris, le 10 avril 1867.

Cher collègue,

Les mânes des Portalis ont dû frémir, un licencié en droit, du nom
de Portalis, a eu l'audace de se présenter pour prêter serment avec
des moustaches! (Dans l'original, le mot moustaches est souligné deux
fois.)

Je n'ai pas dû admettre cette prétention. Ne jugez-vous pas utile
de vous enquérir à ce sujet?

Votre
CAZENAVE

Je m'entêtai. Mon serment ne fut pas accepté. Depuis j'ai fait une
vive campagne en faveur de la barbe des magistrats et des avocats.
Une circulaire de M. Cazot m'a donné gain de cause, en août 1880.

réformes politiques et de toutes les réformes sociales, le commencement et la fin de tout. La fonder, l'entourer de telles garanties qu'elle fût au-dessus des atteintes des gouvernements, des assemblées, de la police et des juges, était la tâche que s'était donnée notre génération. Je m'étais dévoué à cette tâche avec passion...

Un journaliste désabusé a dit « que tout individu qui se sacrifie sans nécessité pour des intérêts vagues et collectifs, n'est qu'un animal d'un instinct dépravé qui tôt ou tard sera corrigé par la double épreuve de l'injustice et de l'ingratitude... »

Plus tard, après la guerre, après la défaite, apparut la nécessité d'institutions qui en même temps qu'elles nous garantiraient la liberté, nous donneraient un gouvernement assez stable et assez fort pour assurer l'indépendance et la grandeur de la nation en face de puissants ennemis. J'avais beaucoup étudié ce problème qui, encore aujourd'hui, se dresse devant les générations nouvelles. Je croyais avoir trouvé sinon sa solution, au moins la méthode qui pouvait y conduire. Cette méthode, je l'ai exposée dans mes journaux, dans les *Deux Républiques*. Je n'ai jamais épargné aucun effort, aucun sacrifice ne m'a coûté, pour la faire adopter par l'opinion, par les électeurs, par les pouvoirs publics.

Émile de Girardin, avec lequel j'ai eu à ce sujet plus d'une polémique, croyait à l'impuissance de la presse, ou du moins il le disait Moi je croyais à sa puissance, je croyais même qu'à notre époque et dans un pays comme celui-ci, la presse était la plus grande puissance, et cette puissance je voulais la faire servir au triomphe de mes idées. Le journal n'était pour moi ni un moyen de faire fortune, ni un moyen de parvenir : c'était le plus puissant des instruments de propagande. Mon rêve, qui a dû être aussi, j'en suis sûr, celui de beaucoup d'autres journalistes, était d'avoir un journal bien à moi, dans lequel je puisse exprimer ma façon de penser en toute indépendance, en toute conscience, à ma mode, à mon temps, sans avoir de comptes à rendre...

Ce rêve, j'ai cru le réaliser plusieurs fois : d'abord avec la *Vérité*, ensuite avec le *Corsaire*, dont mes contemporains se rappellent l'éclatant succès, ensuite avec le *XIX⁰ Siècle*, que j'avais pris tirant à 1,300 exemplaires, vendant 300 à Paris et que j'avais porté à près de 60,000, autour duquel j'étais parvenu à grouper une clientèle admirable de fidélité et de dévouement.

La poursuite de ce rêve a été la grande affaire, l'unique affaire de ma vie. Elle a eu ma constante préférence. Cette préférence était-elle perverse ? Je ne le crois pas. L'affaire elle-même n'était ni « malhonnête, ni véreuse ». Elle était, au contraire, très honnête et très noble, une des plus honnêtes, à mon sens, et des plus nobles auxquelles un homme de ma condition, portant le nom que je porte, élevé comme je l'ai été, vivant au temps où j'ai vécu, ayant les idées que j'avais, pût consacrer son activité, son intelligence et son argent.

Je suis condamné parce que j'aurais *fait des dupes sans nombre*. Mais ces dupes sans nombre sont d'une race à part. Elles sont invisibles et muettes. Ni la bruyante enquête policière et judiciaire dont je parlais tout à l'heure, ni les mille et une trompes de la publicité sonnant aux échos du monde entier mon hallali, n'ont pu les faire sortir de leur invisibilité et de leur silence. Aucune ne s'est plainte. M. Charles Bertrand, qui d'ailleurs ne serait parvenu à faire croire à personne qu'il ait jamais pu être dupe, a bien dit tout ce qu'il a plu au juge d'instruction de lui faire dire, mais il n'a tout de même pas osé se plaindre.

Les juges de la 11⁰ chambre ne me connaissaient pas. Ils n'avaient probablement jamais entendu parler de moi.

Ils n'avaient certainement lu ni mes ouvrages ni mes journaux. Comment ont-ils pu se former du premier coup sur mon caractère, sur ma vie tout entière, une opinion tellement arrêtée qu'ils n'ont pas hésité à m'infliger, en même temps que le maximum de la peine, le maximum de la diffamation, et à déclarer dans leur jugement sur le ton de l'infaillibilité que j'étais « un homme de proie », que j'avais « une préférence perverse pour les affaires malhonnêtes et véreuses », que j'avais « fait des dupes sans nombre »?...

Dans tout procès correctionnel et dans tout procès criminel, le dossier de l'accusation, le seul qui soit remis à l'avance au président, celui qu'il étudie en vue de l'interrogatoire, d'après lequel il se forme une opinion, contient, en outre, des pièces et des procès-verbaux de l'instruction qui se rapportent aux faits criminels, des renseignements de police et d'autres de nature diverse concernant ce qu'on appelle « les faits de moralité ».

« Les faits de moralité, dit M. Thomas dans son réquisitoire, sont ceux qui ne sont pas de nature à être poursuivis — les délits qui pouvaient s'y rattacher étant ou mal caractérisés ou prescrits —, mais ils achèvent, affirme ce même réquisitoire, de nous éclairer sur la moralité des prévenus. » De quelle manière ces faits sont-ils parvenus à la connaissance du parquet? Le réquisitoire répond avec franchise : « Par les renseignements de police, par des lettres anonymes et des dénonciations. » Il ajoute qu'ils ont été « vérifiés ». Vérifiés? Nous verrons comment.

M. le substitut Thomas appelle ce dossier complémentaire, concernant les faits de moralité, « le dossier annexe ». Ce dossier a une importance très grande. C'est de lui que dans le procès des cercles M. le substitut Thomas a tiré les principaux effets de son réquisitoire. C'est avec lui qu'il a écrasé les accusés. Moins la prévention est fondée, plus on s'applique à corser le dossier annexe. Une remarque très juste a été faite à ce propos par l'avocat de M. Girard, Mᵉ Desplas, qui, n'ayant eu communication des dossiers de l'accusation que six jours avant le procès, n'avait matériellement pas eu le temps d'être édifié sur l'exactitude des faits relatés dans le dossier annexe. « Si vous mêlez vos dossiers, a-t-il dit à M. le substitut, c'est l'aveu que notre dossier principal n'est pas bien sérieux, que vous avez besoin de préparer l'esprit des magistrats, qu'il faut absolument qu'au moment où ils arriveront à l'examen des faits du procès, ils soient convaincus de la culpabilité morale, cela vous dispensera de faire la preuve de la culpabilité pénale. »

Ce que Mᵉ Desplas avait prévu est arrivé. Les juges, persuadés de l'exactitude des renseignements de police et des faits de moralité, ont cru à la culpabilité morale ; et de la culpabilité morale, ils ont conclu à la culpabilité pénale.

Si d'ailleurs on fait abstraction des causes diverses qui peuvent agir sur l'esprit des juges de police correctionnelle et qui ont fait dire qu'être condamné par les tribunaux correctionnels, c'est être condamné sans jugement, si l'on suppose chez les juges de la 11ᵉ chambre toutes les vertus que Montesquieu exigeait des magistrats quand il disait que, « pour quelque circonstance et pour quelque cause que ce soit, ils ne devaient être que des magistrats sans parti et sans passion comme les lois qui absolvent et punissent sans aimer ni haïr », si l'on admet enfin — et je veux admettre — qu'ils sont restés sourds à toutes les recommandations, à toutes les sollicitations venues du dehors, il est impossible d'expliquer autrement que par l'impression produite sur leurs cerveaux par les renseignements de police et par les faits de moralité la violence, l'exagération, l'inconvenance des termes dont ils se sont servis pour rédiger leur jugement.

Croyant à la réalité des faits de moralité dont M. le substitut Thomas garantissait l'exactitude et qu'il affirmait avoir vérifiés, ils ont cru qu'ils avaient en face d'eux un véritable malfaiteur. « De quelque façon que nous le traitions, se sont-ils dit, oublierions-nous même d'observer les règles et les formes ordinaires, à quelque peine que nous le condamnions, nous ferons toujours œuvre de justice. » S'ils ont écouté d'une oreille complaisante les dénonciations suspectes d'un agent secret de la préfecture de police, comme de Clercq, et des dépositions qui, comme celle de M. René de Pont-Jest, sentaient leur faux témoignage d'une lieue, c'est qu'ils avaient l'esprit prévenu et la conscience troublée par les faits de moralité. S'ils ont pris au sérieux la plainte grotesque du tenancier Isidore Bloch, et les déclarations ambiguës arrachées à M. Charles Bertrand, c'est que cette plainte et ces déclarations étaient l'unique prétexte auquel ils pussent accrocher une condamnation et qui leur permît de donner une sanction à leur opinion préconçue.

Voyons donc pour commencer ce que valent les renseignements de police et quels sont ces faits de moralité.

III

Premier fait de moralité : Le vol de la souscription de Vienne.

Ce que valent les notes de police. — L'enfant de **M.** et de **M**me Girard. — Un élève de Fouquier-Tinville. — Le ministère public ne doit soutenir que la vérité. — Histoire d'une souscription ouvrière. — Une lettre de Victor Hugo. — L'élection Barodet. — Le scrutin des cinq sous. — Signé : Ladmirault et Léon Renault. — Une épigraphe appropriée. — Leçon donnée aux diffamateurs. — Présent, aurais-je pu me défendre?

N'ayant pas eu sous les yeux les renseignements de police me concernant personnellement, je ne saurais dire exactement ce qu'ils contiennent, ni quel parti le ministère public en a tiré, mais je n'ignore pas et personne n'ignore ce qu'ils valent et comment ils sont recueillis. L'agent de police chargé de faire une enquête sur un prévenu commence par interroger son concierge. C'est la règle, et elle s'explique dans une certaine mesure par la difficulté qu'il y aurait souvent à trouver ailleurs des renseignements. Après le concierge, ou à défaut de concierge, s'il n'y en a pas dans la maison, l'enquêteur interroge les domestiques; après les domestiques, les fournisseurs, — malheur au prévenu qui a des factures en retard! —; ensuite il se rend chez le marchand de vin du coin, véritable centre de ses opérations, mais il peut arriver que dans ces diverses investigations, il ne lève pas le moindre lièvre. Alors il faudra bien que, pour ne pas rentrer bredouille, il lâche la bride à son imagination. Les petits verres qu'il absorbera chez le mastroquet l'y aideront. Il gratifiera le prévenu d'une mauvaise ou d'une bonne réputation selon l'effet qu'ils auront produit sur son cerveau. — « Un tel est célibataire ? Je vais dire qu'il vit en concubinage avec une femme mariée ; cela fait toujours bien dans le paysage ! Ceux-là sont mariés ? Ont-ils des enfants ? Non ! Tiens, si je leur en collais un, un enfant tout jeune, à des gens de cet âge-là, ça serait drôle ! » — C'est la farce que la police a jouée à M. et Mᵐᵉ Girard, pour l'affaire des cercles. Dans les notes de police, concernant M. Girard, il est dit que M. et Mᵐᵉ Girard ont un enfant en bas âge. M. Girard, dans le seul intérêt de la vérité, proteste. Allons donc ! La police l'a dit : il sera père de famille. Ces notes de police sont soumises au tribunal de première instance qui les tient pour vraies. M. le commissaire aux délégations judiciaires Clément n'est-il pas venu à l'audience du 15 février 1895 déclarer comme témoin, sous la foi du serment et avec le plus grand sérieux, que les renseignements fournis par la police sur les accusés, étaient d'une rigoureuse exactitude ? En appel, le rapport de M. Athalin, conseiller rapporteur, depuis procureur de la république, fait une mention scrupuleuse de cet enfant. Des amies qui assistaient à l'audience disent en sortant à Mᵐᵉ Girard : « Pourquoi ne nous avez-vous jamais dit que vous aviez un enfant ? Ça n'est pas bien. — Mais je n'en ai pas, je n'en ai jamais eu. — A d'autres ! M. Athelin est un homme trop sérieux pour l'avoir dit dans son rapport si cela n'était pas. Vous n'êtes qu'une cachottière ! »

C'est ainsi que s'écrit l'histoire d'après les documents judiciaires et chacun sait que, pour le public même le mieux averti, rien n'est plus vrai qu'un document judiciaire : c'est de la triple essence de vérité.

A défaut des notes de police qui me sont personnelles,
j'ai sous les yeux le texte sténographique et authentique
du réquisitoire de M. le substitut Thomas. Là sont étalés
et commentés les « faits de moralité », c'est-à-dire les faits
qui, comme on l'a vu dans le précédent chapitre, sont venus
à la connaissance du parquet, soit par des renseignements
de police, soit par des lettres anonymes, soit par des
dénonciations, soit de toute autre manière, mais que le
parquet dit avoir *vérifiés*, qu'il a pris à son compte et qu'il
a présentés comme des arguments décisifs nécessitant une
condamnation exemplaire. Ces faits de moralité sont les
colonnes qui soutiennent toute l'accusation. Si elles
venaient à manquer, elle s'effondrerait.

Fouquier-Tinville corsait toujours d'une accusation de
vol les procès qu'il soutenait devant le tribunal révolutionnaire. M. le substitut Thomas, qui paraît s'être inspiré sur
plus d'un point de la manière de cet ancêtre, s'est efforcé,
dans tout son réquisitoire, de me faire passer pour un
voleur. La tactique n'était pas malhabile. De voleur à
maître-chanteur, il n'y a pas loin. Du moment où j'étais un
voleur, la cause était entendue : on pouvait croire l'agent
de la préfecture de Clercq, on pouvait croire le tenancier de
tripot Isidore Bloch, le prêteur d'argent Charles Bertrand,
on pouvait croire de Pont-Jest, on pouvait croire tout
le monde et ma condamnation n'était plus douteuse.

Le premier vol que M. le substitut Thomas m'ait reproché est particulièrement grave : j'aurais mis dans ma
poche le produit d'une souscription ouverte dans mon
journal *le Corsaire*, dans un but d'utilité démocratique,
pour envoyer une délégation ouvrière à l'exposition universelle de Vienne (Autriche).

Dans l'état actuel de nos lois et de nos mœurs, M. le
substitut Thomas avait incontestablement le droit, il avait

même le devoir de fouiller dans mon passé, d'y chercher des cadavres et, s'il en trouvait, de s'en faire des arguments pour obtenir ma condamnation. En Angleterre, la loi interdit de rappeler le passé des accusés, afin que les juges puissent examiner les faits incriminés en eux-mêmes, sans opinion préconçue ; mais l'Angleterre, qui est une monarchie et une aristocratie, a depuis des siècles les institutions judiciaires d'un pays libre, tandis que la France, qui est une république et une démocratie, peut se vanter d'être, sous ce rapport, le plus arriéré de tous les peuples.

Toutefois, le droit du ministère public ne va pas jusqu'à lui permettre d'accuser faussement des accusés de crimes imaginaires. « Le but de ses efforts, dit Faustin-Hélie, ne doit pas être le triomphe de l'accusé, il ne plaide pas pour l'accusation. Il n'est point attaché comme un avocat à son client. Il ne défend, il ne soutient que la vérité. »

Or, voici dans quels termes le magistrat chargé d'une si haute et si noble mission a formulé contre moi l'accablante accusation du vol de la souscription de Vienne :

En 1873, Portalis organise une souscription pour permettre d'envoyer une délégation ouvrière à Vienne. 60,000 francs sont ainsi réunis par Portalis, qui conserve l'argent et n'organise aucune délégation.

Si l'accusation est fondée, elle justifie la qualification d'« homme de proie » et de « faiseur de dupes sans nombre ». De la part d'un homme capable d'une telle action, tout est croyable. « Il est juste d'user envers lui de toute la rigueur des lois. » Quand j'aurais été vingt fois plus innocent que je ne le suis dans l'affaire des cercles et dans l'affaire de la Transatlantique, la justice devait profiter de ce qu'enfin elle me tenait pour me faire expier le crime resté vingt ans impuni d'avoir, en 1873, volé une souscription ouvrière s'élevant à 60,000 francs.

Mais si l'accusation n'est pas fondée, si elle ne repose

sur aucun prétexte, si elle est calomnieuse, si pour s'en convaincre, il suffisait de ne pas fermer systématiquement les yeux à la plus éclatante lumière, de quel nom pourrais-je qualifier, sans manquer de respect à la magistrature, le procédé dont s'est servi là M. le substitut Thomas?

Les juges n'avaient pas à douter de ce que M. le substitut Thomas leur affirmait avec tant d'assurance et de précision. Comment auraient-ils pu supposer qu'un de leurs collègues, un magistrat disposant de tous les moyens d'investigation et de contrôle imaginables, ait pu se tromper du tout au tout à propos d'un fait qu'il disait avoir vérifié et aussi facile à vérifier que l'emploi de fonds provenant d'une souscription qui fut en quelque sorte une souscription nationale, dont toute la presse s'est occupée et qui a donné lieu dans le Parlement à de retentissantes discussions?

Tout le monde a montré la même crédulité que les juges. Les journaux français et étrangers ont reproduit sans broncher ce passage du réquisitoire de telle sorte que si une circonstance quelconque m'avait empêché d'écrire ce mémoire, je serais resté à perpétuité pour la foule des contemporains qui n'ont pas conservé le souvenir des événements d'il y a vingt-trois ans, le monsieur qui a volé la souscription de Vienne.

Pourtant ce qu'avait affirmé si péremptoirement M. le substitut Thomas était complètement faux.

M. le substitut Thomas m'a fait condamner pour chantage sur les dénonciations d'un agent secret de la préfecture de police et sur des dépositions extorquées à des tenanciers de tripot; il a porté contre moi une accusation de vol sans l'ombre je ne dis pas d'une preuve, mais d'un prétexte. Moi je l'accuse de calomnie et, à l'appui de mon accusation, j'apporte des preuves qui sont autrement sérieuses que des dispositions suspectes, car ce sont des documents irréfutables, authentiques, publics.

M. le substitut Thomas a dit :

1º Qu'en 1873 j'avais organisé une souscription pour l'envoi d'une délégation ouvrière à Vienne ;

2º Que j'avais **volé** le produit de la souscription : 60,000 francs ;

3º Que je n'avais organisé aucune délégation.

Le premier fait est vrai : la souscription pour l'envoi d'une délégation ouvrière à l'exposition universelle de Vienne en 1873 est l'acte de ma vie publique dont je m'honore le plus, mais on va voir, par le récit qui va suivre, que les deux autres sont des inventions absurdes, ridicules, grotesques, n'ayant pu être suggérées à leur auteur que par le parti pris du mensonge et la rage de la calomnie. La souscription de Vienne n'est pas, en effet, un de ces faits douteux, obscurs par lesquels il soit possible et permis de se tromper. Elle n'a rien eu de caché, ni de mystérieux, elle a été entourée d'une publicité colossale. Par les circonstances dans lesquelles j'en ai pris l'initiative, par les incidents qu'elle a provoqués, par les résultats superbes et peut-être uniques qu'elle a donnés, elle a pris les proportions d'un événement historique. M'accuser d'avoir volé en plein midi le milliard de la Banque de France eût été moins stupide. Quand on se mêle de calomnier même un accusé, même un absent, et qu'on est magistrat, on devrait au moins, par respect pour la robe, apporter dans le choix de ses calomnies plus de discernement...

Au mois de mars 1873, M. Tolain, alors député de la Seine, aujourd'hui sénateur, et M. Brelay, également député de Paris, mort depuis, avaient demandé à l'Assemblée nationale un crédit de 100,000 francs, pour l'envoi d'un certain nombre de délégués ouvriers à l'exposition

universelle qui devait avoir lieu à Vienne cette année-là.
Le projet vint en discussion à Versailles le 24 mars. Soutenu par MM. Tolain, Corbon, Malartre et René Brice, il
fut combattu avec fureur par M. Target qui, chargeant à
fond contre les expositions en général, prétendit que la
fameuse association internationale des travailleurs n'aurait
jamais existé si la France n'avait pas envoyé des délégués
ouvriers à l'exposition universelle de Londres en 1862. Le
projet fut repoussé par 287 voix contre 216.

Le journal *le Corsaire*, dont j'étais le directeur politique
et le rédacteur en chef, publia le lendemain de ce vote
un article dont on me permettra de citer quelques passages
afin de montrer dans quel esprit fut conçue cette œuvre de
la souscription de Vienne, dans laquelle un magistrat
chargé de la recherche de la vérité, M. le substitut
Thomas, n'a su et voulu voir qu'une vulgaire escroquerie :

Ce que l'Assemblée n'a pas fait, nous avons à le faire.

Les 100,000 francs dont elle a refusé de voter le crédit, nous
avons à les trouver sans elle, sans le concours de ses délibéra-
tions et de ces votes.

Les ouvriers qu'elle n'a pas voulu envoyer à Vienne, nous
avons à les envoyer afin qu'à leur retour ils puissent dire à
leurs compagnons l'ateliers, aux grands et petits fabricants, à
tous ceux qui exercent une profession : Voilà ce que nous avons
vu, voilà ce qu'on fait chez les autres peuples, voilà ce qu'il
nous faut faire à notre tour si nous voulons écouler nos produits et conserver notre gloire industrielle...

Nous tous, citoyens français, qui nous préoccupons bien
moins des misérables intrigues de la politique que de la
prospérité du pays et de la gloire pacifique que la science
et le travail donnent aux peuples libres, nous n'avons pas à
nous arrêter aux considérations qui ont servi de prétexte au
refus de l'Assemblée.

Fils de la même famille, compagnons du même devoir, contribuables du même budget, abeilles de la même ruche, nous
n'avons pas à sanctionner ces paroles et ces votes de défiance

contre ceux d'entre nous qui travaillent de leurs bras, de leurs mains...

Riches et pauvres s'uniront, nous en sommes certains, dans cette manifestation pacifique et féconde qui aura pour effet d'effacer l'antagonisme des classes affirmé par le vote de l'Assemblée (1)...

Dans le même numéro, le *Corsaire* annonçait que M. Cantagrel, ancien représentant du peuple, conseiller municipal de la ville de Paris, avait bien voulu se charger provisoirement des fonctions de trésorier et que les sommes souscrites seraient immédiatement versées à la Banque de France. Tous les journaux donnèrent la nouvelle de l'ouverture de la souscription du *Corsaire*, et la commentèrent. Ce fut le grand événement du jour.

Le 23 avril, une assemblée générale des délégués des Chambres syndicales et de tous les groupes ouvriers organisés, réunie salle de la Nation, rue du Temple, 79, sous la présidence de M. Tolain, confirma M. Cantagrel dans ses fonctions de trésorier et nomma trois commissions : une commission exécutive de l'organisation de la délégation, dont je faisais partie ; une commission de contrôle, et une commission dite du travail, composée des délégués de chaque corps de métier qui furent eux-mêmes chargés de répartir les délégués par corporation et par spécialité.

C'est dans ces conditions que fut ouverte la souscription pour l'envoi d'une délégation ouvrière à l'exposition universelle de Vienne en 1873, dont jamais un centime n'a passé par mes mains. Toutes les sommes furent, comme il avait été dit, recueillies par M. Cantagrel, qui aussitôt en fit le dépôt, à son nom, à la Banque de France. M. Thomas, s'il est incrédule, peut se rendre à la Banque de France et se faire montrer les livres.

_____

(1) Le *Corsaire*, 18 mars 1873.

Dans la première liste publiée par le *Corsaire* figuraient les noms de trente-quatre députés, parmi lesquels Edmond Adam, Emmanuel Arago, Paul Bert, Louis Blanc, Sadi Carnot, Denfert-Rochereau, René Goblet, Le Royer, de Mahy, Méline, Millaud, Naquet, Peytral, Edgar Quinet, Tolain, etc., etc., et de vingt-trois conseillers municipaux, parmi lesquels Floquet, Clémenceau, Lockroy, Ranc, etc. Dans les listes suivantes, on remarque les noms de Léon Gambetta, Taxile-Delord, Pelletan, Arnaud de l'Ariège, Carnot père, de Tocqueville, membres de l'Assemblée nationale ; puis, en tête de la douzième liste, le nom glorieux de Victor Hugo, qui avait envoyé 100 francs avec une lettre où il disait : « Ma souscription n'est qu'une forme de mon adhésion. J'applaudis à la patriotique pensée du *Corsaire*. Envoyer à Vienne des ouvriers français, c'est élargir le rayonnement de la France. Rien de plus utile, je dis mieux : rien de plus nécessaire. »

Au commencement de mai, le montant de la souscription s'élevait à près de 50,000 francs. Le 27 avril, M. Barodet, maire révoqué de la ville de Lyon, dont la candidature avait été proposée et soutenue par le *Corsaire*, avait été élu député de Paris par 180,000 voix. Afin de donner à la souscription un nouvel élan, la commission exécutive de la souscription de Vienne proposa que chacun des électeurs de M. Barodet versât un sou par jour à la souscription pendant cinq jours et, pour éviter aux souscripteurs de trop lointains déplacements, elle désigna des receveurs de quartier. Ce nouveau mode de souscription prit le nom de *scrutin des cinq sous*.

Le **24** mai, M. Thiers était renversé, le maréchal de Mac-Mahon était élu président de la République et M. le duc de Broglie devenait président du conseil.

Un des premiers actes du nouveau gouvernement fut de

supprimer le *Corsaire*, et le prétexte de cette suppression fut la souscription de Vienne.

Voici le texte de l'arrêté de suppression :

« Le général, gouverneur de Paris, commandant la 1re division militaire, considérant que le journal *le Corsaire* a organisé, sous le nom de « scrutin des cinq sous », une souscription qui doit être recueillie par des receveurs institués dans tous les quartiers de Paris, et dont le but véritable est de constituer ainsi une véritable association politique permanente et contraire à la loi,

« Vu la loi du 9 août 1849 sur l'état de siège, arrête :

« ART. 1er. — La publication du journal *le Corsaire* est interdite.

« ART. 2. — M. le préfet de police est chargé de l'exécution du présent arrêté.

« Paris, le 8 juin 1873.

« (Signé) LADMIRAULT.

« Vu pour exécution :

« *Le Préfet de police,*

« (Signé) LÉON RENAULT. »

Tout ce que m'a rapporté, en dehors de l'honneur et de la satisfaction morale, la souscription de Vienne, c'est la suppression du *Corsaire*, qui avait un tirage de 75,000 exemplaires, dont le numéro se vendait 10 centimes, qui était ma propriété personnelle et qui valait au moins 1,500,000 francs.

Au moment où il fut supprimé, la souscription était en pleine activité, elle s'élevait à 70,000 francs. Encore quelques jours et elle eût atteint 100,000 francs.

Immédiatement, MM. Gambetta, Louis Blanc, Peyrat, Lepère, Maurice Rouvier, demandèrent à interpeller le gouvernement sur la suppression du *Corsaire*. L'interpellation fut discutée le 11 juin. Gambetta montra le gouvernement de l'ordre moral suivant à l'égard de la presse une double méthode, la méthode de la terreur et celle de la corruption. Pour faire pendant à l'arrêté du général Ladmirault qui, d'un trait de plume, supprimait le *Corsaire*, il donna lecture de la fameuse circulaire confidentielle du sous-secrétaire d'État au ministère de l'intérieur, M. Pascal, qui demandait aux préfets de s'informer habilement des conditions auxquelles le gouvernement pourrait acheter le concours des journaux de leurs départements quelle que fût leur nuance. C'est aussi dans cette séance que M. Beulé, ministre de l'intérieur, eut un mot malheureux qui fit plus pour sa célébrité que tous ses ouvrages sur le *Sang de Germanicus*. Reprochant au *Corsaire* d'appeler l'Assemblée nationale « l'assemblée de Versailles », il l'appela lui-même « une assemblée élue dans un jour de malheur ». Le mot eut dans le parti républicain un succès fou. On n'appela plus autrement « l'assemblée de Versailles ».

M. le substitut Thomas est peut-être trop jeune pour avoir connu par lui-même tous ces événements qui préoccupaient les esprits plus noblement que les scandales d'aujourd'hui. Mais il aurait pu se renseigner ; il aurait pu se rendre à la Bibliothèque du Palais et ouvrir le *Journal officiel* du 12 mars 1873. Il y aurait vu que j'avais organiser la souscription de Vienne avec le concours de toute la démocratie républicaine ; il se serait évité l'affront que je suis obligé de lui faire aujourd'hui en le mettant en face de ses mensonges et en le faisant rougir de sa sottise et de sa mauvaise foi, s'il est homme à rougir.

M. Lepère, qui avait été désigné pour prendre le premier la parole au nom des gauches dans cette mémorable séance, expliqua dans son discours toute l'organisation de la souscription :

Quelle est cette souscription, dit M. Lepère, dont on fait un crime au *Corsaire* ? Est-ce bien la souscription elle-même qu'on lui reproche? Voilà trois mois que cette souscription est ouverte, que jour par jour le *Corsaire* enregistre les offrandes qui lui arrivent... les organes les plus accrédités de la droite ont eux-mêmes confessé que cette souscription n'avait rien que de parfaitement louable. Je vous citerai des journaux que vous ne désavouerez pas : la *Gazette de France*, le *Français*, la *Liberté*...

Licite dans son objet et dans son but, la souscription a été organisée d'une façon complètement légale et sans qu'aucune espèce de reproche puisse lui être fait à cet égard.

Cette organisation, d'ailleurs, n'est pas seulement l'œuvre du journal *le Corsaire*. Tous ceux qui ont suivi les renseignements détaillés donnés dans le journal sur la souscription savent que ce sont *les ouvriers eux-mêmes, que ce sont les chambres syndicales qui ont pris l'initiative de l'organisation de la souscription et de l'emploi des fonds* qu'elle produit. Et savez-vous, messieurs, comment cette organisation a été faite? Elle a été faite *en plein jour, en pleine publicité,* au vu et au su de la préfecture de police, avec l'autorisation de l'administration et dans des réunions dont aucune n'a été tenue sans qu'y fut présent un agent de l'administration. *Tout a été publié,* tout s'est passé sous les yeux mêmes et sous le contrôle de l'autorité et dès lors, vous le voyez bien, à tous les points de vue la souscription était licite, à tous les points de vue les moyens d'exécution étaient irréprochables, l'organisation de la souscription était légale, strictement légale.

Plus tard, qu'est-il arrivé? C'est que pour donner un plus grand développement de la souscription et pour aller au-devant des offrandes des ouvriers — pour qui surtout il est juste de dire que le temps est de l'argent — on avait voulu établir en quelque sorte dans chaque quartier des receveurs qui pourraient éviter, aux ouvriers souscripteurs, de longues démarches à travers les rues de Paris, et la perte d'un temps considérable s'ils avaient été obligés de se rendre aux bureaux du journal pour y verser leurs offrandes.

Et comment s'est faite l'institution de ces receveurs qui paraît être particulièrement incriminée par le premier considérant de l'arrêté de M. le gouverneur de Paris? Cette organisation s'est faite de la manière la plus simple : le journal *le Corsaire* s'est borné à demander des receveurs de bonne volonté; ceux qui se sont présentés, du moment qu'ils étaient présentés et qu'ils étaient dans des conditions d'honorabilité, donnant toutes garanties, ont été agréés, et sans qu'il y ait jamais eu d'autre rapport entre ces receveurs et le journal que la démarche de chaque receveur qui délivrait différents bulletins de souscriptions et en rapportait le produit aux bureaux du journal : la souscription a fait son chemin dans les différents quartiers de Paris.

Voilà ce que l'on prétend appeler une association illicite...

Une souscription dont le but est d'envoyer à Vienne, pour le développement de leur instruction professionnelle, un certain nombre d'ouvriers, n'est point une association...

Si l'on trouvait véritablement dans la souscription du *Corsaire* un délit d'association, il était plus simple de consulter sur ce point les tribunaux du pays, il n'y avait nulle nécessité de supprimer le journal...

M. Lepère terminait en disant au gouvernement de M. le duc de Broglie :

Vous frappez le *Corsaire* parce que vous supposez qu'il a des doctrines qui ne vous conviennent pas, vous le supprimez parce qu'il vous déplaît.

Le 11 juin faillit être une revanche du 24 mai. Le gouvernement eut 368 voix contre 308.

Maintenant, où M. le substitut Thomas a-t-il pu prendre qu'aucune délégation n'avait été envoyée à Vienne? Je n'en sais rien. Quand j'ai lu son réquisitoire, d'abord dans les journaux, ensuite dans son texte officiel, je me passais à chaque instant la main sur les yeux en me demandant si je ne rêvais pas. Arrière-petit-fils, petit-fils, neveu, cousin de magistrats, ayant occupé avec éclat et dignité les plus hautes situations dans la hiérarchie judiciaire, j'avais toujours cru que l'exercice des fonctions de magistrat comportait un certain sérieux, un certain souci de la vérité ou du moins des apparences de la vérité, enfin, un certain respect de soi-même, une certaine pudeur. Il a fallu la terrible aventure de ce procès et de cette condamnation pour me faire croire qu'un magistrat pût être capable d'un tel cynisme, d'une semblable mauvaise foi.

Une nombreuse délégation de délégués désignés par les ouvriers eux-mêmes et représentant toutes les branches de l'industrie quitta Paris pour Vienne le 21 août 1873, en 2e classe, aux frais de la souscription. A Vienne, elle fut logée, hébergée, nourrie, voiturée, défrayée des entrées à l'exposition et de tout pendant dix jours aux frais de la souscription; le retour s'effectua dans les mêmes conditions; pendant l'absence des délégués, leurs femmes reçurent des indemnités de deux ou trois francs par jour, suivant les cas, aux frais de la souscription; à leur retour, ils rédigèrent et firent imprimer, toujours aux frais de la souscription, soixante-dix rapports corporatifs, plus un volumineux rapport d'ensemble dans lequel il est rendu un public hommage au grand service que j'ai rendu à la démocratie ouvrière en ouvrant dans le *Corsaire* la souscription de Vienne et en prêtant mon concours à son organisation.

Où est la preuve? Dans tous les journaux français et étrangers de l'époque, dans les archives du ministère du commerce et de la préfecture de police qui fut officiellement avisée du départ de la délégation, dans les archives de la Compagnie du chemin de fer de l'Est qui organisa un train spécial pour la délégation à l'aller et au retour, dans les documents relatifs à la section française de l'exposition de Vienne qui avait pour président M. du Sommerard, dans les rapports des délégués publiés à la librairie veuve A. Morel et Cie, 13, rue Bonaparte, dans les archives de toutes les chambres syndicales ouvrières qui existaient à Paris en 1873, enfin dans le compte définitif présenté le 15 mai 1876 par M. Cantagrel, qui n'avait pas cessé de remplir les fonctions de trésorier et qui avait été désigné le 15 mai précédent comme liquidateur de la souscription.

Ce compte contenant l'énuméré de toutes les recettes et dépenses de la souscription a été approuvé par tous les délégués, il a été publié par tous les journaux, enfin il a paru dans le *Rapport d'ensemble de la délégation ouvrière française à l'exposition universelle de Vienne en 1873* (Paris, veuve A. Morel et Cᵢₑ, 13, rue Bonaparte), page 645. Il est la preuve complémentaire et décisive de la monstrueuse calomnie. Je le transcris ici textuellement :

RECETTES

Sommes provenant, à la date du 14 octobre 1873, de la sous-cription ouverte au journal le *Corsaire* . . fr.   70,551 06
Depuis le 14 octobre 1873, le trésorier a reçu direc-tement de divers souscripteurs 1,066 70
A Vienne, le sous-trésorier a touché 4 20

Produit brut de la souscription 71,621 96
Bénéfice fait à Vienne sur change 82 76

TOTAL. . fr.   71,705 72
Les délégués lyonnais ont fourni 2,880 00
Les ventes de Rapports corporatifs, faites par la maison veuve Morel et Cᵢₑ, éditeurs, ont produit, à la date du 22 février 1896 . . . .   867 15
Les ventes de Rapports corporatifs opérées par les Chambres syndicales ouvrières, ont produit (voir l'annexe *A*). . . . . fr.   1,957 90
Le trésorier de la commission du tra-vail a vendu deux collections . . .   40 00

1,997 90

TOTAL DES RECETTES. . fr.   75,450 77
A déduire :
Frais généraux, de bureau, d'administration et de voyage préparatoire d'un envoyé à Vienne. . fr.   5,666 51

RECETTES NETTES. . fr.   71,784 26

DÉPENSES

I. — *Voyage de la délégation à Vienne :*

Billets de voyage, aller et retour, achetés et remis à 105 délégués . . . . fr.	20,586 70	
Argent remis aux mêmes, y compris 20 francs de frais	9,919 70	
Sommes remises aux deux déléguées institutrices :		
A celle de Paris . . . . . . fr. 400 00		
A celle de Lyon 545 00		
	945 00	
TOTAL. . fr.	31,451 40	

II. — *Séjour à Vienne de 105 délégués :*

Envoyé de Paris à M. Flamm, acompte sur la location, une traite achetée. fr.	2,000 00	
A Vienne, le sous-trésorier a payé :		
1º Pour solde de la location	3,300 00	
Total payé pour loyer. . fr.	5,300 00	
2º Pour nourriture des délégués . . . . . fr. 3,718 00		
3º Pour entrées à l'Exposition 1,249 95		
4º Pour voitures à l'arrivée, bagages, interprètes . . 611 20		
5º Divers. 540 20		
	6,119 35	
TOTAL DES DÉPENSES A VIENNE. . fr.	11,419 35	
De retour à Paris, le sous-trésorier a payé : pour premiers frais concernant l'installation de la commission du Rapport d'ensemble 166 85		
	11,586 20	
A reporter. . .	43,037 60	

III. — *Dépenses spéciales au travail de la commission*
du Rapport d'ensemble :

Report. . .	43,037 60
Traduction . . . . fr.	663 00
Secrétariat, correspondance	1,675 70
Archiviste et loyer du siège de la commission.	643 55
Travail de revision des rapports . . .	858 00
Dépenses diverses, circulaires, garde des rapports , ...	43 65
	3,883 90

IV. — *Frais d'impression :*

Payé à Masquin et Cie (Imprimerie Nouvelle) pour
impression, tirage, fourniture de papier, brochage, etc. :

1° pour 70 Rapports corporatifs. . fr.	19,098 40
2° pour le Rapport d'ensemble. . .	4,896 60
	23,995 00

TOTAL DES DÉPENSES. . fr. 70 916 50

RÉSUMÉ

Recettes nettes. . . . . .fr.	71,786 26
Dépenses.	70,916 50
Reste aux mains du trésorier. . fr.	869 76

Paris, le 15 mai 1876.

Le trésorier,
CANTAGREL.

Voilà comment j'ai volé la souscription de Vienne, voilà
comment je n'ai organisé aucune délégation: Cette stupé-
fiante calomnie est bien l'épigraphe d'un procès dans
lequel il n'a pas été prononcé, on peut le dire, un seul
mot de vérité, dans lequel depuis le commencement jusqu'à
la fin tout a été mensonge et calomnie. Le réquisitoire
définitif de M. le substitut Thomas, publié à l'avance par
les journaux, avait donné le branle. Tous les témoins ont

suivi, tous ont menti, tous ont calomnié, excepté M. Félix Martin, directeur des chemins de fer du Sud de la France, aussi est-ce le seul que les juges n'aient pas cru (¹).

Quoi d'étonnant à ce que la calomnie soit devenue la reine du jour quand les magistrats chargés de la réprimer en donnent ainsi l'exemple du haut de leurs sièges ?

Je lisais dernièrement dans un journal : « Les tribunaux donneront, il faut l'espérer, aux diffamateurs une leçon depuis trop longtemps attendue ». La leçon a été donnée depuis longtemps par M. le substitut Thomas dans le procès des cercles et probablement dans beaucoup d'autres que j'ignore.

Dira-t-on que si j'avais été présent à l'audience, j'aurais pu immédiatement réfuter la calomnie, et en détruire ainsi l'effet ? Quelle illusion ! Le mensonge était si énorme et si bête, la calomnie tellement grossière qu'il était impossible de la prévoir. Plus une calomnie est absurde, plus il est difficile d'en avoir raison, surtout devant la police correctionnelle, où tout accusé est présumé coupable et où tout ce qu'il dit est présumé faux. Pour convaincre M. le substitut Thomas de mensonge, il fallait faire ce que je fais aujourd'hui : placer en face de ses calomnies d'irréfutables documents. Or, comment l'aurais-je pu, n'étant pas averti ? Un démenti sans preuve n'aurait fait que souligner l'accusation et l'affirmation de M. le substitut Thomas aurait été crue comme l'ont été les dénonciations de l'agent secret de Clercq et les témoignages des tenanciers de tripot.

(¹) Dans l'affaire des 104 à Moulins, M. Beaugrand, qui occupait le siège du ministère public, s'exprimait ainsi :

« Quand on prétend clouer un homme au pilori, quand on s'érige en justicier, il faut avoir la preuve en poche. Il faut y réfléchir à deux fois avant d'attenter à l'honneur d'autrui. On n'est pas quitte avec la justice en plaidant la naïveté et la duperie !

(*Figaro* du samedi 31 janvier 1891.)

IV

Autres faits de moralité.

Mes vols au *XIX⁰ Siècle*. — La justice des experts. — Une erreur de 612,000 francs. — C'étaient les livres d'un chemisier! — Autre vol de 205,000 francs. — M. Thomas est sans excuse. — Journaux tombés sous le déficit. — Mon attitude pendant la Commune. — La bonne foi de M. Thomas. — Un déjeuner à l'hôtel du Helder. — Comment j'ai passé dans le camp des Versaillais.

M'avoir accusé du vol de la souscription de Vienne ne suffisait pas à M. Thomas. Pour bien me perdre dans l'esprit du tribunal et dans l'opinion, il lui fallait quelques accusations plus récentes et s'il se pouvait aussi odieuses. En conséquence, il m'accusa d'avoir pris, avec M. Girard, 612,000 francs dans la caisse du *XIX⁰ Siècle;* puis d'avoir volé 205,000 francs provenant d'une émission d'obligations du *XIX⁰ Siècle;* puis,... mais procédons par ordre. Je prendrai une à une toutes les accusations de M. le substitut Thomas et je prouverai qu'il n'en est pas une qui ne soit une calomnie :

« Au *XIX⁰ Siècle*, dit-il dans son réquisitoire, en six ans, Portalis et Girard retirent de la caisse sociale 612,000 francs. »

Cette accusation était, par un côté, plus étonnante encore que celle du vol de la souscription de Vienne, car loin d'avoir retiré de l'argent de la caisse du *XIX⁰ Siècle*, j'y

avais mis tout ce que je possédais. En la lisant, je conti
nuais à me demander si je ne rêvais pas.

Je me hâte, toutefois, d'ajouter que pour cette accusation, M. le substitut Thomas a une excuse. Il a parlé
d'après les dépositions de deux « auxiliaires de la justice »,
un expert et un administrateur judiciaire.

La faillite du *XIXe Siècle* avait été prononcée par le
tribunal de commerce, le 9 janvier 1895, à la suite d'un
acte de piraterie gouvernementale et judiciaire, dont je
raconterai dans un autre chapitre les édifiants détails et
qui avait pu s'exécuter d'autant plus facilement que, pour
en assurer le succès, on avait commencé par lancer contre
moi le mandat d'arrestation qui m'avait fait partir et qu'on
avait arrêté l'administrateur du *XIXe Siècle*, M. Girard.
Quelques jours après, M. le juge d'instruction Dopffer avait
fait extraire M. Girard de Mazas, où il était préventivement
détenu, et lui avait annoncé qu'à la suite de la faillite du
XIXe Siècle, de nouvelles poursuites allaient être dirigées
contre lui et contre moi pour « banqueroute, abus de confiance, escroquerie, infraction à la loi sur les sociétés ». Il
y avait bien là de quoi porter le dernier coup à un malheureux prévenu contre lequel on instruisait déjà six ou sept
procès et dont la prison avait gravement atteint la santé.

M. Dopffer avait fait part de ces peu rassurantes nouvelles à M. Girard, sur le ton que connaissent ceux qui ont
subi ses interrogatoires et en présence de M. l'expert
Vanault; puis se tournant vers celui-ci : « Voici, dit-il,
M. Vanault, expert. Je le charge de l'examen de la comptabilité du *XIXe Siècle*. Il a toute ma confiance. »

Le même jour, M. Dopffer délivrait contre M. Girard, et
indubitablement aussi contre moi, un nouveau mandat
d'arrestation sur lequel étaient énumérés tous les chefs
d'inculpation ci-dessus.

Qu'avait à voir l'affaire de la faillite du *XIXᵉ Siècle* avec
l'affaire des cercles? Rien. Mais la même pensée qui avai
porté M. le substitut Thomas à inventer le vol de la souscrip
tion de Vienne, lui fit citer comme témoin M. Vanault, e
M. Vanault, pour ne pas tromper la confiance de M. Dopffer
est venu à l'audience du 15 février déposer, sous la foi du
serment, que MM. Girard et Portalis avaient en six ans
retiré de la caisse du *XIXᵉ Siècle* 612,000 francs (1). L
veille, les dépositions de tenanciers de tripot avaient pro
duit un effet déplorable, tout le monde avait dit que
c'étaient eux qui auraient dû être à la place des prévenus.
L'accusation chancelait. Il était temps que la garde don. t.
La déposition de M. Vanault fit tout de suite penche.
balance du côté de l'accusation. Du moment où nous avion
volé 612,000 francs à la caisse du *XIXᵉ Siècle*, qu'y avait-il
de surprenant à ce que nous ayons voulu faire chanter
les cercles? Les sympathies revinrent aux « pauvres tenanciers », dont les journaux du matin demandaient déjà
l'arrestation comme faux témoins (2).

Avant M. l'expert Vanault, on avait entendu M. l'administrateur judiciaire Imbert, qui n'avait, lui non plus, rie
à dire sur l'affaire des cercles. Mais nommé par ordon
nance du président du tribunal civil, il avait dirigé
l'exploitation du *XIXᵉ Siècle*, du 28 novembre 1894 au
9 janvier 1895, et il avait conduit, tambour battant, le
journal à la faillite. Cité par le parquet, il avait déposé,
toujours sous la foi du serment, que « les détournements de
MM. Girard et Portalis au préjudice du *XIXᵉ Siècle* pouvaient s'élever à 800,000 francs ».

M. Girard protesta de toutes ses forces. Pour toute

---

(1) *Gazette des Tribunaux*, du 16 février 1895.

(2) Voir notamment la *Petite République* et le *Rappel*, portant l
du 15.

réponse, M. Imbert haussa les épaules, M. Vanault en fit autant.

A-t-on besoin de rien prouver quand on accuse un prévenu ? La conviction des juges était faite : nous avions volé dans la caisse du *XIXᵉ Siècle* peut-être 800,000 francs, sûrement 612,000. Il devenait de plus en plus clair que nous étions des malfaiteurs et que les tenanciers étaient des fleurs de vertu.

Pour avoir une idée de l'impression produite par ces deux dépositions, il faut se reporter aux comptes rendus des journaux. Voici celui de M. Albert Bataille dans le *Figaro* :

L'honorable M. Imbert, nommé administrateur judiciaire du *XIXᵉ Siècle* après la débâcle, déclare qu'il a examiné les livres avec le *plus grand soin*.

M. Imbert évalue à 870,000 francs les bénéfices que Portalis et Girard se sont partagés.

On sait qu'une nouvelle instruction pour *banqueroute frauduleuse* est ouverte de ce chef contre les deux inculpés.

M. Vanault, expert comptable, a examiné comme M. Imbert les livres de comptabilité du *XIXᵉ Siècle*. 1,900,000 francs environ ont été versés au *XIXᵉ Siècle* par des personnes non dénommées. Là-dessus, Portalis et Girard se sont partagé près de 900,000 francs [1].

La banqueroute frauduleuse, c'était les travaux forcés. Le *Figaro*, aimable confrère, nous voyait déjà au bagne et il s'en réjouissait [2].

_____

[1] *Figaro* du 16 février 1895.

[2] Après l'arrestation de son principal rédacteur, M. Rosenthal dit Jacques Saint-Cère, le *Figaro* est revenu à des sentiments moins féroces à l'égard des prévenus et on pouvait lire dans son numéro du 3 février 1896 :

« Certes, ceux qui chargent un inculpé de crimes imaginaires commettent un ction condamnable entre toutes. N'est-ce point assez déjà l'enregistrer s fautes qui peuvent leur tre certainement imputées en ute tranquill de conscience ! »

Cependant j'étais bien sûr de n'avoir jamais pris un centime dans la caisse du *XIXᵉ Siècle* et d'y avoir, au contraire,
versé des sommes considérables. M. Girard avait, en ce qui
le concernait, la même certitude. Comment donc les
deux auxiliaires de la justice avaient-ils pu commettre
pareille erreur et se faire ainsi les auxiliaires d'une accusation infâme?

Dans le journal *Paris,* du 15 septembre 1895, un de mes
anciens collaborateurs, bien placé pour être exactement
renseigné, M. Georges de Nouvion, raconte ce qui suit :

Je sais une récente affaire dans laquelle l'expert en comptabilité s'est distingué. Il s'agissait d'une accusation de détour-
nement de fonds au détriment d'une société par ses administrateurs. L'expert s'empare des livres. Il compare le brouillard
au grand-livre et il arrive à des différences fantastiques. Il
conclut que les administrateurs ont mis cette différence dans
leur poche. Le juge d'instruction cite le comptable ; il fait
venir l'administrateur délégué ; il prétend les confondre en leur
mettant sous les yeux le rapport de l'expert. Personne n'y
comprend rien ; on se perd dans des explications qui ne répondent à rien. Enfin, à bout d'arguments, quelqu'un a l'idée de
reprendre les livres examinés par l'expert et l'on s'aperçoit que
celui-ci a confondu deux comptabilités. Il a comparé le brouillard de la société d'un journal avec le grand-livre d'un chemisier. Il n'a pas vu que d'un côté on parlait de comptes de
papier ou de publicité et que de l'autre il était question de
calicot et de faux-cols.

Et voilà, ajoute l'auteur de l'article, sur la foi de quels
renseignements on fait passer les hommes par la prison et
parfois on les condamne!

Les choses se sont-elles passées exactement comme le dit
le rédacteur du *Paris?* Je n'ai pas été jusqu'ici en situation de le vérifier, mais, ce qui est certain, c'est que
MM. Vanault et Imbert avaient bien commis une erreur,

que l'erreur a été reconnue et que M. Dopffer a rendu dans cette affaire une ordonnance de non-lieu, le 6 juin 1895.

Cette accusation de banqueroute, d'abus de confiance, d'escroquerie, d'infraction à la loi sur les sociétés a donc été officiellement reconnue fausse après une instruction de quatre mois. Elle n'en avait pas moins pesé de tout son poids sur le procès des cercles. Elle n'en a pas moins été, avec l'accusation du vol de la souscription de Vienne, une des principales causes de la condamnation.

Si j'avais été présent à l'audience, qu'aurais-je pu dire pour réfuter cette accusation calomnieuse ? J'aurais protesté comme l'a fait M. Girard. MM. Vanault et Imbert auraient haussé les épaules... Il n'y avait rien à faire qu'à attendre la fin de l'instruction et l'ordonnance de non-lieu qui n'a été rendue qu'au mois de juin, quatre mois après l'affaire des cercles.

MM. Desrousseaux, inspecteur des finances, et Flory, expert, s'étaient pareillement trompés de 1 million dans l'examen des livres de la Compagnie des chemins de fer du Sud de la France. MM. Félix Martin, Robin et André furent arrêtés à la suite de leur rapport sous l'inculpation de faux. L'erreur reconnue, on les relâcha, mais ce qui montre le mépris de la vérité et le manque absolu d'honnêteté avec lesquels se fricote cette peu ragoûtante cuisine politico-judiciaire, c'est que le ministre de la justice, M. Trarieux, porta cette accusation de faux à la tribune, alors que l'erreur de l'inspecteur des finances et de l'expert avait été reconnue depuis un mois déjà. Il avait eu besoin de cette accusation comme argument de tribune et n'y avait pas regardé de si près...

Plus tard, MM. Félix Martin, Robin et André, qui avaient été choisis comme boucs émissaires dans cette affaire des Chemins de fer du Sud, furent, pour d'autres

motifs, traduits devant le jury, qui les acquitta. La bévue
précédemment commise par MM. Desrousseaux et Flory
fut constatée en pleine audience et tous les journaux
en parlèrent (¹). Pareille bonne fortune ne nous est pas
échue, à M. Girard et à moi, pour l'erreur de MM. Vanault
et Imbert. Le jour où, à la suite de leur premier rapport,
une instruction avait été ouverte contre nous pour banqueroute, abus de confiance, etc., la nouvelle avait été
immédiatement communiquée aux journaux qui l'avaient
publiée en ajoutant, pour la plupart, comme le *Figaro*, au
mot banqueroute, l'épithète de frauduleuse. En revanche,
l'ordonnance de non-lieu, du 6 juin 1895, fut tenue strictement secrète et aucun journal, absolument aucun, n'en a
fait mention, si bien que je suis encore, à l'heure qu'il est,

---

(¹) Cette constatation souleva même dans la presse de très vives protestations. Je citerai comme exemple les extraits ci-après :

Du *Figaro* : Thémis est une grande dame qui ne fait pas son ménage
elle-même ; elle y convie toute une nuée d'officieux, experts, arbitres,
syndics, séquestres, qui, fort honnêtes gens sans doute en leur privé,
n'ont pas toujours le sentiment exact de leurs responsabilités augustes.

Quelle que soit leur probité, ce sont des gens de métier, et l'esprit
professionnel est le grand écueil de la conscience du juge.

Un exemple probant nous en est fourni par le procès des chemins des
fer du Sud, dont le verdict d'acquittement est très significatif. L'un des
plus respectables parmi les experts de Paris a commis une erreur de
800,000 francs dans ses calculs, et c'est sur cette erreur que se fondait
une poursuite criminelle infamante.

Et les légèretés, et les bévues, et les faiblesses, les vilenies légales,
les méfaits tolérés commis par certains syndics de faillite, liquidateurs,
arbitres, gens d'affaires de toute catégorie ! La pudeur judiciaire, le
sentiment des solidarités les couvrent d'un voile complaisant : croyez-
vous pour cela qu'ils soient moins abominables ?

C'est dans cette arrière-boutique des tribunaux qu'il faudrait porter le
fer et la flamme. Mais il faudrait pour cela des députés réformateurs,
et nous n'avons que des députés serviles, repus — même la plupart
des socialistes — ou chéquards.

De l'*Autorité*, sous la signature de M. Paul de Cassagnac : Il est
lamentable, il est intolérable, il est odieux, le spectacle que nous ont
donné MM. Flory et Desrousseaux.

M. l'expert Flory surtout.

En voilà un qui passait au palais pour un sacro-saint.

Quand il avait fait un rapport, il était de mauvais goût de le discuter,
de le mettre en doute le plus léger.

Immédiatement, le président, quel qu'il fût, que cela se passât à la
cour d'assises ou bien à la correctionnelle, interpellait et morigénait,
soit l'accusé, soit l'avocat assez audacieux pour contester une seule des
affirmations de l'expert Flory, et lui disait d'une voix indignée : « Est-ce

aux yeux du public, sous le coup de l'accusation de MM. Vanault et Imbert, reprise par M. le substitut Thomas dans son réquisitoire. C'est ainsi que la presse se rend chaque jour complice d'infamies qu'elle ne soupçonne pas, la police et la justice ne lui communiquant que les renseignements de nature à nuire aux accusés et lui dissimulant soigneusement tous les autres.

Comme l'accusation du vol des 612,000 francs, l'accusation de vol du produit des obligations du *XIX* *Siècle* a été reconnue fausse par l'ordonnance de non-lieu de M. Dopffer, — comme elle, elle a été répétée par les journaux et n'a jamais été démentie ; mais dans la seconde, le parti pris de M. Thomas, de nous faire passer à tout prix,

---

que vous auriez la prétention inouïe de discuter M. l'expert Flory ? »

Et les interpellés balbutiaient des excuses et s'inclinaient devant Flory le véridique, devant Flory qui ne se trompe jamais.

Combien de pauvres diables, de braves gens, que l'on a frappés, après leur avoir brutalement fermé la bouche lorsqu'ils mettaient en suspicion les rapports de Flory et des autres témoins assermentés du même acabit !

Flory, les experts, c'était la loi, c'était la vérité, c'était la société vengeresse.

Et il vient d'être démontré, d'une façon lamentable, que le fameux Flory, la perle des experts, la rose immaculée du palais, ne connaît même pas son métier, ne le pratique même pas avec une imperturbable conscience et commet erreurs sur erreurs, mais des erreurs à envoyer un innocent au bagne !

De l'*Écho de Paris*, sous la signature de M. Henry Bauer : Sur les affirmations de ce Flory, trois hommes innocents, et combien d'autres encore, ont été déconsidérés, emprisonnés, enchaînés, torturés ; il instruit, il pérore, il affirme, il ne sait rien, il voit des soustractions partout et est incapable de faire une addition ; il se trompe de 1 million et ne connaît ni un chiffre, ni une écriture, ni une lettre. Ah ça ! s'il n'est pas accordé d'indemnité aux victimes, n'infligera-t-on pas quelque châtiment à la vieille bête asine ? Ne coiffera-t-on pas du bonnet d'âne l'ignare, l'ignorantissime Bridoison pour le pousser à travers le préau des écoles primaires, livré aux railleries et aux bourrades des marmots ?

Honnis soient les sots cruels qui font tant de mal !

Ils sont tous de même sorte, les praticiens de l'expertise légale, les auxiliaires de l'instruction secrète. Au lieu de s'en tenir à leur mission stricte et précise de vérité, ils perdent aussitôt l'indépendance et le calme ; ils se prennent férocement de haine contre l'accusé, leur proie et leur revenu ; ils sont gagnés par les préjugés de police et de répression aveugle ; ils considèrent chaque prisonnier comme un coupable, chaque cas comme un crime ; ils n'exercent plus leur science professionnelle, quand ils ont de la science, et se font pourvoyeurs de bagnes et valets de bourreaux.

M. Girard et moi, pour des voleurs, est encore plus évident.

L'émission des obligations du *XIXᵉ Siècle* avait produit 205,000 francs.

Les témoins, affirme M. Thomas, vous ont dit que l'argent avait servi aux besoins personnels de Portalis et de Girard.

Or, M. Thomas savait parfaitement le contraire et les témoins n'avaient rien dit de semblable.

M. Rousseau, caissier-comptable du *XIXᵉ Siècle*, entendu comme témoin, avait déclaré que le produit inté-gral des obligations placées avait été encaissé par lui et avait été employé à créer des correspondants dans les départements, à développer la vente, à faire de la propagande. M. le substitut Thomas était d'autant moins excusable de porter contre nous cette grave accusation qu'elle avait été, pendant l'instruction, l'objet d'une enquête spéciale dont il n'ignorait pas le résultat. En apprenant mon départ, l'arrestation de l'administrateur du *XIXᵉ Siè-cle*, la mise en faillite du journal et en lisant les accusations dont les journaux étaient remplis, un juge de paix du département de la Vienne, M. B..., qui avait acquis un certain nombre d'obligations du *XIXᵉ Siècle*, avait cru qu'il avait été volé et avait adressé une plainte au parquet. Le parquet, si indiscret ou si discret selon le vent qui souffle, s'était empressé de communiquer la nouvelle aux journaux et, dès le lendemain, le *Petit Journal* publiait un grand article annonçant la plainte, avec ce titre en vedette : *Portalis escroc* [1]. Une enquête avait été ouverte et, malgré l'ardeur qu'on mettait alors à me trouver coupable, on avait été obligé de reconnaître que je n'avais jamais rien touché du produit des obligations du *XIXᵉ Siècle*. Cela se passait un mois avant le procès des cercles. En disant, dans son réquisitoire, que je m'étais

[1] *Petit Journal*, janvier 1895.

servi de cet argent pour mes besoins personnels, M. le substitut Thomas affirmait donc sciemment le contraire de la vérité.

Dans son réquisitoire écrit que la presse tout entière a reproduit, M. le substitut Thomas avait dit : « On ne compte plus les journaux que Portalis a créés et qui tous *sont tombés sous le coup du déficit*, mais laissant Portalis *intact* et souvent *plus riche qu'auparavant.* » Or, sauf l'*Électeur libre* qui, après que je l'eusse quitté, a long-temps continué à paraître sous la direction de M. Arthur Picard, tous les journaux que j'ai créés sont tombés, non pas *sous le déficit*, mais sous les coups de l'état de siège. Ils m'ont laissé *intact*, par la raison que le gouvernement de l'ordre moral, plus loyal que celui de M. Charles Dupuy, se contentait de frapper les journaux, sans cher-cher à déshonorer les journalistes. Quant à l'affirmation qu'après la destruction totale de ces journaux qui étaient ma propriété et dans lequel j'avais engagé des sommes très considérables (¹), je me suis trouvé plus riche qu'au-paravant, elle est vraiment singulière dans la bouche d'un magistrat. M. le substitut Thomas pourrait, en vertu du même raisonnement, répondre à ceux qui se plaignent qu'on leur ait volé leur montre ou leur porte-monnaie : « De quoi vous plaignez-vous? Vous êtes plus riche qu'au-paravant. »

Poursuivant son œuvre de diffamation, M. le substitut Thomas prétend que j'ai « fondé sept sociétés financières qui toutes sont en déconfiture complète ». Quelles sont ces sociétés? M. Thomas ne le dit pas et c'est fâcheux, car s'il l'avait dit, il se serait attiré un démenti aussi formel et

---

(¹) M. le substitut Thomas aurait pu se procurer la preuve de ce que je dis ici, avec les chiffres à l'appui, dans les pièces notariées et autres qui ont été saisies chez moi par M. Clément.

aussi peu à son honneur que pour la souscription de
Vienne. Il est vrai que la Société du *XIXe Siècle*, que je
n'ai pas fondée, mais dans laquelle j'ai mis tout mon avoir,
se trouve être en faillite. Reste à savoir si c'est par ma
faute. J'examinerai plus loin ce point très important et le
lecteur appréciera.

M. le substitut Thomas déclare ensuite que « ma vie n'a
été qu'un long trafic de ma conscience et de ma plume » et,
comme unique preuve de ce long trafic : « Après la Commune, dit-il, qu'il (c'est de moi qu'il s'agit) avait soutenue,
croyant au succès, pour l'abandonner ensuite et passer au
camp des Versaillais, il offre ses services à la maison
d'Orléans, qui les refuse. »

Si j'avais soutenu la Commune, croyant à son succès,
si, n'y croyant plus, je l'avais abandonnée pour passer au
camp des Versaillais, et si, après la victoire de l'armée de
l'ordre, j'avais offert mes services aux d'Orléans, je ne vois
pas en quoi cela prouverait que j'ai voulu faire chanter
M. Isidore Bloch, M. Charles Bertrand ou M. Pereire...

Mais je n'ai jamais rien demandé aux d'Orléans, qui
n'ont jamais rien eu à me refuser. Je n'ai jamais cru aux
succès de la Commune. Avant et après le 18 mars 1871,
j'ai tenté, je crois, tout ce que pouvait tenter un journaliste
pour empêcher la guerre civile. Tout en reconnaissant la
légitimité des griefs de la population parisienne, exaspérée
par les souffrances et les déceptions d'un long siège, et tout
en rendant justice aux aspirations généreuses mais impru-
dentes et alors inapplicables de certains promoteurs du
mouvement communaliste, je n'ai cessé de dire et de
répéter sur tous les tons, depuis le premier jour jusqu'au
dernier, que l'insurrection du 18 mars ne pouvait aboutir
qu'à un effroyable carnage. La Commune proclamée, je ne
l'ai pas plus soutenue que je ne l'ai abandonnée. Pendant

tout le temps qu'elle a duré, j'ai fait ce que j'avais fait
sous l'Empire, ce que j'ai fait sous le gouvernement de
M. Thiers, sous le gouvernement de l'ordre moral, sous le
gouvernement du 16 mai 1877 et, depuis : j'ai défendu la
liberté, et M. le substitut Thomas, qui, dans son réquisitoire, m'a courageusement appelé lâche parce que j'étais
parti afin de pouvoir un jour lui répondre, me permettra
de lui faire observer que pour défendre la liberté sous la
Commune, pour ne pas laisser passer une seule atteinte à
la liberté individuelle et à la liberté de la presse sans faire
entendre une énergique protestation (1), il fallait un peu
plus de courage qu'il n'en faut à un magistrat pour calomnier et outrager, sans risque ni responsabilité, un accusé et
un absent.

Quant à mon passage « dans le camp des Versaillais »,

---

(1) Dans la *Vérité* du 5 avril 1871, je protestais contre la suppression
du *Figaro* ; dans la *Vérité* du 7, contre la suppression du *Journal des
Débats*, du *Constitutionnel*, du *Paris-Journal* ; dans la *Vérité* du 15,
contre l'arrestation de Gustave Chaudey ; le 21 avril, contre la suppression de la *Cloche*, du *Soir*, du *Bien public*, de l'*Opinion nationale*. « Cette mesure, disais-je, soulève dans le cœur d'un vrai républicain une indignation profonde. Tout homme qui fait cas de la
liberté protestera avec nous. » Dans le même numéro, je protestais
contre le projet de démolition de la colonne Vendôme. « Déjà, disais-je,
sous la Restauration, d'anciens émigrés avaient demandé la destruction de la colonne. Le bon sens populaire s'opposa vigoureusement
alors à cet acte de violence et de fanatisme. Nous aimons à croire
qu'il s'y opposera encore aujourd'hui avec la même vigueur. » Le
24 avril, j'écrivais : « La Commune avait inscrit sur son drapeau le
mot de liberté, qui semble être en France l'instrument et non le but
des révolutions ; ses proclamations, ses programmes ne parlent d'un
bout à l'autre que de liberté. Or, il se trouve que tous les actes de
la Commune sont l'anéantissement de ces promesses. Elle décrète à
tort et à travers, violant la liberté de la presse, la liberté individuelle,
la liberté de conscience, et voici que les citoyens effrayés se disent
les uns aux autres : « C'est la Terreur ! » Le 1er mai, j'adhérais à un programme de conciliation proposé par le *Temps* et l'*Avenir national*. Le
2 mai, je protestais contre la suppression du *Messager de Paris* ; le
3 mai, contre la suppression de l'*Écho du Soir* et de la *Paix* ; le

il faut que j'en fasse le récit, afin qu'on puisse le comparer
à la version de M. le substitut Thomas et voir si, décidément, ce magistrat ne mériterait pas qu'on l'appelât le père
Loriquet de la magistrature debout.

Au 24 mai 1871, le jour de l'entrée des troupes régulières, il suffisait pour être suspect de n'avoir pas quitté
Paris pendant l'insurrection. Or, non seulement je n'avais
pas quitté Paris, mais la Commune, qui avait supprimé un
si grand nombre de journaux, n'avait pas, je ne sais trop
pourquoi, supprimé le mien, qui s'appelait la *Vérité* et dont
les bureaux étaient situés, 13, rue du Helder, dans l'im-
meuble de l'imprimerie Kugelmann. J'y avais passé toute
l'après-midi du 23 à faire le journal au bruit d'une effroyable canonnade. Une batterie d'artillerie, placée près de la
caserne de la Pépinière, ne cessait de balayer le boulevard

---

8 mai, contre la suppression du *Petit Journal*, du *Petit Moniteur*,
du *Petit National*, de la *Petite Presse*, du *Temps*, de la *France*, du
Bon Sens. « L'état de guerre civile, disais-je, ne peut excuser ni expliquer ces crimes de lèse-liberté. » Le 13, nouvelle protestation contre
le décret du Comité de salut public ordonnant que *la maison du sieur
Thiers, se disant chef du pouvoir exécutif de la République française,
serait rasée*. Le 18 mai, j'écrivais, à propos de la suppression du *Siècle*,
de la *Discussion* et du *National*, que, « si la Commune laissait paraître
la *Vérité* par oubli, je la suppliais de le réparer promptement et que
j'éprouvais une répugnance excessive à me sentir l'objet de la tolérance d'hommes politiques qui, ne respectant aucun droit, aucune
liberté, ne pouvaient, sans illogisme, souffrir la publication d'*un
journal voué uniquement à la défense du droit, de la liberté et de
la République*. Le 19 mai, j'insérais une lettre de M. Elyott Bower,
correspondant du journal anglais le *Morning Advertiser*, qui racontait, de la façon la plus pittoresque et la plus désobligeante pour la
Commune, comment il avait été arrêté la nuit précédente, chez Peters,
au *Café Américain*, en compagnie du consul de Russie, de M. Dallas,
correspondant du *Times*, et de plusieurs autres étrangers. Le 21 mai,
enfin, au moment où déjà l'on s'apprête à fusiller les otages, je m'indigne
contre la nouvelle suppression de dix journaux parmi lesquels l'*Avenir
national*, la *Revue des Deux Mondes* et — car le Comité de salut public
songeait à tout — *El Correo de Ultramar*.

Haussmann, et des éclats d'obus sautaient jusque dans mon cabinet. J'habitais alors rue Monsigny, mais le soir encore la fusillade était telle que je ne pus rentrer chez moi et j'allai coucher à l'hôtel du Helder avec un ami. Le lendemain, vers 8 heures, mon ami, debout le premier, ouvre la fenêtre. La rue était pleine de soleil. Des femmes, des enfants allaient et venaient; une marchande de fleurs poussait sa petite voiture. Tout à coup, une compagnie d'infanterie débouche au pas accéléré du boulevard des Italiens, un capitaine en tête, le revolver à la main. La rue se vide. On entend claquer les portes et les persiennes fermées en toute hâte. Un homme, en se sauvant à toutes jambes, avait crié : « On a tiré des fenêtres de la *Vérité!* ». On n'avait pas tiré du tout. Les soldats s'arrêtent devant la porte de la *Vérité*. Le capitaine entre avec quelques hommes, puis ressort bientôt avec dix-sept prisonniers : les ouvriers des machines, les compositeurs du journal, des employés, deux garçons de bureau et le gérant de l'imprimerie, qui, n'ayant pas pu rentrer chez eux à cause de la bataille des rues, avaient couché à l'imprimerie. A ce moment, un garçon de l'hôtel frappe à la porte de notre chambre. La patronne de l'hôtel, qui, la veille au soir, ne m'avait pas demandé mon nom, m'envoyait un bulletin à remplir. « Mettez un **faux** nom, me dit mon ami. » J'écrivis mon nom, ma profession et je dis à mon ami : « Allons déjeuner, si on nous emmène à pied à Versailles ou même si on nous fusille, il vaut mieux ne pas être à jeun. » Nous descendons. La patronne de l'hôtel, une digne dame que je vois encore, avec un bonnet tuyauté à rubans verts et de longs repentirs, me dit qu'elle a déchiré mon bulletin. Elle veut me cacher dans un grenier, dans un cabinet, dans une armoire, dans sa chambre. Je la remercie et je lui dis que le plus grand service qu'elle puisse me rendre est de me laisser aller déjeuner, que je ne veux pas me cacher. La salle à manger était pleine de monde. M. de Contouly, rédacteur au *Temps*, vient à moi, me serre la main et m'engage, lui aussi, à me cacher. Je l'invite à déjeuner. On fouille toutes les maisons de la rue, l'hôtel du Helder comme les autres. Le capitaine, accompagné d'un lieutenant, après avoir perquisitionné de la cave au grenier, paraît sur le seuil de la porte de la salle à manger, regarde pendant plusieurs minutes, ayant l'air de chercher quelqu'un, puis il tourne les talons et s'en va, laissant la rue libre avec deux soldats seulement en faction devant la porte de l'imprimerie.

Après déjeuner, je sors, je passe devant les factionnaires. Rue de la Chaussée-d'Antin, je suis arrêté par un convoi de prisonniers. Enfin, je puis gagner un asile qui m'avait été préparé rue de Ponthieu, une petite chambre sous les toits, d'où le soir je vis flamber les Tuileries, le ministère des finances, le Conseil d'État, l'Hôtel de ville avec, dans le lointain, le bruit continu du crépitement de la fusillade [1].

Et voilà comment j'ai passé « dans le camp des Versaillais » !

---

[1] Les dix-sept malheureux arrêtés à l'imprimerie furent conduits à pied à Versailles, enfermés à l'Orangerie, puis expédiés sur les pontons, d'où mes actives démarches ne parvinrent à les faire sortir qu'au bout de cinq à six mois. Il y avait parmi eux un brave homme de garçon de bureau à grosses moustaches noires, bonapartiste enragé, un vrai ratapoil, qui tout le temps sacrait contre la Commune. Il avait les mains pleines d'encre d'imprimerie : on crut qu'elles étaient noircies par la poudre, on le fusilla. Le malheureux s'appelait Cristal.

V

La faillite et la vente du « XIXe Siècle ».
1° La campagne du « Petit Journal ».

Un syndicat de rancunes. — Naissance de la polémique entre
le *Petit Journal* et le *XIXe Siècle*. — Guerre aux voleurs !
— La campagne de presse du *Petit Journal*. — Claudius-
Marius-Morel. — L'histoire du 31 octobre, d'après les
libelles du *Petit Journal*. —Le mariage de Mlle Alice Grévy
et Mme Edmond Adam. — Modération des modérés. — Un
maniaque de la calomnie. — Le record de la diffamation. —
« Portalis, Clémenceau et Cie. » — Le nègre Nordton et
l'amour de la vertu. — La campagne judiciaire du *Petit
Journal*. — Les procès en diffamation. — M. Marius
Thévenet. — Une élection à Belley, en 1883. — Le poison
opportuniste. — Un ancien garde des sceaux accusé de chantage. — La calomnie n'est pas mûre. — Ce que la justice
pensait des campagnes du *XIXe Siècle* avant le ministère
Dupuy. — Un jugement écrasant pour le *Petit Journal*. —
A qui la faute ? — Envoi de témoins. — Autre défaite. —
Dans l'arrondissemant de Gien. — Changement de tactique
du *Petit Journal*. — Nouveaux procès, nouvelles défaites. —
Ma prétendue association avec M. Clémenceau. — Un contrat violé.

Après m'avoir accusé d'avoir volé la souscription de
Vienne, d'avoir pris 612,000 francs dans la caisse du
XIXe Siècle, **d'avoir** détourné le produit des obligations,
d'avoir soutenu, puis abandonné **la Commune**, d'avoir

passé au camp des Versaillais, M. le substitut Thomas m'a reproché, comme dernier fait de moralité, la faillite du *XIXe Siècle* et le bas prix auquel il a été vendu.

J'ai dit que j'avais mis dans ce journal **tout ce** que je possédais. Je suis la première et la principale victime de cette ruine.

Les journaux ont raconté, au mois de novembre 1895, l'histoire d'un ancien comptable nommé Hannezo, qu'un ancien clerc d'huissier, chez lequel il était en pension, avait dénoncé et fait arrêter pour le voler pendant qu'il était à Mazas (¹).

Mon cas est le même : on a voulu m'enfermer à Mazas et on y a enfermé l'administrateur du *XIXe Siècle*, M. Girard, pour nous voler le *XIXe Siècle*.

Je vais exposer à la suite de quels événements et dans quelles conditions le *XIXe Siècle* a été mis en faillite, puis vendu à un prix dérisoire. On pourra suivre ainsi la cristallisation d'une affaire qui est un symptôme exceptionnellement grave de l'état de nos mœurs publiques où, si l'on préfère, de ce qu'il était à l'époque où le président du Conseil regrettait de ne pas pouvoir gouverner comme à Venise (²), et l'on verra comment la justice peut devenir tout à coup l'instrument docile et terrible d'un syndicat lentement formé de rancunes politiques, boutiquières et policières.

(¹) *Figaro* du samedi 9 novembre 1895.

(²) On connaît le mot dit à M. Paul Déroulède par M. Charles Dupuy, qui faisait semblant de croire à l'authenticité des papiers Nordton : « J'avoue, moi, que je crois absolument à l'authenticité de tout cela. Eh ! tenez, mon cher collègue, savez-vous à quoi je pense depuis que M. Develle (ministre des affaires étrangères) est venu me rapporter votre conversation : « Je me disais qu'il est regrettable qu'on ne pût faire « de la politique comme autrefois à Venise, faire venir certains hommes « et leur dire: D'ici à demain, il faut que vous ayez disparu ! » (*Comment se fait la politique*, par EDOUARD DUCRET, p. 144. Chaumel, éditeur.)

Pour faire comprendre comment ce syndicat s'est formé, il faut que je rappelle les origines et les principaux incidents d'une polémique qui, au commencement de 1891, mettait aux prises le *XIXᵉ Siècle* et un journal entièrement dévoué à la personne et à la politique de M. Charles Dupuy : le *Petit Journal*.

On a voulu, selon l'usage, expliquer cette polémique par des raisons très compliquées et toutes plus fausses les unes que les autres. Le *Petit Journal* a crié sur les toits qu'elle était payée par son concurrent le *Petit Parisien*.

M. Maurice Barrès, dans un article sur lequel j'aurai à revenir, a prétendu qu'elle avait des causes secrètes et qu'il les connaissait. La vérité est beaucoup plus simple et n'a rien de mystérieux.

A cette époque (commencement de 1891), les journaux enregistraient chaque jour de nouveaux krachs de banquiers qui s'adressaient surtout à l'épargne populaire. Les uns partaient, emportant vingt millions, les autres trente, les autres cinquante, et le *XIXᵉ Siècle*, sans autre but que de mettre le public en garde contre leurs manœuvres, avait commencé la publication d'une série d'articles — ce qu'on appelle maintenant une campagne — sous le titre de *Guerre aux voleurs !*

Tout le monde se demandait comment ces banquiers pouvaient attirer dans leurs caisses tant de millions. Le *XIXᵉ Siècle* aussi se posa cette question dans son numéro du 20 février 1891 :

Comment, disait-il, les Mary-Raynaud, les Macé-Berneau et tant d'autres parviennent-ils à se faire remettre ces sommes énormes, où trouvent-ils des gogos pour tant de millions ? Par quels moyens peuvent-ils entrer en relations avec eux ?

La question est d'autant plus intéressante que cela devient un commerce de plus en plus courant, de promettre aux gogos

50, 100 et même 200 p. c. dans l'unique but de se procurer de l'argent.

Les industriels, de plus en plus nombreux, qui font ce métier ne se donnent même pas la peine de jouer à la Bourse avec l'argent que les naïfs leur confient. Ils se contentent de l'empocher, puis, quand leur poche est suffisamment garnie, ils lèvent le pied...

La conclusion de l'article du *XIXᵉ Siècle* était que pour prélever de pareilles dîmes sur l'épargne populaire (¹), les banquiers n'avaient qu'un seul moyen toujours le même : la publication dans le *Petit Journal* d'annonces promettant des gains fantastiques (²).

Comme preuve, le *XIXᵉ Siècle* reproduisait toute une série d'annonces insérées dans le numéro du *Petit Journal* de la veille et n'ayant paru dans aucun autre journal ; les unes garantissant *un revenu fixe de 900 francs par an avec 1,000 francs* de capital ; les autres offrant *5,000 francs à gagner en cinq jours avec 500 francs* (capital doublé, ajoutait l'annonce, en cas d'insuccès), etc., etc. « On aurait pu croire, ajoutait le *XIXᵉ Siècle*, qu'à la suite de tous les krachs récents, le *Petit Journal* aurait exercé une certaine surveillance sur ses annonces, mais c'est au contraire une recrudescence. »

Si cependant, disait-il, un journal pouvait se donner le luxe de refuser de telles annonces, c'est bien le *Petit Journal*, qui passe, à juste titre, pour le plus riche de tous les journaux.

(¹) Dans une discussion qui eut lieu à la Chambre, à propos de ces krachs, un député évaluait à plus de *trois milliards* les sommes emportées par les banquiers qu'on avait fini par appeler « les banquiers du *Petit Journal* », Macé-Berneau avait emporté 24 millions ; un nommé Fonbert, 16 millions, etc., etc., etc.

(²) Dans un réquisitoire contre un de ces banquiers, M. le substitut Jambois disait : « En ce qui concerne l'escroquerie, comme le procédé employé est toujours le même, il convient de le préciser de suite pour ne plus avoir à y revenir.

« Le fond de la manœuvre est une annonce dans un journal quelconque, le plus souvent le *Petit Journal*. »

Le *Petit Journal* répondit par la fameuse théorie du mur. « Ma quatrième page, disait-il, est un mur sur lequel je placarde, sans contrôle et sans examen, toutes les annonces qu'on m'apporte. Le public n'a qu'à se défendre lui-même. Il est prévenu. »

Le *Petit Journal* se comparait aussi à un camelot qui n'est pas responsable de la moralité des imprimés qu'il offre au public.

Le *Petit Journal* continua donc la publication de ces annonces dont il avait la spécialité, on pourrait même dire le monopole, et dont M. Camille Pelletan, député des Bouches-du-Rhône, disait dans la *Justice* « qu'elles portaient en elles-mêmes leur dénonciation ».

Le *XIX⁰ Siècle*, de son côté, reçut à la suite de son premier article et publia en les commentant, un nombre incalculable de lettres et de communications émanant de lecteurs du *Petit Journal*, qui se plaignaient d'avoir été victimes non seulement des annonces mensongères de sa quatrième page, mais de ses articles de troisième, de deuxième et même de première page, de ses conseils financiers, enfin, de l'agence de banque qu'il avait installé dans ses bureaux sous le titre de « service des primes » et que beaucoup de ceux qui s'y étaient laissé prendre appelaient « le service des crimes » [1].

Au lieu de répondre, le *Petit Journal* commença contre

---

[1] Chaque jour, le *Petit Journal* publie à sa quatrième ou à sa troisième page, sous la rubrique service des primes, un tableau des valeurs qu'il offre à l'épargne. Ce tableau était, jusqu'au 15 décembre 1893, précédé d'un avis ainsi conçu :

Le *Petit Journal* tient à la disposition de ses lecteurs et livre ou expédie immédiatement les *valeurs de tout repos* ci-dessous :

Suit le tableau dans lequel figurait comme valeur de *tout repos*, pour ne citer que celles-là, les obligations de Panama et les obligations de la Société des Immeubles. Jusqu'au 15 décembre 1893, le *Petit Journal* vendait ces dernières obligations 387 fr. 50 c. (cote affichée dans son service des primes). Elles valent aujourd'hui 22 janvier 1896, 138 francs, etc., etc.

moi une campagne de diffamations, de calomnies et d'injures comme à aucune époque on n'en a jamais vu dans la
presse. Les critiques du *XIXᵉ Siècle* étaient vives, mais
jamais elles ne se sont adressées qu'aux directeurs de
l'agence de banque et de publicité annexée au *Petit Journal*,
c'est-à-dire à un organe tellement répandu qu'il est devenu
en quelque sorte une institution publique. Le *Petit Journal*,
au contraire, m'a tout de suite attaqué non seulement dans
ma vie politique, mais dans ma vie privée. Pour commencer, il fait rédiger par le nommé Claudius-Marius-
Morel, un spécialiste quatorze fois condamné pour chantage, injures et diffamation ([1]), une brochure qui paraît

---

[1] **M. Paul** Strauss, conseiller municipal de Paris, ayant, pendant
qu'il était candidat, été diffamé par Claudius-Marius-Morel, fit afficher
son casier judiciaire reproduit depuis par le *XIXᵉ Siècle*. Le voici :

CLAUDIUS-MARIUS-MOREL.

Date des condamnations.	Cour ou tribunal.	Nature des délits.	Prison.
1ᵉʳ mars 1866.	Paris, cour.	Escroquerie.	1 mois.
27 juin 1866.	—	Abus de confiance.	2 ans.
23 février 1872.	—	Escroquerie, outrages.	3 mois.
6 mai 1873.	—	Banqueroute simple.	2 ans.
6 avril 1884.	—	Escroquerie.	2 ans. (défaut).
12 septembre 1884.	—	Diffamation.	6 mois.
—	—	Diffamation.	2 mois.
—	—	Diffamation.	2 mois.
10 octobre 1884.	—	Extorsion de fonds.	2 ans.
20 novembre 1884.	—	Outrages aux mœurs.	2 ans.
12 janvier 1885.	Orléans.	Outrages aux mœurs.	2 mois.
11 juin 1886.	Paris, cour.	Abus de confiance.	9 mois.
8 avril 1888.	—	Outrages aux mœurs.	6 mois.

Le relevé des condamnations de Claudius-Marius-Morel s'arrête ici
en 1888. Il est donc fort possible qu'il soit incomplet.

La brochure *Chantages XIXᵉ siècle*, publiée aux frais du *Petit Journal*
et d'après ses instructions, porte cette mention au bas de la couverture :

*En vente chez tous les bons citoyens et libraires, amis de l'honneur
de la presse. Imp. des « Nouvelles de Paris », Henry Kuyelmann,
15, rue de Larochefoucault, Paris.*

sous le titre : *Chantages XIXᵉ siècle, histoires édifiantes sur M. A. Édouard Portalis.* Le *Petit Journal* fait une publicité monstre à ce libelle tellement dégoûtant, tellement bête qu'on n'en peut rien dire, sinon que c'est une invraisemblable ordure ; il lui consacre une annonce qui tient toute sa quatrième page ([1]); il en recommande la lecture dans un article qui se termine par ces mots : « Il vient de paraître une brochure qui expose tous les actes de chantage commis par M. Portalis depuis 1870 jusqu'à ce jour. *Nous en recommandons particulièrement la lecture* ([2]) ».

Ces « histoires édifiantes » sont, je suis forcé de le dire, conçues dans le même esprit, écrites dans le même style et avec le même mépris de la vraisemblance que le réquisitoire de M. le substitut Thomas.

Comme spécimen de cette littérature qui semble sortie de la même fabrique et qui, en tout cas, a été payée par les mêmes gens que les papiers Nordton, je citerai deux exemples pris au hasard.

Voici d'abord comment le libelliste du *Petit Journal* explique le mouvement du 31 octobre 1871 :

Un personnage déjà célèbre par ses pamphlets et les condamnations qu'il avait encourues, faisait partie du gouvernement. J'ai nommé M. Henri Rochefort...

L'avènement de cet homme politique, d'un genre encore inconnu dans les conseils de ceux qui administrent les nations, donna les plus grandes espérances à une foule de ratés dont les études s'étaient faites autour des billards du Café de Madrid...

Parmi les plus serviles et les plus ardents caudataires des hommes du nouveau régime, on peut compter les deux frères Portalis (Harold et Édouard), qui s'étaient institués les gardes du corps d'Ernest Picard, l'ex-député de l'opposition, devenu

___

([1]) *Petit Journal* du 8 avril 1891.
([2]) *Petit Journal* du 10 avril 1891.

l'un des membres du nouveau gouvernement et son ministre
des finances.

Ce dernier titre fut sans doute pour beaucoup dans la fidélité
que lui montrèrent d'abord les frères Portalis, car, ayant les
clefs de la caisse, M. Ernest Picard était tout à fait en mesure
de s'attacher des hommes d'un si haut désintéressement.

Dans les jours qui précédèrent la chute de Metz, de sourdes
rumeurs circulaient déjà à Paris, tant sur la fidélité de Bazaine
que sur la résistance de la place, entourée par les armées alle-
mandes; ce furent sur ces rumeurs que les frères Portalis
rêvèrent de faire une grosse fortune.

Le gouvernement de la défense nationale avait, bien entendu,
à ménager l'opinion nerveuse de la population parisienne et
ses membres, à l'exception de Rochefort, ne cessaient de proclamer le loyalisme du commandant en chef de notre armée
bloquée sur la Moselle et l'utilité d'une résistance que rien ne
pourrait vaincre.

M. Édouard Portalis, au contraire, mis très au courant de la
situation par Rochefort, menaça aussitôt M. Ernest Picard de
tout divulguer...

Ce fut pendant les pourparlers que le gouvernement apprit la
reddition de Metz, mais par des voies si suspectes qu'on résolut
de la tenir secrète, et sans l'*étrange* (1) indiscrétion de M. Henri
Rochefort, les Parisiens eussent pu apprendre cet irréparable
malheur sans que leur courage ait été amolli par une tentative
de révolution devant l'ennemi...

Oui, la journée criminelle du 31 octobre 1870 fut l'œuvre de
trois pitres sinistres, dont deux convoitaient le renversement du
pouvoir. J'ai nommé Rochefort et le sectaire Félix Pyat.

Le troisième, A. Édouard Portalis, ne songeait qu'à retirer
les marrons du feu, sous la forme d'une opulente somme d'argent...

Le 30 octobre, Rochefort s'enfermait dans son appartement,
24, rue Cadet, pour ne pas avoir la responsabilité de l'indiscrétion commise.

---

(1) *Étrange* est souligné dans la brochure.

Portalis, lui, s'abouchait avec Flourens, le chef de bataillon de la garde nationale de Belleville, l'ex-assassin Thibaldi, pour organiser le lendemain la marche sur l'hôtel de ville.

A 2 heures du matin, ce maître fourbe sonnait à la porte de l'appartement d'Ernest Picard, rue Saint-Honoré, 252, et lui tenait cet étrange langage :

« Demain, ce matin même, vous serez débordés, vous et vos collègues, si je n'arrête pas le mouvement.

— Combien faut-il? répliqua ironiquement le ministre des finances devenu, depuis le départ de Gambetta, ministre par intérim de l'intérieur.

— 200,000 francs, répondit Portalis.

— Rien de fait », dit tranquillement M. Ernest Picard.

Les deux interlocuteurs se séparèrent et à midi, le 31 octobre, le gouvernement de la défense nationale était cerné à l'hôtel de ville...

Je n'ai pas à refaire l'histoire de cette journée célèbre où la victoire ne fut pas pour les conjurés associés de Millière et de Blanqui.

Mais ce qu'il faut en retenir, c'est que devant un ennemi partout victorieux en qui entourait notre capitale, Portalis, pour 200,000 francs utiles à ses ambitions folles, joua l'honneur de la France (1).

M. Ernest Picard n'est plus de ce monde ; M. Liouville, son chef de cabinet, non plus; mais M. Georges Pallain, qui était à cette époque auprès de M. Ernest Picard et qui est aujourd'hui directeur général des douanes, pourrait dire non pas même s'il y a un mot de vrai, mais si quoi que ce soit dans mes relations avec Ernest Picard a pu donner prétexte à cette fable ridicule et odieuse. M. Henri Rochefort, que je n'ai connu que vingt ans plus tard après l'amnistie, pourrait aussi, en ce qui le concerne, donner son témoignage.

---

(1) *Chantages XIXᵉ siècle*, p. 23 et suivantes.

Voici maintenant, toujours d'après le libelliste du *Petit Journal*, l'explication de l'attitude du *XIXe Siècle* dans les polémiques qui précédèrent la démission de M. Jules Grévy, président de la République :

... Mme Edmond Adam, dont les combinaisons politiques devraient être profondes, depuis qu'elle joue le rôle de Mme Tallien, avait eu l'étrange idée de pousser son protégé Édouard Portalis, et, ma foi, pour l'avancer au premier rang, elle rêvait pour lui la main de Mlle Alice Grévy.

La fille du président de la République, ayant comme un simple électeur refusé son consentement à ce candidat à sa main, l'ami de Mme Edmond Adam ne pouvait que passer dans l'opposition la plus radicale contre l'Élysée en général et M. Gendre en particulier (1).

Ai-je besoin de dire que je n'ai jamais aspiré à la main de Mlle Grévy ? Quant à Mme Adam, j'ai toujours eu pour elle la plus vive et la plus respectueuse sympathie. Cette sympathie, j'ai été heureux de la lui témoigner dans mes journaux toutes les fois que je l'ai pu ; mais je n'ai jamais,

---

(1) *Chantages XIXe siècle*, p. 20. Cette brochure avait, paraît-il, été payée 1,500 francs, qui avaient été versés à M. Kugelmann, qui avait signé la brochure comme imprimeur, bien qu'il ne l'ait jamais été, a donné lieu à un procès ou à un commencement de procès devant le tribunal de commerce.

Voici le texte de l'assignation qui avait été lancée :

« L'an mil huit cent quatre-vingt-onze, le 22 avril, à la requête de M. Claudius-Marius-Morel, publiciste, demeurant à Paris, 35, rue de La Rochefoucault, pour lequel domicile est élu en ma demeure, j'ai Charles-Alfred Closier, huissier près le tribunal civil de la Seine, séant à Paris, y demeurant, 7, rue Laffitte.

« Soussigné, donné assignation à : 1° M. Marinoni, président du conseil d'administration de la Société du *Petit Journal*, demeurant à Paris, 61, rue Lafayette, où étant et parlant à un homme de service de la Société ainsi déclaré, à comparaître le samedi prochain à l'audience et par devant MM. les président et juges composant le tribunal de commerce de la Seine, lieu ordinaire de ses séances, au palais du tribunal de commerce, en la cité, dix heures du matin, Défaut de suite,

« Pour :

« Attendu qu'aux termes de conventions verbales intervenues entre les parties, mon requérant a rédigé, tant pour le compte de la Société du *Petit Journal* que pour MM. Marinoni et Poidatz, une brochure dont la

que je sache, été son protégé. Elle aussi peut juger de l'infamie de ces racontars dictés et payés par les commanditaires des papiers Nordton.

Le bouquet de cette campagne fut un article de M. Ernest Judet, directeur du service politique du *Petit Journal*.

M. Ernest Judet est comme ces garçons de banque qui se croient riches parce qu'ils portent de grosses sommes d'un établissement financier dans un autre. Il se croit un grand journaliste parce qu'il écrit dans un journal qui a un grand nombre de lecteurs. Il a deux manières : tantôt le galimatias pompeux et mystérieux, tantôt l'invective crapuleuse, dégoûtante, ignoble ; alors ce n'est plus un grotesque qui pontifie, c'est un maniaque qui se démène, le maniaque de la calomnie et de la dénonciation, c'est un épileptique qui bave. Est-ce que j'exagère ? Vous allez en juger.

L'article dont je parle parut le 8 avril 1891 en tête des colonnes du *Petit Journal*. Il était intitulé : *Le bandit*. On pouvait y lire ce passage d'une délicate saveur :

Nous avons exposé ici même le portrait d'Eyraud et de

Société susdite a payé jusqu'ici les seuls frais d'impression à M. Henri Kugelmann, sans rémunérer le travail de la rédaction, la peine et soins de mon requérant ;

« Qu'en outre, le sommaire de ladite brochure, dès avant sa mise en vente, *a été communiqué par suite d'une entente à un publiciste très en vue*, qui en a pris le texte pour une série d'articles parus dans le journal le *Jour*, qui seul a été honoré pour une œuvre qui n'était au fond qu'un plagiat de celle de mon requérant ;

« Que dans ces conditions, malgré les promesses formelles de l'administration du *Petit Journal*, de prendre à mon requérant un très grand nombre d'exemplaires pour sa clientèle, qui ne pouvait manquer de les demander si, comme il avait été convenu, l'administration avait fait une publicité suffisante et non une seule insertion, les susnommés n'ont pas rempli leurs engagements ;

« Que tous ces manquements aux conditions arrêtées ont empêché mon requérant de récupérer le prix de son œuvre et qu'il y a lieu, en conformité des articles 1382 et suivants du code civil, de condamner MM. Marinoni et Poidatz, tant en leur nom personnel que comme président et administrateur de la Société du *Petit Journal*, à une réparation suffisante ;

« Par ces motifs,

« S'entendre lesdits sieurs Marinoni et Poidatz condamner par toutes les voies de droit à payer à mon requérant la somme de cinq mille francs à titre de dommages et intérêts. »

Enregistré à Paris, le 19 avril 1891. (7ᵉ bureau.)

Gabrielle Bompard ; nous reproduisons également les traits
de Portalis. Il ne dépare pas le voisinage et surtout la com-
paraison. Qu'on en juge par l'image authentique.

Et, en effet, en regard de ces lignes se trouvait mon portrait peu flatté.

Pour toute réponse, le *XIX° Siècle* se contentait de
reproduire les épithètes dont me gratifiait le rédacteur du
Petit Journal. Dans ce seul article, il m'appelait :

Bandit, criminel, malfaiteur, flétri, infâme, faussaire,
escroc, maître-chanteur, traître, crocheteur de caisses, être
abject, guenille, coquin, Robert Macaire, voleur, gredin,
ordure sinistre, de Sade, parricide, compère des Prussiens,
forban, aliéné, Napoléon de l'égout, assassin, bête puante.

Il disait que j'avais « la nostalgie du bagne », que je
« chourinais pour 500 francs », que j'avais épuisé la
gamme des forfaits jusqu'à l'assassinat » et « pis encore ! »
C'est textuel.

Tel est le bon ton, telle est la réserve, telle est la modération dont sont capables ceux qui ont fait de M. Charles
Dupuy leur dieu politique. Si ce dieu ressemble à ses
saints et si jamais il parvient à décrocher la timballe de la
présidence de la République, avec l'extension des pouvoirs
que le *Petit Journal* ne cesse de réclamer pour le président,
il nous donnera un drôle de paradis, un paradis à la Stambouloff...

Par la suite, le *Petit Journal* fit encore paraître une
quantité de diatribes dans le même goût et parmi elles
plusieurs articles de première page intitulés : « Portalis,
Clémenceau et Cⁱᵉ », où il m'accusait avec le plus grand
sérieux d'avoir vendu la France à l'Angleterre de complicité avec M. Clémenceau, quoiqu'il sût très bien que j'avais
toujours été partisan de l'alliance russe et que je n'avais eu

avec l'ancien leader de l'extrême gauche que des rapports
de bonne confraternité (¹).

Et c'est ainsi que débuta la campagne d'épuration qu'a
menée et que mène encore le *Petit Journal*. Ce bruyant
amour de la vertu, qu'il a poussé jusqu'à commanditer le
nègre Nordton, est né de la nécessité où il se trouvait de
donner le change à l'opinion et de détourner l'attention de
ses propres méfaits.

Cette campagne effrénée de calomnies avait, en somme,
fait au *Petit Journal* plus de mal que de bien. Quant au
XIXᵉ Siècle, elle ne l'avait pas touché, son influence était
restée la même.

Alors le *Petit Journal* prend une autre méthode. Confiant dans le prestige et dans les moyens d'action de l'ancien
chef de la magistrature, M. Marius Thévenet, qu'il avait
choisi pour conseil et pour avocat, il intente ou fait
intenter au *XIXᵉ Siècle*, devant toutes les juridictions,
toute une série de procès. A la campagne de presse
succède une campagne judiciaire non moins extravagante.

Détenteur incontesté, depuis la brochure Morel et les
articles Judet, du record de la diffamation, le *Petit Journal*
a l'effronterie d'intenter au *XIXᵉ Siècle* un procès en
diffamation.

Le *XIXᵉ Siècle* offrit de faire la preuve de ses allégations, mais le tribunal de la 11ᵉ chambre de police correctionnelle, présidée par M. de Boislille, décida que l'assignation ayant été lancée non par le directeur de la Société du
Petit Journal, mais par son secrétaire général M. Henry

(¹) On sait la guerre que le *Petit Journal* a fait à M. Clémenceau pendant les élections de 1893. Le 23 mars précédent, M. Judet, dans un
article intitulé : *Un criminel*, accusait M. Clémenceau d'une extorsion de 4 millions et demandait combien de temps il resterait au-
dessus des lois.

Poidatz (¹), qui prétendait agir en son nom personnel, la preuve ne pouvait être admise.

Le *Petit Journal* avait pour avocat l'organisateur du procès de la Haute Cour, Mᵉ Marius Thévenet, qui depuis lors a dirigé tous les procès auxquels n'a cessé d'être en butte le *XIXᵉ Siècle*, et qui finalement a organisé, avec MM. Chenest et Puybaraud, le guet-apens judiciaire à l'aide duquel on est parvenu à se débarrasser de ce journal et de son directeur.

Le *XIXᵉ Siècle* était défendu par Mᵉ Tézenas.

M. Marius Thévenet était déjà pour moi une vieille connaissance.

J'étais devenu, en 1882, directeur politique du *Petit Lyonnais*, et, à Lyon comme à Paris, je combattais pour la revision de la Constitution que j'avais été un des premiers à réclamer, en faveur de laquelle j'avais écrit un grand nombre d'articles et plusieurs brochures. A ce moment, une série d'élections partielles eurent lieu à Lyon et dans la région. Les candidats partisans de la revision, chaudement soutenus par le *Petit Lyonnais*, furent tous élus contre les candidats qui défendaient le *statu quo* opportuniste. En octobre 1883, mon ami Roselli-Mollet, député de Belley, étant venu à mourir, le comité radical m'offrit la candidature, que j'acceptai parce que j'y trouvais une nouvelle occasion de propagande pour la revision.

La lutte fut très vive. Dans toutes les réunions, je ren-

(¹) Au cours de ce procès, M. Henry Poidatz a produit un traité par lequel il lui est alloué, par la direction du *Petit Journal*, 20 p. c. sur les affaires financières qu'il lui apporte. Ces 20 p. c. lui ont permis, dit-on, de réaliser en quatre années plusieurs millions.

En même temps qu'il est secrétaire général du *Petit Journal*, chargé de toute la partie financière, M. Henry Poidatz est chargé de la partie financière du *Figaro*, où il rédige l'article intitulé *Figaro à la Bourse*, sous le pseudonyme *Le Boursier*. Il le signe aussi quelquefois de son nom. (Voir le *Figaro* du 1ᵉʳ décembre 1895.)

contrais le futur avocat du *Petit Journal*, venu tout exprès
dans l'arrondissement **pour** me combattre. Il n'était pas
encore député ; il m'en voulait beaucoup, d'abord parce
que je l'avais vu jouer dans les affaires du *Petit Lyonnais*
un rôle plus que louche, ensuite parce que je l'avais
empêché d'être réélu au conseil municipal de Lyon. La
question politique et la question électorale se doublaient
d'ailleurs, dans la région lyonnaise, d'une question de boutique. Les journaux concurrents, tous opportunistes,
avaient été battus dans toutes les dernières élections partielles ; ils cherchaient une revanche. M. Thévenet était
leur homme. Le résultat de l'élection allait décider à quel
parti appartiendrait la prépondérance dans la région.

Quelques jours avant l'élection, M. Thévenet déterra un
pharmacien de Lyon, porteur de dix parts du *Petit Lyonnais*. Il lui fit rédiger une demande en dissolution de la
Société, basée sur ce que le gérant, M. Girard, aurait
détourné de la caisse une somme de 300,000 ou
400,000 francs et que j'avais été son complice. L'assignation fut affichée sur tous les murs de la circonscription.
Mᵉ Thévenet plaida pour le pharmacien avec u..e extrême
violence, Mᵉ Durier, ancien secrétaire général au ministère de la justice et depuis bâtonnier, plaida pour le gérant.
Le pharmacien de M. Thévenet perdit complètement son
procès et fut condamné aux dépens. Mais l'assignation
avait produit son effet : **elle** contribua **certainement à me**
faire échouer (¹).

_____

(¹) A dix ans de distance, les procédés de M. Thévenet n'ont pas
changé. La calomnie dont le tribunal de commerce de Lyon avait fait
justice en 1883, fut reprise en 1891 par le *Petit Journal*, qui la fit répéter
dans le *Jour*, de M. Charles Laurent, dans le *Petit Giennois* et dans
.es libelles dont j'ai parlé plus haut. En même temps, M. Thévenet
faisait de nouveau sortir son pharmacien, M. Guilleminet, de sa boîte
et lui faisait adresser au tribunal de commerce de Lyon une nouvelle
demande en dissolution. Cette fois, M. Millerand, avocat de M. Girard

Les opportunistes peuvent se frapper la poitrine et faire leurs *meâ culpâ*. Ils récoltent ce qu'ils ont semé. L'histoire dira que ce sont eux qui ont introduit dans nos mœurs politiques l'usage des petits papiers, que ce sont eux qui les premiers, au lieu de discuter les idées de leurs adversaires, ont cherché à les écraser sous d'effroyables et infâmes calomnies. Si jamais la République meurt, ce sera du poison que lui ont inoculé les Marius Thévenet et Cⁱᵉ.

Dans sa plaidoirie pour M. Poidatz, l'ancien garde des sceaux qu'on a si souvent accusé d'avoir vendu son vote et son éloquence à la Compagnie de Panama, d'avoir voulu faire chanter la Banque de France et la Société des métaux, qu'on a tant de fois appelé maître-chanteur et même le roi du chant (¹), eut le front de plaider que la campagne du *XIXᵉ Siècle* contre les procédés de publicité du *Petit Journal* était une campagne de chantage : il inau-

---

(M. Durier était décédé), n'ayant pas pu se trouver à Lyon le jour de l'audience et ayant demandé une remise, Mᵉ Thévenet, avec son autorité d'ancien ministre de la justice, obtint du tribunal qu'il fût passé outre. Il plaida seul et la dissolution fut prononcée. M. Feys, syndic de faillite, fut nommé liquidateur au mois de décembre 1891; il prit immédiatement possession de tous les livres de la Société et de toutes les pièces comptables.

M. Feys n'a jamais adressé à M. Girard ni à moi la moindre réclamation. Mais au mois d'août 1893, au moment de la période électorale, le *Petit Journal* et le *Petit Giennois* annoncèrent qu'il venait d'adresser une plainte au procureur de la république.

Ni M. Girard ni moi n'eûmes connaissance de cette plainte que le parquet mit de côté, ne la trouvant sans doute pas sérieuse; mais *dix-huit mois après*, le 5 février 1895, à la veille du procès des cercles, M. Chenest la ressuscita pour que M. Thomas pût dire au tribunal que nous étions poursuivis non seulement pour le *XIX' Siècle*, mais pour le *Petit Lyonnais*.

M. Girard, au surplus, a fourni au tribunal et à la cour un arrêté de comptes qui n'a jamais été contesté et qui démontre que M. Girard, loin d'être le débiteur de la Société du *Petit Lyonnais*, lui a fait, au contraire, des avances s'élevant à environ 80,000 francs dont il est créancier.

(¹) *Libre Parole*, janvier 1895.

gurait ainsi la méthode qui, après trois années de mensonges et de calomnies, devait, le jour où M. Charles
Dupuy serait président du conseil et M. Chenest procureur
de la République à Paris, aboutir à une condamnation dans
l'affaire des cercles et dans l'affaire de la Transatlantique.

Mais la calomnie n'avait pas encore été assez souvent
répétée. Elle n'était pas arrivée à maturité. Le gouvernement n'avait pas encore pris parti dans cette polémique de
presse, il ne m'avait pas encore désigné aux rigueurs de la
justice, il n'avait pas prononcé contre moi l'anathème; je
n'étais pas l'excommunié que je devais être plus tard. Il
était encore permis aux magistrats de parler du *XIXᵉ Siècle*
et de moi avec équité. M. le substitut Cabat, qui occupait
le siége du ministère public, montra dans son réquisitoire
qu'il avait sur les campagnes du *XIXᵉ Siècle* une tout
autre opinion que celle qui venait d'être soutenue avec si
peu de bonne foi par l'ancien chef de la magistrature et
qui devait être reprise, en février 1895, par le substitut
Thomas. Il exprima tout d'abord le regret que le directeur
du *Petit Journal* eût mis ses adversaires dans l'impossibilité de faire la preuve en se dissimulant derrière son secrétaire général, puis il dit de la campagne du *XIXᵉ Siècle*,
de cette campagne qu'on voulait, qu'on voudrait encore
faire passer pour une campagne de chantage (¹), qu'elle
faisait au journal le plus grand honneur et que *si elle avait
été entreprise plus tôt, elle aurait sauvé les économies
disparues d'une foule d'honnêtes gens, d'une foule de
braves travailleurs.*

Du moment où il était interdit au *XIXᵉ Siècle* de faire la
preuve, sa condamnation aux termes de la loi de 1881 sur
la presse ne pouvait être évitée; mais il y a des condamnations qui valent mieux que des acquittements. Tout en le

_____

(¹) Voir le *Petit Journal* du 23 février 1895.

condamnant à 100 francs d'amende et à 1,000 francs de dommages et intérêts envers M. Poidatz, au lieu de 120,000 qu'il réclamait, le jugement donnait au *XIXᵉ Siècle* pleinement raison. Il reconnaissait qu'en entreprenant cette campagne, il avait rempli un devoir et que les critiques étaient pleinement justifiées.

Ce jugement contenait entre autres cet attendu :

Attendu, disait-il, qu'il est équitable, la mauvaise foi et l'intention de nuire étant les éléments essentiels du délit de diffamation, d'avoir égard, pour l'application de la peine, aux conditions dans lesquelles cette campagne s'est ouverte et poursuivie; que le *Petit Journal*, s'érigeant, auprès d'une clientèle nombreuse et sans expérience, en guide et même en agent financier, *il appartenait à la presse* de mettre le public en garde contre les dangers résultant de la publication dans le corps de ce journal de réclames en faveur d'entreprises financières non viables, ou compromises, ou de l'admission, sans contrôle, d'annonces dont le caractère frauduleux était manifeste, et de faire justice de la théorie insoutenable d'après laquelle un journal n'encourrait aucune responsabilité à l'occasion de ces annonces, alors même qu'elles constitueraient visiblement et sans équivoque possible, un délit ou les actes préparatoires d'un délit.

Les jugements qui m'ont condamné le 28 février 1895, dans l'affaire des cercles, et, le 24 octobre de la même année, dans l'affaire de la Transatlantique, ont été, comme on le verra plus loin, une revanche pour M. Dupuy, pour les tenanciers de tripot et pour le président de la Compagnie Transatlantique; mais ils ont été aussi la revanche de ce jugement du 30 mars 1895. Ce jugement, le *Petit Journal* ne l'a jamais pardonné au *XIXᵉ Siècle*. Et pourtant, à qui la faute? Ce n'est pas le *XIXᵉ Siècle* qui avait fait le procès, ce n'est pas lui qui avait porté la question devant les juges. L'idée de prendre le tribunal correctionnel pour arbitre d'une querelle entre journalistes ou entre journaux ne pouvait venir qu'à un rastaquouère de la presse. Qui s'adresse aux lois pour avoir raison d'une offense faite à son honneur, il se déshonore, disait Montaigne.

Bientôt après, cherchant une revanche, le secrétaire général du *Petit Journal* lança contre le *XIX° Siècle*, et contre moi personnellement, une nouvelle assignation en diffamation et en payement de 20,000 francs de dommages-intérêts. L'ancien garde des sceaux, M° Thévenet, l'injure à la bouche, se présenta de nouveau pour M. Poidatz. Mais le jour n'était pas venu où le gouvernement devait, par une criminelle intervention, faire en un instant mûrir la calomnie et fausser la balance de la justice. M° Mille-rand, qui plaidait pour moi, n'eut que quelques mots à dire pour éclairer la religion du tribunal. Ainsi que le *XIX° Siècle*, je fus acquitté ; le secrétaire général du *Petit Journal* fut condamné aux dépens. Il en appela, la cour confirma le jugement.

Furieux de ce que la justice mît aussi peu d'empressement à se plier à ses désirs, M. Poidatz eut alors une idée vraiment saugrenue. Le soir même, il m'envoya ses témoins, MM. le commandant Derué et Gaston Bérardi. Leur attitude fut, bien entendu, d'une irréprochable correction ; mais ils sentaient évidemment tout le ridicule de la démarche qu'on leur faisait faire et ils ne purent s'empêcher de me laisser voir qu'ils m'approuvaient quand je leur répondis que leur client ayant de lui-même choisi le terrain judi-ciaire, il devait s'en tenir pour la réparation de son honneur à la décision des tribunaux et que s'il considérait le jugement du tribunal et l'arrêt de la cour comme des souf-flets, c'était aux juges qu'il devait en demander raison [1].

Ce fut le signal d'un redoublement de diffamations,

___

[1] La cause de ce procès, dont le dénouement a tant irrité M. Poidatz, est tout à fait comique. En réponse au débordement d'injures du

d'injures, de calomnies. Le *Petit Journal* mobilisa une
véritable armée de calomniateurs.

Candidat à la députation dans l'arrondissement de Gien,
en 1889, j'avais après une lutte très vive obtenu 7,324 voix.
M. Loreau, puissant industriel, ancien monarchiste rallié,
qui ne m'avait battu au deuxième tour de scrutin que de
75 voix, annonça qu'il abandonnait la lutte ([1]). Mon succès

Petit Journal et du *Jour* que commanditait personnellement M. Poidatz, le *XIX° Siècle* avait raconté comment le secrétaire général du
Petit Journal s'était présenté au Cercle de l'Union artistique (l'Épatant),
à une époque où les artistes et les hommes de lettres étaient reçus
sans ballottage, et s'était fait recevoir en se donnant pour un homme
de lettres alors qu'il n'avait jamais écrit que des réclames financières
qui n'avaient rien de littéraire. Le *XIX° Siècle*, à ce propos, rappe'ait
l'histoire du fameux grec Ardisson, qui s'était fait recevoir du même
Cercle, sous le nom de comte d'Entrac, et il disait que si M. Poidatz ne
s'était pas présenté sous un faux nom, il s'était présenté sous une
fausse qualité. M. Poidatz avait vu là une diffamation.

Depuis, pour justifier sa qualité d'homme de lettres, M. Poidatz a fait
paraître, sous le pseudonyme transparent de P. Datz et chez l'éditeur
Rothschild, un volume de 230 pages, coquettement imprimé, qui est
intitulé : *Histoire de la publicité depuis les temps les plus reculés jusqu'à
nos jours.*

Le piquant est que cette prétendue œuvre littéraire n'est qu'un
démarquage grossier et même parfois, pendant des pages entières, la
copie textuelle de l'*Histoire de la presse*, de Hatin, et de la *Publicité
en France*, de Mermet.

N'est-ce pas du pur Molière?

([1] En acceptant la candidature dans l'arrondissement de Gien contre
un archi-millionnaire, j'avais commis une imprudence non moins grande
qu'en critiquant les procédés de publicité du *Petit Journal*. M. Loreau,
pour me combattre, avait eu recours à deux moyens : il exerça une
violente pression sur les ouvriers et dirigea contre moi de telles calomnies qu'elles « excitèrent, dit M. Jourdan, député de la Lozère, rapporteur de l'élection dans le 6° bureau (présidé par M. Guyot-Dessaigne,
depuis ministre des travaux publics), la réprobation unanime des
membres de la droite comme de ceux de la gauche ». Dans sa séance
du 2 décembre 1889, la Chambre ordonna une enquête, et, à la suite
de cette enquête, M. Loreau fut invalidé, le 30 janvier 1890, par 253 voix
contre 219. Aussitôt s'ouvrit une nouvelle campagne électorale dans
laquelle il eut recours au même procédé. Il fut réélu le 9 mars et le

aux élections prochaines de 1893 ne faisait plus, dès lors,
de doute pour personne. Aussitôt le *Petit Journal* me
suscita pour concurrent un ancien entrepreneur, gros

---

parti républicain, pour ne pas prolonger indéfiniment l'agitation dans
l'arrondissement, ne souleva, cette fois, aucune protestation. Son élection fut validée sans débat.

Dans ma lutte contre M. Loreau, monarchiste rallié, j'avais été soutenu par tous les députés du Loiret : MM. Viger, Georges Cochery, Rabier
et Lacroix. Pour le second tour de scrutin, MM. Viger et Rabier
étaient venus faire campagne à mes côtés.

C'est après entente entre M. Loreau et le *Petit Journal* que M. Alasseur s'est présenté aux élections de 1893. Il a eu toutes les voix de
M. Loreau, qui a personnellement recommandé sa candidature dans
une lettre adressée à tous les électeurs. Sa situation électorale était
donc très précaire. La moindre défection des conservateurs, défection
d'ailleurs probable, l'eût irrémédiablement compromise. Les poursuites
judiciaires qui le débarrassaient d'un concurrent redoutable étaient pour
lui une excellente aubaine.

Mais il ne suffisait pas à M. Alasseur que je fusse ainsi mis hors
de combat. M. Merry, conseiller général et maire radical de la ville
de Gien, avait été de ceux qui avaient fait contre lui la plus vive
campagne. Deux procès lui furent intentés, l'un à Paris, l'autre à Gien.

Je n'ai que peu de renseignements sur ces procès qui roulaient sur
des sommes infimes, mais je sais comment ils ont été machinés. Rien
n'est plus inique, rien n'est plus révoltant, rien n'est plus illégal, et la
presse entière a applaudi. On voulait à toutes forces frapper M. Merry,
le rendre inéligible. Comment a-t-on procédé ? M. Dopffer était chargé
de l'instruction de mon procès. Entre ce procès et M. Merry, il n'existait aucune espèce de lien. N'importe! Sur une dénonciation de
M. Alasseur, M. Dopffer fait faire, tant au domicile particulier de
M. Merry qu'à la mairie de Gien, perquisitions sur perquisitions. Le
prétexte, que le dénonciateur savait parfaitement ridicule, était de
rechercher des pièces concernant mon affaire. On n'en trouva pas ; mais
à force de recherches et d'appels à la délation, on finit par découvrir je
ne sais quelle irrégularité qui permit de poursuivre M. Merry en vertu
d'une loi qui n'avait pas été appliquée depuis plus de quarante ans.
Il fut arrêté avec le plus de scandale possible, il fut conduit à Paris
entre deux agents, puis condamné, par la 11ᵉ chambre, à quatre mois
de prison. Il fit appel et la cour, par une amère dérision, accorda le
bénéfice de la loi Béranger à cet homme qu'on avait tenu préventivement enfermé pendant quatre mois, dans une infecte cellule de Mazas,
et dont la peine était déjà terminée. Il est vrai qu'en manière de compensation, la cour déclarait M. Merry inéligible. C'était surtout ce que
voulait M. Alasseur.

actionnaire du *Petit Journal*, M. Alasseur, **que j'**avais soutenu aux élections municipales et qui, **désirant ensuite** avoir mon appui pour se faire nommer conseiller général, était venu de lui-même au *XIXe Siècle* me donner sa parole d'honneur qu'il ne se présenterait jamais contre moi aux élections législatives. Pour combattre ma candidature et pour soutenir celle de M. Alasseur, le *Petit Journal* fonda, à Gien, une feuille intitulée le *Petit Giennois*, dont chaque ligne, depuis le titre jusqu'à la signature du gérant, était un tissu d'incroyables injures et d'invraisemblables calomnies. On y trouve toutes les histoires des **brochures Morel** qui, plus **tard**, devaient faire le fonds du réquisitoire de M. le substitut Thomas.

Partout les gens du *Petit Journal* allaient répétant qu'ils auraient ma peau, qu'ils trouveraient bien le moyen de tuer le *XIXe Siècle*, qu'on verrait ce qu'il en coûte d'oser critiquer les procédés de publicité **financière du** *Petit Journal* (¹).

(¹) Quand **je** dis les gens du *Petit Journal,* **je** ne parle que de MM. Marinoni, Judet et Poidatz, **complices** et **commanditaires de** Claudius-Marius-Morel et de Nordton. Je suis même très porté à croire que M. Marinoni, qu'un administrateur du *Petit Journal* comparait un jour à un cocher qui dort sur son siège, a surtout laissé faire.

Il est entendu qu'aucune de mes appréciations sur le *Petit Journal* ne s'applique ni à M. Pierre Giffard, qui fut un instant mon collaborateur **au** *Corsaire* à l'époque de la souscription de Vienne, ni à mon ami Francisque Sarcey, avec lequel j'ai toujours conservé de bons rapports, même après qu'il eut quitté le *XIXe Siècle*, ni à M. Chapel Napias, qui fut rédacteur au *XIXe Siècle* par intérim, ni aux autres rédacteurs qui sont restés étrangers à ces polémiques ou qui n'y ont participé que par force.

Le 29 décembre 1895, le *Petit Journal* a publié, sous la signature de M. Pierre Giffard, un article qui peut être considéré comme un désaveu très net de la politique de diffamation suivie pendant plusieurs années **par le** *Petit Journal.* Il se termine ainsi :

« Moralité : Si l'on pouvait se guérir en France de ce mal dégoûtant qui s'appelle la suspicion, la délation, la menace sous condition, la dénonciation vague, calomniatrice, rarement appuyée sur un semblant de vérité, si l'on voulait s'abstenir de lever le doigt en l'air et de clabauder sans rime ni raison contre quiconque fait œuvre publique, les cœurs faibles se raffermiraient; les timorés reprendraient de l'assu-

Les procès en diffamation ayant tous tourné à sa confusion, le *Petit Journal* change de tactique. Il fait annoncer qu'il achète les créances, les lettres, les papiers qui pourraient servir à combattre le *XIXe Siècle* ou à me combattre. M. Poidatz va lui-même trouver les fournisseurs du *XIXe Siècle*. Il s'abouche avec M. Eugène Pereire, qui, en même temps que président de la Compagnie Transatlantique, est fabricant de papier. M. Pereire, du jour au lendemain, supprime au *XIXe Siècle* tout crédit, cède sa créance sur le *XIXe Siècle*, qui était de 70,000 francs environ, à M. Poidatz, en l'autorisant à poursuivre, sous son nom à lui Pereire et le jour même, sans avertissement, alors que j'étais à Gien, en pleine campagne électorale, le *XIXe Siècle* est assigné en déclaration de faillite. L'assignation est annoncée, commentée par le *Petit Journal* à Paris, par le *Petit Giennois* à Gien (¹). La demande en déclaration de faillite est repoussée : ni le *Petit Journal*, ni le *Petit Giennois* n'en soufflent mot.

---

rance; on ne soupçonnerait plus à chaque instant les plus honnêtes citoyens d'avoir emporté et vendu à l'étranger les tours de Notre-Dame; les hommes en vue feraient ce qu'ils doivent sans craindre de passer pour des courtiers marrons; notre bon renom au dehors n'y perdrait pas.

« Avec notre manie de voir partout des canailles, nous obligeons les plus braves gens à se mettre en défiance et à faire un pas vers l'injustice plutôt que de se laisser soupçonner. Quelques esprits vraiment robustes se moquent du soupçon et le défient. Mais combien sont-ils? On les compte. Du reste, ils finissent le plus souvent par payer pour les autres, ce qui n'est guère fait pour encourager les timides. »

Ce que je dis du *Petit Journal*, je le dis aussi du *Figaro*. J'ai parmi ses rédacteurs, dont plusieurs ont été mes collaborateurs, d'excellents amis.

En 1887, au moment des affaires Wilson, mon collaborateur et mon ami Henry Fouquier vint de la part de M. Périvier, l'un des gérants du *Figaro*, me demander que le *XIXe Siècle* ne parlât pas de M. Sarlin, son cousin, gendre du premier président, en me disant que le *Figaro* ne manquerait pas de me savoir gré de ce service. Je consentis immédiatement et il ne fut jamais plus question de M. Sarlin dans le *XIXe Siècle*. M. Périvier m'adressa, sur une carte, un mot de remerciement et cette promesse : *à titre de revanche*, qui a été saisie chez moi par M. Clément.

(¹) *Petit Giennois* du 5 août 1893.

En même temps, le *Petit Journal* faisait acheter trois actions de la Société du *XIX° Siècle* par un agent d'affaires nommé Amadien, qui demandait devant le tribunal de commerce de la Seine la dissolution de la Société, sous le prétexte que les trois quarts du capital étaient dépensés et que les inventaires étaient fictifs. Son assignation fut aussitôt publiée à Paris, à Gien, à Orléans, avec des commentaires dans le style dont j'ai donné plus haut quelques échantillons.

Le *Petit Journal* faisait, en outre, acheter vingt-cinq obligations de la Société du *XIX° Siècle*, par un nommé Tournal, employé et neveu d'un agent d'affaires nommé de Rebel. Ce Tournal intente au conseil d'administration du *XIX° Siècle*, dont je faisais partie, un procès en escroquerie et abus de confiance, que le *Petit Journal* annonçait dans les termes suivants, naturellement reproduits à Gien par le *Petit Giennois* et dans tout le département par les journaux qui soutenaient la candidature de mon concurrent, M. Alasseur :

Voici que l'associé ordinaire de M. Clémenceau, le bandit Portalis, est appelé à comparaître, le 9 novembre prochain, devant la police correctionnelle. Ce sont les obligataires de son propre journal qui l'attaquent. Ils se plaignent d'avoir été amenés à souscrire leurs titres par des manœuvres qui constitue le délit d'escroquerie prévu par l'article 405 du code pénal et puni de 3 à 5,000 francs d'amende, d'un à cinq ans de prison. Voilà où mène déjà la collaboration Portalis-Clémenceau ! Ce n'est que le commencement du châtiment plus sévère qui les attend et qu'ils ont mérité (¹).

Jamais je n'avais été le collaborateur de M. Clémenceau, jamais je n'avais fait avec lui aucune affaire d'aucun genre. Pourquoi le *Petit Journal* le mêlait-il à cette affaire où il

---

(¹) *Petit Journal* du 13 août 1893, première page, troisième colonne.

n'avait rien à voir? Est-ce que le *Petit Journal* le savait?
Est-ce que même il s'en inquiétait? Il disait cela comme il
disait que j'étais un bandit, un assassin, et il faut bien que
je l'ajoute aussi, comme M. le substitut Thomas a dit que
j'avais volé la souscription de Vienne, sans plus de preuve,
sans plus de motif, pour le plaisir de mentir.

Le procès Tournal fut jugé au mois de décembre.
Me Millerand, qui plaidait pour le conseil d'administration
de la Société du *XIXe Siècle*, fit ressortir l'infamie des
procédés du *Petit Journal*, poursuivant par tous les
moyens la ruine du *XIXe Siècle*.

La calomnie n'était toujours pas mûre. M. Dupuy n'était
à ce moment ni président du Conseil, ni ministre de l'intérieur; M. Guérin n'était pas ministre de la justice; M. Chenest n'était pas à la tête du parquet de Paris...

Le 29 décembre 1893, la 8e chambre du tribunal correctionnel de la Seine, présidée par M. Flandin, rendait un
jugement qui acquittait le conseil d'administration de la
Société du *XIXe Siècle* et condamnait le demandeur à
500 francs de dommages et intérêts pour abus de citation
directe. Est-il besoin d'ajouter que l'honnête *Petit Journal*,
qui avait annoncé le procès avec tant de violence et de fracas
en donnant pour certaine ma condamnation, ne dit rien de
son dénouement, de telle sorte que dans ce cas comme
dans tous les précédents, ses nombreux lecteurs ne con-
nurent que l'accusation?

Vers la même époque, le *Petit Journal* avait aussi fait
acheter par un autre homme de paille, M. Bourselot, deux
actions du *XIXe Siècle;* on verra plus loin dans quel but.

L'écho du procès Tournal avait paru toutefois décourager le *Petit Journal*. Quelque temps après, M. Charles
Prévet, sénateur de Seine-et-Marne et vice-président du
conseil d'administration du *Petit Journal*, ménagea une

entrevue entre **M. Marinoni et M. Girard**. Il fut convenu
que le *XIX*e *Siècle*, qui depuis longtemps avait cessé sa
campagne, ne la reprendrait pas. Le *Petit Journal*, de son
côté, prenait l'engagement formel de supprimer tous les
procès, non pas d'un **seul** coup et brusquement, car on
voulait, **disait-on, sauver les** apparences vis-à-vis des
hommes de paille, **mais en tous** cas avant le jour des
audiences. Le *XIX*e *Siècle* a scrupuleusement **respecté** ses
engagements. **Le** *Petit Journal* a cyniquement **violé** les
siens.

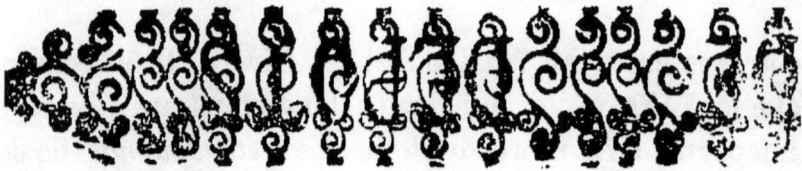

VI

La faillite et la vente du « XIXᵉ Siècle ».
2º L'intervention de M. Charles Dupuy.

L'assassinat de M. Carnot. — M. Charles Dupuy candidat à
la présidence. — Falstaaf ou Stambouloff? — Conversation
avec M. Henri Brisson. — Un journal gênant. — La plainte
du tenancier. — MM. Dupuy, Thévenet et Puybaraud. —
Ce qu'on trouve dans l'*Annuaire de la magistrature*. — La
mission de M. Chenest. — Une instruction est ouverte. —
M. Dupuy veut mater la presse. — Une belle invention juridique. — La méthode des robespierristes. — Mon ami Viger.
— Pourquoi je suis parti. — Souvenirs historiques. — Le
temps père de vérité. — A la gare de Lyon! — Qui je rencontre à Genève. — Perquisitions vaines. — Ma fuite est
le contraire d'un aveu. — M. de Nouvion chez M. Dupuy.
— Les aveux d'un président du conseil. — La neutralité ou
la mort! — L'arrestation de M. Girard est contremandée.
— Une ordonnance d'étranglement. — La vertu de M. Imbert.
— Piraterie gouvernementale et judiciaire. — Un boni de
70,000 francs. — Un dernier mot sur le réquisitoire. —
Apothéose de la calomnie.

Les choses en étaient là quand, dans la soirée du
dimanche 24 juin 1894, éclata le coup de foudre de
l'assassinat de M. Carnot par l'anarchiste Caserio. Le
Congrès allait être appelé à élire un nouveau président de
la République; il fut convoqué par M. Challemel-Lacour,
président du Sénat, pour le 27 juin.

La période électorale, pour le choix du chef de l'État,

dura donc deux jours, pendant lesquels je publiai deux articles sous ma signature dans le *XIXᵉ Siècle*.

Dans le premier article, je m'efforçai de montrer l'extrême importance du vote du Congrès :

Étant donnée, disais-je, la fréquence des crises ministérielles que l'extrême division des partis et leur incertitude sur la marche qu'ils ont à suivre paraissent rendre à peu près inévitable, on peut dire qu'il n'existe en France — en dehors des bureaux — qu'un seul pouvoir stable, pouvant par conséquent exercer une influence durable. Ce pouvoir, c'est la présidence.

... Depuis quelques années, il est de plus en plus entré dans les mœurs présidentielles de ne tenir que peu de compte, pour le choix des ministres, des votes du Parlement. De préférence, le président de la République s'est adressé pour former des cabinets à des amis personnels, n'occupant parfois dans leur parti qu'une situation très inférieure, ne représentant même souvent aucune politique. Comme jadis, les Tuileries, l'Élysée a ses premiers ministres favoris qui se sont appelés successivement Tirard, Dupuy...

Or, s'il est admis, et nous sommes bien forcés de l'admettre, puisque c'est ainsi que les choses se passent depuis nombre d'années, que le choix des ministres puisse dépendre des caprices du président plutôt que des votes du Parlement, on voit quelle importance prend dans nos institutions le pouvoir présidentiel et combien est délicat le choix du président qui, pendant sept années, aura la faculté d'appeler au ministère qui lui plaît et d'en éloigner qui lui déplaît (1).

Le lendemain, je discutais les candidatures en présence et, arrivant à celle de M. Dupuy, je disais ce que j'en pensais :

Avec la candidature de M. Charles Dupuy, où irons-nous ?

_____

(1) Cette méthode était incontestablement celle de M. Grévy et de M. Carnot. On a pu croire au début de sa présidence qu'elle ne serait pas celle de M. Félix Faure, dont on citait ce mot : « Je veux être une reine Victoria. »

Quelqu'u·· pourrait-il le dire ? Le sait-il lui-même ? Aujourd'hui il d·t b·anc, il donne·sa·parc··d'honneur. Le lendemain il dit noir et trouve cela tout naturel. Sans talent, sans autorité, sans conviction, sans fixité dans·les idées, sans expérience, aussi vul-ga··e au physique qu'au moral, il apparaît comme le Falstaaff du·parlementa·isme décadent. Son élection serait la honte suprême...

Le temps pressait, l'élection présidentielle avait lieu dans quelques heures, ... je disais à la hâte ce que je pen-sais, dans les termes qui me paraissaient les plus propres à frapper les esprits;... j'avais vu quelques jours auparavant, à l'Opéra-Comique, les *Joyeuses commères de Windsor*, et j'avais été frappé de la ressemblance du merveilleux Falstaaff, créé par M. Morel avec M. Dupuy... Aujour-d'hui, je reconnais qu'il n'y a pas chez lui seulement du Falstaaff : il y a aussi, il y a surtout du Stambouloff...

A Versailles, beaucoup de républicains me firent com-pliment de l'attitude du *XIX⁸ Siècle*. Dans la galerie des Tombeaux, je rencontrai M. Henri Brisson au moment où le succès de la candidature de M. Casimir Périer commen-çait à se dessiner. « Ah ! mon cher monsieur Portalis, me dit-il en m'abordant, nous sommes en train de faire ici de la bien mauvaise besogne et bien dangereuse. » Puis il me félicita chaudement de mon article du matin.

Je l'ai payé cher cet article, je le paye encore, je le paye-rai toute ma vie. Si je n'avais pas attaqué la candidature de M. Charles Dupuy à la présidence de la République, on n'aurait jamais vu, dans les articles publiés l'année précé-dente par le *XIX⁸ Siècle* sur les cercles, ni dans les arti-cles publiés au commencement de cette même année 1894 sur la Compagnie Transatlantique, des articles de chan-tage; M. Dupuy, si inconsidérément rappelé à la pré-sidence du conseil par celui dont il avait été la veille le concurrent malheureux, ne serait pas intervenu dans la

querelle du *XIXe Siècle* avec le *Petit Journal;* il n'aurait
pas, à l'approche de la nouvelle vacance présidentielle
qu'il prévoyait, éprouvé le besoin de se débarrasser du
XIXe Siècle dont l'opposition le gênait, l'irritait, déran-
geait, disait-il, toutes ses combinaisons, comme il se fût,
par la suite, débarrassé de beaucoup d'autres journaux et
d'hommes politiques si la Chambre avait tardé à le renverser.

Le prétexte cherché fut la plainte d'un tenancier de
tripot, c'est-à-dire d'un de ces hommes qui, exerçant une
industrie que la loi prohibe, mais que le ministère de l'intérieur tolère pour des raisons inavouables et inavouées,
sont directement sous la coupe de la préfecture de police.
Un tenancier n'a rien à refuser à la police et, par contre,
n'oserait pas remuer le petit doigt sans son assentiment.

Donc M. Isidore Bloch, tenancier du Cercle de l'escrime,
à Paris, et du Casino de Dieppe, à Dieppe, adressait, le
31 octobre 1894, au procureur de la République une
plainte où il prétendait que le *XIXe Siècle* avait exercé
sur lui une tentative de chantage *un an auparavant,* au
cours d'une campagne de presse dont j'expliquerai, dans le
chapitre qui suit, les origines et le but.

A l'appui de sa plainte, le tenancier n'apportait même
pas un soupçon de preuve.

Il se contentait de dire que l'année précédente, dans le
courant d'octobre 1893, il avait reçu la visite d'un individu
qui s'était présenté à lui, non de ma part, ni de la part du
XIXe Siècle, mais de la part de la préfecture de police [1]
et qui l'avait engagé à offrir une certaine somme au
XIXe Siècle pour qu'il cessât la campagne contre les
cercles ouverts, autrement dit contre les tripots.

---

[1] Voir plus loin le texte de la plainte adressée par M. Isidore
Bloch au procureur de la république, le 31 octobre 1893.

Un haut fonctionnaire a fait à un de mes amis cette révélation : « Vous savez que si M. Girard et M. Portalis sont poursuivis, ils le doivent à M. Thévenet. M. Charles Dupuy voulait se venger, il avait le violent désir de se débarrasser du *XIXe Siècle*, mais il ne savait pas trop comment s'y prendre. C'est M. Thévenet qui lui a donné la marche à suivre. C'est lui qui, avec M. Puybaraud, a machiné toute cette affaire. De ces deux hommes désintéressés, M. Puybaraud et M. Thévenet, l'un vengeait les tripots, l'autre le *Petit Journal*. Il faut bien faire régner la vertu !... » Et ce haut fonctionnaire ajoutait : « Ils n'ont vraiment pas de chance, la plupart des magistrats qui ont un rôle à jouer dans leur affaire sont les amis et les obligés de M. Thévenet, avocat au barreau de Lyon, député, puis sénateur du Rhône, ancien ministre de la justice et avocat du *Petit Journal*. On dirait qu'on l'a fait exprès... »

Dès que j'ai connu ce propos, j'ai fait venir un *Annuaire de la magistrature* et je me suis renseigné.

Voici ce que j'ai découvert :

1° M. Chenest qui, comme chef du parquet de la Seine, a, sur les ordres du ministère Dupuy, ordonné les poursuites, dirigé l'instruction et préparé tout le procès, a été nommé, le 11 mai 1889, procureur de la République à Lyon, où déjà il était comme avocat général depuis 1885 et où il est resté sept ans en relations constantes et intimes avec M. Thévenet jusqu'en janvier 1892, époque à laquelle il fut nommé procureur général à Douai. C'est sur la recommandation de M. Thévenet — je le sais de source absolument sûre — que MM. Dupuy et Guérin l'ont fait venir à Paris comme procureur de la république, afin d'organiser contre la presse, en vertu de la nouvelle interprétation du § 2 de l'article 400 du code pénal, et contre les partis d'opposition avancée, en vertu de la loi Dupuy sur les menées anarchistes, toute une série de procès qui a été interrompue dès le début par la chute du ministère Dupuy, survenue le 14 janvier 1895 ([1]);

2° M. le substitut Thomas, qui a requis dans cette affaire, on sait de quelle façon, n'a pas passé par Lyon, mais il doit aussi de la reconnaissance à l'avocat du *Petit Journal*, qui lui a donné, étant garde des sceaux, un bel avancement en le nommant procureur de la république à Boulogne-sur-Mer, le 20 juillet 1889 ([2]);

3° Enfin, la chambre des appels correctionnels, devant laquelle est venue cette même affaire, était présidée par M. Boyer, ancien substitut du procureur général à Lyon, ancien conseiller à la cour de Lyon, ancien chef du cabinet du garde des sceaux, Marius Thévenet, ancien directeur du personnel au ministère de la justice, pendant que le futur avocat du *Petit Journal* en détenait le portefeuille, et intime ami de son ancien chef... ([3]).

---

(1) Voici, d'après l'*Annuaire de la magistrature*, les états de service de M. Chenest : « Chenest (Georges), né à Guise (Aisne) le 23 août 1850; substitut à Castellane, le 20 février 1875; idem, à Digne, le 6 juillet 1877 ; procureur de la république à Briançon, le 22 mars 1879; substitut du procureur général à Poitiers, le 12 janvier 1880; avocat général à Lyon, le 25 janvier 1885 ; *procureur de la république à Lyon, le 11 mai 1889;* procureur général à Douai, le 30 janvier 1892; procureur de la république à Paris, le 12 octobre 1894. M. Chenest s'est signalé à Douai par le fameux rapport au ministre de la justice, dans lequel il proposait de faire dans les syndicats ouvriers des coupes sombres.

(2) Voici également, d'après l'*Annuaire de la magistrature*, les états de service de M. Thomas : Thomas (Joseph-Antoine Léon), né à Remiremont en 1854 ; juge suppléant à Épinal, le 1er juillet 1879; substitut au même siège, le 24 avril 1890; idem à Grenoble, le 5 novembre 1889; procureur de la république à Nyons, le 9 janvier 1882; idem, à Lons le-Saulnier, le 12 novembre 1882; idem à Valenciennes, le 20 février 1886; idem à Boulogne-s/Mer, le 20 juillet 1889; idem à Troyes, le 18 octobre 1892; idem à Paris, le 13 octobre 1893.

(3) Voici, toujours d'après l'*Annuaire de la magistrature*, les états de service de M. Boyer :

Boyer (Pierre-Augustin), né à Floral le 22 mai 1842; substitut du pro-

Au moment où M. Isidore Bloch déposait sa plainte, M. Chenest venait d'être nommé procureur de la république à Paris. La nomination de M. Chenest est du 13 octobre 1894, la plainte du tenancier est du 31. Elle était visiblement calomnieuse. Une pareille plainte, en toute autre circonstance, eût été jetée au panier avec mépris. Mais en la rédigeant, le tenancier savait sans doute ce qu'il faisait. En tout cas, le nouveau procureur s'empressa d'en référer au ministre de la justice, M. Guérin, qui lui-même en référa au président du conseil, M. Charles Dupuy, et il ordonna qu'une instruction fût ouverte.

La presse, dans son ardeur à renseigner le public, a pris l'habitude de publier à peu près indistinctement tous les renseignements qui lui sont communiqués par le parquet et la police. Le parquet et la police en profitent pour faire dire à la presse tout ce qu'ils veulent. La nouvelle que le parquet avait résolu de *suivre*, comme on dit au palais, sur la plainte du tenancier Isidore Bloch, et qu'une instruction était ouverte, fut donnée aux journaux. Beaucoup la publièrent. De divers côtés, on me demanda ce que cela voulait dire. Comme j'ignorais que M. Bloch eût déposé une plainte, comme je ne le connaissais pas même de vue, comme je n'avais jamais eu avec lui aucun rapport d'aucun genre, directs ou indirects, je répondais que je n'en savais absolument rien, et la vérité est que je ne pouvais pas répondre autre chose.

Le vendredi 11 novembre, une personne très au courant

<hr>

reur général à Lyon, le 7 février 1880; conseiller à la cour de Lyon, e 15 septembre 1883; directeur du cabinet et du personnel au ministère le la justice, le 27 février 1889; conseiller à la cour de Paris, le 15 septembre 1890; directeur du personnel de la comptabilité au ministère de la justice, le 24 avril 1893 (*ministère Dupuy-Guérin*); président le la chambre des appels correctionnels, le 23 décembre 1893.

des choses judiciaires et politiques et à laquelle j'avais eu
l'occasion de rendre un assez grand service, vint me trouver
tout exprès pour m'avertir que j'avais tort de ne pas attacher d'importance à la plainte en chantage de M. Isidore
Bloch, et comme je lui répondais : « Cette plainte est
absurde, je ne connais pas M. Bloch, je n'ai jamais chargé
personne de le voir de ma part, comment voulez-vous que
je puisse être accusé d'avoir voulu le faire chanter? » Il
me tint un langage dont je me suis plus d'une fois souvenu
depuis, mais qui à ce moment me parut tout à fait extraordinaire et incroyable. « M. Charles Dupuy, me dit-il,
veut mater la presse, la forcer à le glorifier, ou du
moins à la réduire au silence, la terroriser et en la
terrorisant, faire peur au Parlement. On a trouvé le moyen
de tourner la loi de 1881 sur la presse et de soustraire les
journaux à la juridiction du jury. Ce moyen consiste dans
une interprétation nouvelle et abusive du § 2 de l'article 400 du code pénal, qui punit de un an à cinq ans
de prison et de 1,000 francs à 3,000 francs d'amende
« *quiconque, à l'aide de la menace écrite ou verbale de*
révélations ou d'imputations diffamatoires, aura extorqué
ou tenté d'extorquer la remise de fonds ou valeurs.

« Jusqu'ici, continua mon interlocuteur, on ne poursuivait en raison de ce deuxième paragraphe de l'article 400
que si la menace était directe et expresse et si elle avait
été formulée, soit dans une lettre, — c'était la menace
écrite, — soit devant des témoins autres que le plaignant,
— c'était la menace verbale. Désormais, la menace n'aura
plus besoin d'être prouvée, ni même d'avoir été formulée.
Il suffira que le plaignant ait « reçu l'impression de la
menace » ou « éprouvé une contrainte morale ». Il ne
sera même pas nécessaire qu'il déclare avoir « reçu cette
impression » ou « éprouvé cette contrainte ». Les juges
pourront supposer qu'il l'a reçue, et condamner en vertu

de cette supposition (¹). Les poursuites, enfin, pourront avoir lieu d'office, sur la dénonciation d'un mouchard, sur une lettre anonyme ou sans dénonciation du tout, et quand bien même les prétendues victimes du chantage protesteraient qu'elles n'ont jamais eu l'intention de se plaindre et ne se plaindraient pas. Cette théorie est le lacet passé au cou de la presse. On n'aura plus maintenant qu'à tirer la ficelle pour étrangler le journal qu'on voudra. »

— Mais en admettant que les choses étranges que vous m'apprenez soient vraies, encore faudra-t-il que les poursuites aient quelque raison d'être apparentes. Or, je vous répète que je ne connais pas M. Bloch, que je ne lui ai jamais envoyé personne.

— Qu'importe? Un agent de publicité, un intermédiaire officieux en quête d'une affaire, un agent de la préfecture de police, un mouchard, un mouton a pu aller le trouver en disant qu'il venait de votre part, et s'il a dit qu'il venait de sa propre initiative sans y être autorisé par vous, ni par personne, M. Bloch peut toujours dire que c'est vous qui le lui avez envoyé.

— Je prouverai le contraire.

(¹) Ces prévisions ont été confirmées par les diverses décisions judiciaires intervenues dans l'affaire des cercles et dans l'affaire de la *Voie ferrée.*

Attendu... qu'un article de journal constitue une menace implicite dont il appartient au juge d'apprécier le caractère, le paragraphe 2 de l'article 400 du code pénal n'exigeant point qu'elle soit directe ni expressément proférée. (Jugement du 22 février 1895, 11ᵉ chambre, affaire des cercles.)

Considérant qu'en aucune de ses dispositions l'article 400 du code pénal n'exige que l'objet des imputations soit expressément précisé dans la menace, dont le sens et la portée doivent être appréciés par le juge du fait. (Arrêt de la cour du 10 avril 1895, Affaire des cercles.)

Attendu que l'élément essentiel du chantage consiste dans le seul fait d'obtenir ou de tenter d'obtenir la remise de fonds au moyen de la crainte inspirée à la victime et au moyen de la contrainte morale qui lui est imposée par la menace, *même déguisée*, de révélations ou d'imputations diffamatoires,... attendu qu'il importe peu que la menace ait été suivie d'exécution ou non. (Jugement du 27 mai 1895, 8ᵉ chambre, affaire de la voie ferrée.)

— Si vous y parvenez, il est possible que vous soyez renvoyé des fins de la plainte, soit qu'il y ait une ordonnance de non-lieu, soit que vous soyez acquitté en première instance ou en appel. En attendant, on vous arrêtera, on vous traitera comme un vil malfaiteur, vos ennemis, et vous n'en manquez pas, inventeront contre vous mille calomnies auxquelles vous ne pourrez pas répondre, dont vous ne saurez même rien. On greffera les accusations les unes sur les autres... Ainsi on annonce déjà que l'ancien tenancier du tripot appelé *Washington*, M. Charles Bertrand, vous a donné de l'argent...

— C'est-à-dire qu'il m'en a prêté en qualité de prêteur d'argent qu'il a toujours été, qu'il est encore, non comme tenancier de cercle: il ne l'était plus au moment du prêt. N'aurait-on plus le droit d'avoir besoin d'argent?

— N'empêche qu'avec la nouvelle théorie juridique, cela peut servir de prétexte à un procès très scandaleux. Comme vous avez fait une opposition très vive à M. Charles Dupuy, et comme il ne faudrait pas que le procès eût trop l'air d'une vengeance ministérielle, on trouvera le moyen de vous adjoindre un ou deux journalistes officieux. Puis, pour donner à l'affaire la couleur voulue, on fera figurer dans le procès au premier rang, bien en vedette, un repris de justice déjà condamné pour chantage qui sera le mouton dénonciateur et faux témoin, dont on se servait déjà il y a cent ans, en 1793, pour monter ces infâmes procès qui sont la honte de la Révolution et qu'on plaçait aux côtés des accusés pour qu'ils fussent salis par leur contact. Rappelez-vous ce passage de l'*Histoire de la Révolution* de Michelet: *Dans toute la Révolution, une méthode invariable a servi aux robespierristes pour tuer leurs ennemis, une seule accusation. Quelle contre Jacques Roux? Le vol. Contre Hébert? Le vol. Et Fabre? Le vol. Et Danton? Le vol. Quand Robespierre périt, il en était à Gambon, qu'il appelait fripon le 8 thermidor* ([1]). » Quand les dupuystes voudront tuer un journal ou un journaliste, ils l'accuseront de chantage.

— On ne fera pas cela.

— Ah ! vous ne connaissez pas M. Dupuy. »

Le lendemain, j'apprenais que dans le Conseil des ministres il avait été question de mon arrestation. J'avais parmi les ministres un ami, M. Viger, qui maintes fois avait publiquement affirmé son estime et son amitié pour moi ([2]).

---

[1] *Histoire de la Révolution française*, par J. MICHELET. t. VIII, ch. 6. Parmi les terroristes, il y avait au moins des gens de bonne foi qui croyaient agir pour le bien de l'humanité.

La même méthode a d'ailleurs servi, on le sait, après le 9 thermidor, aux thermidoriens contre les robespierristes. Joseph Le Bon, par exemple, fut accusé d'avoir volé à une comtesse un collier de diamants, puis d'avoir exigé d'une femme, qui était venue lui demander la grâce de son mari, qu'elle lui accordât ses faveurs. Au lieu de tenir sa promesse, il avait ensuite offert dédaigneusement à la malheureuse un cadeau de vingt-cinq francs. Toutes ces accusations furent reconnues fausses, ce qui n'empêcha pas Le Bon d'être guillotiné. (*Lettres de Joseph Le Bon à sa femme*, avec une préface historique, par son fils EMILE LE BON, juge d'instruction à Châlon-s/Saône. Paris, 1845.)

La guillotine passa de mode, mais non l'odieuse méthode. Comme le rappelait M. Drumont, au mois de janvier dernier dans la *Libre Parole*, les plus glorieux généraux eurent bientôt à se défendre contre des accusations déshonorantes. Marceau fut accusé de vol par les pourris du Directoire.

[2] M. Viger, député du Loiret, membre du cabinet Dupuy, était venu en 1889, après le premier tour de scrutin, soutenir ma candidature dans l'arrondissement de Gien. Il avait pris la parole en ma faveur dans un grand nombre de réunions et avait adressé à un de ses amis, électeur dans l'arrondissement, une lettre rendue publique qui contenait ce passage.

Il faut voter au deuxième tour pour M. Portalis. C'est un polémiste de grand talent; il a rendu des services à la cause républicaine, il en rendra encore.

Pour ma part, si j'étais électeur dans votre arrondissement, je donnerais ma voix à Portalis.

VIGER, député.

M. Clément a saisi chez moi une très volumineuse correspondance

Certainement, il aura protesté contre un acte aussi brutal
et aussi arbitraire. Il aura fait observer au président du
Conseil, M. Charles Dupuy, et au ministre de la justice,
M. Guérin, que si on ne faisait pas œuvre de colère et de
vengeance, mais œuvre de justice, on devait commencer
par me convoquer devant le juge d'instruction, par
m'interroger, par me confronter avec mes accusateurs,
d'autant plus qu'il n'y avait contre moi qu'une seule
plainte — et quelle plainte ! — d'un tenancier de tripot,

---

de M. Viger. Il a cependant oublié de saisir deux lettres qui m'ont
été renvoyées depuis. L'une est du 21 décembre 1892 :

Chambre des députés.

Paris, le 21 décembre.

    Mon cher ami,

Merci pour l'article de ce matin dans le *XIX° Siècle*; il était parfaitement bien....

Bien cordialement,
VIGER.

En août 1892, des élections au Conseil général avaient eu lieu; elles
avaient, dans l'arrondissement de Gien, donné le succès aux républicains. M. Viger, de son côté, avait été élu conseiller général dans
l'arrondissement voisin de Châteauneuf-s/Loire. Je lui envoyai un mot
de félicitations. Il me répondit :

Chambre des députés.

Châteauneuf s/Loire, le 5 août 1892.

    Mon cher ami,

C'est moi qui devrais vous envoyer mes félicitations, car votre arrondissement est enfin reconquis aux républicains, malgré les plus *abominables* manœuvres.

Cordialement,
VIGER.

Les manœuvres que M. Viger qualifiait d'*abominables* étaient celles
dont le ministère Dupuy allait bientôt assurer le triomphe en ordonnant que je sois poursuivi et arrêté.

« Mon cher ami » Viger a depuis été accusé d'être un des 104 députés
qui auraient vendu leurs votes à la Compagnie de Panama. Il a crié
de toutes ses forces à la calomnie et il a bien fait. (Séance du
1er février 1896.) Cette accusation n'était cependant pas plus absurde
que celles pour lesquelles il m'a laissé arrêter sans sourciller.

Cela doit lui montrer que personne n'est à l'abri de ces abominables
calomnies qui, sur l'ordre d'un ministère dont M. Viger faisait partie,
sont devenues prétexte à arrestations, à poursuites judiciaires et à
condamnations.

c'est-à-dire d'un homme dont la profession n'était pas de nature à inspirer à priori une excessive confiance.

Le lundi soir, mon collaborateur et mon ami Henry Fouquier me faisait dire que M. Charles Bertrand, arrivé à midi de Bruxelles, avait été le jour même interrogé par le juge d'instruction, auquel il avait dit tout ce qu'on avait voulu lui faire dire,... que d'après l'attitude du juge d'instruction et d'après les bruits qui couraient, l'affaire semblait prendre beaucoup de gravité...

J'allai aussitôt chez M. Charles Bertrand. Je n'y suis jamais allé que ce soir-là. Après cinq minutes de conversation, je n'eus plus aucun doute sur l'exactitude de ce que m'avait fait dire M. Henry Fouquier.

Le soir, je me rendis au journal comme à mon ordinaire.

Le lendemain — c'était le mardi 20 — je sonnais dès le matin à la porte d'un de mes bons amis, membre distingué du Parlement et avocat de grand mérite. Je lui racontai ce qui se passait. Dès que j'eus terminé, il me conseilla de partir en voyage, car, me dit-il textuellement, « M. Dupuy est capable de tout. On peut très bien ordonner votre arrestation, sans même vous avoir interrogé. Si vous partez et si, comme c'est possible, même probable, on renonce à des poursuites qui n'ont aucune raison d'être, vous aurez évité la prison préventive. Si, au contraire, on veut donner suite à l'affaire, votre intérêt est encore d'attendre le moment le plus favorable à votre justification et, par conséquent, de ne pas vous laisser arrêter au moins avant de connaître exactement les accusations qui sont portées contre vous, ainsi que les moyens dont on usera pour les rendre vraisemblables, d'autant plus qu'en prison il est très difficile de se défendre....

— Alors vous me conseillez de partir ?

— Énergiquement.

— Où aller ?

— Dans un pays d'où les communications avec la France soient faciles. En Suisse, par exemple. Dès que vous serez arrivé, écrivez-moi. »

Je serrai la main de mon ami, en lui promettant de lui écrire ce que j'aurais décidé.

En bas, j'avais une voiture. Avant d'y remonter, je marchais pendant quelque temps de long en large sur le trottoir. Que devais-je faire ? L'accusation était monstrueuse. Elle ne s'appuyait sur aucun fait. Je ne connaissais pas M. Isidore Bloch, je n'avais jamais menacé M. Charles Bertrand, avec lequel j'avais fait, pour mon compte personnel, une opération purement commerciale. Sur la plainte grotesque d'un vil tenancier de tripot, allais-je tout abandonner, ma femme, mon intérieur, mes travaux, mon journal ? Mais je n'avais pas à me faire d'illusion. Cette plainte était l'arme honteuse avec laquelle on voulait m'assassiner. A la tête du gouvernement se trouvait M. Charles Dupuy, être brutal et sans scrupules, dont j'avais pu déjà personnellement éprouver la mauvaise foi. Il ne laisserait pas échapper l'occasion de satisfaire ses propres rancunes en favorisant celles que le *XIXᵉ Siècle* avait soulevées dans le monde policier par sa campagne contre les tripots. De plus, M. Dupuy était l'ami des gens du *Petit Journal*. J'avais eu la preuve qu'il avait épousé leur querelle, qu'il s'était associé à leur œuvre de vengeance ([1]) et j'avais pu juger de quoi ils étaient capables, par leurs articles, par leurs libelles, par leurs procès, par

---

([1]) Le *Petit Journal* s'est félicité du jugement du 22 février 1895 comme d'un succès personnel, comme si ce procès des cercles était son œuvre propre et le couronnement de sa campagne. Dans un article paru le 23 février en tête de ses colonnes, on lit :

« *Nous ne tirerons point vanité de ce succès dont nos vrais amis ne cessent de nous féliciter*, depuis quarante-huit heures, par des lettres, des télégrammes et des visites sans nombre. »

la guerre qu'il m'avaient faite dans l'arrondissement de
Gien. Je savais, d'autre part, de quels moyens disposent
le gouvernement et la police pour déchaîner un courant
irrésistible d'opinion, surtout dans un temps comme le
nôtre, où, comme l'écrivait très justement M. Laisant
au *Figaro*, tout accusé est réputé coupable, et dans un
procès qui, avant d'être instruit par le juge d'instruction, serait instruit par les journaux, qui, avant d'être
jugé par les juges, serait jugé par l'opinion. Sur quels
renseignements? Sur les renseignements communiqués à
la presse par la police, et on peut deviner ce que peuvent
être les renseignements fournis à la presse par la police
dans une affaire comme celle des cercles, à laquelle la
police est si directement intéressée. A ces renseignements
viendraient s'ajouter ceux de mes ennemis et, en pareil
cas, les ennemis seuls ont de l'audace. Les amis ont peur,
ils rentrent sous terre, ils s'excusent en disant qu'il n'y a
pas à lutter contre un pareil courant. Quelques-uns même
devant le débordement de la calomnie se demandent s'il
n'y a pas au fond quelque chose de vrai. Les plus indul-
gents disent, en faisant mine de vous plaindre, qu'on ne se
met pas dans une situation où de pareilles choses peuvent
vous arriver, comme si quelqu'un en France pouvait se
dire à l'abri d'une accusation infâme quand ses ennemis
sont au pouvoir et quand ces ennemis ont les scrupules et
la modération d'un Stambouloff! Ainsi, pendant que,
séquestré du monde des vivants, il pourrit dans sa prison,
une formidable légende se forme contre le prévenu. Elle
s'attaque à sa vie publique, à sa vie privée. Elle invente
des secrets qu'elle dévoile, elle dénonce des crimes qu'elle
invente. Chaque jour, elle arrache au malheureux un lam-
beau de sa réputation. Le jour du procès, elle aura tout
dévoré. Les juges regarderont l'accusé à travers les
lunettes que la légende leur aura mises sur les yeux et

ne verront en lui qu'un homme perdu dans l'estime publique, entièrement taré, bon à jeter aux gémonies des maisons centrales...

Pourtant, j'étais innocent. Je ne courberais pas la tête devant cette odieuse fatalité! Je voulais que mon innocence fût reconnue, proclamée.

Alors je me rappelai des souvenirs historiques, des souvenirs de famille. Mon arrière-grand-père maternel, Mounier, secrétaire des États de Vizille, l'organisateur de la révolution dans le Dauphiné, le promoteur du serment du jeu de paume, l'un des présidents de la Constituante et l'un des rédacteurs de la Déclaration des droits de l'homme et du citoyen, obligé de se réfugier à Genève, pour se soustraire à la rage des violents du jour qui, après son départ, le représentaient dans leurs caricatures fuyant vers la frontière avec une lanterne attachée à la queue de son cheval, par allusion au sort qu'on lui eût réservé si, au lieu de partir, il avait voulu tenir tête à l'orage; mon arrière-grand-père paternel Portalis, futur auteur du code civil et du concordat, député de Paris au Conseil des Anciens [1], n'échappant, le 18 fructidor an v, que par la fuite à une déportation perpétuelle à Sinnamary, où il aurait laissé ses os comme tant d'autres [2]; mon grand-père, conseiller

---

[1] Portalis avait été élu au Conseil des Anciens à Paris (section du faubourg Montmartre) et dans les Bouches du Rhône. Il avait opté pour Paris.

[2] Furent condamnés — sans jugement — à la déportation perpétuelle, le 18 fructidor an V (4 septembre 1797) : onze membres du Conseil des Anciens (six s'enfuirent, cinq furent arrêtés); deux membres du Directoire, Carnot et Barthélemy, qui s'enfuirent; une quarantaine de députés et les propriétaires, éditeurs et rédacteurs de quarante-deux journaux. Les deux tiers environ des députés ou cinq cents et des journalistes s'enfuirent.

Les condamnés qui eurent la mauvaise idée de se laisser arrêter furent conduits, dans des cages de fer roulantes, à Rochefort, où on les embarqua pour la Guyane. (THIERS, *Histoire de la Révolution*, p. 313, t. IX. — FIÉVÉE, *Mémoires*. — BARBÉ-MARBOIS, *Journal d'un déporté non jugé*.)

d'État et futur ministre de la justice, obligé de se
retirer en Provence, devant la colère de Napoléon 1ᵉʳ;
moi-même, après la Commune, n'évitant la fureur de
l'armée victorieuse que parce que je ne me laissais pas
prendre.

Parmi tant d'hommes politiques injustement calomniés,
poursuivis et condamnés, les seuls pour ainsi dire qui
fussent parvenus à triompher des accusations avec lesquelles
on avait voulu les perdre, étaient ceux qui ne croyant pas à
l'indéfinie durée du mal, avaient pu attendre le moment
favorable à leur justification. Pour arriver au même but,
je n'avais donc à faire que ce qu'ils avaient fait: m'armer
de patience, compter sur le temps qui mûrit toutes choses,
par qui, comme le dit si éloquemment le bon juge Bridoge
dans *Pantagruel* (¹), toutes choses viennent en évidence, sur
le temps, père de vérité, laisser passer la bourrasque et
attendre.

Mon parti était pris. Je dis au cocher : A la gare de
Lyon (²) !

Je pris le train de 11 heures. Dans un wagon voisin du
mien se trouvait le comte de Lindemann, qui, je le crois,
a bien dû me reconnaître et qui est descendu quelques sta-
tions avant Dijon, d'où je repartis, à 2 heures du matin,
pour Genève. Là, j'allai passer la soirée, avec un de mes
amis et sa femme, dans uue brasserie où l'on faisait de la

(¹) *Pantagruel*, ch. VI.
(²) M. Edgar Troimeaux, dans l'*Écho de Paris* du 21 octobre, termine
un compte rendu du procès de M. Edmond Magnier : « Faut-il maintenant tirer un enseignement pratique de ce procès? Oui ? alors nous
dirons: c'est Portalis qui a eu raison. »
M. Edgar Troimeaux se trompe. Si j'avais dû comparaître devant
le jury, je n'aurais pas eu l'idée de partir. Quel que soit le courant d'opinion contre un accusé, le jury se laisse parfois moins impressionner
qu'un tribunal par le réquisitoire du ministère public et les renseignements de procédure.

musique. Le hasard m'y fit apercevoir un membre de notre
Parlement, M. Argeliès, député de Corbeil, qui lui aussi
a certainement dû me voir. Je cite ces détails parce qu'ils
sont très faciles à vérifier, et parce qu'ils prouvent que, dès
le 21 novembre, j'avais passé la frontière.

Une chose à ce propos m'a beaucoup étonné : tous les
journaux à ce moment ne parlaient que de ma fuite et
donnaient chaque jour leur opinion sur l'endroit où je
pouvais être réfugié, les uns disant que je n'avais pas quitté
Paris, d'autres annonçant ma présence en Belgique, en
Angleterre ou en Écosse. Il est bien invraisemblable que
M. de Lindemann ([1]) n'ait dit à personne qu'il avait voyagé,
le 20 novembre, sur la ligne de Lyon, dans le même train
que moi. M. Argeliès n'aura pas manqué non plus de
raconter, dans les couloirs de la Chambre, qu'il m'avait vu,
le 21 novembre, à Genève, et comme le gouvernement est
immédiatement informé de tout ce qui se dit dans les couloirs de la Chambre, pourquoi a-t-on fait stationner, devant
la porte de mon domicile, rue Alphonse de Neuville, pendant plus de quinze jours, toute une escouade d'agents de la
sûreté qui, le jour, faisaient les cent pas devant ma maison,
interpellant toutes les personnes qu'ils voyaient entrer ou
sortir, et restant toute la nuit en observation dans deux
fiacres à quatre places ?

Était-il bien nécessaire aussi de faire le dimanche,
2 décembre, une perquisition à grand orchestre, avec le
procureur de la République, le commissaire central, le
capitaine de gendarmerie et une quarantaine de gendarmes
(racontent les journaux), chez mon frère aîné, au château

([1]) M. de Lindemann est membre du cercle l'Union artistique dit
l'Épatant, dont font partie mon père, mon frère cadet, mon cousin le
baron Roger Portalis, et dont faisait partie mon oncle le baron Mounier, dernier du nom, mort le 17 septembre 1895.

des Montées, près d'Orléans, où l'on savait très bien que je ne pouvais pas être (¹) ?

Toujours est-il, qu'à l'heure exacte où je passai la frontière, à 6 heures et demie du matin, le 2 novembre, M. Clément, commissaire aux délégations judiciaires, se présentait chez moi avec un mandat d'amener, signé Dopffer, et paraissait très étonné d'apprendre que je n'étais pas là (²).

Le jugement du 22 février dit que ma « fuite est le plus explicite des aveux ». Non, messieurs les juges, non, ma fuite n'est pas un aveu, c'est le contraire. A part le souci de ma justification, quel intérêt pouvais-je avoir à partir ? La prison avec ses tortures et ses humiliations n'est pas plus pénible — elle l'est peut-être moins — que la vie de proscrit que je mène depuis le 20 novembre 1894. Il est à présumer d'ailleurs que si je n'avais pas fait défaut, je n'aurais été frappé d'une peine plus élevée que ceux qui dans l'affaire des cercles ont été condamnés le plus sévère-

---

(¹) Voici la dépêche qui était publiée le 3 décembre par tous les journaux :

Une perquisition a eu lieu au château des Montées, habité par M. Harold Portalis, conseiller municipal de notre ville, frère de l'ex-directeur du XIX° Siècle.

On soupçonnait sans doute ce dernier de s'y être réfugié, car cette perquisition fut faite avec un luxe de précautions et un déploiement de forces inusités.

C'est à 6 heures et demie du matin que le procureur de la République et le capitaine de gendarmerie, accompagnés d'une centaine d'hommes à pied et à cheval et agents de police, se rendirent au château, dont les dépendances furent immédiatement cernées et les issues gardées.

Le château fut fouillé de fond en comble, mais la perquisition n'amena aucun résultat.

Une autre perquisition très tapageuse, avait eu lieu aussi dans la maison que j'habitai à Gien et où je n'étais pas revenu depuis le soir des élections, le 20 août.

(²) Tous les journaux ont dit à cette époque, d'après les notes qui leur étaient communiquées par la police, que j'avais été convoqué chez le juge d'instruction et que le mandat de comparution avait été transformé en mandat d'arrêt, parce que je ne m'étais pas rendu à cette convocation. C'est tout à fait inexact ; je n'ai reçu aucune convocation, pas plus que M. Girard, et aucune ne m'a été adressée.

ment. J'aurais obtenu comme eux ma libération condition‑
nelle et je serais libre aujourd'hui comme ils le sont tous
depuis longtemps. J'aurais donc la liberté que je n'ai pas,
mais je n'aurais plus l'espoir, qui seul me fait vivre, de
prouver l'infamie de mes accusateurs. Innocent, mon
devoir était de partir et d'empêcher ainsi la justice de
commettre à mon égard une irréparable injustice (1).

Quand je suis parti, le nom de l'administrateur du
XIXe Siècle, M. Girard, n'avait été prononcé par aucun
journal. J'ignorais qu'il fût nommé dans la plainte de
M. Isidore Bloch. Mieux que personne, je savais qu'il
n'avait pas participé à l'escompte de billets et à la vente
d'actions que j'avais personnellement traités avec M. Charles
Bertrand. Il n'avait enfin écrit aucun article contre la can‑
didature de M. Charles Dupuy à la présidence de la Répu‑
blique, il n'était ni l'auteur ni le collaborateur des « Lettres
d'un vieux Ponte ». J'étais donc à mille lieues et lui aussi
était à mille lieues de croire qu'il pût être poursuivi.

Cependant, le lendemain du jour où M. Clément était
venu chez moi pour m'arrêter, M. Girard fut, à sa grande
surprise, avisé qu'un mandat d'amener contre lui venait
d'être signé.

L'arrestation de M. Girard — la suite des événements
l'a bien prouvé — c'était la mort du *XIXe Siècle*. Chargé
des intérêts de la Société du *XIXe Siècle*, son devoir était
de ne rien négliger pour assurer son existence, pour sau‑

---

(1) Presqu'aussitôt après mon départ, je tombai gravement malade
d'un anthrax qui, même si j'en avais eu l'intention, m'aurait mis dans
l'impossibilité de me rendre à l'audience du 13 février. Je ne puis
m'empêcher de me souvenir à ce propos que ma première condamna‑
tion de presse fut motivée par un article que j'avais publié en faveur de
Laluyé, arrêté en mai 1871, sans l'ombre d'un motif, dans sa propriété
de Rueil et traîné à l'Orangerie de Versailles, où il eut à subir les plus
ignobles traitements. Victime d'une abominable vengeance, Laluyé
mourut en prison précisément d'un anthrax.

vegarder les droits des actionnaires et des obligataires.

Un des rédacteurs politiques du *XIXᵉ Siècle*, M. Georges de Nouvion, avait personnellement conservé des relations avec M. Charles Dupuy. M. Girard, qui soupçonnait les causes réelles des poursuites dirigées contre moi, le fait venir, le met au courant de la situation, lui offre la place de rédacteur en chef et le charge d'aller dire au président du conseil qu'à l'avenir le *XIXᵉ Siècle* observera vis-à-vis du ministère une complète neutralité. M. de Nouvion accepte et se rend place Beauveau.

Après qu'il eut attentivement écouté M. de Nouvion, la première parole de M. Dupuy fut : « Quelle sera ma garantie de la neutralité du *XIXᵉ Siècle* ?

— Ma présence au journal comme rédacteur en chef, répondit M. de Nouvion, et la suppression du nom de M. Portalis dans les manchettes du journal comme directeur politique et rédacteur en chef. »

M. Dupuy demande alors quel sera le rôle de M. Girard.

M. de Nouvion explique que M. Girard conservera ses fonctions d'administrateur et continuera, comme par le passé, à ne pas s'occuper de politique.

« Eh bien ! finit par dire M. Dupuy, cette combinaison me va. » Puis il ajouta ces paroles textuelles : « Après tout, il n'y a pas de grandes charges contre M. Girard. »

Ainsi, la rançon de la liberté de M. Girard c'était la neutralité du *XIXᵉ Siècle* et la disparition de mon nom des manchettes. Tant que le journal était hostile et que je le dirigeais, son administrateur, M. Girard, était coupable, il méritait d'être poursuivi et arrêté. Du moment où le journal devenait neutre et où mon nom disparaissait, il n'y avait plus de grandes charges contre lui, on pouvait ne pas le poursuivre, ne pas l'arrêter.

M. de Nouvion fit aussitôt dire à M. Girard qu'il pouvait être tranquille, qu'il ne serait pas arrêté. En même temps, il lui annonçait que la conversation de M. Charles Dupuy lui ayant enlevé toute inquiétude, il venait d'adresser sa démission aux divers journaux dans lesquels il collaborait et d'où il tirait ses principales ressources, afin de pouvoir consacrer tout son temps à ses nouvelles fonctions de rédacteur en chef du *XIX*e *Siècle*.

M. Girard, en effet, ne fut pas arrêté le lendemain comme il devait l'être.

Je tiens tous ces détails d'un de mes amis qui, voyant que mon nom avait disparu des manchettes du *XIX*e *Siècle*, et n'y comprenant rien, était allé demander à M. Girard quelles étaient les raisons qui l'avaient engagé à prendre cette mesure.

J'ai pu depuis contrôler le récit de mon ami. Il est d'une rigoureuse exactitude.

Tout le monde reconnaîtra que les faits qu'il révèle et *qui ne peuvent pas être démentis*, sont d'une extrême gravité. Ils prouvent, d'une façon certaine et indéniable, que les poursuites judiciaires dirigées contre l'administrateur du *XIX*e *Siècle* et contre moi ont été ordonnées par M. Charles Dupuy, président du conseil et ministre de l'intérieur, que les mandats d'arrestation contre l'administrateur du *XIX*e *Siècle* et contre moi ont été signés sur l'ordre exprès de M. Dupuy, que ces poursuites et ces arrestations ont été ordonnées dans le but de se débarrasser du journal *le XIX*e *Siècle*, qu'elles n'étaient donc, comme je l'ai dit dès le commencement de ce mémoire et comme le savaient tous ceux qui sont au courant de la politique parlementaire, qu'une manœuvre politique dans laquelle la justice n'avait rien à voir, que mon crime n'a jamais été d'avoir fait chanter ou tenté de faire chanter qui que ce soit, mais d'avoir combattu M. Dupuy comme candidat à la présidence de la République et comme président du conseil des ministres, que le chantage n'a été qu'un prétexte, enfin que le pouvoir exécutif a entièrement mis la main sur le pouvoir judiciaire.

J'ai raisonné jusqu'ici et je raisonnerai jusqu'au bout de ce mémoire comme s'il y avait des lois immuables, des juges d'instruction autonomes, une justice indépendante, une jurisprudence fixe, mais, à chaque pas que je fais dans mon exposé, je me rends compte davantage qu'au fond rien de tout cela n'existe, que je raisonne sur une fiction. Sans doute il y a des exceptions. De temps à autre, un magistrat tient tête au pouvoir et n'écoute que sa conscience. Alors, qu'arrive-t-il? Si c'est un juge d'instruction, on le brise, on lui enlève l'instruction, on le déplace; si c'est un président, on s'arrange pour ne pas renvoyer devant lui les causes qui intéressent la politique, mais, en règle générale, il n'y a pour les citoyens et pour les justiciables d'autres garanties contre l'arbitraire que les scrupules du ministre dirigeant, s'il en a. C'est lui qui décide les arrestations, qui prononce les ordonnances de renvoi ou de non-lieu, qui juge ou qui acquitte. Il dispose des mêmes pouvoirs que le comité de salut public et il s'en sert pour la satisfaction de rancunes privées. Camille Desmoulins demandait un comité de clémence, le ministre dirigeant est à lui tout seul un comité de vengeance.

Quand la réalité ainsi m'apparaît, je tombe dans l'écœurement. Je jette la plume en me disant que je suis le dernier des naïfs. Je m'évertue à prouver mon innocence comme si mon sort dépendait de la valeur de mes arguments, de la certitude de mes preuves, quand la seule chose qui compte est le bon plaisir du ministre. Je serai blanc ou noir, selon qu'il sera pour ou contre moi, et comme les trois quarts du temps le ministre n'est qu'un pantin, tiraillé par mille ficelles, je serai blanc ou noir, selon que le vote de tel ou tel député sera plus ou moins utile à l'existence du cabinet et selon que le ministre redoutera plus ou moins tel ou tel journal, tel ou tel journaliste. Voilà ce que la République parlementaire a fait de la justice, voilà ce qu'elle a fait de la liberté ! Et ce n'est pas seulement à Paris que les choses se passent de la sorte, c'est dans tous les arrondissements.

La combinaison que M. Charles Dupuy avait acceptée et qui lui donnait satisfaction, ne faisait pas le compte de ses amis du *Petit Journal*, qui n'avaient eu l'air de vouloir la paix que lorsqu'ils avaient peur. Maintenant que les poursuites dont j'étais l'objet, le bruit fait autour d'elles, mon départ, avaient porté un coup mortel au *XIXᵉ Siècle*, tout leur appétit de vengeance leur était revenu. Ils rêvaient de l'assouvir non seulement sur les personnes, mais sur les choses. C'est surtout en face du blessé que la hyène a du courage.

Moins de huit jours après la conversation de M. de Nouvion avec M. Dupuy, le 28 novembre au soir, M. Imbert se présentait dans les bureaux du *XIXᵉ Siècle*, muni d'une ordonnance du tribunal civil de la Seine, le nommant administrateur provisoire de la Société du *XIXᵉ Siècle*.

M. Girard regarde l'ordonnance. Elle était exécutoire sur minute, sans enregistrement, nonobstant appel. C'était bien une ordonnance d'étranglement. Elle avait été rendue le jour même. Était-ce au moins à la requête d'un actionnaire sérieux, d'un groupe d'obligataires, de quelqu'un enfin ayant un intérêt réel dans le journal ? Non, mais à la requête de M. Bourselot, l'homme de paille du *Petit Journal*, porteur de deux actions sur deux mille.

Comment M. Bourselot, avec ses deux actions, avait-il pu obtenir cette ordonnance ? Par surprise. En trompant le président, en alléguant des faits qu'il savait être faux. Il avait donné deux raisons, deux mensonges. Il disait d'abord que, par suite de mon départ, le conseil d'administration n'était plus au complet, ce qui était faux, car le conseil venait précisément de se compléter, conformément aux statuts, par la nomination d'un nouveau membre. Il ajoutait qu'aucune assemblée générale n'avait été tenue dans le courant de l'année, ce qui était une audacieuse contrevérité, car M. Bourselot savait que cette assemblée avait eu lieu et, pour prouver qu'il avait menti sciemment, il suffisait de placer sous les yeux du tribunal les procès-verbaux de l'assemblée et les publications régulièrement faites dans les journaux d'annonces légales.

L'ordonnance, toutefois, n'était que provisoire. Dans son texte même, il était dit qu'elle serait confirmée ou rapportée le surlendemain, à 2 heures, en chambre du conseil, après que le demandeur, M. Bourselot, et le défendeur, M. Girard, administrateur délégué de la Société du *XIXᵉ Siècle*, auraient été entendus.

L'ordonnance, cela était de toute évidence, ne pouvait être maintenue que si M. Girard était mis dans l'impossibilité de se présenter devant le tribunal. A cette condition seulement, le *Petit Journal* pouvait, avec les deux actions de M. Bourselot, entrer en maître comme en ville conquise dans les bureaux du *XIXᵉ Siècle*, pour ruiner les actionnaires, les obligataires, les créanciers, pour y tout saccager.

Le lendemain 29 novembre, veille du jour où l'ordonnance devait être confirmée ou rapportée, M. Girard était arrêté à 4 heures de l'après-midi, et il était arrêté dans de telles conditions que ne se doutant de rien, confiant dans la parole donnée par M. Dupuy à M. de Nouvion, il n'avait pris aucune mesure. Si on était venu l'arrêter chez lui ou au journal, il aurait pu prévenir, donner des instructions, mais on eut la précaution de l'arrêter après qu'il était parti de chez lui et avant qu'il fût arrivé au journal, aux trois quarts du trajet, dans la rue.

Mis au secret, selon l'usage, il ne put charger son avoué de se présenter à sa place devant le tribunal, au nom de la Société du *XIXᵉ Siècle*, et l'ordonnance du président Beaudouin (¹) fut confirmée.

Le coup était fait.

O mensonge des lois! O hypocrisie des formes judiciaires! M. Imbert est nommé pour sauvegarder les droits des actionnaires, des obligataires, des créanciers et aussi, il s'en vante très haut, il le déclare même en tête des colonnes du *XIXᵉ Siècle*, pour assurer dans ce journal le règne de la vertu — de la vertu du *Petit Journal*. Que fait-il? Il amène avec lui, il installe à ma place, dans mon cabinet, en qualité de directeur politique et de rédacteur en chef, un agent d'affaires, un courtier marron qui publie une honteuse petite feuille financière hebdomadaire de trente-deuxième ordre, n'ayant jamais passé, pour vivre, ni de ses abonnements, ni d'une publicité régulière, et voulant signaler son arrivée à la tête du *XIXᵉ Siècle*, cet intrus mal famé désorganise la rédaction, modifie la ligne politique, augmente les frais (²).

(¹) M. Beaudouin, entré dans la magistrature sous l'Empire, en 1869, comme substitut à Châteaulin, a été nommé président du tribunal civil de la Seine le 24 décembre 1893, par M. Guérin, garde des sceaux (ministère Dupuy).

(²) Un coup analogue paraît avoir été tenté peu de temps après à la *Libre Parole*. Voici l'article que ce journal publiait en très gros caractères, le mercredi 16 janvier, sous le titre : *Un coup d'État à la* Libre Parole.

Un administrateur provisoire vient d'être nommé à la Libre Parole :

Pourquoi un administrateur provisoire pour un journal qui est en pleine prospérité, pour un journal qui est dans toutes les mains?

La chose est très simple et je vous la conterai tout au long.

Ainsi que Vitrac l'a appris au public, le gouvernement m'avait fait offrir un siège de député et de l'argent pour ménager les chéquards.

J'avais naturellement refusé, avec la politesse qui fait le fond de mon caractère.

Le gouvernement ne se découragea pas; exaspéré par la publication des scellés du Panama et sachant que je possédais une jolie collection de photographies, il chercha un autre moyen.

J'avais un ami dans lequel, avec ma nature trop généreuse et trop bonne, j'avais mis toute ma confiance.

C'était mon représentant dans le conseil des intéressés, auquel je

Toujours au nom de la vertu du *Petit Journal*,
M. Imbert déclare qu'il refusera comme immorale toute
publicité financière, ce qui ne l'empêche pas de prôner
l'emprunt russe ([1]) — est-ce gratuitement ? — et de faire
une indécente réclame aux mines d'or ([2]) que patronne le
Petit Journal.

Au bout de six semaines d'une administration désastreuse pendant lesquelles le journal qu'on s'évertue à dépré-

n'assistais jamais ; il signait pour moi, il était mes yeux pour tous les
détails administratifs.

Cet homme, du nom de Joseph Odelin, était une abominable crapule.

Odelin demanda au gouvernement une candidature officielle pour
lui aux prochaines élections, un évêché pour son frère, le vicaire
général, et la croix pour le petit cadet.

Dans ces conditions, Odelin se déclara tout prêt à me trahir.

Il commença par me présenter un faux bilan, par me déclarer que
le journal était perdu et qu'il s'offrait à le sauver par pur dévouement.
Je lui cédai une partie de mes droits.

Dans mon ignorance des chiffres, j'acceptai pour sauver l'œuvre.
Immédiatement après, on m'écrivit que tout ce qu'on m'avait dit était
faux, que j'avais été dupe d'une manœuvre...

Naturellement, on flanqua Odelin à la porte avec un entrain qui se
devine.

Odelin essuya les crachats qu'il avait reçus : *il s'adressa au ministre
Guérin*, auquel il prête à tort ou à raison des actes immoraux. Quoi
qu'il en soit, *il parvint à arracher la nomination d'un administrateur
provisoire*.

A quel titre se présentait-il pour demander la nomination d'un
administrateur provisoire ? A titre de créancier ? Il ne l'était pas.
A titre de mon représentant ? Je lui avais retiré mes pouvoirs. A titre
de porteur de parts ? Il avait reçu en cadeau les quarante parts dont
il se servait pour ruiner mon œuvre et il n'avait jamais versé un sou.

Vraiment, M. Casimir Périer, quand il en est réduit à employer de
pareils moyens, il faut qu'un chef d'État se sente bien malade et à votre
place, j'aurais mieux aimé mourir du choléra comme votre grand-père,
que de finir dans la boue.

En tout cas, ceux qui ont des intérêts dans la *Libre Parole* n'ont
aucune inquiétude à concevoir. Mon traité me donne la propriété du
titre, mais il est certain que moyennant un pourboire de Rothschild, *le
président du tribunal civil qui vient déjà de commettre une si belle
canaillerie*, n'hésitera pas à en commettre une seconde, en me dépouillant de tous mes droits qui me sont garantis par un traité formel.

Il confiera la chronique militaire à Alfred Dreyfus, le compte rendu
des Chambres à Reinach et la question des chemins de fer à David
Raynal. Il est à craindre que, dans ces conditions, le renouvellement
des abonnements ne souffre quelque difficulté...

                                                    EDOUARD DRUMONT.

Le jour où paraissait cet article, le ministère Dupuy venait d'être
renversé, M. Casimir Périer donnait sa démission, et l'affaire qui avait
causé un si vif émoi à la *Libre Parole*, immédiatement s'arrangea.

([1]) Numéros du *XIX⁰ Siècle* des 10, 11, 12, 13 et 14 décembre 1894.

([2]) Numéros des 21 et 26 décembre 1894.

cier ne marche qu'avec les fonds fournis par le secrétaire du *Petit Journal*, M. Henri Poidatz, sous les noms de M. Bourselot et de M. Amadien, M. Imbert donne sa démission et demande la faillite de la Société du *XIXe Siècle*, qui est prononcée le 9 janvier 1895.

Enfin, le 24 janvier, le *XIXe Siècle* est mis en vente et, à l'aide de manœuvres habiles peut-être, mais parfaitement déloyales, on obtient que ce journal qui, au moment où je l'ai quitté, avait 8,000 abonnés et un tirage moyen de 40,000 exemplaires, soit vendu pour la somme dérisoire de 30,700 francs (¹), aussitôt employés au payement des créanciers privilégiés et au remboursement des avances du secrétaire général du *Petit Journal*.

J'étais ruiné, M. Girard était ruiné, les braves gens qui avaient placé leurs économies dans les obligations du *XIXe Siècle* étaient ruinés, mais ceux qui avaient acheté le journal 30,700 francs avaient fait une excellente affaire. Le *lendemain*, ils le revendaient 100,000 francs à M. Auguste Vacquerie, auquel on en offrait le jour suivant 150,000 francs et qui a refusé depuis une proposition d'affermage de 40,000 francs par an.

Et c'est à nous que M. le substitut Thomas ose reprocher la faillite et la vente du *XIXe Siècle !* et c'est moi qui suis « l'homme de proie » !

Un mandat spécial d'arrestation et d'écrou avait été signé le 12 janvier 1895 pour cette affaire du *XIXe Siècle.* L'instruction, après avoir duré cinq mois, s'est terminée comme je l'ai dit, le 6 juin 1895, par une ordonnance de non-lieu.

Dans son réquisitoire définitif, M. le substitut Thomas

(¹) Au mois de mai dernier, le journal *l'Événement*, qui n'avait pas ..,000 abonnés et qui ne tirait pas à plus de 5,000 ou 6,000, a été vendu 75.000 francs sur la mise à prix de 30,000 francs à la suite de la faillite de M. E. Magnier.

disait : *La Société du XIXe Siècle vient d'être mise en faillite et Portalis et Girard auront à rendre compte de leur opération.*

Nous en avons rendu compte.

Quand les auteurs de l'acte de piraterie gouvernementale et judiciaire, qui a enlevé le *XIXe Siècle* à ses légitimes possesseurs, directeurs et administrateurs, rendront-ils compte, à leur tour, de leur *opération ?*... ·

Le grief, si ridiculement injuste, que M. le substitut fait à M. Girard et à moi de la mise en faillite et de la vente du *XIXe Siècle*, clôt dignement la série des faits de moralité, qui tous sont d'absurdes, d'invraisemblables et d'inexcusables calomnies.

Le vol de la souscription de Vienne : calomnie.

Le vol des 612,000 francs du *XIXe Siècle* : calomnie.

Le vol du produit des obligations du *XIXe Siècle* : calomnie.

L'accusation d'avoir été cause de la faillite du *XIXe Siècle* et du bas prix auquel il s'est vendu : calomnie.

Je vais dire maintenant quelle fut l'origine de cette affaire des cercles qui a servi de prétexte au mandat d'arrestation, lancé contre M. Girard et contre moi, puis j'examinerai un à un tous les faits incriminés. Ils valent les faits de moralité. Je ne suis pas plus coupable d'extorsion ou de tentative d'extorsion de fonds à l'égard de M. Isidore Bloch, de M. Charles Bertrand, de M. Marius Sammarcelli, de la dame Hugot, des chemins de fer du Sud et de la Compagnie Transatlantique, que je ne suis coupable d'avoir volé la souscription de Vienne, d'avoir volé les 612,000 francs du *XIXe Siècle*, d'avoir passé dans le camp des Versaillais, etc.

Mais auparavant, je veux dire encore un mot du ton général du réquisitoire de M. le substitut Thomas.

Dès le début, afin qu'on soit fixé sur le genre de justice qui a ses préférences, il évoque le souvenir du tribunal révo lutionnaire. Il parle d'une « première », d'une « seconde charrette », puis il entasse injures sur injures : tout le voca bulaire du *Petit Journal* y passe ; il m'appelle malfaiteur, misérable, lâche et ce qui de sa part — on en conviendra — est un comble : spécialiste de la calomnie ! Spécialiste de la calomnie, parce que j'ai laissé dire dans mon journal ou dit moi-même la stricte vérité sur les tripots que protège la préfecture de police et sur la manière désastreuse dont M. Eugène Pereire administre la Compagnie Transatlan tique !

Nous sommes loin du temps où Faustin Hélie, dans son traité de l'instruction criminelle que j'ai déjà cité, disait que « le langage du ministère public devait être sobre et sévère, qu'il devait développer ses conclusions avec calme et que la passion qui pouvait enflammer la défense ne devait jamais animer sa parole ».

Nous avons fait aussi du chemin depuis le jour où M. le ministre Faillières, dans la séance du 21 janvier 1895, aisait du haut de la tribune de la Chambre, cette solennelle déclaration :

La franchise et la loyauté doivent avant tout présider à la discussion judiciaire en matière correctionnelle ou criminelle.

Personne n'a le droit d'oublier que jusqu'au moment de la condamnation, une présomption couvre la personne accusée ou prévenue : c'est la présomption d'innocence.

Le magistrat qui ne respecterait pas ces principes d'ordre naturel et non pas simplement d'ordre positif, manquerait au premier, au plus élémentaire devoir de sa profession. (*Applau- dissements sur tous les bancs.*)

Tous les avocats des prévenus ont vanté dans leurs plai- doiries le talent, la distinction, la loyauté du ministère public. C'est la tradition, c'est le mensonge conventionnel que les naïfs — et c'est la foule — prennent pour argent comptant. Le *Petit Journal* a terminé son compte rendu en disant que des « applaudissements unanimes avaient accueilli ce morceau d'éloquence » (1), et le *Figaro* nous apprend que M. le substitut Thomas a prononcé « un réquisitoire vif, alerte, incisif, d'une jolie forme littéraire, d'*une rare élévation de pensée* » (2).

Les autres journaux qui n'ont pas, comme le *Petit Journal* et le *Figaro*, un intérêt de vengeance personnelle dans le procès, n'en font pas moins chorus.

M. le substitut Thomas représente la calomnie triomphante, ayant à ses ordres la police, la loi, les geôliers... Chacun s'incline, chacun l'encense.

Vive la calomnie !

---

(1) Le *Petit Journal* du 17 février 1895.
(2) Le *Figaro* du 17 février 1895.

VII

Les origines de l'Affaire des cercles.

Cercles ouverts et cercles fermés. — Camille Desmoulins et la
question des jeux. — Une cause ignorée de la condamnation
des Girondins. — Ce que rapportait la ferme des jeux. — Ce
que rapportent les cercles ouverts. — Où va l'argent. — Les
protégés du gouvernement et de la police. — La meilleure
place de la République. — Le duc de la baronne de Rothschild et le coach de M. Charles Bertrand. — Le vol dans les
cercles. — Sommation à MM. Dupuy et Guérin. — La
réponse du garde des sceaux. — Un *a fortiori* de M. Dupuy.
— L'opinion du préfet de police. — Graves accusations. —
Les lettres du vieux Ponte. — Le pharisaïsme officiel. — La
vertu de M. Poincarré.

L'opération gouvernementale policière et judiciaire,
imaginée pour me perdre et pour tuer le *XIXe Siècle*, a
été appelée l' « Affaire des cercles ». C'est le nom que
M. le substitut Thomas lui a donné dans son réquisitoire,
mais il n'a pas pris la peine d'expliquer aux juges, qui
n'en savent peut-être rien encore à l'heure actuelle, qu'il
y a cercles et cercles, les cercles fermés et les cercles
ouverts. Les cercles fermés sont des associations honorables, s'administrant elles-mêmes, comme par exemple le
Jockey-Club ou l'Union artistique, où ne peuvent pénétrer
que les membres de l'association : on y joue, mais personne ne retire de l'exploitation du jeu un profit particu-

lier ; les bénéfices qu'elle peut produire appartiennent au cercle. Les cercles ouverts, au contraire, sont la propriété de certains industriels qui donnent à jouer comme ailleurs on donne à boire et à manger. On y est admis très facilement : ce sont de véritables maisons de jeu, des tripots fonctionnant en plein Paris au mépris de la loi.

Dans l' « Affaire des cercles », c'est exclusivement des cercles ouverts qu'il s'agit.

Voici les termes dans lesquels M. le substitut Thomas expose les origines du procès :

En septembre 1893, une plainte de Bertrand (Henri), gérant du « Betting Club », contre Schwob, accusé d'escroquerie, affaire du faux ambre, bientôt suivie d'une plainte de ce Schwob contre le même Bertrand, qu'il accusait de complicité de faux et d'usure, amenait l'arrestation de ce dernier et la fermeture de son cercle.

L'attention publique ayant été ainsi attirée sur les cercles de Paris où l'on joue, les journaux s'emparèrent de l'occasion pour entamer une campagne contre les établissements de jeu.

La plupart se tinrent dans les généralités et se contentèrent, pour donner libre cours à leur *vertueuse* indignation, d'exposer une fois de plus les dangers du jeu et de réclamer des mesures de surveillance plus rigoureuses.

On remarquera l'ironie de cette dernière phrase. En se moquant de la « vertueuse indignation » des journaux, M. le substitut Thomas prend ainsi position, dès le début, en faveur des tripots et contre la presse, car, à l'exception du *Figaro*, du *Petit Journal* et d'un ou deux autres journaux, toute la presse, à cette époque, a fait la même campagne.

Au lieu de railler ainsi la presse et de jeter sur elle la suspicion, peut-être eût-il mieux valu exposer au tribunal l'état de la question des jeux en France à l'époque où nous sommes.

Faute de cet exposé, le public et les magistrats ont pu croire qu'il n'y avait qu'une question de chantage là où il y avait, en réalité, et où il y a encore une question d'une très haute portée politique et sociale.

Je vais essayer de faire ici cet exposé en termes aussi clairs que possible et l'on verra qu'il faut beaucoup d'ignorance ou de mauvaise foi pour chercher dans des insinuations malveillantes, l'explication d'une campagne que la presse indépendante ne pouvait se dispenser de faire sans manquer à son devoir et qu'elle aura l'obligation de recommencer à chaque occasion, aussi longtemps que la question des jeux n'aura pas reçu une solution conforme à la raison, à l'équité, à l'intérêt public et, autant que faire se peut en pareille matière, à la morale.

La question des jeux n'est pas nouvelle. Elle a souvent soulevé, dans le monde politique et dans la presse, de vives querelles qui parfois ont eu un dénouement tragique. Le 21 juillet 1791, l'assemblée législative avait voté une loi réglementant les jeux. L'année suivante, en 1792, un tenancier de l'époque, un sieur Dithurbide, ayant été envoyé à Bicêtre en vertu de cette loi, Camille Desmoulins lui donna une consultation et se prononça vigoureusement pour la liberté des jeux. Un journaliste de beaucoup d'esprit, mais violent, Girey Dupré, guillotiné depuis avec les Girondins, saisit ce prétexte pour attaquer Camille Desmoulins dans le journal de Brissot, le *Patriote français*. Les autres journaux girondins suivirent le mouvement. Camille Desmoulins, accusé de s'être vendu aux tenanciers de tripot, s'en prit au rédacteur en chef du *Patriote français*, à Brissot, en disant que « le maître était responsable du domestique » et, pour se défendre, il écrivit son *Brissot démasqué*, sur lequel Fouquier-Tinville copia son réquisitoire contre les Girondins, ce qui fit dire à Camille Desmoulins, quand il entendit le verdict du jury qui les envoyait à la mort : « C'est mon *Brissot démasqué* qui les tue! »

Sous le Consulat, Fouché accorda le monopole des jeux à un sieur Perrin, qui, dit la chronique, lui adressait chaque matin, en guise de remerciement, un rouleau de 50 louis.

La Restauration, en 1819, établit la ferme des jeux, qui dura dix-neuf ans, jusqu'en 1837.

Les maisons de jeu étaient alors, à Paris, au nombre de sept, savoir : le Cercle des étrangers, rue Grange-Batelière, 6; Frascati, rue Richelieu, 108; la maison Dunaus, rue du Mont-Blanc, 40; la maison Mariveaux, rue Mariveaux, 13; la maison Paphos, rue du Temple, 100; la maison Dauphine, rue Dauphine, 36; enfin, le Palais-Royal.

Le fermier des jeux versait annuellement au Trésor, par douzièmes, la somme minimum de 5,550,000 francs, qui était allouée à la ville de Paris, sauf un prélèvement de 1,660,000 francs attribués par parts égales aux subventions théâtrales, au Conservatoire de musique et de déclamation et aux Quinze-Vingts. La ville avait droit, en outre, à la moitié des bénéfices jusqu'à 9 millions et aux trois quarts au-dessus.

Le produit de la ferme des jeux, de 1819 à 1837, date de la suppression, fut le suivant :

1819 . . . . fr.	7,632,533	42
1820	7,301,752	27
1821	8,724,504	27
1822	8,651,396	76
1823	7,408,844	73
1824	8,222,339	82
1825	9,008,628	51
1826	7,346,411	33

1827 . . . . fr.	7,213,264	23
1828	7,387,545	94
1829	7,080,139	92
1830	6,403,029	94
1831	6,055,100	00
1822	6,055,100	00
1833	6,138,479	14
1834	6,546,319	30
1835	6,630,383	71
1836	6,115,792	47
1837	6,841,838	85
Total. . fr.	137,313,406	41

Au moment où la plainte de M. Henri Bertrand contre son client M. Schwob et la plainte de M. Schwob contre M. Henri Bertrand remirent à l'ordre du jour la question des jeux, le nombre des maisons de jeu, qu'on appelle aujourd'hui des « cercles ouverts », était à peu près le même, c'étaient : 1° le Cercle franco-américain, autrement dit le Washington, place de l'Opéra; 2° le Cercle de la Presse, boulevard des Capucines (¹); 3° le Club anglais, rue de la Chaussée d'Antin; 4° le Cercle de l'escrime et des arts, rue Taitbout; 5° le Cercle Molière, rue Richelieu; 6° le Cercle central des lettres et des arts, rue Vivienne; 7° le Cercle des Méridionaux, boulevard Poissonnière; 8° le Cercle du commerce et de l'industrie, rue d'Hauteville.

On entre dans ces maisons de jeu un peu plus difficilement qu'on n'entrait au Palais-Royal ou chez Frascati; le produit de la cagnotte paraît néanmoins sensiblement supérieur à ce qu'il était alors.

En 1884, le *Figaro* évaluait le produit de la cagnotte des

(¹) Depuis, le *Franco-Américain* et la *Presse* ont fusiónné, pour devenir le Cercle des Capucines.

cinq dernières années, dans les maisons de jeu qui existaient alors, à 65 millions de francs, ce qui donnait une
moyenne d'environ 13 millions de francs par an, sans
compter les bénéfices accessoires prélevés par les croupiers, les garçons de jeux, les prêteurs, etc.

Le *Matin*, à la même époque (22 octobre 1884), arrivait
à un chiffre plus important. Il évaluait le produit réglementaire de la cagnotte des divers tripots fonctionnant
alors à 87,600,000 francs pour les cinq années précédentes.

« Il faut ajouter à ce chiffre, disait encore le *Matin* dans le
même article, les bénéfices réalisés par les prêteurs et les croupiers, bénéfices qui atteignent parfois des proportions énormes
et que nous évaluerons à une moyenne de 12 millions par an et
60 millions pour les cinq ans (1).

« Ajoutons encore une moyenne de 100,000 francs par an
pour les petits bénéfices de M. l'administrateur et de ses aco-
lytes, soit 2,400,000 francs par an ou 12 millions pour les
cinq ans.

Et nous arrivons au résultat suivant :

« Cagnottes . . . . fr.		87,600,000
« Prêteurs et croupiers		60,000,000
« Administrateurs et personnel. . .		12,000,000
« Total. . fr.		159,600,000

----

(1) Dans le procès de M. Henri Bertrand, le 17 avril 1895, devant la
9e chambre, il a été établi que la cagnotte du Betting-Club, cercle de
cinquième ordre, avait rapporté, en quatorze mois, 970,000 francs.

A ces 970,000 francs, il faut ajouter le bénéfice de la croupe : l'étouffage et l'étrenne que donne le banquier quand il gagne.

« — En outre, a dit le président, il y a la confiture, un mot bien
suggestif. La confiture, c'est le bénéfice fait aux joueurs malheureux. »

Les prêts, d'après le rapport de M. l'expert Flory, ont été, pendant
ces quatorze mois, au nombre de 854, représentant une somme globale
de 1,729,000 francs. L'intérêt a varié entre 118 et 400 p. c. M. Flory
estime à 2,500,000 francs le bénéfice réalisé par M. Henri Bertrand
pendant qu'il était directeur du Betting. (*XIXe Siècle* et autres journaux
du 19 avril 1895.)

« Cent cinquante-neuf millions six cent mille francs dévorés depuis cinq ans par ces vampires à Paris seulement.

« Et nous n'exagérons pas, au contraire, nous n'aurions que le choix pour appuyer, par des exemples probants, l'éloquence de ces chiffres (1). »

A la fin de 1884, la préfecture de police a supprimé plusieurs de ces maisons de jeu par une sorte de coup d'État, dont les vraies causes n'ont jamais été officiellement divulguées, mais qui eut pour effet certain de faire refluer toute la clientèle des joueurs sur les huit établissements auxquels on permettait, par une inexplicable préférence, de continuer leur commerce.

Dans les articles signés un « Vieux Ponte », le *XIX*ᵉ *Siècle* a souvent fait remarquer que ces établissements jouissaient d'un véritable privilège, puisqu'ils existaient en vertu de concessions gouvernementales et que depuis cette époque — il y a plus de dix ans — il n'en a pas été accordé de nouvelles (2).

Le jeu constitue donc aujourd'hui, exactement comme sous le régime de la ferme, un monopole Le nombre des tripots est le même : huit au lieu de sept. Quant au produit de la cagnotte, — Mᵐᵉ Joséphine, comme l'appellent MM. les tenanciers, — il est certainement supérieur à ce qu'il était alors, mais il y a entre les deux régimes deux différences frappantes : la première, c'est qu'autrefois le monopole était publiquement et régulièrement concédé en vertu d'un cahier des charges à un fermier qui commençait par verser pour la ville 5,550,000 francs, ce qui était une grosse ressource pour le budget et ce qui permettait de soulager d'autant les contribuables, tandis qu'aujourd'hui ce monopole est concédé secrètement et sans aucun cahier

---

(1) M. Édouard Drumont cite ces chiffres dans sa *France Juive*, p. 157, t. II.

(2) Voir notamment la *Lettre d'un Vieux Ponte*, du 8 octobre 1893.

des charges à quelques favoris du ministre de l'intérieur ou de la préfecture de police, qui n'ont de compte à rendre à personne et qui mettent tout dans leur poche.

Les places de tenancier de tripot, comme presque toutes les places du gouvernement, dépendent uniquement de la faveur du ministre qui les accorde sous forme d'autorisation de fonder un cercle. Au point de vue pécuniaire, ce sont les meilleures places de la République, elles rapportent plus que celle de chef de l'État. Placés sous la surveillance de la préfecture de police, les tenanciers sont des espèces de fonctionnaires que le gouvernement tient complètement dans sa main et qu'il peut révoquer *ad nutum* en leur retirant leur autorisation. « Ne pourrait-on pas au moins, disait le Vieux Ponte, dans ses lettres au *XIXe Siècle*, faire bénéficier de ces riches prébendes d'anciens serviteurs de l'État, des veuves de généraux, des personnes enfin intéressantes et respectables ([1]) ? » Le gouvernement préfère les donner à d'anciens laveurs de vaisselle qui, comme le faisait remarquer dans sa *France Juive* M. Édouard Drumont, mènent un train de 600,000 à 700,000 francs par an, qui ont des voitures, des hôtels, des galeries de tableaux...

Toi, mon cher, — écrivait le Vieux Ponte dans une conversation qu'il disait avoir eue avec un petit fonctionnaire ([2]), — tes parents ont dépensé beaucoup d'argent pour faire de toi un fonctionnaire. Il a fallu que tu passes un tas d'examens. Tu as à peine de quoi vivre et tu es toujours à te demander si on ne va pas te mettre à pied. Un jour, c'est un inspecteur que tu as sur le dos ; le lendemain, c'est ton député qui trouve que tu ne fais pas assez de politique ou que tu en fais trop. Tu travailles comme un nègre, tu fais des prodiges d'économie pour faire honneur au gouvernement dont tu es l'agent, ta vie est un modèle de dignité et de correction, mais tu es toujours comme

[1] *XIXe Siècle* du 7 octobre 1894.
[2] *XIXe Siècle* du 7 octobre 1893.

un oiseau sur la branche, tu auras beau bûcher, tu ne pourras jamais espérer, même avec beaucoup de chance, gagner ton indépendance. Sais-tu ce que cela prouve ? que tes parents étaient des crétins. Vois le Bertrand du Betting. Il ne sait ni lire ni écrire, il était domestique il y a quelques années ; aujourd'hui, il roule carrosse, il a hôtel à la ville, maison à la campagne, il prête 1,700,000 francs à Schwob et tout le monde trouve cela naturel...

« Être croupier, obtenir du ministère de l'intérieur le privilège d'avoir un cercle, c'est-à-dire de voler sans risques sous l'œil protecteur de la police, voilà, par le temps qui court, le vrai métier, le meilleur moyen de s'enrichir et aussi de se poser ! Quand on a suffisamment volé, on achète un cheval de course. Dès lors, on est en rapport avec les membres de l'aristocratie la plus hupée. Rien ne rapproche les distances, on l'a dit depuis longtemps, comme le crottin de cheval de course. Ils couchent avec les mêmes femmes que les nobles seigneurs du faubourg Saint-Germain et vivent la même vie. »

Dans son premier Paris du 17 août 1895, le *Figaro* citait parmi les choses curieuses devant lesquelles le président de la République pourrait s'extasier à Trouville, où il était attendu, « le duc » de la baronne de Rothschild, et le « coach » dans lequel M. Charles Bertrand se rend les jours de courses de Cabourg à Deauville, « spectacle, ajoutait le journal de la rue Drouot, excessivement parisien ».

L'autre différence entre le monopole d'autrefois et le monopole d'aujourd'hui, c'est que sous le régime de la ferme, on ne volait pas ; on ne pouvait pas voler dans les maisons de jeu ; tandis qu'aujourd'hui on y vole abominablement avec l'autorisation du gouvernement.

Est-ce le *XIXe Siècle*, est-ce le Vieux Ponte seulement qui le disent ? Non, ce sont tous les journaux, sauf, je le répète, le *Figaro* et le *Petit Journal*, c'est le *Radical*, c'est le *Journal des Débats*, c'est le *Gil Blas*, c'est la

Libre Parole, c'est la *Lanterne*, c'est le *Rappel*, c'est la *Justice*, c'est l'*Echo de Paris*, c'est le journal le plus gouvernemental, le plus circonspect, le plus grave, c'est le *Temps* qui, dans son numéro du 13 octobre 1893, dit que « l'administration du vol dans les cercles ouverts est si admirablement constituée et que le personnel trichant y est si bien organisé qu'il est impossible à un joueur d'y gagner même avec une veine insolente ! »

Le gouvernement ne nie pas qu'on vole dans les cercles ouverts. Le 29 novembre 1894, au cours de son interpellation sur les affaires de chantage, M. Marcel Habert, député de Seine-et-Oise, adressait à M. Guérin, ministre de la justice, et à M. Dupuy, ministre de l'intérieur, cette sommation précise :

M. MARCEL HABERT. J'espère que la grande émotion soulevée par cette plainte (la plainte du tenancier Isidore Bloch) ne vous rendra pas plus tendre vis-à-vis de ceux qui l'ont portée.

Il est possible qu'on ait voulu les voler, mais *il est certain* qu'eux avaient volé avant et, par conséquent, ce sont eux qu'il faut poursuivre d'abord. (*Très bien, très bien.*)

J'espère que rien ne retiendra M. le ministre de l'intérieur et qu'il ne s'arrêtera pas à ce fait déjà trop scandaleux par lui-même, qu'à la porte de certains tripots des hommes n'ont pas craint d'accrocher leur ruban de la légion d'honneur, soit même quelquefois leur écharpe de représentant du peuple. (*Applaudissements.*) (1).

Que répondit le gouvernement ? Qu'il poursuivrait avec la dernière rigueur le directeur du *XIXᵉ Siècle :*

M. LE GARDE DES SCEAUX. Quel intérêt pourrait avoir le gouvernement à user de complaisance avec un journaliste qui de tout temps l'a combattu... (*Mouvements divers.*)

M. GUSTAVE ROUANET. Vous ménagez donc les autres ?

_____

(1) *Journal officiel* du 30 novembre 1895.

A droite. M. Portalis a été candidat officiel à Gien, contre M. Loreau.

M. LE GARDE DES SCEAUX... Et qui journellement dans ses articles traite les membres du gouvernement avec la dernière violence et leur prodigue les dernières injures [1].

M. JOURDE. Alors, s'il s'agissait de...

M. LE PRÉSIDENT DU CONSEIL. Non, c'est un *a fortiori* [2].

Mais à l'affirmation de M. Marcel Habert, disant : « *il est certain* qu'on vole dans les tripots », M. Guérin ni M. Dupuy n'ont rien répondu. Quant à M. Marcel Habert, il s'est contenté de ce silence et, si prodigue qu'il soit de son éloquence, jamais il n'est revenu sur la question. Qui sait si par ce temps d'universelle suspicion, des esprits malveillants n'auront pas trouvé quelque chose de louche à cette agression suivie de ce silence? Avec la nouvelle interprétation du § 2 de l'article 400 du code pénal, il n'en faudrait pas plus pour faire enfermer à Mazas un journaliste d'opposition sous un ministère Dupuy.

M. le préfet de police enfin, dans une note qu'il communiquait aux journaux, le 3 octobre 1893, disait :

A la suite des incidents qui se sont produits récemment dans plusieurs cercles de Paris, M. Lépine, préfet de police, a fait venir dans son cabinet un certain nombre de présidents de cercles ouverts, auxquels il a signifié :

1º D'avoir à se débarrasser immédiatement de certains individus *notoirement connus comme grecs avérés* ;

2º D'avoir à supprimer absolument les prêts de quelque nature qu'ils soient, que l'administration fait aux joueurs.

---

[1] *Journal officiel* du 30 novembre 1894.

[2] Rien n'est plus faux. J'ai, il est vrai, combattu le ministère Dupuy, dont je trouvais la politique néfaste pour mon pays, mais je n'ai jamais injurié aucun de ses membres, à moins qu'on ne considère comme la dernière injure d'avoir comparé M. Dupuy à Falstaaff à la veille de l'élection présidentielle.

Il y avait donc des grecs, *des grecs notoirement connus,
des grecs avérés*, dans les maisons de jeu autorisées par le
gouvernement et étroitement surveillées par la préfecture
de police : c'est le préfet lui-même qui le proclame.

Quelques jours après le 12 octobre, le *Temps* publiait
une nouvelle note de la préfecture de police, se terminant
par ces mots :

Les cercles expulsent les gens interlopes et tel cercle très
fréquenté a déjà opéré plus de vingt-cinq radiations.

Ce que la note officieuse n'ajoute pas, c'est que tout ce
monde de grecs avérés et de gens interlopes, à peine sortis
du tripot par une porte, y rentraient par une autre. Il n'y
avait de définitivement exclus, sous prétexte de tricherie ou
d'interlopie, que les malheureux joueurs complètement
décavés auxquels il était notoirement impossible de plus
rien voler.

De cette situation, qu'il était nécessaire de connaître pour
comprendre et, à plus forte raison, pour juger l'affaire
des cercles, et que M. le substitut Thomas, s'il ne l'ignorait pas lui-même, s'est en tout cas bien gardé de faire
connaître au tribunal, les conséquences sont fatales. Dès
qu'un incident quelconque appelle l'attention sur les cercles ouverts, tout le monde se demande pourquoi on accorde
des autorisations de cercle à celui-ci et pas à celui-là,
pourquoi il n'y a pas à Paris vingt, trente, quarante, cent
maisons de jeu, au lieu de huit, ou pourquoi il y en a huît au
lieu d'une, pourquoi cet opulent monopole que ne com-
pense aucune charge, aucune responsabilité, est sévèrement
maintenu à un personnel d'anciens cochers, d'anciens
laveurs de vaisselle, de ruffians toujours les mêmes. Chacun
répond à cette question selon ses passions, ses désirs, ses
rancunes. Dans la *France Juive*, M. Édouard Drumont
avait dit déjà que « sur le produit de la cagnotte, il fallait

évidemment distraire les sommes considérables prélevées
par le personnel de la préfecture de police qui, à tous les
degrés, depuis le préfet jusqu'au dernier des agents, ran-
çonne les maisons de jeu et surtout les pots-de-vin donnés
aux ministres et aux députés opportunistes »..Il a vingt fois
développé ce thème dans la *Libre Parole*. La note est la
même dans tous les journaux d'opposition. J'ai eu la curiosité de relever quelques-unes des opinions qu'ils ont émises
au moment de la fermeture du *Betting*, M. Casimir Périer
étant président du conseil.

« *Les opportunistes ont fait du jeu une source d'immondes bénéfices.* »

« *Les hauts fonctionnaires du ministère de l'intérieur
et de la préfecture de police vendent à beaux deniers comp-
tants des autorisations de fonder des cercles à Paris.* »

« *Certains hommes politiques jouent auprès des cercles
le rôle que les souteneurs jouent auprès des filles* », etc., etc.

« *A la préfecture de police*, disait *la Lanterne du
9 octobre* 1893, *on déclare hautement qu'on ne peut rien
contre les cercles parce que les tenanciers sont tous protégés
soit par des hommes politiques, soit par des membres
influents de la presse... Dans les tripots, on avoue qu'on n'a
rien à craindre, parce qu'un grand nombre de fonctionnaires de la préfecture de police sont à la solde des tenanciers.* »

Le *XIXᵉ Siècle* n'en a jamais dit autant. Loin de là.

Quelle fut son attitude? Il publia sur les cercles ouverts
— casinos — une série d'articles intitulés: *Dessous de cartes*
et signés : *Un Vieux Ponte*, qui eurent un très grand succès.
Dès le début, le Vieux Ponte déclarait que les opinions
dont je viens de citer quelques spécimens et qu'il reproduisait étaient évidemment très exagérées, mais qu'il y
avait là une situation illogique, anormale, illégale, inex-

plicable, prêtant par conséquent aux plus fâcheuses inter-
prétations, une situation enfin qui devait sérieusement
attirer l'attention du gouvernement et des Chambres.

« Ou supprimez tous ces cercles ouverts, disait le Vieux
Ponte, ou donnez à tout le monde l'autorisation d'en
fonder en observant certaines formalités, ou rétablissez la
ferme des jeux, mais de toutes les solutions la plus détestable, la plus honteuse, la plus compromettante pour la
police et pour le gouvernement, c'est la solution hypocrite
et louche d'aujourd'hui. Tant qu'elle sera maintenue, on
dira que les hauts fonctionnaires de la préfecture de
police sont payés par les tenanciers. »

Ces articles étaient en somme beaucoup plus modérés
que ceux de plusieurs autres journaux, seulement ils
furent écrits et publiés avec plus de suite, ils entrèrent
dans plus de détails, ils dévoilèrent un plus grand nombre
des innombrables trucs journellement et invariablement
employés dans les cercles ouverts et dans les casinos pour
dévaliser les joueurs naïfs et honnêtes. Le « Vieux Ponte »,
enfin, commit l'imprudence de revenir à la charge alors
que les autres journaux, cédant à une vieille habitude qui
souvent a fait l'insuccès des critiques de la presse, avait
depuis longtemps passé à d'autres sujets sans que la question ait fait un pas. C'est bien là-dessus que comptent le
profiteurs d'abus. Ils se disent : la presse se lassera, et
toujours, en effet, elle se lasse.

M. le substitut Thomas fait un reproche au « Vieux
Ponte » d'avoir nommé ceux qu'il appelle les gérants,
c'est-à-dire les tenanciers de cercles ouverts. Mais tous les
journaux les ont nommés. Comment, quand on parle d'un
cercle ouvert, ne pas nommer le tenancier ? Le plus
souvent, au lieu de dire : « Allons aux Méridionaux, à
l'Escrime, au Commerce et à l'industrie », on dit :
« Allons chez Okolowitz, chez Bloch, chez Bellier... »

« Il couvrit les tenanciers d'injures, continue M. Thomas, eux et leurs tripots. »

J'ai relu les *Lettres* du « Vieux Ponte », je n'y ai pas vu
d'injures. Sur le compte des tenanciers, le « Vieux Ponte »
n'a fait que répéter ce qu'on avait pu lire déjà dans beaucoup de journaux et de livres, que tel tenancier est un
ancien cocher, tel autre un ancien cuisinier, tel autre
un ancien placier en parfumerie, tel autre un ancien
frotteur... Il fallait bien dire à qui le gouvernement
garantissait le monopole des jeux : ce ne sont pas des
injures.

Sur les manœuvres de ces messieurs, le « Vieux Ponte »
n'a fait que répéter, préciser et développer dans ses *Lettres*
ce que M. le préfet de police avait dit avant lui, avec la
haute autorité qui lui appartient, et ce qui a été dit depuis
à la tribune de la Chambre, sans soulever de la part du
gouvernement la moindre protestation.

De même que, dans la campagne qu'il fit à la même
époque contre le Pari mutuel (¹), de même que dans toutes
ses autres campagnes politiques, sociales ou économiques,
le *XIXᵉ Siècle* n'avait, dans sa campagne contre les cercles
ouverts, d'autre but que de servir l'intérêt public, d'être
utile à ses lecteurs en les intéressant. A propos du Pari
mutuel, il disait, avec M. l'abbé Lemire, que « l'argent
risqué aux courses était souvent le salaire qui nourrit la
famille, la retraite qui assure les vieux jours (²) », et, avec
le député socialiste Faberot, que « le pari mutuel était une
excitation au suicide et à la misère (³) », mais au moins le
pari mutuel rapporte à l'État 14 millions, qui sont employés
à des œuvres utiles, tandis que tout l'argent des cagnottes

(¹) Voir le *XIXᵉ Siècle* de janvier et février 1894.
(²) Séance de la Chambre des députés, du 5 décembre 1895. *Journal
officiel* du 6.
(³) Ibidem.

des cercles ouverts va s'engouffrer dans les poches des tenanciers.

Cette campagne contre les cercles ouverts était d'autant plus à sa place dans le *XIXe Siècle* qu'elle permettait de saisir sur le vif le pharisaïsme menteur de ce groupe de jeunes politiciens qui prétend gouverner au nom de la vertu et dont l'un des membres, M. Poincarré, le bras droit de M. Charles Dupuy, a fait un jour à la tribune, en réponse à une interpellation de M. le vicomte d'Hugues, cette prétentieuse déclaration (¹) :

Pour nous, nous ne trouverons jamais que la vertu aille trop loin et nous n'avons besoin pour la suivre d'aucune interpellation.

(¹) La question des cercles ouverts et casinos n'a pas été close par le procès du *XIXe Siècle*, mais peu de journaux osent en parler dans la crainte d'être soupçonnés ou même accusés de chantage.

Au mois de juin 1895, on apprit le suicide d'un inspecteur général de l'université, qui fut peut-être à tort attribué à des pertes de jeu: « On vit M. X..., dit à ce propos M. Henry Fouquier, dans le *Rappel* du 7 juin, courir les villes d'eaux, où, sous l'œil vigilant et complaisant de l'administration, fleurissent les tripots. Car c'est là une des beautés de notre système en cette matière que le pouvoir flétrit le jeu et concède des privilèges de jeux: interdit aux citoyens de fonder des cercles et protège ceux qu'il a autorisés, bref, pratique, au milieu de contradictions sans nom, le plus singulier des arbitraires. M. X... se mit donc à jouer et fit partager ce goût à sa femme. Il perdit naturellement. »

Au mois de septembre 1895, le *Temps* et plusieurs autres journaux ont « fait observer avec raison que les cercles ouverts ou soi-disant fermés, mais accessibles à tout venant, et les casinos, que, dans l'intérêt de tout le monde, il faudrait avoir une loi, une règle, sortir de l'arbitraire, toujours fâcheux, souvent suspect. A l'heure présente, l'incohérence est absolue. Il y a, à Paris, des cercles qui sont des maisons de jeu, dont la préfecture de police a octroyé la licence à quelques privilégiés, qu'elle ferme aussi bien qu'elle les a ouverts, sans raison, et elle refuse à Pierre ce qu'elle a accordé à Paul. Pourquoi? Bien fin qui le dira. En province, c'est la même chose ».

VIII

L'unique témoin.

La préuve par témoins en matière civile et en matière criminelle. — Votre ennemi, c'est votre juge. — La moralité
des témoins. — Un portrait de M. Isidore Bloch, par
M. Henry Bauër. — La carrière de M. Isidore Bloch
racontée par son agréé. — On demande un bon génie? — La
vie d'un cercle ouvert, c'est le vol. — 450,000 francs de frais.
— Baccara. — Le juge et le philosophe. — Au revoir, cher
M. Ardisson! — Les tenanciers et l'épuration. — Une
caverne de menteurs.

Sous la Révolution, on guillotinait; après la Commune,
on fusillait les gens sur la simple dénonciation d'un ennemi.
Maintenant on vous emprisonne, on vous déshonore, on
vous ruine, au besoin on vous fait mourir sur l'unique
témoignage d'un tenancier de tripot dont vous avez révélé
les vols, d'une femme à laquelle vous avez déplu, d'un
mouchard qui est payé pour mentir, de n'importe qui.

En matière civile, quand il s'agit d'intérêts matériels,
on montre une grande défiance de la preuve par témoins.
On suppose qu'ils peuvent se tromper ou vouloir tromper.
Pour qu'elle soit acceptée au-dessus de 150 francs, il faut
qu'il y ait un commencement de preuve par écrit. Jamais,
dans tous les cas, les parties en cause ne peuvent être
entendues comme témoins.

En matière criminelle ou correctionnelle, quand il s'agit

de l'honneur et de la liberté des gens, on n y met pas tant de façons. La preuve par témoins est admise sans condition, sans restriction.

Mais avant l'avènement du ministère Dupuy et la nomination à Paris comme procureur de la République de M. Chenest, on n'avait jamais vu, au moins je le crois, cette monstruosité : un tribunal régulier condamnant les gens sur la déposition d'un unique témoin qui est en même temps le dénonciateur et le plaignant. Voici, par exemple, M Isidore Bloch : il est à bon droit attaqué dans le *XIXᵉ Siècle*. Pour se venger, il se plaint qu'on ait voulu le faire chanter. Le tribunal le croit, malgré les dénégations de l'accusé. Ainsi le dénonciateur devient juge, et comme le dénonciateur poursuit une vengeance personnelle, l'accusé est jugé par son ennemi, ce qui est le renversement de toute idée de justice. C'est l'ennemi qui prononce sur la culpabilité. Le tribunal ne fait qu'appliquer la peine.

Quelle est la moralité de ce dénonciateur, érigé à la dignité de juge souverain? Quelle raison le tribunal a-t-il de le croire sur parole? Qui prouve que c'est lui l'honnête homme plutôt que l'accusé?

Rien sur ce point n'a été négligé pour tromper le tribunal. On a fouillé la vie des accusés depuis leur jeunesse, depuis leur enfance. En ce qui me concerne, on est allé ramasser dans les plus infects ruisseaux les plus infâmes calomnies. Quand on n'a rien trouvé, on a inventé; on a cyniquement affirmé le contraire de la vérité. On a servi ce ramassis de mensonges au tribunal en lui disant : Voilà les faits qui établissent la moralité de l'accusé. Mais de la moralité de l'unique témoin dénonciateur et plaignant, pas un mot. Le ministère public, les commissaires de police, les huissiers lui témoignaient le plus grand respect, de telle sorte que le tribunal a très naturellement pu penser que le directeur politique du *XIXᵉ Siècle* était un

affreux gredin, tandis que le directeur du Cercle de
l'Escrime était un brave et digne homme, ayant passé sa
vie à donner dans son Cercle de la rue Taitbout et dans son
Casino de Dieppe, l'exemple de toutes les vertus publiques
et privées.

Personnellement, je ne dirai rien de mon accusateur, que
je n'ai jamais vu. Je me contenterai de citer, pour qu'on
puisse se faire une idée du personnage, ce passage d'un
article écrit par mon confrère Henry Bauër, dans l'*Écho
de Paris* du 26 novembre 1894, au lendemain du jour où
on venait, sur la plainte du tenancier, d'ordonner mon
arrestation :

M. Isidore Bloch était, il y a une dizaine d'années, placier en
parfumerie. Mais ce métier peu lucratif ne lui suffisant pas, il
s'immisce à un tripot, « les Arts libéraux », depuis fermé par
la police, et y occupe une fonction vague entre le garçon de jeu
et l'*allumeur* de partie. Ses rapports avec le tena_ _ _ _ _ _ _ _ _eu
paraissent avoir été orageux et accidentés, car i _ _ _ obligé de
quitter là place. Deux ans plus tard, le « cercle » de la rue
Taitbout est fondé, et comme la partie languit, on choisit une
direction capable de ramener les banquiers, d'exciter les pontes,
d'enfler la panse de la cagnotte, et voilà Bloch prince des croupiers. Sous son administration habile, le tapis vert bat son
plein ; les années de vache grasse se succèdent. Notre homme
devient un monsieur ; il porte beau, mène grand train d'équipage et s'affirme dans tous les lieux de plaisir. Il est opulent,
content de soi, traité avec les égards dus à sa rapide fortune et,
l'ambition de l'honneur lui étant venue, il aspire au ruban
rouge.

Évidemment, M. Isidore Bloch est un homme honorable, de
probité scrupuleuse, qu'un maître-chanteur prétendit victimer.
Sous sa gestion, son « cercle » s'est trouvé à l'abri du soupçon
et les écus tombèrent dans sa cagnotte et sa poche comme
viennent les alouettes au miroir. Il s'empressera donc, pour
confondre ses infâmes calomniateurs et prouver la vanité de
leurs allégations, il s'empressera de réclamer une enquête

minutieuse sur les pratiques, les coutumes et les incidents de sa maison. M. Dopffer, juge sévère et inaccessible aux influences, ne manquera pas d'y acquiescer.

Le gouvernement, de son côté, est tenu à une œuvre de moralité et de réparation, à moins d'être accusé, comme certains le prétendent, de se réjouir de ce triste incident. Le jeu a causé depuis une dizaine d'années trop de scandales, de canailleries et de malheurs. Il faut en finir. Frapper les maîtres-chanteurs, c'est bien, à condition que les hauts fonctionnaires ne marchent plus « la main dans la main » des ténanciers et que le déshonneur de Portalis ne soit pas la consécration de Bloch....

A ce moment déjà, les magistrats, la police, toutes les autorités constituées paraissaient attacher à la plainte de l'ancien placier en parfumerie une telle importance, et la nouvelle du mandat d'arrestation lancé contre moi avait si bien dérouté l'opinion, que M. Henry Bauër lui-même, malgré sa rare indépendance d'esprit, admettait, on le voit, la possibilité que j'aie voulu faire chanter M. Isidore Bloch et que je puisse être déshonoré !

A l'appui de l'article de M. Henry Bauër, je pourrais aussi donner quelques extraits du compte rendu du procès entre Mme veuve Lachaud, la veuve de l'ancien éditeur de la place du Théâtre-Français, et M. Isidore Bloch, procès dans lequel MM. les agréés Magoyhié, pour Mme Lachaud, Sabatier, pour M. Isidore Bloch, ont prononcé de bien intéressantes plaidoiries. Précisément, la sténographie de ces deux plaidoiries se trouvait, au moment de mon départ, dans un des tiroirs de mon grand bureau Louis XIV, au milieu de ma bibliothèque. M. Clément l'a saisie avec mes autres papiers. Les magistrats du parquet l'ont donc lue. Pourquoi ne l'ont-ils pas jointe au dossier remis à M. le président Levrier ? Ces documents auraient édifié les juges de la 11e chambre sur la moralité de l'honorable personnage qui, par sa plainte, avait mis en mouvement toute la machine judiciaire. Ils y auraient trouvé l'histoire de M. Isidore Bloch et du Cercle de l'Escrime, racontée non d'après la méthode de M. le substitut Thomas, mais avec faits et documents à l'appui. Cette double histoire, histoire vraiment parisienne, comme disent les journaux boulevardiers, a tout l'intérêt d'un petit roman à la fois naturaliste et philosophique. On y voit se dérouler la carrière du tenancier. Il débute au Cercle des Arts libéraux, dans un milieu subalterne, puis devient allumeur de partie. Il a la confiance du directeur, mais bientôt ce directeur se prétend trompé, volé, fait signer à son homme de confiance des reconnaissances et le chasse. Voilà notre futur plaignant sans ressources et sans position. Précisément à cette époque, le Cercle de l'Escrime périclite, la faillite le menace. Pourquoi ? L'agréé de M. Bloch, M. Sabatier, nous en a donné la raison dans sa plaidoirie du 7 octobre 1893. Parce que, pour qu'un cercle marche, il faut un « bon génie » qui sache faire produire la cagnotte. Il faut quelqu'un « pour allumer la partie », pour « prêter de l'argent aux joueurs » (¹). Ce bon génie sera M. Isidore Bloch. Sous son règne, la cagnotte de l'Escrime a produit, du 5 août 1884 au 4 novembre 1886, plus de 1 million (chiffre officiel) de bénéfice net, somme à laquelle il faut ajouter les appointements des membres du comité qui s'élevaient alors annuellement à 79,200 francs et les frais du cercle s'élevant à plusieurs centaines de mille francs.

Mais comment M. Isidore Bloch avait-il pu s'y prendre

(¹) Ce qui montre à quel point la préfecture de police se moque du monde dans cette question des cercles ouverts, c'est qu'au moment où M. Isidore Bloch faisait cette profession de foi par l'organe de son agréé et proclamait la nécessité, pour faire marcher un cercle, de prêter aux joueurs, M. le préfet de police Lépine venait de faire annoncer solennellement qu'il interdisait les prêts d'argent dans les cercles et de faire expulser de leurs cercles les frères Bertrand, parce qu'ils prêtaient aux joueurs.

pour faire produire, du jour au lendemain, de pareils résultats à la cagnotte ou, en argot de joueur, pour engraisser ainsi dame Joséphine?

Les plaidoiries et les dossiers de Mes Magoyhié et Sabatier contiennent à cet égard les documents les plus édifiants, les plus probants; mais comme ils sont, pour la plupart, de nature à nuire à l'honneur et à la considération de M. Isidore Bloch, je m'exposerais, en les transcrivant ici, à me faire poursuivre encore pour diffamation ou même, d'après la nouvelle méthode, pour chantage.

Au reste, M. Bloch s'y est pris comme s'y prennent tous les tenanciers. Le vol, dans les cercles ouverts tels qu'ils sont actuellement organisés, n'est pas seulement une habitude, c'est une condition d'existence. Sans le vol, les tenanciers n'arriveraient pas à couvrir leurs frais, à plus forte raison n'arriveraient-ils pas à gagner en un tour de main, comme ils le font aujourd'hui, des fortunes princières.

Au Cercle de la Presse, les cotisations étaient de 20 francs par an pour les journalistes, et comme il n'existe pas de signe distinctif auquel on puisse reconnaître un journaliste, tous ceux qui fréquentaient ce tripot se disaient journalistes. Mettons qu'il y eut 2,000 membres. Cela faisait une recette de 40,000 francs. Dans d'autres cercles ouverts, on ne paye pas de cotisation du tout.

M. Josué Crémieux, ancien tenancier du Cercle de la Presse, dans une interview publiée par le *Temps* du 24 avril 1894, nous donne les indications suivantes:

« Nous avons une dépense annuelle de 450,000 francs, dans lesquels il faut compter 80,000 francs de loyer et 100,000 francs pour la table.

— Cent mille francs pour la table?

— Mais oui. Nous tenons ici table ouverte de repas à 5 francs qui valent en réalité 15 francs. De plus, il est quelques membres qui ont leur couvert mis toute l'année sans avoir bourse à délier. D'autres aussi touchent des mensualités importantes (¹).

Pour arriver à couvrir ces frais énormes et par-dessus
le marché à s'enrichir, il faut de toute nécessité ajouter au
produit avoué de la cagnotte le produit inavoué et beaucoup plus considérable du bourrage, de l'étouffage, du vol
au change, de la préparation des cartes, en un mot, du vol
sous les mille et une formes où il se pratique dans les
cercles ouverts et dans les casinos.

Pour se renseigner, les juges de la 11ᵉ chambre auraient
pu lire le beau roman d'Hector Malot : *Baccara*, dont la
publication en feuilleton dans le *XIXᵉ Siècle* aurait pu, tout
aussi bien que les lettres du « Vieux Ponte », être considérée
comme une menace implicite et même explicite. Ils auraient
pu aussi recourir aux lumières de leur collègue M. Dopffer,
auquel le fameux Ardisson, celui qui s'était fait recevoir
au Cercle de l'Union artistique sous le nom de comte
d'Entrac, avait apporté plusieurs exemplaires de son intéressante brochure *Le guide du joueur* (²). Les longues et
fréquentes entrevues du juge et du philosophe n'ont pas
été un des incidents les moins curieux et les moins sugges-
tifs de cet étonnant procès des cercles, et ce n'est pas sans
un complet ahurissement que le public qui stationnait dans
les couloirs du palais et qui connaissait M. Ardisson de
réputation, voyait le redouté M. Dopffer reconduire jusqu'au
delà de sa porte le redoutable philosophe, le saluant très
bas, lui serrant affectueusement la main et lui disant à

(¹) C'était le cas de M. René de Pont-Jest, qui avait une mensualité
de 2,000 francs, outre la table et le couvert.

(²) Dans sa brochure *Le guide du joueur*, M. Ardisson donne un certain nombre de figures indiquant la manière dont s'y prennent les croupiers pour « étouffer » des jetons dans les cercles ouverts et casinos. Il
raconte aussi nombre d'anecdotes intéressantes, entre autres comment,
à Luchon, en 1886, l'étouffage produisit, en deux mois, 750,000 francs.
P. 5.

haute et intelligible voix, de manière à être entendu de tout le monde : « Au revoir, mon cher monsieur Ardisson. au revoir, et revenez bientôt; vos visites me font toujour le plus grand plaisir [1]. »

Le tenancier de tripot, promu à la dignité d'accusateur public et de juge, apportera fatalement dans le prétoire ses habitudes de tromperie. Il trichera la justice comme il triche les joueurs. Il y mettra d'autant moins de scrupule qu'il sent derrière lui la police qui, si elle ne l'inspire pas, l'excite et l'encourage, que celui contre lequel il va porter son faux témoignage est un ennemi, que cet ennemi est à terre, qu'en le chargeant il ne court aucun risque, qu'au contraire, il se fait bien venir du gouvernement et des magistrats auxquels il apporte son précieux concours dans leur œuvre d'épuration.

Aussi n'est-ce pas sans raison qu'on a pu dire de la salle des témoins, pendant l'affaire des cercles : « C'est une caverne de menteurs ! »

***

[1] M. Henry Fouquier a fait allusion à ces visites dans le passage d'une chronique du *XIX° Siècle*, du 20 mars 1895.

Le caractère excessif et par conséquent dangereux du pouvoir des juges d'instruction, s'est montré en son plein lors des derniers procès pour affaires de chantage.

On a vu à ce propos ces choses absolument monstrueuses : la communication avouée de dossiers concernant les particuliers, faite à un particulier par la préfecture de police, et les demandes de renseignements faites par un juge d'instruction à un filou avéré lui apportant de prétendues révélations. Ce sont là des faits d'une gravité extraordinaire, on ne paraît pas avoir voulu le comprendre et la justice, si peu curieuse de connaître les choses lorsqu'il s'agit, en rouvrant l'enquête sur la mort du général Ney, de rendre peut-être l'honneur à la mémoire d'un soldat, trouve toute naturelle l'inutile curiosité d'un juge qui s'offre des entretiens secrets avec un filou.

On prête aussi le mot suivant à M. Aurélien Scholl, qui avait été entendu comme témoin : « Avec le monde que reçoit Dopffer, il est étonnant qu'on ne lui ait pas encore escamoté sa montre ou étouffé son porte-monnaie. » (*Voix de Paris* du 21 mars 1895.)

IX

Affaire Bloch : 1° La plainte du tenancier.

Le fameux Z... — Le coup du lorgnon. — La proposition Trocard. — Il ne connaît ni M. Girard ni M. Portalis. — Un
an après. — Qu'on décore Isidore ! — M. Bloch assigne
le *XIXe Siècle* en diffamation. — Le *XIXe Siècle* se défend.
— Le procès de Mme Lachaud. — Que se passe-t-il ? — Con-
ciliabules avec M. Puibaraud. — M. Chenest est nommé
procureur de la République à Paris. — M. Isidore Bloch
dépose sa plainte en chantage. — Les tenanciers trans-
formés en vengeurs de la vertu. — Un tissu d'erreurs
matérielles et d'invraisemblances. — L'agent de Clercq. —
De Clercq se présente de la part de la préfecture de police.
— Ce qu'eût fait un magistrat non prévenu.

C'est en septembre 1893 que commence la campagne
des cercles ouverts. Elle est menée par toute la presse. On
raconte les scandales qui, à diverses époques, ont appelé
l'attention sur les maisons de jeu, notamment sur le
Cercle de l'Escrime. On cite des négociants et des industriels qui ont fait faillite, des malheureux qui se sont fait
sauter la cervelle après que la cagnotte de M. Isidore
Bloch avait englouti jusqu'à leur dernier centime. On
nomme des « grecs avérés » qui fréquentent son établissement et qui taillent, comme on dit, pour la maison ou de
compte à demi avec le tenancier. Le « Vieux Ponte » rappelle l'histoire du commandant Léon, celle de l'inventeur
du trichage au tarot, celle du fameux Z..., condamné je ne

sais combien de fois pour vol au jeu, notamment à Lille, où il avait exercé ses talents au bal de la préfecture. Chaque fois qu'il prenait une banque à l'Escrime, Z... commençait par gagner. Toutes ces banques étaient ce qu'on appelle, en argot de joueurs, des banques rasoirs. Puis, à un moment donné, il mettait son lorgnon. C'était le signal convenu. Aussitôt M. Isidore Bloch et un de ses associés faisaient banco sur les deux tableaux et invariablement Z... perdait. Les joueurs clairvoyants, les affranchis (¹), avaient fini par découvrir le truc et l'appelaient le coup du lorgnon.

Ces révélations du « Vieux Ponte » étaient d'autant plus désagréables à M. Isidore Bloch que tous ceux qui fréquentaient depuis quelques années le Cercle de l'Escrime et le Casino de Dieppe y avaient trouvé l'explication de faits dont ils avaient été journellement les témoins. M. Isidore Bloch ne s'en émut pas. Puis, comme les journaux ne peuvent pas parler indéfiniment de la même chose et comme décidément la préfecture de police et le gouvernement paraissaient bien décidés à se boucher les oreilles et à ne pas tenir compte de tout ce que pourrait dire la presse au sujet des tripots patentés, la campagne cessa. Les journaux parlèrent d'autre chose.

Pendant que la campagne durait encore, au mois d'octobre 1893, M. Trocard, directeur du journal la Paix, après avoir pressenti un certain nombre de journaux, avait réuni les tenanciers de cercles ouverts au restaurant Bignon, avenue de l'Opéra, et leur avait proposé de faire un fonds de publicité destiné à passer, avec ces journaux, des traités semblables à ceux de la maison de jeu de Monaco. Ce fonds de publicité devait, selon lui, s'élever

---

(¹) On appelle affranchis les joueurs qui sont au courant des divers modes de tricherie.

annuellement à 150,000 francs, plus 10 p. c. de commission pour son rôle d'intermédiaire. D'après les dépositions de certains tenanciers, il aurait ajouté que si ces propositions n'étaient pas acceptées, les attaques dans certains journaux redoubleraient et qu'il y aurait à la Chambre des interpellations (¹).

M. Trocard, dans ses dépositions devant le juge d'instruction, a déclaré que le *XIXᵉ Siècle* était complètement en dehors de ses négociations, qu'il ne lui en avait pas parlé, qu'il ne connaissait pas M. Girard ni M. Portalis. Ce fait, d'ailleurs, a été reconnu par le tribunal et même par la prévention.

M. Bloch avait repoussé la proposition de M. Trocard et avait engagé ses collègues des autres tripots à en faire autant, mais il n'avait pas eu l'idée que M. Trocard ait voulu faire du chantage.

A la même époque, en octobre 1893, il avait reçu la visite du nommé de Clercq, qui ne faisait pas alors partie de la rédaction du *XIXᵉ Siècle*, et qui se présentant à lui, non de la part du *XIXᵉ Siècle*, mais comme *autorisé par la préfecture de police*, l'avait engagé à offrir de l'argent au *XIXᵉ Siècle* pour qu'il cessât de publier des articles contre les cercles ouverts. M. Isidore Bloch avait refusé et avait remis à de Clercq, sur sa demande, pour son compte personnel, 500 francs ; mais il n'avait pas songé à rendre le *XIXᵉ Siècle* responsable de cette démarche, pas plus que de celle de M. Trocard. Il n'avait vu ni dans l'une ni dans l'autre aucune tentative de chantage. Il n'avait déposé aucune plainte.

Une année se passa.

A la fin de septembre de l'année suivante (1894),

(¹) Déposition de M. Isidore Bloch devant M. Dopffer et autres.

alors que, depuis un an, le nom de M. Isidore Bloch
n'avait pas été imprimé dans le *XIXe Siècle*, le bruit se
répandit qu'à l'occasion des fêtes officielles qui devaient
avoir lieu à Dieppe, en l'honneur du cœur de Duquesne,
M. Isidore Bloch sollicitait la croix de la Légion d'honneur qu'il avait failli, disait-on, obtenir quelques années
auparavant. Le « Vieux Ponte » alors publia (19 septembre 1894) une lettre où il se moquait des prétentions du
tenancier. Il recommandait aux auteurs de chansons de
café-concert ce refrain : « Qu'on décore Isidore ! »

Le « Vieux Ponte » se serait sans doute borné à cette
innocente épigramme si M. Bloch n'avait lui-même
repris l'offensive.

Blessé au vif, ne se contenant plus de colère,
M. Isidore Bloch jure de se venger. Comment ? S'il croit
vraiment, comme il l'a prétendu plus tard dans sa plainte
et dans ses dépositions, que le *XIXe Siècle* a voulu le faire
chanter un an auparavant, en octobre 1893, il ne balancera
pas : ou il déposera plainte, ou il assignera directement en
chantage. Mais il ne le croit pas, il sait le contraire. L'idée
de prétendre faussement que le *XIXe Siècle* a voulu le faire
chanter ne lui vient pas, ou si elle lui vient, il la repousse
comme impraticable et dangereuse. Cependant, il court chez
ses hommes d'affaires. Il expose minutieusement les faits
depuis l'origine à son avoué et à son avocat. Ensemble ils
délibèrent. Ils ne voient d'autre vengeance possible qu'un
procès en diffamation et M. Bloch assigne le *XIXe Siècle*
en diffamation non devant le tribunal de la Seine, qui semblait cependant la juridiction naturelle pour un procès
entre le tenancier du cercle de la rue Taitbout et le journal parisien *le XIXe Siècle*, mais devant le tribunal de
Dieppe. L'assignation est du 25 septembre

Attaqué, le *XIXe Siècle* était bien obligé de se défendre.
Ne pouvant faire devant le tribunal la preuve des faits qu'il

avait avancés (¹), il résolut de la faire avant le procès dans le journal, afin d'établir sa bonne foi et d'édifier les juges.

En conséquence, il annonça qu'il allait publier l'histoire du Cercle de l'Escrime depuis sa fondation d'après les pièces et documents lus à l'audience du tribunal de commerce de la Seine, le 7 octobre 1893, par Mʳᵉˢ Magoyhié et Sabatier agréés, dans le procès entre Mᵐᵉ Vᵉ Lachaud et M. Isidore Bloch. Aussitôt la publication commença...

Que se passa-t-il? Des personnes fort bien renseignées m'ont affirmé que M. Isidore Bloch avait eu à cette époque de fréquentes conférences avec M. Puibaraud, grand machinateur de ces odieux procès, où le droit commun sert de paravant à l'exécution de vengeances politiques ou policières (²); que de son côté M. Puibaraud avait eu de nombreuses conférences avec M. Charles Dupuy, président du conseil et ministre de l'intérieur.

Ce qui est certain, c'est que M. Isidore Bloch qui, le 25 septembre 1894, ne croyait pas que le *XIXᵉ Siècle* eût jamais voulu le faire chanter, puisqu'à cette date il l'assignait en diffamation, changea d'avis subitement. Tout à

(¹) Comme je l'ai fait remarquer, les tribunaux ne considèrent pas les tenanciers de cercle comme faisant appel à l'épargne ou au crédit et ne permettent pas contre eux la preuve.

(²) M. Puibaraud a été longtemps chef du cabinet du préfet de police Il est ensuite passé au ministère de l'intérieur, comme « inspecteur général des services administratifs du ministère de l'intérieur », puis revenu à la préfecture de police avec des fonctions très importantes dont j'ignore l'exacte dénomination. Il aurait, d'après ce que j'ai lu dans les journaux, la direction de trois services : recherches, identité, sûreté. Il est l'auteur d'un livre intitulé *les Malfaiteurs de profession*, parmi lesquels il fait figurer les usuriers, mais où il se montre très indulgent pour les prêteurs de cercle et ne dit rien des tenanciers.

M. Puybaraud, « d'origine périgourdine, aurait débuté au ministère de l'intérieur sous les auspices de Fourtou. Il aurait aussi écrit au *Français*, qui défendait la politique de M. le duc de Broglie. »

« M. Puybaraud, dit l'auteur de l'article, est le Shakespeare de la préfecture de police, tant il est génialement inventif. Avec quatre

coup, il s'aperçoit que la proposition Trocard et la démarche de de Clercq, qui avaient eu lieu un an auparavant, en octobre 1893, sont des tentatives de chantage, que le *XIX*e *Siècle* en est responsable, et cinq semaines après l'avoir assigné en diffamation, il dépose contre lui une plainte en chantage, le 31 octobre 1894.

Dans l'intervalle qui sépare l'assignation en diffamation de la plainte en chantage, le ministre de la justice, M. Guérin, avait, sur la recommandation de son prédécesseur, M. Thévenet, nommé M. Chenest procureur de la République à Paris. La nomination de M. Chenest est du 13 octobre.

En septembre, M. Isidore Bloch n'aurait pas osé déposer sa plainte en chantage, il aurait craint de se faire poursuivre et condamner pour dénonciation calomnieuse ; en octobre, il ne craint plus rien, il a pour lui le gouvernement, le parquet, la police. Il dépose sa plainte. Une instruction est ouverte et le parquet s'empresse de communiquer la nouvelle à tous les journaux...

Incontinent, les tenanciers sont, par un coup de baguette

---

paisibles joueurs de manille, il vous organiserait un complot. »

M. Puybaraud a toujours passé pour le machinateur du procès des Trente. Son intervention dans les affaires judiciaires lui a très souvent été reprochée, notamment dans la séance de la Chambre du 28 novembre 1894 :

M. MARCEL LEBERT. Vous vous rappelez avec quelle indignation l'opinion publique a appris que l'un des fonctionnaires de la préfecture de police, M. Puibaraud, n'avait pas craint de communiquer à un journaliste, M. d'Esparbès, des renseignements confidentiels, secrets, au sujet d'un accusé qui passait en cour d'assises...

M. Puibaraud, chargé par l'administration de la République française de faire une enquête sur certains personnages... recueillant des renseignements confidentiels concernant des affaires tout intimes, n'a pas craint de les confier à un journaliste pour que ces renseignements fussent publiés dans un journal. Il portait ainsi à un adversaire, par des moyens détournés, les coups les plus lâches et les plus odieux. (*Très bien ! Très bien.*) (*Journal officiel* du 29 novembre 1893.)

gouvernementale, métamorphosés en citoyens honnêtes
respectables, en vengeurs de la vertu, et les journalistes
qui ont dévoilé leur trafic deviennent d'abominables
maîtres-chanteurs (1)...

On les arrête, on perquisitionne, on fouille chez eux, on
greffe les procès les uns sur les autres ; la presse entière
est mise en suspicion, injuriée, calomniée ; une interpellation a lieu à la Chambre ; le journal *le XIXe Siècle* est
arraché à ses légitimes propriétaires, tout cela sur l'unique
plainte de M. Isidore Bloch...

Quelle était donc l'exceptionnelle gravité des faits
dénoncés dans cette plainte, pour que le gouvernement ait
cru nécessaire de déchaîner un pareil scandale, d'auto-
riser de telles violences, de provoquer d'aussi irréparables
catastrophes et de donner au tenancier suspect, qui en
était l'auteur, une satisfaction à laquelle il était loin de
s'attendre ?

Si le lecteur consent à lire cette plainte et si, après
l'avoir lue, il veut bien prendre la peine de l'examiner avec
moi pendant un seul instant, il verra clair comme le jour
que, si elle n'avait pas été conseillée, autorisée, ordonnée
peut-être, sa seule conséquence possible eût été de faire
poursuivre son auteur pour dénonciation calomnieuse.

---

(1) « Il ne faut pas oublier, dit le *Radical* du 11 novembre 1894, que
M. Isidore Bloch, qui crie « au voleur ! », est cet industriel qui a fait
une grosse fortune en exploitant le Casino de Dieppe et le Cercle de
l'Escrime, deux tripots dont il est tenancier et dont la fortune est
échafaudée sur des ruines, des suicides nombreux...

« ...Ce scandale aurait été évité, si la préfecture de police, quand elle
a décidé la fermeture des tripots ou cercles ouverts, n'avait, par une
bienveillance inexplicable et qui prête à des commentaires fort déso-
bligeants pour quelques-uns de ses hauts agents, toléré que le Cercle
de l'Escrime continuât à fonctionner. »

Le *Radical* termine en disant que, quel que soit le résultat de l'instruction, un propriétaire de tripot criant : au voleur ! », c'est le monde
renversé !

Voici cette plainte qui figure au dossier sous la cote n°2 :

Cercle de l'Escrime et des Arts.

    3, rue Taitbout.

                            Paris, le 31 octobre 1894.

    Monsieur le Procureur,

    J'ai l'honneur de vous exposer que le *XIX° Siècle* a entrepris depuis septembre 1893 une campagne de chantage contre les cercles, particulièrement contre le Cercle de l'Escrime. Cette campagne n'a été qu'une manœuvre de chantage. Ce n'est qu'après avoir refusé énergiquement la somme d'argent qu'on voulait nous extorquer que *les attaques devinrent presque quotidiennes*. À l'appui de ma plainte, je vous remets inclus l'extrait du procès-verbal du 26 octobre 1893. La demande du *XIX° Siècle* est formelle. MM. Portalis et Girard (directeur et directeur adjoint du *XIX° Siècle*) voulaient, exigeaient 50,000 francs ; tous ceux qui assistaient à cette réunion pourront en attester. M. Albert Haus, 67, rue de la Victoire, est au courant des démarches qui furent encore faites auprès de moi pour m'amener, en faveur de MM. Portalis et Girard, à un versement 1° de 20,000 francs ; 2° de 10,000 francs ; ils avaient réduit à cette somme misérable, disaient-ils, pour vaincre leurs scrupules et payer leur silence.

    Le signataire de ces articles dans le *XIX° Siècle* n'est autre que le nommé de Clercq, sujet belge, chassé de son pays et condamné, en juillet 1892, à un an de prison pour avoir fait chanter M. Hemerdinger. De Clercq est aussi venu me trouver au cercle rue Taitbout, il a vivement insisté pour que je fasse cesser cette campagne, se disant même autorisé par la préfecture de police — le drôle se vantait — que j'aurais un intérêt à verser, à Portalis et à Girard, une somme d'argent. Devant mon refus indigné, de Clercq m'a supplié de lui remettre personnellement 500 francs (ce que je fis en octobre 1893). Depuis, il a vainement essayé de me voir au cercle, je ne voulus plus le recevoir, tout le personnel peut en jurer (1).

---

(1) Ce passage de la plainte de M. Bloch est à rapprocher de sa déposition à l'audience du 14 février 1895 où il a dit en parlant de de Clercq : *Il m'a plu tout de suite.*

Les mœurs que certains journalistes essayent de nous imposer sont intolérables. C'est avec confiance, monsieur le procureur de la République, que je dépose entre vos mains mes griefs bien justifiés contre Portalis, Girard et de Clercq, coutumiers de ces faits.

Je me porte partie civile et je fais tous les frais (1).

Veuillez agréer, etc.

(Signé) ISIDORE BLOCH.

Je suppose qu'une telle plainte soit reçue par un magistrat non prévenu. Il se demande d'abord d'où elle vient. En tête de la lettre, il lit : *Cercle de l'Escrime et des Arts.* Qu'est-ce que ce cercle ?

Il est vite renseigné : c'est un tripot.

De l'en-tête il passe à la signature : Isidore Bloch. Sa profession ? Tenancier de tripot. Ses antécédents : Ancien allumeur dans un autre tripot, le *Cercle des Arts libéraux,* d'où il a été renvoyé pour avoir, comme on dit dans ce monde spécial, « bu à la caisse ». Ses relations habituelles ? Des grecs.

La plainte est dirigée contre le journal *le XIX^c Siècle.* Ici encore, le magistrat fait son enquête. Il apprend que le *XIX^c Siècle* a pris une part très active à la campagne menée par toute la presse contre les cercles ouverts, autrement dit les tripots, et que M. Bloch, le signataire de la plainte, lui a intenté, à la date du 29 septembre 1894, un procès en diffamation devant le tribunal de Dieppe. Il regarde alors la date de la plainte en chantage. Il voit qu'elle est du 31 octobre 1894. Il en conclut que les faits qui l'ont motivée ont nécessairement dû se produire entre le 25 septembre, date de l'assignation en diffamation, et

---

(1) On voit que dans sa plainte, M. Isidore Bloch s'est porté partie civile. Or, d'après une jurisprudence constante de la cour de cassation, la partie civile ne peut pas être entendue comme témoin. M. Bloch s'était-il désisté ? Je l'ignore.

le 31 octobre 1894, **date de la plainte en chantage**. Mais en relisant la plainte, il constate que les faits qu'elle énonce remontent tous au mois d'octobre de l'année précédente 1893. Il éprouve de cette constatation une première surprise. Il reprend alors l'examen de la plainte depuis le commencement.

« Le *XIXe Siècle* a entrepris, dit le plaignant, depuis septembre 1893, une campagne de chantage contre les cercles, particulièrement contre le Cercle de l'Escrime. Cette campagne a été une campagne de chantage. »

Il faut que le plaignant apporte à l'appui de cette vague accusation au moins un commencement de preuve, car s'il n'apportait aucune preuve ou s'il n'apportait en guise de preuves que des faits matériellement faux, sa plainte ne serait qu'une dénonciation calomnieuse.

Voyons donc, se dira le magistrat, quelles sont les preuves sur lesquelles s'appuie la plainte de M. Bloch pour prétendre que la campagne contre les cercles ouverts était spécialement dans le *XIXe Siècle* plutôt que dans les autres journaux une campagne de chantage.

Il y en a six :

Première preuve.

« Ce n'est qu'après avoir refusé énergiquement la somme d'argent qu'on voulait m'extorquer que les attaques deviennent presque quotidiennes. »

Le magistrat se fait apporter la collection du *XIXe Siècle* et il remarque que les attaques contre M. Bloch ne sont devenue quotidiennes qu'en octobre 1894, après son assignation en diffamation, alors que les tentatives de chantage qui font l'objet de sa plainte auraient eu lieu au moins un an auparavant, en octobre 1893. Il prend note de cette inexactitude.

Deuxième preuve. Celle-ci paraît plus sérieuse.

« Je vous remets inclus l'extrait du procès-verbal du 26 octobre 1893. La demande du *XIX° Siècle* est formelle. MM. Portalis et Girard (directeur et directeur adjoint du *XIX° Siècle*, voulaient, exigeaient 50,000 francs. Tous ceux qui assistaient à cette réunion pourraient en attester. »

Le magistrat se reporte immédiatement à l'extrait du procès-verbal du 26 octobre 1893 qui est l'unique pièce jointe à la plainte et qui, d'après le plaignant, constitue la preuve des exigences formulées par MM. Portalis et Girard.

Voici cet extrait :

Cercle de l'Escrime et des Arts.
    9, rue Taitbout.

Extrait de la séance extraordinaire du 26 octobre 1893.

(M. Bloch expose avoir reçu la visite de M. Trocard, qui est venu lui soumettre un projet de syndicat qui serait formé par tous les directeurs de cercles ouverts pour conclure avec la presse des traités de publicité analogues à ceux du Casino de Monaco.)

M. Trocard explique avoir vu les directeurs de journaux, avec lesquels il a convenu des sommes annuelles variant entre 1,000 et 18,000 francs.

Quant au *XIX° Siècle*, M. Trocard disait que ses prétentions étaient tout à fait excessives (50,000 francs) (cote n° 4).

A la lecture de ce document, le magistrat éprouve une nouvelle surprise et une vraie déception. Il s'attendait à y trouver la preuve d'une démarche faite par MM. Portalis et Girard ou par l'un des deux et il n'y est question que de M. Trocard. Leur nom n'est même pas prononcé. M. Trocard ne dit même pas qu'il ait vu le *XIX° Siècle* ni qu'il vienne en son nom.

Il fait alors venir M. Trocard, et M. Trocard lui répond ce qu'il a dit à l'instruction (déposition du 23 novembre 1893, cote n° 32).

Je n'ai absolument rien demandé pour le *XIXe Siècle*.

Le *XIXe Siècle* ne figurait pas sur ma liste.

Je n'étais pas en relations avec M. Portalis, pas plus qu'avec M. Girard.

Autre surprise du magistrat.

Mais il veut en avoir le cœur net. Il interroge ou fait interroger M. Isidore Bloch.

« Est-ce bien à la démarche de M. Trocard que vous avez fait allusion dans votre plainte en disant que le xixe siècle *voulait, exigeait 50,000 francs ?* — Parfaitement ! » (Dépositions de M. Bloch devant M. Dopffer, des 13 et 19 novembre 1894, cotes 12 et 14.)

Le magistrat a ensuite la curiosité de savoir ce que c'est que ce procès-verbal annexé par M. Bloch à sa plainte. Il apprend que ce procès-verbal est celui d'une séance extraordinaire du comité du Cercle de l'Escrime et des Arts, que ce comité est exclusivement composé de personnes aux gages de M. Isidore Bloch, que ces personnes n'ont ni vu ni entendu M. Trocard, que M. Bloch, enfin, leur a raconté ce qu'il a voulu.

Notre magistrat commence à se dire que les preuves de M. Isidore Bloch frisent la plaisanterie.

Comme il est consciencieux, il poursuivra cependant son examen jusqu'au bout.

Troisième preuve :

M. Albert Haus, 67, rue de la Victoire, est au courant des démarches faites auprès de moi...

Quel est ce M. Albert Haus? L'homme d'affaires de M. Isidore Bloch. Connaît-il M. Girard? Non. Connaît-il

M. Portalis? Non. A-t-il vu M. Trocard? Non. Il a entendu dire que M. Trocard demandait pour le *XIX° Siècle*
50,000 francs. Par qui l'a-t-il entendu dire? Par M. Bloch.
Inutile d'insister.

Quatrième **preuve** :

Le signataire de ces articles dans le *XIX° Siècle* n'est autre
que le nommé de Clercq, sujet belge, chassé de son pays et condamné, en juillet 1892, pour avoir fait chanter M. Hemerdinger.

Si ce fait est exact, si les **articles** du *XIX° Siècle* ont vraiment pour auteur un individu déjà condamné pour chantage, il y a là une présomption d'une certaine gravité. Mais
le fait est-il vrai? La moindre enquête au *XIX° Siècle,* une
simple question adressée à n'importe quel rédacteur, à
n'importe quel typographe du *XIX° Siècle* suffit à établir
que le fait est matériellement faux. De Clercq n'a jamais
été ni le signataire, ni l'auteur des **articles** publiés par le
XIX° Siècle sur les cercles ouverts.

Cinquième **preuve** :

De Clercq est aussi venu me trouver au cercle, rue Taitbout.
Il a vivement insisté pour que je fasse cesser cette campagne, *se
disant même autorisé par la préfecture de police...*

Cela prouve-t-il que la campagne du *XIX° Siècle* ait été
une campagne de chantage? Oui, si de Clercq est venu
trouver M. Bloch de la part du *XIX° Siècle.* Mais pas
un mot de cela n'est dit dans la plainte de M. Bloch,
dont l'unique préoccupation était cependant d'atteindre le
XIX° Siècle, et qui, pour satisfaire son désir de vengeance,
ne recule, on vient de le voir, devant aucune affirmation
téméraire, devant aucune inexactitude. De Clercq, d'ailleurs, d'après la plainte, n'a pas dit qu'il venait de la part
du *XIX° Siècle.* Il a dit qu'il venait avec l'autorisation de

la préfecture de police. Pourquoi a-t-il dit cela? Est-ce vraisemblable?

Le magistrat se fait apporter le dossier de de Clercq, et la première chose qui le frappe, c'est qu'en 1893, à l'époque où il faisait auprès de M. Bloch les démarches qui forment l'objet de la plainte, de Clercq était agent secret de la préfecture de police aux appointements de 300 francs par mois et n'avait guère d'autres ressources. Voilà l'explication du passage de la plainte où M. Bloch rapporte que de Clercq s'est présenté à lui en se disant autorisé par la préfecture de police. Cette déclaration de de Clercq indigne le tenancier de tripot, le protégé de la police : c'est trop naturel, mais elle paraît très vraisemblable au magistrat. Comment croire, en effet, que de Clercq, agent secret de la préfecture de police, ait fait une semblable démarche auprès d'un tenancier de cercle sous la dépendance immédiate de la préfecture de police, en rapports constants avec elle, intime avec tous les policiers, sans avoir pris l'assentiment de ses chefs, sans y être autorisé, comme il l'a dit, par la préfecture de police dont il était l'agent et qui lui fournissait ses seuls moyens de subsistance?...

Quelle est, enfin, la dernière preuve de M. Bloch?

Sixième preuve :

De Clercq m'a supplié de lui remettre, *personnellement*, 500 francs, ce que je fis en octobre 1893.

Puisque c'est *personnellement* que de Clercq a supplié M. Bloch de lui remettre 500 francs et puisque c'est à lui *personnellement* que M. Bloch les a remis, qu'est-ce que cela prouve contre le *XIXᵉ Siècle*?

Dès lors, la conviction du magistrat est faite. Aucune des preuves alléguées par le tenancier pour établir que la campagne du *XIXᵉ Siècle* contre les tripots était une campagne de chantage ne supporte l'examen, aucune ne tient debout. Sa plainte est donc évidemment mal fondée en ce qui concerne le *XIXe Siècle*, son administrateur M. Girard et son rédacteur en chef M. Portalis.

En conséquence, le magistrat non prévenu eût jeté la plainte au panier et, s'il avait signé un mandat d'amener, c'eût été contre son auteur **pour dénonciation calomnieuse...**

X

Affaire Bloch,
2° Les faux témoignages de l'unique témoin.

La cour acquitte M. Girard du fait de la plainte Bloch. — Un argument contre la prison préventive. — Le fait Trocard écarté. — Étais-je de connivence avec de Clercq dans sa démarche auprès de M. Bloch ? — De Clercq dit le contraire. Contradictions du tenancier. — L'unique témoin est un faux témoin. — La première condamnation de de Clercq. — Une note du *XIXe Siècle*. — Prenez garde aux tapeurs ! — Superpositions de mensonges. — Les 1,000 francs du chantage Hemerdinger. — La pierre d'assise d'une condamnation.

Cette conclusion que le papier dénonciateur du tenancier de tripot ne méritait que d'être mis au panier, a été finalement adoptée par la cour de Paris (chambre des appels correctionnels), dans son arrêt du 10 avril 1895, qui acquittait M. Girard du chef de la prévention résultant de la plainte de M. Isidore Bloch, point de départ de toutes ces poursuites, signal de tous ces scandales, pivot de tous ces procès de chantage [1].

Quel argument que cet acquittement tardif contre

---

[1] Sur cinq chefs d'accusation, la chambre des appels correctionnels, présidée par M. Boyer, en a retenu deux. Elle a, pour les trois autres, prononcé l'acquittement de M. Girard, et réduit sa peine de deux ans à dix-huit mois. Toutes les personnes au courant de l'affaire s'attendaient à un acquittement complet.

l'arrestation préventive ! M. Girard est mis en prison le 29 novembre 1894 — à cette époque, on n'avait absolument aucun autre prétexte que la plainte Bloch pour le poursuivre et pour l'arrêter — et quatre mois et douze jours après, le 10 avril 1895, on lui dit : « C'est à tort que vous avez été arrêté, c'est à tort que vous avez été condamné pour cette plainte Bloch, vous êtes relaxé de ce chef... » Ces choses-là se passent tous les jours. On commence par vous arrêter, on vous anthropométrise, on vous enferme dans un cachot, puis on cherche les moyens de vous condamner. Si par extraordinaire on ne les trouve pas, on vous relâche quand déjà vous êtes ruiné, déshonoré, malade pour le reste de vos jours, aux trois quarts mort.

La liste est longue de ceux auxquels l'aventure est arrivée rien que depuis deux ans. Les bévues des juges, disait Paul Louis, coûtent cher, mais pas aux juges. Les juges reçoivent de l'avancement en dédommagement de la prison qu'ils font injustement faire aux autres, témoins M. Dopffer, nommé conseiller à la cour d'appel, M. Chenest, nommé avocat gnéral à la cour de cassation, etc.

En somme, le tribunal de 1re instance nous avait simplement condamnés, M. Girard et moi, comme complices de de Clercq dans les démarches qu'il avait faites de son chef auprès du directeur du Cercle de l'Escrime pour lui soutirer personnellement quelque argent.

La cour n'avait donc qu'une seule question à décider : « M. Girard est-il pour quelque chose dans les démarches de de Clercq auprès de M. Bloch ? »

La cour a répondu : Non.

Considérant, dit-elle dans son arrêt du 10 avril 1895, qu'il n'apparaît pas suffisamment des documents de la cause que Girard ait participé aux tentatives susvisées (les tentatives de de Clercq auprès de M. Isidore Bloch) *soit comme auteur principal, exerçant lui-même le chantage, soit*

comme complice en provoquant de Clercq, en lui donnant des
instructions, en lui prêtant aide et assistance ou en lui fournis-
sant les moyens de commettre le délit dans les conditions spé-
cifiées par l'article 60 du code pénal ;

Qu'il échet donc de le relaxer de ce chef de la prévention,

Par ces motifs...

infirme le jugement en ce qu'il a déclaré Girard coupable
d'avoir ensemble et de concert avec Portalis et de complicité
avec de Clercq tenté de commettre une extorsion au préjudice
de Bloch.

Émendant,

le décharge des dispositions lui faisant grief de ce chef dudit
jugement.

En langage ordinaire, la cour a donc reconnu que
M. Girard n'était pour rien dans les démarches de
de Clercq auprès de M. Bloch.

Y ai-je été pour quelque chose?

La cour n'a pas eu à le décider. Elle n'a pas eu la possibilité de réformer, en ce qui me concerne, le jugement de
première instance, puisque je n'avais pas fait appel.

Après s'être efforcé d'établir, contrairement à la réalité
et à l'évidence des faits, que j'agissais toujours d'accord
avec M. Girard et que je devais supporter non seulement
la responsabilité de mes propres actions, mais des siennes
et réciproquement, le jugement de première instance rendu
le 22 février 1895 par la 11e chambre correctionnelle
s'était borné à dire, en ce qui concerne l'affaire Bloch :

Attendu que cette connivence constante *ne permet pas de
douter* de la complicité qui régnait entre Portalis, Girard et
de Clercq, lorsque celui-ci a fait auprès de Block, *en se déclarant leur agent,* la tentative d'extorsion retenue à sa charge.

Avec des formules de cette élasticité et ces « ne permet
pas de douter », quel accusé pourrait en réchapper?

Cet attendu, infirmé par la cour, en ce qui concerne M. Girard, l'aurait été nécessairement; aussi, en ce qui me concerne, si j'avais fait appel, car il n'est pas plus fondé dans un cas que dans l'autre. Je vais le démontrer et ma démonstration fera voir à la merci de quelles basses canailleries, de quels répugnants mensonges se trouvent être l'honneur et la liberté d'un malheureux, dont le bon plaisir d'un ministre vindicatif a fait un accusé.

Pour adopter la version de M. le substitut Thomas, disant : « *Il n'est pas douteux* que de Clercq, quand il est allé trouver Bloch, agissait sur l'ordre et suivant les instructions de Portalis et de Girard » ([1]), sur quels faits, sur quelles pièces, sur quels témoignages s'est appuyé le tribunal de première instance?

Sur aucun fait, sur aucune pièce, uniquement sur un témoignage du plaignant, unique témoin, l'ennemi du *XIX° Siècle*, mon ennemi, le tenancier Isodore Bloch, et ce témoignage, on va le voir, a tous les caractères de la fausseté et de l'invraisemblance.

M. Bloch, après avoir affirmé, dans sa plainte, que de Clercq s'était présenté à lui en se disant autorisé par la préfecture de police, a tout à coup changé de tactique et a déclaré que de Clercq s'était présenté de la part de M. Girard et de la mienne. C'est cette dernière version que le tribunal a adoptée et qui nous a fait condamner.

Que de Clercq, cherchant à se faire écouter par M. Bloch, voulant se faire donner par lui de l'argent, ait dit à M. Bloch qu'il venait de la part du *XIX° Siècle*, de la part de M. Girard, de la mienne, il n'y aurait eu là rien d'étonnant. De Clercq n'en est pas à un mensonge près et cela n'eût rien prouvé contre nous; mais une chose cer-

---

([1]) « Sténographie du réquisitoire de M. le substitut Thomas. » *Revue des procès célèbres*, p. 220.

taine, évidente, c'est que s'il l'avait dit, c'est la première chose que M. Bloch eût proclamée dans sa plainte au moment où son exaspération était à son comble, où il voulait à tout prix se venger du *XIXᵉ Siècle*, de M. Girard et de moi.

Or, il n'y a rien de semblable dans sa plainte. Il y a, au contraire, il faut le répéter, que de Clercq s'est présenté en se disant « autorisé par la préfecture de police ». Et non seulement de Clercq a dû le dire, mais, comme je l'ai expliqué dans le chapitre précédent, cela devait être, car il n'était pas *mon agent*, ainsi que le prétend à tort le jugement, — il ne l'a jamais été, — mais il était l'*agent* appointé de la préfecture de police et dès cette époque il remplissait le rôle de « mouton », qu'il n'a pas cessé de jouer d'un bout à l'autre de cette affaire.

Il n'y a rien non plus de semblable dans les premières dépositions de M. Isidore Bloch. Le 13 novembre, M. Dopffer l'interroge, comme il sait interroger.

Le juge et le tenancier n'ont qu'une pensée, tous leurs efforts tendent au même but : m'atteindre. M. Dopffer ne parvient cependant pas encore cette fois à faire dire à M. Bloch que de Clercq s'est présenté de ma part ou de la part de quelqu'un appartenant au *XIXᵉ Siècle*.

Dix-neuf jours après qu'il a envoyé sa plainte, le 19 novembre, M. Bloch est de nouveau interrogé par M. Dopffer. Que dit-il? Il insiste sur ce fait que « M. Trocard, parlant *au nom du XIXᵉ Siècle* et d'autres journaux, avait mis en demeure les directeurs de cercles ouverts de verser des sommes considérables, en les menaçant, pour le cas où ils ne les verseraient pas, de continuer contre les cercles ouverts des attaques violentes ». M. Bloch ne voit que le fait Trocard. Pour se venger, pour faire condamner le *XIXᵉ Siècle*, son administrateur et son directeur politique, il compte sur le fait Trocard, rien que sur le fait Trocard.

De la prétendue mission que nous aurions confiée à de Clercq
et dont de Clercq se serait vanté, pas le moindre mot.

Mais M. Trocard a été arrêté. Il a été interrogé. Il a
déclaré qu'il n'avait *jamais eu aucun rapport* avec le
XIXe Siècle, qui ne figurait pas sur sa liste, alors qu'il en
avait eu avec beaucoup d'autres journaux et qu'il avait
même reçu de certains un mandat formel. Il semblait dès
lors bien difficile, même avec la meilleure volonté, de
maintenir l'accusation contre le *XIXe Siècle* pour le fait
Trocard. Entre les démarches faites par M. Trocard et le
XIXe Siècle, on n'apercevait aucun lien. M. Bloch est mis
au courant de cette situation. C'est à ce moment qu'il imagine de dire que de Clercq est venu le trouver de ma part.
Le 20 novembre, il retourne chez le juge d'instruction et il
fait sous la foi du serment la déposition ci-après, qui mérite
d'être citée, parce qu'elle permet de prendre le tenancier de
tripot à la grecque en flagrant délit de faux témoignage :

Les 500 francs que j'ai remis à de Clercq étaient pour lui
personnellement...

Mais de Clercq était venu chez moi, se présentant *au nom
de Portalis et m'avait incité à accepter les propositions de
versement d'argent qui étaient faites à cette époque par
M. Trocard* ([1]).

Ainsi, le 20 novembre 1894, M. Bloch dépose pour la
première fois que de Clercq est venu *en mon nom.* Et quel
était l'objet de sa démarche? D' « inciter » M. Bloch « à
accepter les propositions Trocard ». C'est bien net.

L'instruction se poursuit et on finit par reconnaître que,
malgré cette déposition de M. Bloch, il est absolument
impossible de soutenir que nous ayons jamais été pour rien
dans l'affaire Trocard et qu'en conséquence cette affaire ne
peut absolument pas fournir un prétexte à nous poursuivre.

---

[1] Cote n° 18.

M. Bloch ne se tient pas pour battu. Il n'avoue pas qu'il s'est trompé. Comment l'avouerait-il ? Il n'est pas l'homme qui se trompe, il est l'homme qui ment. Au Palais de justice, comme dans son tripot, il faut qu'il gagne quand même, n'importe par quelle tricherie. Son premier mensonge, concernant l'affaire Bloch, a craqué, il en inventera un second, et si ce second ne suffit pas, il en inventera un troisième, et la justice aveuglément le suivra dans toutes ses évolutions de faux témoin.

Le 20 novembre 1894, croyant encore à la possibilité de nous faire condamner avec l'histoire Trocard, M. Isidore Bloch avait donc déposé, sous la foi du serment, que je lui avais envoyé de Clercq *pour l'inciter à accepter la proposition Trocard.* Le 2 janvier 1895, n'y croyant plus, il dépose, toujours sous la foi du serment, que M. Girard et moi nous lui avons envoyé de Clercq pour un autre chantage, tout à fait étranger au fait Trocard. C'est la première fois que cet homme, qui depuis plus d'un an roule dans sa tête des projets de vengeance, parle de cette nouvelle histoire de chantage. Si elle eût été vraie, n'en eût-il pas fait plus tôt étalage, et la date à laquelle il la sert au juge d'instruction ne prouve-t-elle pas, à elle seule, qu'elle est inventée ?

Voici le texte de la déposition de M. Isidore Bloch, du 2 janvier 1895 :

De Clercq ne paraît pas s'être occupé de la tentative de chantage organisée par Trocard.

Mais *il a été envoyé plusieurs fois par Portalis et Girard* pour me décider à consentir à l'extorsion de fonds que Portalis et Girard voulaient commettre à mon préjudice, *après la non-réussite du chantage organisé par Trocard* ([1]).

([1]) Cote 88. Traduit devant la 11e chambre pour tentative d'extorsion de fonds, M. Trocard a été acquitté, ses démarches auprès des tenanciers n'ayant pas été jugées délictueuses.

Cette dernière déposition de M. Bloch est en complète
contradiction avec sa déposition précédente du 20 novembre. Or, s'il a dit la vérité dans la première, la seconde est
nécessairement un faux témoignage. Si, au contraire, il n'a
pas dit la vérité le 20 novembre, on peut avoir la certitude
qu'il ne l'a pas dite non plus le 2 janvier. Est-ce qu'un
témoin qui a fait un premier faux témoignage n'est pas un
témoin disqualifié? Est-ce que sa parole peut compter pour
quelque chose?

Cette déposition du 2 janvier de M. Bloch, répétée par lui
à l'audience, a été la cause unique de la condamnation de
M. Girard et de la mienne par le tribunal de 1ʳᵉ instance.
Ainsi le plaignant, ennemi et unique témoin, est cru même
lorsque des propos contradictoires ont fait éclater sa mauvaise foi et la fausseté de son témoignage. Saluez, braves
justiciables, c'est ça la justice.

Comment les juges ont-ils donc pu accepter pour vraie
cette nouvelle histoire qui n'avait pas seulement le tort
d'être tardive et en contradiction avec toutes les précédentes
déclarations de son auteur, mais qui, de plus, était absolument invraisemblable?

Jamais — je l'affirme — et je fais appel au témoignage
de tous mes collaborateurs du *XIX* Siècle* et des autres
journaux dont j'ai été le rédacteur en chef, jamais je n'ai
chargé un rédacteur quelconque, ni personne de faire
auprès de qui que ce soit une démarche de ce genre. Mais si,
dérogeant à mes principes, à mes habitudes, à la règle constante de ma conduite, j'avais voulu charger quelqu'un d'une
telle démarche, aurais-je été choisir de Clercq, qui avait été
condamné le 2 août 1892 à un an de prison pour chantage
contre un fournisseur militaire, M. Hemerdinger, alors impliqué dans l'affaire des faux poinçons, de Clercq, au sujet
duquel le *XIX* Siècle* avait publié, le 19 juin 1892, en première page, aussitôt après l'article de tête, la note suivante:

Les journaux ont annoncé que trois journalistes étaient impliqués dans l'affaire des faux poinçons.

L'un d'eux, qui était depuis plusieurs mois reporter au *XIXe Siècle*, s'est présenté, avant-hier à 5 heures, devant M. Clément, commissaire aux délégations judiciaires, qui l'a fait écrouer au Dépôt.

Nous ignorons quels seront les résultats de l'instruction, et nous ne connaissons que par les récits des journaux les accusations qui pèsent sur M. de Clercq ; mais il paraît, dès à présent, que M. de Clercq s'est rendu coupable d'une action qui, même si elle ne tombait pas sous le coup de la loi, ne saurait être qualifiée assez sévèrement.

Nous devons ajouter que si les faits dont il s'agit, et qui remonteraient au mois de mai, nous avaient été connus, M. de Clercq aurait, depuis cette époque, cessé de faire partie de la rédaction du *XIXe Siècle*.

Ce qui rendait l'histoire de M. Isidore Bloch encore plus invraisemblable, c'est que plusieurs fois, notamment le 27 octobre 1893, le *XIXe Siècle* avait personnellement et nommément mis en garde MM. Bloch, Bertrand et Crémieux contre toutes personnes qui tenteraient auprès d'eux des démarches ou qui leur demanderaient de l'argent en se donnant soit comme les envoyés du *XIXe Siècle*, soit comme les auteurs des « Lettres d'un Vieux Ponte ».

On se rendait compte de cette invraisemblance. On ne se dissimulait pas que si elle ne choquait pas les juges, qui, en certains cas, ne peuvent pas être choqués, elle choquait le sens commun et choquerait le public. On se demandait comment on pourrait rendre vraisemblable l'invraisemblable histoire du tenancier.

Ah ! si l'on avait pu citer quelque fait prouvant que la démarche de de Clercq auprès de M. Bloch n'était pas la première mission de ce genre dont je l'avais chargé, que j'avais l'habitude de me servir de lui pour ces honteuses besognes, aussitôt les choses auraient changé d'aspect :

tout le monde se serait dit que, puisqu'il avait été déjà mon agent dans d'autres affaires, il avait bien pu l'être encore, malgré les apparences, dans cette affaire Bloch. C'eût été un coup du même genre que le coup de la souscription de Vienne, sur lequel on comptait pour rendre vraisemblables les plus absurdes accusations.

Alors on inventa de faire dire à de Clercq que dans son chantage contre Hemerdinger, il avait agi d'après mes instructions et que sur les 2,000 francs qu'il avait touchés il m'en avait remis 1,000.

Ni mes amis, ni mes collaborateurs, ni personne dans la presse, n'a cru un mot de ce que disait de Clercq. Ceux de mes ennemis qui ont fait semblant d'y croire, n'y ont pas cru non plus ; mais la prévention, le juge d'instruction, le tribunal, ont accepté cette fable aussi ridicule qu'odieuse, et j'en suis réduit à la honte d'avoir à me défendre contre l'accusation d'avoir envoyé un reporter chez un fournisseur militaire, pour le faire chanter de 2,000 francs et d'avoir pris à ce reporter, pour ma part, 1,000 francs, sur le produit de son chantage. L'instant d'après, à la même audience, le même de Clercq va répéter ce qu'il a dit déjà dans sa dénonciation et dans ses interrogatoires, devant le juge d'instruction, que je n'accepte jamais que de très grosses sommes (1), que je ne livre que des batailles d'Austerlitz, que je ne signe que des traités de 1809. Toutes ces incohérences, toutes ces contradictions n'ont pas frappé les juges et ils ont fait de la fausse déposition de de Clercq la pierre d'assise de leur condamnation.

Ils savaient cependant que de Clercq était un agent secret de la préfecture de police et ils n'avaient qu'à ouvrir les yeux pour être convaincus qu'il avait menti.

---

(1) Dans une dénonciation au chef de la sûreté, dont il sera question au chapitre suivant, de Clercq dit : « que M. Dopffer veuille bien se persuader qu'au *XIX*° *Siècle* JAMAIS *une petite somme n'est acceptée* » .

XI

Affaire Bloch : 3° Le mouton.

De Clercq donne la note. — On grise le mouton. — Il faut
casser du sucre. — Le mouton chez le juge. — Allons,
mouton, fais ton métier ! — Écrit. au chef de la sûreté. —
Un adverbe admirable. — Spontanément. — Souvenirs de
racontars. — Signé : de Clercq. — Un égout de prison.
— Le coup de la dernière heure. — Juges et jugés. —
Où apparaît l'accord du policier et du tenancier. — Fureur
de de Clercq. — Deux moutons guillotinés par erreur. —
Ça passera comme ça. — La police a été charmante.

Voici, d'après le compte rendu de la *Gazette des Tribunaux*, du *Temps* et des autres journaux qu'il m'a été
possible de consulter, comment a débuté l'audience du
13 février, par laquelle s'est ouvert le procès appelé l'Affaire des cercles :

M. le président, s'adressant à de Clercq : — Vous avez été
condamné déjà en août 1892 à un an de prison et 500 francs
d'amende pour chantage ?
R. — Oui, j'étais l'instrument de M. Portalis.
D. — A combien s'est montée la somme extorquée ?
R. — A 2,000 francs. J'ai gardé 500 francs.

La note était donnée, l'impression produite, elle · a
dominé tout le procès.

De Clercq, agent secret de la préfecture de police, avait

été amené le 21 novembre 1893, dans la matinée, par un
de ses collègues à la préfecture de police. Il est le *mouton*.
On compte sur lui pour fournir les matériaux du procès
qu'on veut échafauder sur la plainte de M. Isidore Bloch.
On commence, selon la méthode ordinaire, par lui servir
un copieux déjeuner. Dans un discours dont l'éloquence
est chauffée par quelques bonnes bouteilles, son amphy-
trion lui démontre qu'il n'a qu'une chose à faire : casser
du sucre ([1]). Il est enfant de la maison. La police s'est
toujours montrée bonne pour lui. Il est brûlé dans tous les
journaux. C'est à « la boîte » ([2]) seulement qu'il peut
trouver de quoi vivre.

Après déjeuner, quand il est bien à point, on le conduit
chez le juge d'instruction, qui le comble de prévenances et
dont, à dater de ce jour, il ne quittera plus le cabinet,
dépouillant avec lui les dossiers, lui dictant les questions
qu'il devra poser à celui-ci, à celui-là, lui indiquant les
arrestations à faire, les témoins à citer, et comme il est
très « fumiste », s'amusant parfois à faire citer des gens
qui n'ont absolument rien à voir avec l'instruction, uniquement pour les embêter, pour se payer leur tête ([3]).

Après qu'il a causé longtemps et amicalement avec le
juge d'instruction, on le ramène à la sûreté. On lui donne
une plume, du papier, de l'encre, encore un petit verre de
fine champagne et on lui dit : « Allons, mouton, fais ton
métier! » Le mouton n'attend pas qu'on le lui dise deux
fois. Le voilà qui écrit une longue et venimeuse dénonciation remplie d'histoires à dormir debout, mais avec des
noms, des adresses, des chiffres, des indications qui ont

([1]) En langage policier, se faire dénonciateur.

([2]) Les policiers, en parlant de la préfecture de police, disent toujours
« la boîte » !

([3]) C'est ainsi que dans l'affaire de la Transatlantique, de Clercq a,
comme on le verra plus loin, fait citer M. de Nouvion.

l'air d'être précises, des conseils pour le parquet, pour le juge d'instruction...

La pièce figure au dossier de l'affaire des cercles sous la cote 3 (la cote 2 est la plainte Bloch), avec ce titre significatif : *Écrit rédigé spontanément par de Clercq, dans les bureaux de la sûreté, avant d'être écroué au Dépôt.*

Spontanément! Qu'en dites-vous? L'adverbe n'est-il pas à lui seul un monument de fourberie policière?

Spontanément, pour qu'on ne s'y trompe pas, est dûment souligné dans l'original.

L'écrit, rédigé spontanément par de Clercq dans les bureaux de la sûreté avant d'être écroué au dépôt, est écrit sous forme de lettre au chef de la sûreté. « M. le juge d'instruction, dit le mouton, pourrait faire vérifier ceci, vérifier cela. M. Portalis n'a-t-il pas fait ceci...? N'a-t-il pas fait cela...? Dans bien des affaires, M. Girard allait traiter en sous-mains, sans que M. Portalis le sache ». C'est sur les dénonciations de cette lettre *spontanément* écrite par de Clercq au chef de la sûreté que M. le juge d'instruction Dopffer a, comme disent les gens de police, marché dans l'affaire des cercles, dans l'affaire Bertrand, dans l'affaire Marius Sammarcelli, dans l'affaire de la Transatlantique et dans beaucoup d'affaires dont il n'a rien pu tirer (1). C'est d'après l'autorité du mouton de Clercq que M. le substitut Thomas a osé lancer dans son réquisitoire

---

(1) L'affaire Fischer est une de celles dont M. Dopffer n'a rien pu tirer. De Clercq avait dit dans son *Écrit spontané* : « Il y a deux ans et demi environ, un M. Fischer devait comparaître devant la cour d'assises de la Seine pour faux en écriture publique (falsification d'un acte de l'état civil, si j'ai bonne mémoire); il fut prévenu par un intermédiaire que l'affaire allait être donnée tout au long dans le *XIXᵉ Siècle*. »

M. Dopffer a fait venir M. Fischer, comme il a fait venir tous ceux qui avaient été attaqués ou simplement nommés dans le *XIXᵉ Siècle*

cette monstrueuse affirmation que le *XIXe Siècle* était
« un merveilleux instrument de chantage ».

L'*écrit spontané* adressé par de Clercq au chef de la
sûreté se termine par les lignes suivantes qui prouvent
bien qu'au moment où il les écrivait, il était « fortement
éméché »; ordinairement il a la plume moins empâtée :

J'ai l'honneur de vous soumettre ces quelques questions,
quoique ce ne soit pas précisément mon rôle, à l'intention de
M. le chef de la sûreté ; elles sont basées sur le souvenir de
racontars, d'affirmations parfois qui se produisaient dans
la salle de rédaction du *XIXe Siècle*, en ma présence ou
ailleurs, en ma présence également. Si ces questions sont
vagues, peut-être en m'interrogeant sur des points précis, par-
viendrai-je à éclairer la justice dans la recherche de la vérité.

(Signé) DE CLERCQ.

Il est clair qu'à ce moment de Clercq croyait se sauver

---

et qui, s'ils avaient eu à se plaindre du journal, ne manquaient pas de
dire tout ce qu'il plaisait à M. Dopffer de leur faire dire.

Fischer, Philippe, 44 ans, sans profession, rue Vernet, 23, dépose le
20 décembre 1894 :

« J'ai été poursuivi pour corruption de fonctionnaires devant la
cour d'assises de la Seine, le 30 octobre 1891. J'ai été acquitté, j'avais
été laissé en liberté.

« Une dizaine de jours auparavant, mon beau-père, le marquis de
Montferrier, actuellement décédé, m'a prié de lui donner une somme
de 15,000 francs dont il avait besoin, disait-il, pour payer le silence
des journaux.

« Je lui ai donné cette somme . »

M. Fischer dit ensuite que le *XIXe Siècle*, lui, n'a pas gardé le
silence, mais il sait que M. le marquis de Montferrier « a employé ses
15,000 francs à donner de l'argent aux journaux pour les empêcher
de publier des faits diffamatoires sur son compte ».

Il est vraiment fâcheux et assez singulier que M. Dopffer n'ait pas
songé à demander à M. Fischer les noms de ces journaux ou, si
M. Fischer les a dit, ce qui paraît probable, que M. Dopffer ait négligé
de les faire figurer dans son procès-verbal. On aurait vu que le
XIXe Siècle était resté étranger à cette affaire et que les journaux
qui se sont partagé les 15,000 francs sont précisément ceux qui ont le
plus odieusement calomnié le *XIXe Siècle*. J'ai fait mon enquête et je
pourrais les citer, mais cette vengeance ne me convient pas.

et s'assurer une belle situation à la préfecture de police en accumulant contre moi toutes sortes d'accusations. S'il avait vraiment agi d'après mes instructions dans son chantage contre Hemerdinger et s'il m'avait remis 1,000 francs sur le produit de ce chantage, comment ne l'aurait-il pas dit dans son *écrit spontané* ?

Chaque jour, pendant les mois de décembre 1894 et de janvier 1895, les journaux annoncent : « De Clercq a été interrogé hier par M. Dopffer pour fournir des renseignements sur les différentes campagnes du *XIX*e *Siècle* ([1]). »

A chacun de ses interrogatoires, de Clercq insiste sur les dénonciations de son *écrit spontané* et les amplifie. Le 5 décembre 1894, il renouvelle sa dénonciation Fischer ; le 4 janvier, il revient sur sa dénonciation Marius Sammarcelli ; le 20 janvier, nouvelle dénonciation générale et violente contre M. Girard et contre moi ; le 25 janvier, autre déposition, autres dénonciations.

Michelet dit dans son *Histoire de la révolution*, à propos du procès de Fabre d'Églantine : « On avait en prison ce Delaunai, la machine à dénoncer. Cet homme utile en

---

([1]) Le *Petit Journal*, le *Petit Parisien* et autres (décembre 1894. janvier 1895).

M. Dopffer ne se contentait pas d'interroger de Clercq officiellement, il causait avec lui des heures entières. Quand il avait terminé ses interrogatoires, il le faisait entrer dans son cabinet et restait enfermé avec lui jusqu'à 8 heures du soir. Je tiens de bonne source que de Clercq a procédé au dépouillement de tous mes papiers de concert avec M. Dopffer et avec M. Thomas.

Plus tard, après le procès des Cercles, de Clercq a continué à être consulté par le parquet et par le juge d'instruction pour l'affaire de la *Voie ferrée* et pour l'affaire de la Transatlantique, dans lesquelles on l'avait impliqué sans l'ombre d'un prétexte, uniquement pour justifier sa continuelle présence chez le juge. Je puis citer ce fait que le samedi 9 mars, M. Dopffer, après avoir interrogé plusieurs témoins, parmi lesquels MM. Sibert et de Nouvion, qu'il avait convoqués à l'instigation de de Clercq, fit entrer celui-ci dans son cabinet et passa plus de deux heures avec lui à dépouiller le dossier de la *Voie ferrée*.

récompense vivait royalement en prison... On l'abrutissait et on l'effrayait, on en tirait ce qu'on voulait. Entre deux vins, il savait tout.

« Qu'aurait-on fait si on eût voulu suivre une marche simple et loyale? On n'aurait pas été demander la vérité à Delaunai, dans cet égout de prison (¹). »

Si on avait voulu savoir la vérité, on n'aurait pas été la demander à de Clercq.

Dans aucun de ses interrogatoires, dans aucune de ses dénonciations, de Clercq ne souffle mot de ma prétendue participation au chantage Hemerdinger, ni des 1,000 francs qu'il m'aurait donnés.

C'est seulement le 31 janvier 1895 — notez bien cette date — qu'il fait enfin la déposition suivante :

Le 11 mai 1892, M. Hemerdinger ma remis 2,000 francs. J'ai conservé 500 francs pour moi. J'ai donné 1,000 francs à Portalis et 500 francs à Dauthesse. Portalis et Dauthesse connaissaient la provenance de l'argent.

C'est M. Portalis qui m'avait dit de faire verser 1,000 francs par Hemerdinger, s'il voulait obtenir le silence du *XIX Siècle*.

Au lieu de 1,000 francs, j'en ai demandé 2,000. J'en ai fait l'emploi que je vous ai indiqué (²).

Ainsi, c'est après deux mois de dénonciations et d'inter-rogatoires presque quotidiens, que de Clercq songe enfin à dire qu'il est allé trouver M. Hemerdinger de ma part, et que sur son chantage de 2,000 francs, il m'a remis 1,000 francs.

Pourquoi ne l'a-t-il pas dit plus tôt?

Parce que cette dernière déposition de de Clercq, inven-tée pour rendre vraisemblable la déposition *in extremi* de M. Bloch, disant que c'était **M. Girard et moi** qui lui

---

(¹) Tome VIII, p. 298.
(²) Cote 6. 31 janvier 1895.

avions envoyé de Clercq est elle-même invraisemblable ;
parce que tout le monde sait que c'est un mensonge, que
je n'ai jamais confié ni à de Clercq ni à personne une mission semblable, et que jusqu'au jour où il fut arrêté, en
juin 1892, j'ignorais que de Clercq eût fait chanter
M. Hemerdinger.

Le seul moyen d'empêcher que de Clercq fût convaincu
de mensonge et que la vérité se fît jour, était de retarder
sa déposition jusqu'au dernier moment, jusqu'à la dernière
heure, jusqu'au 31 janvier.

Le 31 janvier, l'instruction est close. Depuis plusieurs
jours déjà, le dossier a été transmis au parquet. Le réquisitoire définitif est rédigé, l'ordonnance de renvoi va être
signée. Le jour du procès est fixé, c'est le 13 février. Il ne
reste plus que le temps bien juste de faire connaître aux
accusés les charges qui pèsent sur eux. On ne peut plus
rien vérifier, rien contrôler, on ne peut plus entendre de
témoins. C'est à ce moment, c'est le 31 janvier, que de Clercq
fait sa déposition.

Que tout cela est bien machiné ! Mais que c'est inquié-
tant pour les pauvres hères qui peuvent avoir affaire aux
tribunaux, autant dire tout le monde ; car qui oserait
répondre au temps actuel de n'avoir jamais affaire à la
justice ? Le juge d'aujourd'hui lui-même est-il sûr de ne
pas être le jugé de demain ou d'après-demain ?

Cette dénonciation, qui à la dernière minute remet sur
ses pieds l'affaire Bloch, explique la réponse de de Clercq
au président, lui reprochant d'avoir, en octobre 1893,
extorqué 500 francs à M. Isidore Bloch.

R. — Je ne lui ai pas plus extorqué les 500 francs qu'il m'a
remis alors que je ne lui ai extorqué l'argent qu'il m'a fait
remettre *hier* ([1]).

Hier, c'est-à-dire à la veille de l'audience, pour le récompenser de sa dénonciation du 31 janvier et pour qu'il la renouvelle à l'audience du 14 février.

Le *Figaro* (¹) et la plupart des journaux reproduisent la réponse de de Clercq dans les mêmes termes que la *Gazette des Tribunaux*, et la font suivre de cette mention : (*Mouvement.*)

Le public qui remplissait la salle avait saisi toute la portée de la réponse de de Clercq. Il avait compris qu'une entente existait entre le policier et le tenancier.

Au moment où de Clercq faisait cette réponse, M. Isidore Bloch était à la barre. Tout le monde s'est tourné vers lui. Allait-il démentir ? Non ! Il s'est tu, confirmant par son silence la déclaration de de Clercq et avouant que la veille encore « il le payait ».

La déposition de de Clercq disant qu'il m'a remis 1,000 francs sur le chantage Hemerdinger explique aussi ce passage de la plaidoirie de Mᵉ Henri Robert, avocat de de Clercq :

Bloch, reconnaissant, promettait toutes sortes de faveurs à de Clercq : je ne pense pas qu'il comprenait dans la série la prison de Mazas où, grâce à lui, de Clercq est depuis deux mois.

Dans cette prison, Isidore Bloch vient en aide à mon client, il lui envoie des secours, il lui fournit d'exquises cigarettes du Cercle de l'Escrime que de Clercq est accusé d'avoir fait chanter (²).

Est-ce que tout cela ne montre pas le coup monté et ne voit-on pas que le tenancier triche la justice comme il a l'habitude de tricher les clients de son cercle et de son casino ?

(¹) *Figaro* du 15 février 1895.

(²) Compte rendu sténographique de la plaidoirie de Mᵉ Henri Robert, publié par la *Revue des procès célèbres*, numéro de mars 1895.

M. le substitut Thomas, lui aussi, manifeste à sa manière sa reconnaissance à de Clercq pour le coup d'épaule qu'il vient de donner à la prévention ; il reclame pour lui l'indulgence du tribunal :

Ils sont rares, dit-il, les cas où le juge doit se montrer inexorable et de Clercq est jeune, de Clercq était besogneux, livré dans Paris à toutes les tentations ; de Clercq, enfin, est une victime de Portalis, qui l'a conduit au mal comme par la main, et l'a laissé une première fois sur les bancs de la police correctionnelle, où son agent a payé pour les autres et supporté tout le poids de la poursuite... Mais je m'arrête, j'allais oublier que de Clercq a pour défenseur Me Robert.

Son avocat n'a pas seulement de l'esprit et du meilleur que le sien, mais il a encore du cœur et il saura bien mieux que moi assurer à son client l'indulgence relative de ses juges, indulgence devant laquelle je me déclare dès à présent désarmé (¹).

Au moment où le président lut le passage du jugement condamnant de Clercq à quinze mois de prison. M. le substitut Thomas se tourna ostensiblement vers lui avec un geste qui disait clairement : « Que voulez-vous ? J'ai fait ce que j'ai pu ! »

Mais de Clercq n'était pas content « Ah ! les canailles, disait-il en sortant de l'audience à voix assez haute pour être entendu, c'est moi qui ai organisé tout ce procès, c'est moi qui ai fourni toutes les indications, tous les rensei-

---

(¹) Le tribunal, tout en condamnant de Clercq, a cru devoir justifier la mansuétude relative dont il usait à son égard, par le passage de son jugement, qui a dû bien étonner ceux de mes anciens collaborateurs qui ont connu de Clercq et qui ont été témoins de mes rapports avec lui.

Attendu que, malgré ses antécédents judiciaires, il y a lieu de tenir compte de la jeunesse de de Clercq et de l'influence néfaste de Portalis et de Girard qui l'ont *dépravé*, ont tout au moins développé ses mauvais instincts en les mêlant aux agissements qui leur étaient habituels.

gnements et ils me condamnent à quinze mois([1])! » Au fait,
pourquoi l'a-t-on condamné? Le tribunal n'était donc pas
dans la confidence des services qu'il avait rendus et des
promesses qu'on avait dû lui faire? Dans les procès révolutionnaires, dont ces procès de chantage n'ont été, par
plus d'un côté, que la honteuse reproduction, lorsque les
moutons figuraient comme complices, les jurés étaient
avertis et ils acquittaient les délateurs. Mais un jour il ar-
riva que Fouquier-Tinville, ayant oublié de donner le mot
d'ordre au tribunal, deux moutons furent condamnés avec
une trentaine de suspects. D'abord, ils ne s'inquiètent
pas, supposant qu'on a voulu, en les condamnant, écarter
tout soupçon, mais qu'on va, nonobstant le jugement, les
mettre en liberté. Ramenés à la Conciergerie, ils s'aper-
çoivent que leur condamnation est sérieuse et qu'on s'apprête à les faire monter sur la charrette qui, pour M. le
substitut Thomas, devait remplacer la balance comme
emblème de la justice, au moins de la justice correctionnelle. Ils élèvent la voix, ils réclament avec énergie et
envoient à l'accusateur public un message. Fouquier-
Tinville rit beaucoup en apprenant leur mine piteuse.
« Fichtre, s'écria-t-il, c'est un oubli; qu'on y fasse attention désormais! — Mais que décidez-vous? Le temps
presse, les charrettes vont partir! — Bah! dit Fouquier-
Tinville, pour cette fois ça passera comme ça! » Et les
deux moutons furent immolés.

De Clercq, cependant, n'avait rien négligé pour que le
tribunal de la 11e chambre de police correctionnelle n'igno-
rât pas le vrai rôle qu'il avait joué dans ces poursuites et
dans ce procès. Il avait d'abord déclaré que le tenancier du
Cercle de l'Escrime, M. Isidore Bloch, le payait même en
prison. Interrogé ensuite par M. le président Levrier sur

([1]) Les quinze mois ont été réduits, en appel, à une année.

les fonctions qu'il remplissait à la préfecture de police, il répond, dit le *Figaro*, en minaudant :

« La police a été charmante pour moi. Je devais être expulsé de France et reconduit en Belgique, où je suis né. On m'a retenu à Paris... On m'avait prié de m'entremettre pour obtenir que le préfet de police cessât d'être mis en cause dans la campagne du Vieux Ponte ('). »

,¹) Compte rendu du *Figaro*, numéro du 14 février 1895.

XII

Affaire Bloch : 4° Le chantage Hemerdinger.

L'horreur de la lumière. — Le chasseur de la maison Durand.
— Une lettre de change sur la police correctionnelle. — La
manie du calembourg. — Patron et patron. — La discrétion
de de Clercq. — Un compte rendu du *Petit Journal*. —
Lettre tronquée. — Toutes les falsifications sont permises.
— Mᵉ G.-A. Hubbard. — Un discours de M. Millerand. —
Une bouche qui n'a jamais menti. — La parole d' « une
petite crapule ». — *Ad libitum.*

On a vu que de Clercq avait dit dans sa déposition du
31 janvier 1895 : « J'ai donné 1,000 francs à Portalis et
500 francs à Dauthesse. Portalis et Dauthesse connaissaient
la provenance de l'argent. »

Si on avait eu le moindre désir de connaître la vérité,
on aurait fait venir M. Dauthesse, ancien secrétaire de la
rédaction du *XIXᵉ Siècle*, et il aurait dit que de Clercq
avait menti.

On aurait pu aussi interroger les autres rédacteurs du
XIXᵉ Siècle.

Mais on n'avait qu'un désir : ne pas connaître la vérité
ou plutôt, car on la connaissait, ne pas la laisser percer,
boucher toutes les issues par où elle aurait pu se produire.

Puisque nous étions accusés, M. Girard et moi, d'avoir
été les complices de de Clercq dans l'affaire Bloch, comme
de Clercq prétendait que j'avais été le sien dans l'affaire

Hemerdinger, pourquoi, au lieu de s'en rapporter à la déposition de l'agent de police dénonciateur, n'a-t-on pas consulté le dossier de cette affaire Hemerdinger, qui avait donné lieu à une instruction judiciaire et à un procès correctionnel? Pourquoi n'a-t-on pas joint au dossier, à la place de tant de rapports de police ridicules, les pièces de cette instruction et de ce procès?

Une seule de ces pièces, le reçu donné par de Clercq à M. Hemerdinger, aurait suffi à démontrer le mensonge du « mouton ». J'en trouve le texte dans la *Gazette des Tribunaux* du 1er juillet 1892 :

Reçu de M. Hemerdinger la somme de **deux** mille francs pour l'achat fait par lui d'un article sur l'affaire Sarda, Lambert, Meyer et consorts, article qui devient sa propriété et que je ne ferai paraître dans aucun autre journal.

Paris, le 11 mai 1892.

Signé : DE CLERCQ (¹).

(Timbre quittance.)

Ce reçu est bien net. De Clercq fait avec M. Hemerdinger une opération honteuse, mais tout à fait personnelle. Il n'a pas la prétention de vendre le silence du *XIXᵉ Siècle;* il ne dit pas que le *XIXᵉ Siècle* ne parlera pas de cette affaire. Il ne stipule que pour lui-même, il ne vend que sa propre prose et il s'engage à ne la faire paraître dans aucun journal. Du *XIXᵉ Siècle*, pas un mot.

J'ai dirigé des journaux pendant vingt-cinq ans et j'ai tenu, je le crois, dans la presse une place honorable. Personne ne niera, en tout cas, que je doive avoir une certaine expérience. Si donc j'avais été homme à participer à l'opération de de Clercq, est-ce que je ne lui aurais pas recommandé de ne pas donner de reçu et surtout de ne pas en

---

(¹) Ce reçu était écrit sur papier de la rédaction du *XIXᵉ Siècle* que de Clercq avait pris au journal.

donner un aussi maladroit, aussi bête? M. Hemerdinger,
quand il a demandé un reçu, était « persuadé, a-t-il dit
dans sa déposition, que cette exigence serait de nature à
faire renoncer de Clercq à son projet ». Quand il vit que
de Clercq consentait, il n'en revenait pas. « Grande a été
ma surprise, dit-il dans la même déposition, quand un
chasseur de la maison Durand m'a apporté ce reçu. » Car,
c'est après avoir déjeuné avec une femme au café-restau-
rant Durand, en cabinet particulier, que de Clercq a
libellé et signé son reçu, et c'est par un chasseur de l'établissement qu'il l'a fait porter. Je le demande à tous ceux
qui de près ou de loin me connaissent : Est-ce que cela me
ressemble? En supposant même que j'aie tout à coup perdu
la raison, le sens moral, tout respect de moi-même, tout
sentiment de ma dignité de directeur d'un grand journal, au
point de tenter une extorsion de fonds de 2,000 francs
de complicité avec deux rédacteurs du *XIX*e *Siècle*, de
compte à demi avec eux et avec de Clercq pour instrument,
est-ce que j'aurais laissé porter à M. Hemerdinger, par un
chasseur de restaurant, un reçu pareil, véritable lettre de
change sur la police correctionnelle?

En jetant un seul coup d'œil sur les autres pièces du
procès de Clercq-Hemerdinger, on aurait vu, enfin, que
de Clercq n'a fait, tant à l'instruction qu'à l'audience,
aucune allusion à ma participation directe ou indirecte à
son chantage, ce qui est encore une preuve évidente que
sa déposition du 31 janvier 1895 est une fable, combinée à
la dernière minute pour tromper le tribunal et le public.

Le ministère public répond que de Clercq n'a pas voulu
compromettre *ses patrons*. Il a voulu sauver *ses patrons*,
son patron. Ce mot *patron* tient une place extraordinaire
dans toute cette histoire.

L'acte d'accusation, parlant des 2,000 francs remis à
de Clercq par Hemerdinger, ajoute aussitôt qu'il « avait

extorqué ces fonds suivant les instructions de *ses patrons* »
et il ajouta : « Sorti de prison le 3 janvier 1893, en vertu
de la loi sur la libération conditionnelle, l'inculpé fut
aussitôt rappelé par ses anciens *patrons*. » Dans le réquisitoire oral de M. le substitut Thomas, le mot *patron*
revient à chaque instant : « Faire *comme le patron*, il n'y
avait, dit M. Thomas, rien au-dessus pour de Clercq » (¹),
et plus loin : « Si le chantage avait rapporté 500 francs à
de Clercq, c'est 1,000 francs que le *patron* avait reçu par
son intermédiaire (²). » Plus loin encore : « Au cours de la
campagne du Vieux Ponte, de Clercq, à quatre reprises
différentes au moins, a vivement pressé Bloch de donner
de l'argent à *ses patrons* (³). » Enfin, le jugement faisant
allusion à la même affaire, dit que dans ses démarches
de Clercq se déclarait envoyé « par ceux qu'il appelait *ses
patrons* ». M. Girard n'est plus administrateur, je ne suis
plus directeur du *XIXᵉ Siècle*, nous sommes *des patrons*.
De Clercq, le substitut, les juges ne m'appellent que
patron.

Est-ce donc pour ne pas compromettre moi, « son
patron », que de Clercq s'est tu dans le procès Hemerdinger ?

Mais d'abord s'est-il tu tant que cela ?

Dès son premier interrogatoire, en 1892, devant M. le
juge d'instruction Couturier, l'unique préoccupation de
de Clercq paraît être au contraire de dénoncer les autres,
de rejeter sur eux le poids de sa faute, de persuader aux
juges qu'il n'a été qu'un agent, un instrument. Tout de
suite il prétend avoir agi avec « l'autorisation et d'après
les instructions du sieur Patron dit Dauthesse, secrétaire de

---

(¹) « Compte rendu sténographique du réquisitoire de M. le substitut
Thomas », *Revue des procès célèbres*, p. 216.

(²) Ibid.

(³) Ibid, p. 217.

la rédaction du *XIXe Siècle* (¹) "… Tiens ! voilà un autre
Patron qui, lui aussi, lui " aurait donné des instructions ",
dont il aurait été " l'instrument " et auquel on va voir
qu'il prétend avoir remis aussi une part du chantage. Ce
Patron est le seul dont parle de Clercq en 1892. Mais
de Clercq a la manie de faire des calembourgs sur des
noms propres. A l'audience du 13 février 1895, qui était
présidée par M. Levrier, il dit, faisant allusion à mon
départ, que " pour me rattraper, il faudrait un fameux
Levrier (²) ". A l'audience du lendemain, 14, M. Isidore
Bloch ayant déposé que lui et son frère avaient souvent
remis des cadeaux à de Clercq, de Clercq riposte : " Bloch
(Henri) et Bloch (Isidore) pour moi ne faisaient qu'un seul
bloc ". Il a joué sur le mot " patron " comme sur le mot
Levrier, comme sur le mot " bloc " et l'invraisemblable
roman qu'il a bâti sur ce triste calembourg est devenu le
principal, même le seul argument de l'accusation dans
cette affaire Bloch.

Aussitôt après avoir dénoncé M. Patron-Dauthesse,
de Clercq qui, d'après ce qu'il dit en février 1895, se
serait laissé condamner en août 1892 sans rien dire et qui,
s'il fallait en croire M. le substitut Thomas, aurait gardé
un héroïque silence pour ne compromettre personne,
déclare à M. le juge d'instruction Couturier qu'après sa
première entrevue avec M. Hemerdinger il se trouvait au
café avec plusieurs reporters. Il leur raconte " qu'il croyait
pouvoir obtenir 2,000 francs de M. Hemerdinger et on le
raille beaucoup, dit-il, de ce qu'il semble hésiter à les
accepter ". Ces reporters étaient ses camarades, l'un d'eux
était son meilleur ami. Il ne craint pas de les nommer les

_____

(¹) Déposition de de Clercq devant M. le juge d'instruction Couturier
cité par M. le substitut Brégeault dans son réquisitoire définitif
(*Gazette des Tribunaux* du 3 juillet 1892.)

(²) *Gazette des Tribunaux* du 14 février 1895.

uns après les autres. Le secrétaire de la rédaction du *XIXᵉ Siècle*, M. Patron dit Danthesse, se trouvait là, paraît-il, dans ce café. De Clercq ne se contente pas de le nommer, il porte contre lui une accusation très grave et certainement fausse, celle de lui avoir tenu le propos suivant : « Mon petit, on paye les autres, il faut accepter (¹) » et de s'être fait remettre 500 francs sur le produit du chantage (²).

Je n'avais, je dois le faire remarquer, avec de Clercq que des rapports de directeur politique et de rédacteur en chef à reporter, des rapports semblables à ceux qui pouvaient exister entre M. René Goblet, alors directeur politique de la *Petite République*, ou M. Marcel Sembat, rédacteur en chef, avec le nommé Morel, attaché à ce journal, qui fut condamné avec de Clercq à un an de prison dans cette même affaire Hemerdinger. De Clercq donnait au *XIXᵉ Siècle* de la copie, le *XIXᵉ Siècle* la lui payait. Il ne me devait rien. A qui voudrait-on faire croire que si de Clercq n'a pas dit un mot de moi dans ses interrogatoires devant le juge d'instruction ni à l'audience, c'est parce qu'il ne voulait pas me compromettre alors qu'il n'hésitait pas à compromettre ses amis, ses camarades et à dénoncer formellement comme son complice le secrétaire de la rédaction du *XIXᵉ Siècle*, M. Patron-Danthesse, dans l'intimité duquel il vivait, qui l'avait fait entrer au *XIXᵉ Siècle*, auquel il devait sa situation?

Il est vrai qu'à l'audience publique du 30 juin 1893 de Clercq s'est montré plus réservé, réserve bien inutile

---

(¹) Voir les dépositions de de Clercq devant M. le juge d'instruction Couturier citées par M. Brégeault dans son réquisitoire définitif. (*Gazette des Tribunaux* du 1ᵉʳ juillet 1892.)

(²) M. Danthesse nie formellement avoir donné des instructions à de Clercq. Il reconnaît avoir reçu 500 francs, mais il dit que de Clercq les lui devait.

d'ailleurs, car à chacune de ses réticences le président
immédiatement opposait ce qu'il avait dit à l'instruction.
Mais ces réticences, pour qui étaient-elles? Je prends le
compte rendu d'un journal bien connu pour la folie furieuse
avec laquelle il m'a toujours calomnié, le *Petit Journal*.

De Clercq raconte sa première entrevue avec M. Hemerdinger, puis ajoute :

Le soir, je racontai le fait au café à plusieurs personnes et
notamment à M. Patron-Danthesse, du *XIX*° *Siècle*.

M. LE PRÉSIDENT. — Que vous a-t-il dit?

R. — Je suis dans une situation trop particulièrement délicate pour parler.

De Clercq se tait.

— Mais voyons, poursuit le président, vous avez déclaré à
M. le juge d'instruction que des camarades vous avaient raillé.
beaucoup. Est-ce vrai?

R. — C'est exact. J'ai dit cela au juge d'instruction et c'est
la vérité.

D. — Continuez.

De Clercq raconte sa seconde entrevue avec M. Hemerdinger.

M. LE PRÉSIDENT. — Vous êtes retourné au *XIX*° *Siècle*.
Là, qui avez-vous vu?

R. — M. Danthesse, mon secrétaire de la rédaction.

D. — Qu'avez-vous dit à ce monsieur?

R. — De ne pas parler de l'affaire Hemerdinger.

D. — Et lui, que vous a-t-il répondu?

Le prévenu, après une longue hésitation et un grand sanglot :

— Je préfère être compromis tout seul.

M. LE PRÉSIDENT. — Vous avez été plus explicite dans l'instruction... Vous avez déclaré dans l'instruction que M. Patron-
Danthesse vous a répondu : « Mon petit, on paye les autres;
pourquoi ne pas accepter? »

R. (avec hésitation). — Oui, monsieur le président.

D. — Sur les 2,000 francs, vous avez remis 500 francs à M. Danthesse ?

R. (toujours avec la même hésitation). — Oui, monsieur le président.

Peut-on, sans la plus insigne mauvaise foi, inférer de la lecture de ce compte rendu, que lorsque de Clercq hésitait, quand il disait qu'il préférait être compromis tout seul, c'était moi qu'il voulait sauver, moi qu'il craignait de compromettre ?

Mais en fouillant dans les papiers saisis chez moi, on a trouvé une lettre que de Clercq m'avait écrite en 1892, au moment de son procès avec Hemerdinger. On n'a pas précisément falsifié cette lettre : on a fait pis, on a commis ce genre de faux, qui de tous est le plus hypocrite et le plus malhonnête, on l'a tronquée, de manière à en dénaturer entièrement le sens, et le passage lu à l'audience par M. le substitut Thomas a paru, au tribunal, une preuve décisive.

Cette lettre, lue tout entière, aurait pu contribuer à démontrer la fausseté des déclarations de de Clercq. De Clercq, autant qu'il m'en souvient, exprimait son repentir de sa vilaine action, m'en demandait pardon, puis il faisait allusion à une demande de secours que m'avait adressée ou devait m'adresser celle qu'il appelait alors Mᵐᵉ de Clercq. M. le substitut Thomas s'est bien gardé de lire tout cela, mais il a lu le passage suivant, par lequel se termine la lettre :

Quant à mon attitude à l'audience, au sujet de ce que vous savez, mon avocat et moi, nous nous sommes mis d'accord.

Ici encore, de qui s'agissait-il ? Était-ce du vrai « patron » ou de l'autre ? C'était de l'autre, de M. Patron, dit Danthesse, et de l'accusation que de Clercq avait portée contre lui. Voici ce qui s'était passé. Celle qu'on appelait alors Mme de Clercq et que les magistrats, s'ils avaient voulu s'éclairer, auraient pu également interroger, était venue me trouver tout en larmes. Elle restait seule, sans ressources, avec une petite fille (1). Je ne lui cachai pas ce que je pensais de la conduite de de Clercq. J'avais d'autant plus raison, lui dis-je, de m'en indigner que j'avais toujours eu pour lui d'excellents procédés. Il avait encore aggravé ses torts en cherchant à compromettre ses camarades, en accusant le secrétaire de la rédaction du *XIXe Siècle*, M. Patron-Danthesse, d'avoir joué un rôle et tenu des propos dont je le croyais, jusqu'à preuve du contraire, tout à fait incapable. J'espérais enfin qu'il aurait à l'audience vis-à-vis de ses camarades et de son ami, Patron-Danthesse, une meilleure attitude.

C'est à la dernière partie de cette conversation que se rapporte le passage de la lettre de de Clercq lue par M. le substitut Thomas ; tout cela, la police le savait, M. le substitut Thomas ne pouvait pas l'ignorer, car cela ressortait clairement des pièces du procès Hemerdinger et du contenu même de la lettre de de Clercq ; mais, aux yeux des magistrats de l'école de M. le substitut Thomas, toutes les falsifications, tous les mensonges, toutes les supercheries sont permises pour obtenir la flétrissure et la condamnation d'un accusé, surtout si cet accusé n'a commis aucun des crimes qui lui sont reprochés.

Dans ce même passage de sa lettre, de Clercq dit qu'il s'est mis d'accord avec son avocat, au sujet de son attitude à l'audience. Cet avocat était Me G.-A. Hubbard, député de Seine-et-Oise. On aurait pu également l'interroger et je suis convaincu que, dans cette circonstance, il ne se serait pas retranché, selon la formule consacrée, derrière le

_____

(1) Il paraît que, depuis, cette personne s'est séparée de de Clercq en lui laissant sa petite fille ; mais à cette époque, elle lui paraissait très dévouée.

secret professionnel. Je connais sa loyauté et je m'en rapporte à lui. A son tour, il dira en quoi consistait l'accord auquel de Clercq fait allusion dans sa lettre et sur quoi il portait.

Il paraît qu'il avait été commis dans cette affaire des faux poinçons, d'autres actes de chantage que celui reproché à de Clercq, et M° Hubbard, dans la plaidoirie qu'il prononça le 7 juillet 1892 en faveur de de Clercq, ne se gêna pas pour demander au substitut du procureur de la république : « Pourquoi n'avez-vous pas poursuivi les grands ténors? »

« Ils sont là, ajoutait-il, dans les coins de l'instruction, les noms des forts ténors, des grands premiers rôles, de ceux-là qui touchaient, non pas 500 francs, non pas 1,000 francs — *une misère bonne pour des doublures* — mais 10,000 francs, 20,000 francs, le prix des forts ténors, des vrais maîtres-chanteurs (¹). »

Dans ces coins de l'instruction, où étaient cachés les noms de ceux qui, à en croire l'affirmation portée par M. Millerand à la tribune de la Chambre, le 29 novembre 1894, « peuvent en toute sécurité faire chanter les particuliers, parce qu'ils ont préalablement fait chanter le gouvernement et qu'ils figurent sur la liste des fonds secrets », on aurait vainement cherché mon nom, ainsi que le nom du *XIX° Siècle*.

Mais M. le substitut Thomas se moque bien de ce qu'il peut y avoir dans le dossier de l'affaire Hemerdinger, de ce que M° Hubbard a pu dire dans sa plaidoirie et de ce que M. Millerand a pu dire à la Chambre! Son système est bien simple : toutes les fois que l'agent secret de la préfecture de police, le mouton de Clercq, dit quelque chose qui

----

(¹) Ces paroles de M° Hubbard ont été redites à la Chambre par M. Millerand, dans son discours du 29 novembre 1894.

vient à l'appui de l'accusation, c'est la vérité ; toutes les fois
qu'il dit quelque chose qui peut être interprété en faveur
de l'accusé, c'est un mensonge. Quand de Clercq dit qu'il
est allé, de ma part, chez M. Hemerdinger, ce qui est faux,
M. le substitut Thomas s'écrie : « Cela, c'est la vérité ! » Ses
dénonciations les plus absurbes sont à l'avance tenues pour
des vérités démontrées, devant lesquelles il n'y a qu'à
s'incliner, et c'est ce que s'empressent de faire le ministère
public, le tribunal et la cour ; mais quand de Clercq dit qu'il
n'était pas au *XIX° Siècle* en 1893, — ce qui est la vérité, —
« c'est un mensonge ! » dit M. le substitut Thomas. De
même quand de Clercq affirme qu'il ne s'est jamais présenté
à M. Bloch de la part de M. Girard ou de la mienne, — ce qui
est encore la vérité, — M. le substitut Thomas, changeant
prestement son fusil d'épaule, s'empresse de proclamer qu'il
« reste fidèle à ses habitudes de mensonge, et qu'il ne peut
ouvrir la bouche sans mentir [1] ».

Après avoir lu le réquisitoire de M. le substitut Thomas,
je pensais que ce magistrat était unique dans son genre.
Je m'étais trompé. J'ai trouvé la même inconscience chez
le magistrat, qui devant la cour a soutenu la prévention à
la suite de l'appel, formé par M. Girard, du jugement de
la 11° chambre dans l'affaire des cercles. M. l'avocat
général Cadot de Villemonble, au moment de lire une vague
et calomnieuse dénonciation de de Clercq, éprouve le
besoin de dire qu'il va « placer sous les yeux de la cour,
comme preuve décisive, une déclaration d'*une bouche qui
n'a jamais menti, celle d'Albert de Clercq* » [2].

Messieurs du parquet ne devraient-ils pas au moins

---

[1] « Sténographie du réquisitoire de M. le substitut Thomas », *Revue
des procès célèbres*, p. 217.

[2] Sténographie du réquisitoire prononcé par l'avocat général Cadot
de Villemonble devant la cour (chambre des appels correctionnels,
affaire des cercles).

sauver les apparences et éviter de se donner publiquement à eux-mêmes et entre eux de semblables démentis?

Une anecdote complétera ce tableau. Le procès de la Transatlantique — il en sera question plus loin — d'abord fixé au 26 juin 1895, avait dû être renvoyé au 12 octobre, à cause du mauvais état de santé de M. Girard.

De Clercq, cité par le ministère public comme un des principaux témoins à charge, avait été, le 26 juin, amené au palais de la prison de Mazas, où il était encore à cette époque. Mis en liberté, le 23 août 1895 et conduit le jour même à la frontière belge, en vertu d'un arrêté d'expulsion, il avait écrit à M. Couturier, président de la 8e chambre, devant laquelle se plaidait le procès de la Transatlantique, pour demander un sauf-conduit. On le lui avait refusé. « Vous ne tenez pas, dit à ce propos le président de la 8e chambre correctionnelle, M. Couturier, à l'avocat de M. Girard, Me Desplas, qui était allé lui rendre visite quelques jours avant l'audience, vous ne tenez pas à la présence de cette petite crapule... On ne l'a que trop vue déjà au palais (¹).

C'est cette « petite crapule » qui a été pendant six mois le guide, le mentor, l'oracle de M. le juge d'instruction Dopffer et de M. le substitut Thomas, et ses faux témoignages sont invoqués comme preuves, aussi bien dans le jugement de première instance que dans l'arrêt de la cour.

Je ferai à ce propos la même remarque que pour la souscription de Vienne. Si je n'avais pas fait défaut, comment aurais-je pu me défendre contre cette accusation d'avoir touché 1,000 francs sur le chantage Hemerdinger? J'aurais protesté sans doute, j'aurais nié, mais je n'aurais eu sous la main aucune pièce pour appuyer ma dénégation,

---

(¹) Me Desplas ne m'en voudra pas de noter ici ce propos qu'il a rapporté le jour même à M. Gi u l. qui l'a répété, le trouvant tout à l'honneur de M. Couturier

et M. le substitut se serait levé pour dire qu'il n'y avait pas
à hésiter entre ma parole, qui est celle d'un honnête homme,
et la parole de la « petite crapule » dont « la bouche a
l'habitude du mensonge » ou n'a jamais menti *ad libitum*.

XIII

Affaire Bloch : 5° Le secret de l'affaire Wilson.

Mais, me dit-on, comment avez-vous pu reprendre de Clercq au *XIX° Siècle ?*

Je répondrai, en racontant les faits. Tout en servant à ma justification et en achevant de démontrer que les

raisons alléguées par le ministère public et par de Clercq
lui-même sont autant de mensonges. L'histoire comportera
plus d'un enseignement.

Je commencerai par dire comment de Clercq est entré
une première fois au *XIX⁰ Siècle.*

Le *XIX⁰ Siècle* s'imprimait 142, rue Montmartre, chez
le même imprimeur (la Grande Imprimerie) que l'*Intransigeant,* le *Radical,* la *Petite République,* la *France,* etc.
De Clercq était secrétaire de la rédaction de la *Petite
République,* qui n'était pas sous la direction actuelle. De
temps à autre, il apportait au *XIX⁰ Siècle* des articles de
reportage, qui lui étaient payés à la ligne. Vers la fin
de 1891, il me fit demander d'entrer au **XIXᵉ Siècle.** Les
directeurs des nombreux journaux où il avait collaboré
disaient du bien de lui. Ses articles, généralement intéressants, assez bien troussés, étaient par eux-mêmes une
excellente recommandation. Je le pris comme reporter.
Pendant plusieurs mois il se montra très assidu, très actif,
ne boudant jamais à la besogne, toujours prêt à se mettre
en route pour chercher un renseignement.

Vers le printemps de 1892, il se relâcha tout à coup,
cessa de venir régulièrement au journal, puis un jour il
disparut, et comme je m'inquiétais de savoir ce qu'il avait
pu devenir, j'appris par les journaux qu'il avait été
arrêté en province sous l'inculpation de s'être livré à un
acte de chantage au préjudice de M. Hemerdinger.

De Clercq a donc encore menti, il faut bien que je le
fasse remarquer, quand, à l'audience du 13 février 1895,
il a prétendu que je lui aurais promis, « le jour de son
arrestation, de le reprendre au *XIXᵉ Siècle,* s'il ne disait
rien (¹)... »

Comment l'aurais-je pu ? Je ne me doutais pas qu'il dût

(¹) Compte rendu du *Temps,* du *Figaro,* du 14 février.

être arrêté et je n'ai appris son arrestation que le surlendemain.

Interrogé le 25 février 1895 par M. Dopffer, de Clercq avait répondu :

« J'étais simplement employé au *XIXe Siècle* depuis le mois de mars 1890 jusqu'au 12 juin 1892, date à laquelle j'ai été arrêté dans l'affaire Hemerdinger. J'ai été condamné le 5 août 1892 à une année de prison. Je ne suis rentré au *XIXe Siècle* que vers le mois d'avril 1894 (c'est-à-dire quinze mois après sa sortie de prison, qui avait eu lieu le 30 décembre 1892). Pendant l'espace de temps qui s'est écoulé entre le 30 décembre 1892 et le mois d'avril 1894, je n'ai pas eu de relations suivies avec Portalis et Girard (¹)... »

Mais cette déclaration de de Clercq ne cadrant pas avec le plan de l'accusation, M. le substitut Thomas dit : « C'est un mensonge. » L'acte d'accusation affirme que :

Sorti de prison le 3 janvier 1893, *en vertu de la loi sur la délibération conditionnelle, l'inculpé fut aussitôt rappelé par ses anciens patrons.*

Le tribunal non plus ne balance pas :

Attendu, dit-il, que le 5 août 1892, il (de Clercq) a déjà été condamné pour chantage vis-à-vis du sieur Hemerdinger, et qu'*étant rentré à l'expiration de sa peine au journal,* dont il s'était fait l'agent...

Le fait est matériellement faux. Les livres du *XIXe Siècle* le constatent, tous les rédacteurs du *XIXe Siècle* pourraient en témoigner. Qu'importe ! Le tribunal décide le contraire. Il y a chose jugée.

Un autre témoignage, pour lequel il semble que le tribunal aurait dû avoir plus de considération, est celui d'un haut fonctionnaire de la préfecture de police.

(¹) Cote 144, interrogatoire de Clercq.

M. Auger, alors chef de la brigade des jeux, qui déclarait, dans une interview, publiée par le *Journal*, le 27 novembre 1895, et reproduite par tous les journaux :

> Je n'ai pas à démentir que de Clercq ait appartenu à ma brigade; le fait a été prouvé et répété cent fois ces jours derniers...
>
> De Clercq voulait regagner au *XIXᵉ Siècle* la position qu'il y avait perdue à la suite de sa condamnation. Un jour, c'était le 5 décembre 1893, il me raconta sa situation, me confia ses espoirs et me dit que s'il pouvait donner au directeur de ce journal la nomenclature des pièces contenues au dossier de M. Poidatz, secrétaire général du *Petit Journal,* ce directeur certainement lui rendrait sa confiance. J'hésitais, j'attendis plusieurs jours...
>
> Le dossier ne contenait rien qui pût porter l'ombre d'un préjudice à M. Poidatz. Persuadé de ne pas commettre une mauvaise action, pensant de plus qu'en agissant ainsi j'amènerais le directeur du *XIXᵉ Siècle* à cesser sa campagne contre la préfecture de police, je remis le dossier (·)...

Quoi qu'en disent l'acte d'accusation, le réquisitoire et le jugement, je n'ai donc pas repris de Clercq au *XIXᵉ Siècle,* à sa sortie de prison, lorsque le 31 décembre 1892, il obtint sa libération conditionnelle dont je ne me suis pas

---

(1) M. le substitut Thomas, dans son réquisitoire, a parlé de notes journalières, écrites par de Clercq, où se trouverait cette mention :« Depuis le 1ᵉʳ octobre (1893), situation : « Je gagne 200 francs par mois au *XIXᵉ Siècle.* » Si l'on veut admettre la version de la « bouche qui n'a jamais menti », de préférence à celle où de Clercq nous est représenté comme « fidèle à ses habitudes de mensonge », cette mention prouve que de Clercq ne serait rentré au *XIXᵉ Siècle* que *depuis octobre 1893.* Je crois, en effet, me souvenir qu'il m'avait demandé de lui donner 200 francs s'il m'amenait M. Auger et s'il me faisait remettre les dossiers et que ces 200 francs je les lui avais donnés; ce qui est certain, c'est que je ne l'ai revu qu'à cette époque et qu'il n'est rentré comme reporter auxiliaire au *XIXᵉ Siècle* que vers avril 1894 au plus tôt.

occupé et pour laquelle il ne m'a rien demandé ([1]).
Je n'entendis parler de lui que neuf mois après, en
octobre 1893.

Vers cette époque, M. Patron-Danthesse, secrétaire de la
rédaction du *XIXe Siècle*, me demanda plusieurs fois de
recevoir de Clercq, m'assurant qu'il avait à me dire des
choses intéressantes et qui pourraient être très utiles au
journal. Je refusai. Il revint à la charge. Un jour enfin, il
me dit : « Je crois que vous devriez recevoir de Clercq : il
a des renseignements très curieux à vous donner sur la
police. »

J'avais une très grande répugnance à voir de Clercq
après la vilaine action que ni la crainte de compromettre
le journal, ni le souvenir de mes bons procédés ne
l'avaient empêché de commettre. Mais en me disant qu'il
avait de curieux renseignements à me donner sur la police,
M. Danthesse avait trouvé un très bon argument. Je savais
par expérience avec quelle avidité le public recherche
des moindres révélations sur la police dont il soupçonne
vaguement le rôle de plus en plus monstrueux et l'intervention de plus en plus fréquente dans les affaires publiques
et privées. J'avais, autrefois, le premier, publié dans le
Corsaire les mémoires de Canler, et ils avaient eu un très
grand succès. M. Danthesse insistant de nouveau, je finis
par consentir et par lui dire : « Eh bien, amenez-le! »

Grâce à la décomposition du corps politique et social, la
police a pris dans nos institutions, depuis quelques années
surtout, une place absolument démesurée. Elle tient entre
ses mains la tranquillité, la fortune, la liberté, l'honneur

([1]) Sa demande de libération conditionnelle a été apostillée sans que
j'en aie été informé par mes collaborateurs, Millerand, Terrier, de
Lanessan. M. Terrier est mort, mais les autres pourraient dire que
je ne leur ai pas demandé de cette apostille et qu'ils ne m'en ont pas
pa·lé.

des individus et l'existence des gouvernements. Elle est le pouvoir le plus stable et le plus fort de la République. Avec cela irresponsable, plus irresponsable que la justice, car elle travaille dans l'ombre : on ne voit pas ce qu'elle fait. Son action s'étend à tout, sans limite et sans contrôle. Elle organise des complots, elle transforme en malfaiteurs de droit commun les écrivains qui l'inquiètent, qui lui déplaisent ou qui déplaisent au ministère. Elle bâtit des procès, comme le procès des cercles ou comme celui des Trente dont Jean Grave, Sébastien Faure et les autres écrivains que M. le policier Puibaraud avait, pour les besoins de la cause, métamorphosés en cambrioleurs, ne se sont tirés que parce qu'ils avaient affaire au jury.

Quelqu'un ayant un jour fait observer à un magistrat très haut placé que Grippeminaud pourrait dire encore aujourd'hui, ni plus ni moins que du temps de Rabelais : «Nos lois sont comme des toiles d'araignées, les gros taons malfaisants les rompent et passent à travers ; semblablement nous ne cherchons les gros larrons et tyrans, ils sont de trop dure digestion et nous affoleraient ([1]) », ce magistrat répondit ce mot qui fait frémir : «Que voulez-vous ? nous jugeons ce qu'on nous met sous la dent ». Et qui jette la chair à prison sous la dent cruelle du magistrat de police correctionnelle? La police. Même lorsqu'elle ne sort pas de ses attributions régulières, n'est-ce pas d'elle qu'il dépend de trouver des coupables ou de n'en pas trouver, de découvrir des preuves ou de n'en pas découvrir? Une arrestation est exigée par la chambre, ordonnée par la magistrature. Elle n'aura lieu que s'il plaît à la police. Un juge décide une perquisition. Si la police désire qu'on ne trouve pas certains papiers, elle fera la perquisition avec un grand fracas, elle se transportera au domicile

---

([1]) *Pantagruel*, liv. X, ch. XI.

désigné avec cinq ou six agents entassés dans deux
fiacres, saisira solennellement sur une table de salon les
cartes de visite qui remplissent la vasque japonaise et
s'en retournera sans avoir ouvert un meuble. Par ses communications aux journaux du matin, aux journaux du soir,
aux agences télégraphiques qui incessamment viennent
se renseigner dans ses bureaux, elle grossit ou rapetisse
une affaire, blanchit ou noircit un accusé à son gré. Avec
le développement excessif de la partie information dans
le journal moderne, la presse, malheureusement, ne peut
plus se passer du concours de la police. Un des chefs du
parti socialiste-révolutionnaire, homme d'une grande
valeur, M. Édouard Vaillant, député de la Seine, écrivait
dans la *Petite République* du 31 août 1895 : « Ce n'est
pas une des moindres causes de la démoralisation de la
presse qui, en fin de compte, n'est pas moins aux mains de
la police que du capitalisme. »

Cela est vrai de tous les journaux, aussi bien de ceux
dans lesquels écrit M. Édouard Vaillant que des autres.

Pour les neuf dixièmes des affaires qui peuvent inté-
resser le public et dont un journal est dans l'absolue
nécessité de parler en même temps que ses confrères sous
peine de perdre des lecteurs, la presse n'a et ne peut
avoir d'autres renseignements que ceux de la police qui
donne ces renseignements généralement le plus tard qu'elle
peut, souvent à onze heures du soir ou même minuit,
quand il s'agit de feuilles du matin, c'est-à-dire à une heure
trop tardive pour que les reporters consciencieux puissent
les contrôler. Les directeurs et rédacteurs en chef n'appren-
nent eux-mêmes le plus souvent les nouvelles de ce genre
qu'en ouvrant leur journal le lendemain matin.

Les communications que la police fait à la presse, et
dont elle gradue le nombre et l'intérêt selon ses préférences, ont très souvent un but caché. Les journaux qui les

insèrent peuvent ainsi devenir les instruments d'infamies qu'ils ne soupçonnent pas. Le gouvernement peut aussi très bien ignorer le but que poursuit la police. Il est même arrivé que des gouvernements ont été renversés par la police, par un agent ou par un fonctionnaire de la police...

La plus grosse information dont le *XIXe Siècle* ait jamais eu la primeur, lui a été fournie par un fonctionnaire de la préfecture de police. L'incident est curieux. Il offre au point de vue historique un réel intérêt, et il montre que si, sous le régime de dissimulation, de mensonge et d'hypocrisie qui a nom la République parlementaire, « la politique, c'est, comme l'a dit Fievée dans ses intéressants mémoires, ce qu'on ne dit pas », c'est souvent aussi ce que les politiciens eux-mêmes et les chefs du gouvernement ne voient pas. Tandis que, croyant tenir entre leurs mains les destinées d'un monde, ils s'évertuent à chercher de savantes combinaisons et font péniblement de grands gestes bruyants, un obscur vibrion perdu dans un des rouages inférieurs de l'immense machine, s'agite silencieusement, et voilà soudain la machine qui saute, le gouvernement qui vole en éclats, sans que personne ait jamais su pourquoi. L'homme d'État raisonne, et c'est le vibrion qui le mène.

Je puis maintenant raconter cet incident, parce que mon récit ne peut plus nuire à qui que ce soit, la seule personne à laquelle elle aurait pu faire du tort comme fonctionnaire ayant définitivement quitté la police pour entrer dans la presse.

On se rappelle le triple assassinat de l'avenue Montaigne, l'arrestation de Pranzini, sa condamnation, son exécution...

Quelque temps après cette exécution, vers le milieu de

septembre 1887, le bruit se répandit que le sous-chef de la sûreté, M. Goron, avait fait tanner un morceau de la peau du célèbre assassin et s'en était fait faire un porte-cartes. Les journaux crièrent au « scandale ». Ils réclamèrent, *au nom de la conscience publique outragée*, la révocation du coupable et de ceux qu'on désignait comme ses complices, le chef de la sûreté Taylor et l'agent Rossignol.

M. Goron sentit la nécessité de se défendre. Il avait au *XIXe Siècle* un **ami** dévoué, M. Émile Gautier ([1]), qui, deux fois par semaine, nous donnait des articles scientifiques, signés du pseudonyme Raoul Lucet, et intitulés *Tablettes du progrès*. Il me fit demander l'insertion d'un article dans lequel il avouait le fait du porte-cartes en peau d'assassin ; il plaidait les circonstances atténuantes.

Est-il donc un seul fonctionnaire, disait l'auteur de l'article, de l'ordre judiciaire ou policier, un seul magistrat, un seul médecin légiste, un seul avocat d'assises qui ne mette une sorte de coquetterie à collectionner des « reliques » de criminels célèbres, par curiosité, pour le plaisir, sans que personne y trouve à redire ? Quel est l'amateur assez abandonné des Parques et des garçons d'amphithéâtre pour ne pas avoir chez lui au moins un crâne historique ?

S'attacherait-il donc à la peau d'un cadavre une horreur distincte et spéciale ?

Il serait absurde de frapper d'honnêtes gens, de sympathiques fonctionnaires, d'excellents serviteurs de la société pour une peccadille — mettons pour une faute, là, si vous voulez ! — que n'importe qui, à commencer par ceux qui crient le plus haut, commettrait sans scrupule ni remords à la prochaine occasion.

Pranzini a déjà fait trop de victimes de son vivant. Ne permettons pas qu'il en fasse encore après sa mort ([2]).

---

[1] M. Émile Gautier, rédacteur scientifique dans plusieurs journaux, avait été impliqué en 1882 dans le procès des anarchistes de Lyon et condamné à cinq ans de prison.

[2] *XIXe Siècle* du 23 septembre 1887.

L'article était intitulé : *la Peau du monstre.*

Le 27 septembre, le *XIXe Siècle* publiait encore, à la demande de M. Goron, un article intitulé : *Deux accusés,* qui donnait la biographie de l'agent Rossignol et du sous-chef de la sûreté. Il se terminait par ces lignes : « Il (M. Goron) a gagné tous ses grades en cinq ans à la force du poignet. On dit qu'à la sûreté il n'avait pas — jusqu'à Pranzini, dont l'arrestation lui est due, mais dont la peau menace de lui porter malheur — fait trop mauvaise figure, de l'avis même des juges les plus sévères. »

Mais le tapage autour du porte-cartes en peau d'assassin allait toujours grandissant. La révocation du sous-chef de la sûreté semblait imminente. C'est alors que M. Goron résolut de trouver, coûte que coûte, une affaire bruyante qui détournât l'attention de la peau tannée de Pranzini.

Précisément le 29 septembre arrivait à la préfecture de police une lettre de dénonciation d'un nommé Bouillon, qui accusait une dame Limousin d'espionner pour le compte de l'Allemagne et de tripoter avec des officiers prussiens, en relation avec des généraux français (¹).

Sans que le parquet ait délivré aucun mandat, sans que le ministre de l'intérieur, ni le ministre de la justice, ni le président du conseil aient été informés de rien, le sous-préfet de la sûreté, M. Goron, fit aussitôt chez Mme Limousin, 23, avenue de Wagram, une descente qui ne produisait que des résultats insignifiants, la saisie de quelques lettres banales, de quelques cartes de visites, parmi lesquelles des cartes de M. Wilson, de M. de Mackau, du général Boulanger, du général Thibaudin.

Si on en était resté là, le coup était manqué; mais M. Goron est homme de ressource. Il dépêche à Mme Limousin un

---

(¹) Déposition de M. Goron, sous-chef de la sûreté, devant la commission d'enquête parlementaire, le 14 novembre 1887. Voir aussi la déposition de M. Gragnon, préfet de police, le 19 novembre.

agent, nommé Lardiene, qui, sous le faux nom de Langlois, se présente comme un brave négociant en soieries de Roannes, désireux de se faire décorer et disposé pour avoir la croix à faire un sacrifice d'argent. Mme Limousin, sans défiance, propose au faux Langlois de le présenter à un général de ses amis, et le lendemain elle le fait rencontrer avec le général Caffarel, sous-chef d'état-major au ministère de la guerre ([1]).

M. Goron fait immédiatement part à M. Gragnon, préfet de police, de ce qui vient de se passer. Il dit le piège qu'il a tendu, la facilité avec laquelle le sous-chef d'état-major y est tombé. Le préfet de police se rend chez M. Maurice Rouvier, président du conseil des ministres, qui est d'avis qu' « il faut, dans cette affaire, procéder avec la plus grande discrétion ». Après avoir interrogé le général Caffarel et constaté l'exactitude des faits, relatés dans le rapport du sous-chef de la sûreté, le ministre de la guerre, général Ferron, déclare au préfet de police qu'il se contentera de prendre des mesures disciplinaires contre le général Caffarel ([2]).

Le même jour, 5 octobre, dit M. Goron dans sa déposition devant la commission d'enquête ([3]), M. Gragnon, convaincu que l'affaire s'arrangerait d'une façon administrative, crut pouvoir partir pour Turin, et me remit le dossier.

Mais la presse continuait à battre la grosse caisse sur la peau de Pranzini... Le lendemain, 6 octobre, M. Émile Gautier apportait au *XIXe Siècle* l'article qui fut la cause

---

([1]) Déposition de MM. Goron et Gragnon devant la commission d'enquête, déposition de l'agent Lardiene devant la 10e chambre, dans le procès Caffarel.

([2]) Voir les dépositions devant la commission d'enquête de M. Goron, sous-chef de la sûreté, Gragnon, préfet de police, Rouvier, président du conseil, Joseph Reinach, directeur de la *République f. dans* (sc.

([3]) 14 novembre 1887

de tant d'événements... Je le reproduis avec sa disposition typographique. La partie entre guillemets est de M. Goron, les titres, les sous-titres, les quelques lignes du commencement et de la fin sont d'Émile Gautier, dont le style d'ailleurs est bien facilement reconnaissable :

LE TRAFIC DES DÉCORATIONS AU MINISTÈRE DE LA GUERRE.

Un nouveau scandale. — Un général qui vend du ruban. — Les rabatteurs. — De la lumière!

Un correspondant dont la clairvoyance et la bonne foi sont au-dessus du soupçon, nous adresse une lettre étrange et navrante, dont nous détachons le passage suivant :

Ce qui se passe rue Saint-Dominique.

« Si j'en crois certaines indiscrétions qu'une minutieuse enquête me permet malheureusement de croire exactes, il se passerait au ministère de la guerre des choses auprès desquelles l'affaire Aubanel (1) ne serait qu'une peccadille et un enfantillage.

La Légion d'honneur à l'encan.

« Voici ce dont il s'agit :

« Un des plus gros bonnets du ministère de la guerre, un officier général porteur d'un nom historique, tiendrait boutique de décorations de la Légion d'honneur, dans les bureaux mêmes de la rue Saint-Dominique. Il y aurait une cote des rubans rouges, comme pour les valeurs de bourse, les laines en suint ou les pétroles de Chicago, variant, suivant les saisons, les demandes et surtout les ressources des récipiendaires, de 25,000 à 50,000 francs.

Toute une bande.

« Ce général — dont on m'a dit le nom — n'agirait pas seul. Il aurait de nombreux complices, des rabatteurs chargés de leur amener des clients... On cite notamment un baron

---

(1) Aubanel avait communiqué au *Figaro*, qui les avait publiés, les plans de mobilisation du 17ᵉ corps d'armée.

prussien et une dame qui habite non loin de l'Arc de Triomphe. Il y aurait, au surplus, un certain nombre de gens compromis dans ces tripotages : officiers, sénateurs, aventuriers cosmopolites, etc.

« On frémit quand on songe que les plans de mobilisation sont dans de pareilles mains. Qui trafique des décorations peut aussi bien trafiquer des secrets de la défense nationale... Peut-être, hélas! le forfait suprême est-il déjà accompli. »

Il faut que justice soit faite.

Nous le répétons, le sang-froid et la véracité du signataire de cette lettre offrent toutes sortes de garanties... Mais n'est-il pas étonnant que pour une affaire aussi grave, qui intéresse l'honneur de l'armée et la sécurité nationale, le ministère de la guerre et la préfecture de police se laissent ainsi devancer?

Voudrait-on faire encore le silence et l'oubli sur ce nouveau scandale?

Mais l'opinion publique est désormais saisie, elle exigera que la lumière soit faite — jusqu'au bout — pleine et entière.

Parce qu'il y aurait un sénateur dans l'affaire, ce n'est pas une raison pour la laisser tomber *dans de l'eau* (1).

L'article parut dans le numéro du *XIXe Siècle* du 7 novembre, daté du 8. Dans l'après-midi, le général Caffarel était révoqué de ses fonctions de sous-chef d'état-major du ministère de la guerre. Le soir, il était arrêté.

A quoi tiennent les destinées des républiques! Jamais auteur de féerie a-t-il prêté à aucun talisman un pouvoir égal à celui de ce porte-cartes en peau de Pranzini? M. Goron avait dit, pour se défendre, que « Pranzini avait fait assez de victimes de son vivant ». « Ne permettons pas, ajoutait-il, qu'il en fasse après sa mort (2)! » Et pour être sûr de ne pas être une de ces victimes posthumes, il

(1) Allusion au sénateur général d'Andlau, compromis dans l'affaire Caffarel, condamné à cinq ans de prison et mort depuis à Buenos-Ayres.
(2) *XIXe Siècle* du 23 septembre 1887.

divulgue, malgré le gouvernement, malgré ses chefs, l'affaire Caffarel, qu'il avait lui-même machinée, et cette divulgation a pour conséquence la révocation du préfet de police, M. Gragnon, la nomination à ce poste de M. Léon Bourgeois, la chute du ministère Rouvier, la démission de M. Jules Grévy, l'élection de M. Carnot, dont personne, sans l'affaire Wilson, n'aurait jamais songé à faire un président de la République, enfin, toute une série d'événements extraordinaires dont la série est loin d'être achevée...

Pour M. Henri Rochefort, l'affaire Caffarel était un coup monté par le ministère Rouvier, afin d'atteindre le général Boulanger [1]. Pour M. Wilson, c'était un coup monté contre la République [2]. M. Édouard Drumont, dans la *Fin d'un monde* [3], affirme très sérieusement que c'était un coup monté par Ferry et Bismarck. Personne ne se douta et personne ne pouvait se douter que c'était un coup monté par un haut fonctionnaire de la préfecture de police pour étouffer, sous une clameur plus grande, la clameur qu'avait excitée sa fantaisie de se faire confectionner un porte-cartes en peau d'assassin [4].

---

[1] Ce qui a fait dire cela à M. Rochefort, c'est sans doute que le général Caffarel avait été nommé sous-chef d'état-major général au ministère de la guerre, par le général Boulanger, quand ce dernier était ministre de la guerre.

[2] *Petite France*, d'octobre et novembre 1887.

[3] P. 452.

[4] Je fus entendu, le 14 novembre 1887, par la commission d'enquête parlementaire. Voici le passage du compte rendu concernant ma déposition :

En réponse à une question de M. DESMONS, PRÉSIDENT DE LA COMMISSION, M. PORTALIS déclare qu'il ne peut pas indiquer la source des renseignements publiés par le *XIXᵉ Siècle* sur l'affaire Caffarel, parce que si les directeurs de journaux ne savaient pas garder le secret à ceux qui leur apportent des informations on ne leur en apporterait bientôt plus.

MM. DE LA FERRIÈRE et COLFAVRU demandent si M. Portalis ne pourrait pas citer le nom du correspondant qui a donné, au *XIXᵉ Siècle*, les premiers renseignements sur l'affaire Caffarel.

M. PORTALIS répond que ce correspondant est libre de se nommer, s'il le juge à propos, mais que, quant à lui, il ne le découvrira pas.

Ainsi, même dans l'affaire Wilson, il n'y avait, au moins de la part de celui qui l'avait créée et machinée, aucune préoccupation de moralité et de justice. Elle était pour lui une diversion, comme l'ont été depuis, pour les divers ministères qui les ont ordonnés, tous les procès à tapage

Faisant allusion à l'élection Barodet qui, en 1873, avait amené la chute de M. Thiers, et à l'affaire Caffarel qui, en 1887, amena la chute de M. Jules Grévy, M. Hector Pessard a dit, dans ses *Petits papiers* : « Il n'y a pas en France un homme qui possède au même degré que M. Portalis l'art de détruire un gouvernement (1). » Ainsi se font les réputations ! La vérité est que la candidature de M. Barodet, maire révoqué de Lyon, était une protestation tout indiquée contre la suppression de la mairie centrale de la seconde ville de France, contre la politique réactionnaire qui venait d'être affirmée dans plusieurs harangues par M. Dufaure, enfin, contre la présence dans le ministère de MM. de Goulard et de Fourtou. Elle répondait si bien au sentiment des républicains, que M. Gambetta, qui avait commencé par soutenir M. de Rémusat, ne tarda pas à faire volte-face et à prêter à la candidature de M. Barodet le concours de sa chaude éloquence. Au moment de l'élection de M. Barodet, le gouvernement était, en réalité, aux mains de la droite. Elle était toute-puissante. La chute de M. Thiers a été la fin d'une équivoque qui ne pouvait durer. Elle a rendu sa liberté d'action au parti républicain qui, se trouvant en face d'un gouvernement franchement réactionnaire et clérical, était assuré d'une prochaine et éclatante victoire.

Pour l'article sur l'affaire Caffarel, j'ai fait, en le publiant, ce que tout directeur de journal indépendant

---

(1) *Mes petits papiers*, par HECTOR PESSARD, deuxième série; p. 313.

eût fait à ma place. Aucun n'eût assurément refusé d'insérer une information aussi intéressante et aussi sensationnelle. J'ajoute que j'étais loin de prévoir ses extraordinaires conséquences. Je croyais seulement qu'elle allait créer au ministère un assez gros embarras, que peut-être elle amènerait sa chute, mais cette considération n'était pas pour me faire reculer. Renouvelant l'équivoque contre laquelle avait été faite l'élection Barodet, M. Rouvier venait d'arborer le drapeau de la concentration à droite, reprise depuis par M. Dupuy. En combattant le ministère Rouvier, je restais donc fidèle à la politique que j'ai invariablement suivie depuis trente ans. Si, d'ailleurs, j'avais refusé de publier cette information, elle aurait aussitôt paru dans un autre journal. On m'en avait prévenu...

M. Goron, qui ne prévoyait sans doute pas tant de ricochets, avait pour son compte personnel calculé juste. La bombe policière de l'affaire Caffarel, qui devait causer bien d'autres dégâts que n'en causa jamais aucun engin anarchiste, fit enfin oublier la peau retentissante de l'assassin de Marie Regnault de Montilhe. M. Jules Grévy perdit sa place de président de la République ; M. Goron, au lieu de perdre la sienne, reçut de l'avancement. Le 14 novembre suivant, M. Gragnon le nommait chef de la sûreté en remplacement de M. Taylor. La presse de toutes nuances applaudissait à cette nomination qui fut bientôt confirmée par le nouveau préfet de police, M. Léon Bourgeois (1).

Par cet exemple — j'en pourrais citer bien d'autres — on voit ce que peut la police, pas même toute la police, mais un simple agent discrédité, sur le point d'être révoqué, agissant seul, dans son petit intérêt personnel,

___

(1) A l'instant où je venais d'écrire ces lignes, le hasard me fait tomber sous la main un numéro du journal le *Matin* du 9 décembre 1895. Deux articles seulement de ce numéro sont signés, l'un Émile Gautier, l'autre Goron. Ils sont toujours collaborateurs.

malgré le préfet de police, malgré le gouvernement, au mépris de la volonté des ministres formellement exprimée (1).

Quand il fut en ma présence, de Clercq me demanda la permission d'apporter de temps à autre des articles au

---

(1) Le *Figaro*, du 8 décembre 1895, a raconté une histoire que personne n'a trouvée invraisemblable tellement on est habitué à voir la police agir de sa propre initiative, dans son propre intérêt, sans consulter personne :

Ce n'est pas M. Bourgeois, ministre de l'intérieur et président du conseil, parait-il, qui a fait arrêter Arton; ce n'est pas davantage M. Ricard, ministre de la justice; et le gouvernement, qui a recueilli toute la gloire et tout le profit d'une action si belle et si mâle, n'en serait en rien l'auteur...

L'auteur, l'unique auteur de l'arrestation d'Arton, serait M. Lépine, préfet de police, préfet très parisien, très adroit et extraordinairement habile.

M. Lépine aurait même été, dans la circonstance, encore plus habile que jamais.

Or donc, certain jeudi soir, 14 novembre, le préfet de police acquit la certitude que son nom devait figurer dans le mouvement administratif, décidé en principe par le nouveau ministre de l'intérieur, M. Bourgeois; il voulut au moins que son dernier acte ne fût pas indigne du règne de la vertu dont on annonçait l'aurore, et qu'il facilitât au contraire l'accomplissement des besognes de salubrité dont il était tant question. Avec toute la discrétion et la prudence que lui imposaient ses délicates fonctions, il fit partir, le soir même, pour Londres deux agents sûrs, dont la presse a donné les noms. Ils avaient l'ordre de prendre le contact d'Arton, dont on venait précisément de lui fournir le signalement et la demeure, mais avant de procéder à une arrestation, ces agents devaient attendre les ordres suprêmes du préfet.

Dès le vendredi matin, les policiers étaient à Londres, et le vendredi soir ils étaient en mesure de faire coffrer leur homme au premier signal.

Le lendemain, précisément le samedi 16 novembre, à l'issue du conseil des ministres, M. Lépine recevait la confirmation quasi officielle de sa disgrâce. C'était l'heure de signer le testament qu'il avait rêvé : l'inspecteur principal Orion reçut, par téléphone, l'ordre d'assurer l'arrestation du prétendu Newman et la saisie de ses papiers, et c'est ainsi qu'au moment de se mettre à table, le ministre de l'intérieur avait la joyeuse surprise de s'entendre dire : « Monsieur le président, j'ai une bonne nouvelle à vous annoncer, j'ai mis la main sur Arton ! »

L'histoire ne dit pas de quel appétit M. Bourgeois a dîné ce soir-là.

Il s'empressa, bien entendu, de féliciter chaudement, et du meilleur cœur, l'habile préfet de police qui avait, avec le seul personnel et les seules ressources de son administration, réussi là où s'étaient brisés les efforts de sept ministères consécutifs, et il jugea juste et prudent de mettre au panier le décret qui frappait un fonctionnaire si adroit. L'opinion publique se serait, en effet, mal expliqué sans doute, quelque bonnes raisons qu'ait pu avoir précédemment le ministre pour déplacer M. Lépine, que ce déplacement suivît de trop près une arrestation dont les difficultés avaient causé de telles angoisses à tant de cabinets.

XIXe Siècle. Son seul désir était, disait-il, de racheter sa faute. Il était en situation d'avoir des nouvelles extrêmement intéressantes, et il voulait en faire profiter le *journal*. Je lui demandai où il prendrait ces nouvelles. Alors il m'expliqua qu'il était depuis quelque temps attaché à la préfecture de police. M. Bertillon, chef du service anthropométrique, lui avait mis le marché à la main, le menaçant d'une expulsion immédiate (¹) s'il refusait. On ne lui demandait pas d'ailleurs de remplir le rôle odieux de mouchard, — il aurait, jurait-il, repoussé de telles propositions, — mais seulement de fournir des renseignements sur les cercles ouverts. Il avait cependant, disait-il, beaucoup hérité. Finalement, se trouvant avec sa petite fille sans travail, sans ressources, sans pain, il avait accepté ! Ses appointements étaient de 300 francs par mois.

En me faisant ce récit de la manière dont il était entré à la préfecture de police, de Clercq ne paraît pas avoir menti, au moins s'il faut en croire le *Journal* du 27 novembre 1894, qui affirme avoir eu entre les mains l'original de la lettre ci-après, écrite à de Clercq par le chef du service anthropométrique :

> Mon cher de Clercq,
>
> **Avez-vous** réfléchi à ce que je vous ai dit ? Entrez donc dans la voie que je vous ai tracée... *Vous ne compromettrez en rien votre dignité...*
>
> Songez que la frontière est là.   *Signé :* BERTILLON.

De Clercq, dans l'espoir de me convaincre, répétait qu'il était à la source de toutes les informations ; il ajoutait que les innombrables dossiers de la préfecture étaient à sa disposition et qu'il y en avait sur tout le monde.

Tout ce qu'il me débitait me paraissait incroyable. Pour

(¹) De Clercq est Belge et il est de règle que les étrangers qui ont subi une condamnation sont aussitôt expulsés.

en avoir le cœur net, je finis par lui demander s'il pourrait me procurer quelques-uns de ces dossiers. A ma grande surprise, il me répondit sans hésiter : « Ceux que vous voudrez. » Le nom de MM. Marinoni et Poidatz, qui, sous le couvert d'un homme de paille, me faisaient à ce moment même un monstrueux procès en police correctionnelle (¹), me vinrent naturellement à l'esprit. Je les citai. De Clercq tira de sa poche un carnet; il inscrivit les noms que j'avais indiqués et me dit que dans deux ou trois jours, ces dossiers me seraient remis par un haut fonctionnaire de la préfecture de police.

Le 7 décembre 1893, je recevais de de Clercq la lettre suivante dont M. Clément, qui a fouillé toute la maison que j'habitais rue Alphonse de Neuville, n° 11, et qui a saisi tous mes papiers, même les plus insignifiants, jusqu'à des prospectus, a négligé de s'emparer :

7 décembre 1893.

Cher monsieur Portalis,

M. Auger sera chez vous demain matin à 9 1/2 heures avec le dossier. Pour vous prouver que je ne vous blague pas, ce dossier porte le n° 121182 et est recouvert d'un papier gris-bleu.

C'est celui de la 1ʳᵉ brigade des recherches. Il en existe un autre que M. Auger ne peut se procurer, mais il vous donnera les moyens d'arriver à le consulter...

La plus jolie fille du monde ne peut donner que ce qu'elle a, et je suis loin d'être la plus jolie fille du monde.

Je suis la plus pauvre.

Croyez-moi, etc.

DE CLERCQ.

M. Auger vint en effet très ouvertement, dans sa voiture, accompagné même, je crois, par de Clercq qui l'attendait dans la rue. Je le reçus dans une petite salle d'attente au

---

(¹) Le procès Tournal, dont j'ai parlé plus haut et que j'ai gagné le 31 décembre 1893.

rez-de-chaussée. Il me remit les dossiers sans aucune façon,
comme s'il eût fait la chose la plus naturelle du monde. Je
feuilletai le dossier de M. Marinoni, directeur du *Petit
Journal*. Je constatai qu'il n'y était question ni des
inavouables brochures que le *Petit Journal* avait fait
publier contre moi (^{1}) ni de l'affaire Nordton, dont
M. Marinoni avait été, on s'en souvient, le commandi-
taire (^{2}), et comme c'étaient là les deux points qui m'inté-
ressaient, je rendis aussitôt à M. Auger son dossier.

(**1**) Voir ci-dessus, p. 60.

(**2**) Toute l'affaire des cercles semble porter la même marque de
fabrique que l'affaire Nordton. Même inconscience brutale, même
cynisme enfantin, même mépris de la vraisemblance.

Dans la coulisse des deux affaires, on aperçoit les mêmes figures :
M. Charles Dupuy, les gens du *Petit Journal*, MM. Marinoni, Judet.

La fausse pièce, dite « liste des subventions », lue à la tribune de la
Chambre par M. Lucien Millevoye, dans la séance du 22 juin, était
ainsi conçue :

Her E. Mis Embassy, Paris secret service Fund 1893-1894.

Temps (two thousand) . . . . .fr.		2,000
Débats (two thousand)		2,000
Mr. Burdeau (two thousand).		2,000
Mr. Edward (twelve hundred)		1,200
Mr. Maret (eight hundred)		800
Mr. Laurent (six hundred)		600
	Total. . .fr.	8,600

Eight thousand six hundred pounds in currency notes in bag for
memory.

Mr. Clemenceau, in London (twenty thousand) . fr.   20,000

Mr. Rochefort, in London (three thousand six
hundred)   3,600

London, 10 June 1893.

(Signé) T.-W. Lister.

Cette affaire des faux papiers Nordton n'a jamais été complètement
tirée au clair. Tout ce que l'on en sait d'une façon positive, c'est que
M. Charles Dupuy, président du conseil, ministre de l'intérieur, ainsi
que M. Marinoni, directeur, et Judet, rédacteur politique du *Petit
Journal*, y ont été activement mêlés.

M. Édouard Ducret, dans son livre : *Comment on fait de la politique*, raconte que M. Dupuy, président du conseil et ministre de
l'intérieur, l'avait encouragé à se servir de cette fausse pièce. « J'avoue

Il me tendit alors le dossier de M. Poidatz, secrétaire
général du *Petit Journal*, qui ne contenait pas grand'chose
non plus ; je le copiai cependant sous la dictée de M. Auger,
afin d'avoir un spécimen de ces fameux dossiers de la préfecture de police, dont tant de gens parlent sans savoir ce
qu'ils sont, quelles pièces ils contiennent et comment ils
sont composés.

Pourquoi M. Auger m'avait-il apporté ces dossiers?

Je pensais, a-t-il dit dans une interview que tous les journaux
ont reproduite, aider de Clercq à rentrer au *XIXe Siècle*...
Persuadé, de plus, qu'en agissant ainsi j'amènerais le directeur

---

moi, s'écria M. Dupuy, dans un grand mouvement de franchise (1), que
je crois absolument à l'authenticité de tout cela... »

A l'appui de son récit, M. Édouard Ducret invoque le témoignage
de M. Paul Deroulède, présent à l'entretien. Tout le monde connaît
la loyauté de l'ancien président de la Ligue des Patriotes. Nul doute
qu'il n'eût démenti cette version si elle n'eût pas été scrupuleusement
exacte.

Poursuivi et arrêté, M. Ducret fut condamné à un an de prison. Par
faveur exceptionnelle, on lui fit faire sa prison à Sainte-Pélagie et,
quelques jours après sa condamnation, un émissaire de M. Dupuy
venait lui offrir, pour son journal, une subvention sur les fonds
secrets de 2,000 francs par mois, qui lui furent servis pendant quatre mois.

Quant aux gens du *Petit Journal*, ils avaient promis à Nordton
100,000 francs et lui avaient versé un premier acompte de 10,000 francs.

Le groupe radical de la Chambre s'émut des révélations de M. Ducret.
Il délégua trois de ses membres, MM. Camille Pelletan, Leydet
et Mathé, auprès de M. Dupuy, alors président de la Chambre des
députés, pour lui demander s'il était vrai, qu'étant ministre de l'intérieur, il ait donné à la *Cocarde* une subvention de 2,000 francs aussitôt
après la condamnation de son directeur.

M. Dupuy reçut ces délégués, le 25 février 1894, au Palais Bourbon
et se borna à leur répondre qu'il ne pouvait pas dévoiler le secret
des fonds secrets. Le 3 mars suivant, M. Camille Pelletan porta la
question à la tribune, en déposant un projet de résolution qui invitait
le gouvernement « à poursuivre contre qui de droit le recouvrement
de la somme de 8,000 francs prélevés sur les fonds secrets pour être
versés au journal de M. Ducret ».

En demandant l'urgence pour sa proposition, M. Pelletan rappela
comment M. Dupuy avait encouragé M. Ducret à publier les faux

du *XIXe Siècle* à cesser sa campagne contre la préfecture de police, je remis le dossier (¹)...

M. Auger ne me fit aucune condition, ne me demanda rien. Il se contenta de me recommander très chaudement de Clercq. « Un brave garçon, disait-il, très intelligent, très travailleur, très amusant ; s'il avait commis la faute du chantage Hemerdinger, c'était dans un moment d'égarement ; il avait agi à l'instigation d'une femme dont alors il était fou ; maintenant il se repentait ; sa femme, l'autre, celle qui passait pour sa femme légitime, l'avait abandonné, il restait seul avec une petite fille ; sa situation était intéressante ; il était jeune, si on lui tendait tant soit peu la perche, il s'amenderait ; il ne fallait pas lui tenir trop rigueur, etc., etc. »

En s'efforçant de m'apitoyer sur de Clercq, M. Auger me parlait aussi de sa propre situation à lui, Auger, de sa famille, de la correction, de la simplicité de sa vie. Il me racontait qu'il avait été sous-préfet. Il désirait vivement le redevenir, mais il voulait une première classe. Il avait l'air d'un très brave homme, très sincère. Je ne soupçonnais pas

---

papiers dans une édition spéciale de la *Cocarde,* et il ajouta qu'on avait été fortement surpris de voir que le directeur d'un journal, grand ami de M. Dupuy (le *Petit Journal*), celui qui avait payé les coupables, celui dont les fonds secrets avaient été distribués avant ceux du gouvernement, n'avait pas été poursuivi.

M. Charles Dupuy, qui présidait la séance, resta vissé à son fauteuil et ne répondit rien.

L'urgence de la proposition de M. Camille Pelletan fut repoussée par 286 voix contre 126. Il y avait eu 50 abstentions.

A la suite de ce vote, M. Paschal Grousset déposait une autre motion enjoignant à M. le président Dupuy de donner sa démission, puisqu'il n'avait pu « dénier une accusation qui le faisait le complice d'un faussaire ».

Cette proposition, qu'un très grand nombre de députés approuvaient certainement *in petto,* fut écartée par la question préalable.

(¹) Le *Journal* du 27 novembre 1894. Interview de M. Auger.

en l'écoutant que sa vérité et sa conversation cachaient un piège.

M. Auger ne se doutait pas, au moins je le suppose, qu'en venant chez moi il était filé ([1]) et que M. Poidatz avait été averti de sa visite.

M. Poidatz, à ce que lui-même déclare ([2]), fut « très indigné ».

« Il fit tout de suite, par M. le général Bovius, prévenir le président de la République, M. Carnot, qui se montra outré de semblables procédés. »

« Ensuite, il alla trouver un de *ses bons amis* (un camarade de collège qu'il tutoie, M. Charles Dupuy), alors ministre, et le mit au courant de ce qui se passait. M. Dupuy ne pouvait y croire ([3])... »

Une enquête eut lieu ; M. Auger fut frappé d'abord

([1]) « Un jour, a raconté M. Poidatz à un interviewer du *Journal,* en décembre, je crois, de l'année dernière, je reçus ici (au *Petit Journal*) la visite d'une personne que je n'ai pas à nommer et qui m'a dit à peu près textuellement ceci : « Monsieur Poidatz, il va se passer demain quelque chose d'intéressant à la préfecture de police... et cela vous concerne...

« On va, continua. mon homme, livrer demain à M. Portalis votre dossier et celui de M. Marinoni. Au surplus, et si vous désirez contrôler mes indications, soyez-y ou envoyez quelqu'un à 7 heures, quai d'Orléans, devant la maison qu'habite M. Auger, chef de la brigade des jeux. Vous le verrez sortir en voiture avec de Clercq, et tous les deux se rendront chez le directeur du *XIXe Siècle*, rue Alphonse de Neuville... »

La même personne revint me trouver un ou deux jours après et me dit ·

« Vous savez, monsieur..., c'est fait! J'ai suivi la voiture. J'ai vu M. Auger et de Clercq monter chez M. Portalis. Ils lui ont remis vos dossiers. Celui de M. Marinoni porte tel numéro, et contient telle et telle chose... Le vôtre cote n° ... renferme ceci. (*Journal* du 26 novembre 1894, interview de M. Poidatz.)

([2]) Ibid.

([3]) L'étonnement de M. Charles Dupuy était-il sincère ?

Ministre de l'intérieur, il n'ignorait pas que la police n'hésite jamais à se servir de ses dossiers et de ses rapports les plus confidentiels

d'une suspension de traitement de deux mois, puis, je crois, révoqué.

Cette affaire des dossiers ne devait cependant pas finir là. Il en fut question à la Chambre, dans la séance du 28 novembre, et M. Charles Dupuy, président du conseil et ministre de l'intérieur, déclara solennellement qu'à l'avenir les dossiers que la préfecture de police avait jusque-là formés sur tous les hommes politiques, sur tous les financiers, sur tous les habitués des cercles où l'on joue et sur beaucoup d'autres seraient supprimés, qu'on n'en ferait plus. Cette promesse était-elle sérieuse? M. Auger avait raison de dire que ces fameux dossiers, qui ont fait couler tant d'encre dans les journaux et dépenser à la Chambre tant de paroles, ne contenaient rien de bien grave. Pour dissiper l'incertitude et couper les ailes à la légende, je vais dire de quoi se composait celui de M. Henry Poidatz, secrétaire général du *Petit Journal*.

Les deux premières pièces sont des rapports de police à l'occasion d'une demande faite par M. Poidatz (demande

---

quand son intérêt est en jeu, ainsi que le prouve l'affaire Leymarie et bien d'autres.

Au mois d'avril 1894, M\'\'\' Leymarie avait été arrêtée par erreur par la police des mœurs, et le préfet de police a tenu en séance du conseil municipal à lui faire les excuses les plus complètes.

Le préfet de police reconnaissait que les faits étaient erronés, mais la veille, la police avait communiqué à la presse un rapport confidentiel qui présentait les faits comme vrais.

Le 28 avril 1894, une interpellation était adressée au préfet de police par M. Paul Escudier, conseiller municipal, et le conseil votait l'ordre du jour suivant :

Le conseil, protestant de la façon la plus énergique contre l'arrestation de M\'\'\' Leymarie, dont l'innocence est publiquement reconnue et contre les violences qu'elle a subies, blâme *la publication du rapport diffamatoire et mensonger qui a été faite.*

Prend acte de la déclaration faite par M. le préfet de police de réparer le dommage causé à M\'\'\' Leymarie, de sévir contre les coupables;

L'invite à interdire absolument la communication de tout rapport concernant une personne arrêtée.

couronnée de succès) pour être nommé chevalier de la Légion d'honneur.

Première pièce.

Cabinet.
1er bureau.

Poidatz, Henri, né à Sannois (Seine-et-Marne), le 29 mars 1854, attaché au *Petit Journal* depuis 1884.

—

RAPPORT DU 27 JANVIER 1886.

—

A l'appui de la demande qu'il sollicite, M. Poidatz fait valoir l'impulsion qu'il a donnée au *Petit Journal*, tant au point de vue économique qu'au point de vue politique, l'appui qu'il n'a cessé de donner au cabinet actuel, enfin, le concours moral qu'il a prêté au gouvernement par la voie du même journal, au sujet du dernier emprunt fait par l'État.

Les renseignements recueillis sur le compte de M. Poidatz ne sont pas défavorables.

Il se trouve dans une belle situation de fortune et possède des relations très sérieuses.

Deuxième pièce.

Cabinet.
1er bureau.
Note 6980.

29 juin 1886.

Poidatz, Henri, etc., a demeuré rue de Labruyère, 53, et avant, rue Gay-Lussac, 51.

Avocat de 80 à 82, a collaboré ensuite à plusieurs journaux financiers, notamment au *Capitaliste*.

Engagé volontaire au 4e de ligne, libéré avec le grade de sergent-major.

Lieutenant au 3e territorial d'infanterie.

(Favorable à la politique du gouvernement actuel ou plutôt de M. de Freycinet.)

La faveur dont il s'agit a été sollicitée par une autre personne que Poidatz qui, en cette circonstance, a l'appui de M. le ministre des finances, Sadi-Carnot, relativement au concours qu'a apporté M. Poidatz dans le dernier emprunt, de même qu'il serait en bonne cour près de M. Granet, ministre des postes.

Troisième pièce.

N° 1182.

Poidatz, Henri, etc. Parmi les gens du monde des journaux ayant reçu de l'argent dans l'émission de Panama, il faut citer M. Poidatz.

Correspondance Nourrit du 24 novembre 1892.

Dossier Compagnie de Panama, n° 220002. Boite 17.

M. Auger m'a proposé de me procurer ce dossier n° 220002, boîte 17, mais je ne voulais pas me servir des armes infâmes dont les gens du *Petit Journal* ont tant usé contre moi et j'ai refusé.

Quatrième pièce.

—

RAPPORT.

—

Paris, le 20 mai 1891.

On connaît la campagne entreprise par M. Portalis contre le *Petit Journal*. Pour se défendre, M. Poidatz, l'homme de M. Marinoni, a recruté dans les bas-fonds parisiens deux hommes, Henri Hugelmann et Jules Morel, et les a chargés de rédiger une brochure contre Portalis, moyennant une somme de 1,500 francs. Ils ont commandé ladite brochure chez Lambert, mais au moment de prendre livraison ils n'avaient plus le sou. L'imprimeur, qui connaît les gaillards, ne voulut pas livrer à crédit. Il alla trouver M. Poidatz, qui fit la sourde oreille pour payer deux fois. Alors Lambert se rendit chez M. Portalis, 6, rue Juliette Lamber, et lui proposa les brochures au prix de 600 francs. Il accepta et les brochures lui

furent livrées. Voilà la raison pour laquelle les brochures en
question, qui devaient faire grand bruit, ne parurent pas (¹).

Si insignifiants qu'ils soient, j'aurais pu tirer quelque
parti de ces dossiers dans mes polémiques, ne fût-ce que
pour plaisanter le secrétaire général du *Petit Journal* sur
ses titres à la décoration, qui me paraissent valoir ses
titres à la qualité d'homme de lettres. Je ne l'ai pas fait.
Ils n'ont donc eu pour moi qu'un intérêt de curiosité et
n'ont, en fin de compte, été utiles qu'à de Clercq qui, à
partir de ce moment, s'enhardit à envoyer de temps à
autre de la copie au *XIXᵉ Siècle*, comme il en envoyait à
plusieurs autres journaux. D'abord il la fit porter par un
commissionnaire qu'il faisait demander dans un café voisin. Plus tard, il l'apporta lui-même et la remit à un
garçon dans l'antichambre. Presque aussitôt après la visite
de M. Auger, il avait dit très haut qu'il avait quitté la
préfecture de police, où il n'était entré momentanément,
sur les instances de M. Bertillon, que pour éviter l'expulsion. Peu à peu, il finit par se faufiler dans la rédaction,
apitoyant les uns, faisant rire les autres, trouvant moyen
de persuader à la plupart qu'il était à jamais corrigé.

Le coup des dossiers, la comédie jouée par M. Auger
n'avaient d'autre but que de permettre à de Clercq de
rentrer au *XIXᵉ Siècle* et d'y remplir son office de mouton,
en vue de la vengeance que la police voulait absolument
tirer du journal qui avait publié contre les tripots qu'elle
protège les « Lettres d'un Vieux Ponte ».

Trompé, comme beaucoup de mes collaborateurs, par
ses protestations et ses apparences de repentir, j'eus la

(¹) Le rapport de police commet sur ce dernier point une erreur. Les
brochures dont il est question parurent et furent annoncées, comme je
l'ai dit au chapitre IV, dans le *Petit Journal* par des annonces et par
des articles.

faiblesse, le jour où la première fois j'aperçus de Clercq
dans la rédaction, de ne pas le prendre par les épaules pour
le mettre dehors. Qu'on me reproche cette faiblesse, soit !
mais qu'on ne vienne pas me dire, comme n'a pas craint de
le faire M. le substitut Thomas, qu'en faisant l'effort
d'oublier le tour abominable qu'il m'avait joué, en lui
permettant de gagner sa vie, de racheter ses fautes, de se
réhabiliter, j'ai « excité de Clercq au mal ». Je ne le
croyais, je l'avoue, ni assez perverti, ni assez fou pour ne
pas comprendre l'immense intérêt qu'il avait à bien se conduire du moment surtout qu'il avait la chance de trouver
quelqu'un ayant le courage de lui en faciliter les moyens.
J'allais même jusqu'à supposer que si son instinct lui sug-
gérait de nouveau l'idée de mal faire, le souvenir de mes
bons procédés lui donnerait la force de résister. J'ai donc
été surpris autant qu'indigné quand j'ai su quel rôle ignomi-
nieux il avait consenti à jouer depuis sa sortie de prison,
en décembre 1892, jusqu'au jour du procès de février 1895
et même depuis.

Quelque coupable toutefois que soit de Clercq, il ne
l'est pas autant que ceux qui ont dicté et payé ses dénonciations calomnieuses et ses mensonges...

XIV

Affaire Bertrand : 1° Première entrevue.

Il n'est pas volable. — Les feudataires de la police. — L'industrie des Bertrand. — Tenanciers contre tenanciers. —
MM. Bloch (Isidore) et Crémieux (Josué) défendent la morale.
— Les frères Bertrand, seuls expulsés de leurs cercles. —
— Le *XIXe Siècle* les défend. — Pourquoi M. Charles Bertrand a voulu me voir. — Pourquoi je l'ai vu. — Proposition
d'alliance. — Les tripots du coin du Quai. — Le tenancier
persécuté. — La vengeance de Marius. — « Magistrats de
tripots. » — Un article de la *Petite République*. — Un discours de M. Millerand. — Le magistrat et le tenancier. —
D'où venaient les renseignements du Vieux Ponte. — Le
plumeau. — Les tribunaux et le prix de la ligue. — Un
moyen commode de faire de la publicité gratis. — Pourquoi
j'avais besoin d'argent. — A Mazas les faux témoins !

Le second témoin entendu à l'audience du 14 février 1895
dans l'affaire des cercles, est M. Charles Bertrand. Interrogé par le président sur son âge et sa profession, il
répond : 43 ans, *propriétaire*. Il n'est donc pas tenancier
ou il ne l'est plus.

Le fait Bertrand est le second prétexte de ma condamnation.

Je suis **condamné** pour extorsion de fonds au préjudice
de l'ex-directeur du Washington. Le réquisitoire le qua-

lifie d' « humble tenancier » (¹), d' « âme simple, sinon
candide » (²). M. le substitut Thomas l'appelle aussi « ma
pauvre victime », « ma malheureuse victime » (³). Mais
tous ceux qui connaissent M. Charles Bertrand savent que
c'est là un portrait de fantaisie. Il n'est pas de ceux auxquels on peut extorquer quoi que ce soit. On peut dire de
lui comme d'Arpagon : il n'est pas volable.

Je n'ai jamais vu M. Isidore Bloch, je n'ai jamais traité
avec lui aucune affaire d'aucun genre : il a porté plainte.
J'ai vu souvent M. Charles Bertrand, il m'a prêté de l'argent, il m'a escompté des billets et acheté des titres : il
n'a pas porté plainte. Il a dit et répété à l'instruction :
« Je ne me plains pas, je ne porte pas plainte (⁴). » Dans
cette affaire comme dans toutes les autres pour lesquelles
j'ai été poursuivi et condamné, le parquet a poursuivi
d'office (⁵); et après avoir commencé les poursuites sans
cause et sans raison même apparente, on a essayé de les
étayer sur des témoignages extorqués par la menace et la
contrainte à des « moutons » comme de Clercq ou à des
feudataires de la police comme les tenanciers de cercles
ouverts et de casinos.

Au mois d'octobre 1893, le *XIXᵉ Siècle* avait eu, comme
tous les autres journaux, à s'occuper des frères Bertrand
d'abord, parce que c'était la plainte de l'un d'eux, Henry
contre M. Schwob, qui avait remis sur le tapis la question
des cercles ouverts, ensuite parce qu'ils avaient accaparé
presque toute l'industrie du jeu. Henry Bertrand avait
le Betting-Club, Charles le Washington, de toutes les

---

(1) Sténographie du réquisitoire de M. le substitut Thomas, *Revue
des procès célèbres*, p. 224.

(2) *Ibid.*, p. 226.

(3) Réquisitoire définitif.

(4) Déposition de M. Charles Bertrand devant M. le juge d'instruction
Dopffer, cote.

(5) Sur les dénonciations de M. Isidore Bloch et de de Clercq.

maisons de jeu la mieux achalandée, Léon, le Club
Anglais. Charles avait en outre le Casino de Cabourg, où
il est conseiller municipal, et des intérêts dans nombre
d'autres tripots. Les frères Bertrand sont, de plus, à la
tête d'une véritable organisation de prêts d'argent, fonctionnant soit directement, soit sous des prête-noms très
nombreux, ayant ses représentants appropriés à tous les
mondes, ses rabatteurs, sa police pour être exactement
renseignée sur la solvabilité des chercheurs d'argent de
tout acabit, joueurs des cercles ouverts et fermés, fils de
famille, négociants ou simples particuliers.

D'après le jugement, « *l'extorsion au préjudice de Bertrand est prouvée tant par la déposition de ce témoin
(unique témoin) et par les documents versés par lui au
débat que par ma fuite qui, coïncidant avec les révélations
de Bertrand, est le plus explicite des aveux* ».

J'ai dit que j'ai pris la fuite parce que j'étais innocent,
parce que fuir était le seul moyen de faire ce que je fais
aujourd'hui, de prouver mon innocence. Je n'y reviens pas.

Les documents versés au débat par M. Charles Bertrand
sont des billets et un chèque acquitté. Ils sont la preuve
d'opérations en elles-mêmes, parfaitement licites : elles
ne deviendraient délictueuses que si j'avais contraint
M. Charles Bertrand à les conclure « à l'aide de la menace,
écrite ou verbale, de révélations ou d'imputations diffamatoires ». (Article 400 du code pénal, § 2.)

L'accusation voit la menace écrite dans les articles
publiés par le *XIXe Siècle*, sous le titre de « Lettres d'un
Vieux Ponte». C'est pour obtenir la cessation de ces attaques
que M. Charles Bertrand aurait voulu me voir. Me trouvant en face de lui, je l'aurais ensuite menacé verbalement
de les renouveler s'il ne passait pas par où je voulais.

Ces deux affirmations sont deux erreurs.

J'ai **vu, pour** la première fois, M. Charles Bertrand au commencement de l'année 1893. Dans ses dépositions, il dit successivement que c'est le 15, puis le 4. Je crois que c'est vers le 10 ou le 15.

M. Charles Bertrand, ex-tenancier du Cercle **Washing-**ton, n'était plus à cette époque tenancier de cercle.

Il croyait avoir beaucoup à se plaindre de la magistrature, de la police et de ses anciens collègues. Un de ses frères, Henry Bertrand, arrêté le 17 octobre, était détenu préventivement à la prison de Mazas sous l'inculpation de .faux, et **son** Cercle le Betting-Club, rue Mogador, qui lui rapportait plus de 500,000 francs par an ('), avait été fermé par la police. M. Charles Bertrand attribuait cette double catastrophe à la vengeance de M. Marius Sammarcelli, son prédécesseur au Cercle Washington, devenu ensuite tenancier du Casino de la Villa des Fleurs d'Aix-les-Bains, d'où Henry Bertrand avait essayé, par une guerre de procès restée légendaire en Savoie, de le déloger pour prendre sa place. Lui-même, Charles Bertrand, venait d'être expulsé de son Cercle le Washington, place de l'Opéra, ainsi que son autre frère, Léon Bertrand, du Cercle Anglais, rue de la Chaussée d'Antin. Il était convaincu que ses concurrents, M. Isidore Bloch, tenancier du Cercle d'Escrime, qu'il supposait très influent à la préfecture de police, et M. Josué Crémieux, tenancier du Cercle de la Presse, n'étaient pas **étrangers à la mesure** prise **contre lui et** ses frères.

Ce dont tout le monde pouvait **faire la remarque,** c'est que cette mesure était personnelle aux frères Bertrand. Elle n'avait frappé aucun des autres tenanciers des nombreux tripots du boulevard, de la rue Richelieu et de la rue Vivienne.

---

(1) Compte rendu du procès du 17 avril 1894 **devant la 9ᵉ chambre,** affaire Henry Bertrand et Guy de Marcilly.

Pourquoi cette différence de traitement? La préfecture de police seule pourrait le dire.

M. Charles Bertrand lisait chaque matin la lettre que le « Vieux Ponte » donnait quotidiennement au *XIXe Siècle* sur la question du jeu à Paris et en province. Il avait remarqué ce passage ([1]) :

Si on met les Bertrand à la porte de leurs cercles, il n'y a pas de raison pour qu'on ne traite pas de même les Bloch et les Crémieux, tenanciers du « Cercle de la Presse » et du « Cercle de l'Escrime ».

Ne pas être traité autrement que les autres était l'idée fixe des frères Bertrand.

« Pourquoi, disait et répétait Me Deville, quand, au mois de mai suivant, il présentait, devant la 9e chambre, la défense de M. Henry Bertrand, poursuivi pour usure habituelle, pourquoi M. Bertrand serait-il traité autrement que les autres, pourquoi la défaveur publique l'atteindrait-elle plus que les administrateurs ou autres participants des « Cercles similaires » ?

Cette lettre du « Vieux Ponte », disant que si on mettait les Bertrand à la porte de leurs cercles, il n'y avait pas de raison pour qu'on ne traitât pas de même les autres tenanciers, a paru dans le *XIXe Siècle* du 1er novembre, c'est-à-dire, le *XIXe Siècle* étant antidaté, le 31 octobre. Elle a donc été écrite le 30. Je n'avais eu alors aucune entrevue avec M. Charles Bertrand, et l'idée que je pourrais le voir ne m'avait pas encore traversé l'esprit.

Avant l'article que je viens de citer, le 29 octobre, le *XIXe Siècle*, numéro daté du 30, avait publié la lettre suivante, qu'une indiscrétion avait fait tomber entre les mains du « Vieux Ponte ».

([1]) *XIXe Siècle* du 3 mai 1894.

M. Isidore Bloch, directeur du « Cercle de l'Escrime »,
rue Taitbout.

Paris, le 17 octobre 1893.

Mon cher ami,

Lisez l'article de la *France* sur le *Scandale du jour*. Le rédacteur, E. H. que j'ai vu ce matin, et auquel je n'ai pas manqué de faire remarquer qu'il fallait continuer par un mot favorable à tous les autres cercles qui, *eux, n'ont rien de commun* avec les tripotages des Bertrand, termine son article dans le sens que je lui ai indiqué et il va continuer à rétablir la vérité. Je lui donnerai demain des notes édifiantes.

J'irai vous dire un mot demain.

Bien à vous.

JOSUÉ CRÉMIEUX,
directeur du « Cercle de la Presse ».

P.-S. Serez-vous présent à quatre heures?

Le « Vieux Ponte » reproduisait en même temps l'article de la *France* auquel M. Josué Crémieux faisait allusion dans sa lettre à M. Isidore Bloch :

Le scandale du jour.

L'arrestation de M. Bertrand met fin à la carrière de ces faiseurs qui écument la place de Paris et qui prennent toutes les affaires, quelque véreuses qu'elles soient.

On dira peut-être que cette histoire causera quelque tort aux cercles. Elle ne pourra en causer qu'à ceux qui se trouvent dans le même cas. Quant à ceux qui n'ont rien à se reprocher, ils n'ont qu'à redoubler de surveillance et à éliminer de leurs salons les Robert Macaire et les Bertrand du boulevard.

Le « Vieux Ponte », à la suite de cette lettre et de cet article, faisait cette réflexion :

Josué Crémieux, ancien tenancier du « Casino de Luchon », et Isidore Bloch, se posant en justiciers, et voulant faire fermer les tripots concurrents au nom de la morale, n'est-ce pas tout ce qu'il y a de plus drôle?

Ce n'est pas, hélas! seulement parmi les tenanciers que les choses se passent ainsi. Combien d'autres, dans la politique et dans la presse, ne font de la vertu que pour obtenir la fermeture de la boutique d'en face!

Mais j'en reviens à M. Charles Bertrand.

Du jour où il n'avait plus été tenancier de cercle, le *XIXe Siècle*, n'ayant plus aucune raison de s'en prendre à lui, et n'ayant, d'ailleurs, pas l'habitude de pourchasser les vaincus, avait entièrement cessé de l'attaquer. Il ne s'était pas contenté de cesser toute attaque. Le croyant victime d'une mesure qui, du moment où elle n'était pas appliquée à tous les autres tenanciers, avait une apparence de partialité suspecte et de criante injustice, il avait de lui-même protesté contre cette mesure et dévoilé les manœuvres de ses concurrents, ce qui était, en somme, prendre sa défense et lui rendre un signalé service.

Ce n'est pas, comme le prétendent le réquisitoire et le jugement, parce que le *XIXe Siècle* l'attaquait et pour faire cesser ces attaques que M. Charles Bertrand a désiré avoir une entrevue avec le directeur du *XIXe Siècle;* c'est parce que le *XIXe Siècle*, dont les articles sur la question des jeux faisaient alors autorité, était le seul journal qui eût protesté contre la mesure aussi arbitraire qu'exceptionnelle qui l'avait frappé, et c'est parce que seul, dans toute la presse, le *XIXe Siècle* l'avait défendu contre les attaques de ses concurrents.

Les attaques antérieures du *XIXe Siècle*, dans lesquelles la prévention a voulu voir la menace écrite, n'ont donc pas été la cause déterminante de l'entrevue. Reste à savoir si, dans cette entrevue, j'ai menacé M. Charles Bertrand.

Je dois, d'abord, rappeler que cette entrevue, je ne l'ai pas sollicitée, je ne l'ai pas désirée; je n'y avais pas pensé.

Mais, quand elle me fut proposée par M. Heftler(¹), je fis ce que tout journaliste eût fait à ma place, à un moment où le public recherchait avidement tous les articles sur la question du jeu et des cercles ouverts. J'acceptai avec d'autant plus d'empressement que M. Charles Bertrand était, mieux que personne au monde, en situation de me donner des renseignements intéressants, s'il voulait parler, et connaissant les raisons qu'il avait d'être mécontent, j'étais sûr qu'il parlerait. Je ne m'étais pas trompé.

Deux personnes seulement peuvent dire ce qui s'est passé dans cette entrevue et dans les entrevues suivantes, M. Charles Bertrand et moi, car personne autre n'y assistait. Terrorisé par le juge d'instruction, tremblant de tous ses membres d'être arrêté et poursuivi comme l'avait été son frère Henry, M. Charles Bertrand, dans un premier interrogatoire du 19 novembre, a déclaré, ou on lui a fait déclarer, contrairement à la vérité, que s'étant rencontré avec moi le 15 novembre -- autant, a-t-il dit, qu'il pouvait s'en souvenir — chez M. Heftler, j'avais « d'abord exigé le versement immédiat de 50,000 francs, moyennant quoi, les

---

(1) J'avais connu M. Heftler lorsqu'il était secrétaire du baron Raymond Seillière : son rôle s'est borné à me présenter M. Charles Bertrand, puis aussitôt il s'est retiré. Sa condamnation pour le fait Bertrand est inexplicable et injustifiable. Il paraît, d'ailleurs, avoir été condamné pour des considérations tout à fait à côté. La partie du jugement qui le concerne débute par un attendu qu'on dirait écrit par Ponson du Terrail :

Attendu qu'Heftler, qui prenait sans droit le titre de baron, apparaît comme un chevalier d'industrie aux allures douteuses, ayant la souplesse des parasites, tour à tour hautain et rampant, préparé aux entremises suspectes et aux besognes interlopes; qu'installé avec quelque apparence de luxe dans un appartement loué au nom de sa femme, on le voit se livrer au jeu dans plusieurs cercles, et enfin, sous l'étreinte d'un véritable dénûment, engager des bijoux pour se procurer de suprêmes ressources;

Attendu qu'il résulte de l'ensemble des documents et faits de la cause que sa conduite a été en harmonie avec son caractère.

Tels sont les vrais motifs pour lesquels M. Heftler est déclaré coupable. En dehors de cela, il n'y a rien qu'un témoignage nié par lui du mouton de Clercq.

attaques cesseraient » (¹). Interrogé de nouveau le lendemain, 20 novembre, et plus inquiet encore que la veille, il
dépose ou du moins signe une déposition dans laquelle
il dit :

Ce doit être vers le 4 novembre que le baron Heftler m'a
fait avoir, chez lui, un rendez-vous avec Portalis.

J'ai cédé aux exigences de Portalis, afin d'arriver à obtenir la cessation des attaques dont mon frère Henry et nous
étions l'objet. Mon frère, à ce moment-là, avait la malheureuse affaire Schwob (²).

A l'audience, d'après la *Gazette des Tribunaux* (³), « *le
témoin hésite, répond tantôt oui, tantôt non*, et M. le président est obligé, à maintes reprises, de lui lire les
réponses qu'il a faites à l'instruction »:

J'ai compris, dit-il, qu'il fallait donner de l'argent (⁴).

M. Charles Bertrand, on le voit, n'a rien précisé, n'est
entré dans aucun détail. Ce qu'il n'a pas fait, je vais le
faire. Le souci trop légitime de ma justification m'oblige,
à mon grand regret, à dévoiler tous les dessous de ce honteux et scandaleux procès. Je vais donc raconter les choses
exactement comme elles se sont passées et je ne serai pas
démenti.

J'étais arrivé depuis une ou deux minutes chez Heftler,
quand M. Charles Bertrand entra.

« Monsieur Portalis, me dit-il, j'ai voulu vous voir pour
vous remercier des dernières lettres du « Vieux Ponte »,
parues dans votre journal le *XIXᵉ Siècle*, pour vous dire que
je ne suis pas un méchant garçon, — j'ai beaucoup de bons

---

(1) Déposition Charles Bertrand, du 19 novembre, cote 20 du dossier.
(2) Déposition Charles Bertrand, du 20 novembre, cote 23 du dossier.
(3) *Gazette des Tribunaux*, du 15 février.
(4) *Ibid.*

amis dans la presse et dans la politique (il m'en cita quelques-uns) — et pour vous proposer une alliance. »

Une alliance? le mot m'étonna.

« Je sais bien, reprit M. Charles Bertrand, qu'il y a des métiers plus nobles que celui de tenancier de tripot... Moi, je ne suis pas comme Bloch, je ne demande pas la Légion d'honneur... Mais tous les métiers peuvent être exercés plus ou moins honnêtement... » — Et comme à ce mot « honnêtement » je ne pus m'empêcher de sourire, M. Charles Bertrand reprit : — « Ce que je veux dire, c'est que dans mon tripot du Washington les choses se passaient mieux qu'à la Presse, chez Crémieux, et à l'Escrime, chez Bloch. La Presse! voilà une maison où on a volé de l'argent, où on a passé des séquesnes aux banquiers, où on a étouffé des jetons! C'est un scandale! » — En disant cela, M Charles Bertrand avait vraiment l'air indigné. — « Et l'Escrime, voilà encore un coupe-gorge! Et ce sont ces gens-là que la police protège! Ce sont eux qui nous font expulser de nos cercles! C'est trop fort. Tout ce qu'a dit le « Vieux Ponte » est l'exacte vérité, mais il n'a pas dit la millième partie de la vérité, il ne pouvait pas tout dire; il ne savait pas; mais moi je sais tout, vous le pensez bien, je le mettrai au courant.

— Alors l'alliance que vous proposez, c'est contre les tripots qui ne sont pas au coin du Quai?

— Et contre ceux qui nous persécutent mes frères et moi... En échange des renseignements que je lui fournirai, je voudrais que le « Vieux Ponte » ne se lassât pas de demander au préfet de police, comme il l'a fait déjà, par esprit de justice, sans me connaître, pourquoi il nous met à la porte de nos cercles plutôt que les autres tenanciers. Moi encore j'ai un peu d'argent de côté, pas tant qu'on le dit, tant s'en faut, juste de quoi vivre à la campagne avec ma famille... Mais mon frère Léon n'a pas encore fait son affaire. Il a besoin de son cercle et, dame! quand on n'est pas là, on a beau faire, on est toujours volé, la cagnotte ne rapporte plus, c'est un désastre. »

Ensuite, M. Charles Bertrand me parla de l'arrestation de son frère Henry et du procès qu'on lui faisait. « C'est une vengeance, me dit-il, du tenancier du Casino de la Villa des Fleurs d'Aix-les-Bains, que j'ai remplacé comme tenancier au Washington. Ah! il avait laissé le cercle dans un joli état! C'était le rendez-vous de tous les « travailleurs » (1) de Paris, de la France et de l'étranger. Ce qu'il a fallu donner un coup de balai et brûler du sucre!

— Mais pourquoi M. Marius Sammarcelli en veut-il à votre frère et comment a-t-il eu la puissance de le faire poursuivre et mettre en prison?

— Voilà, mon frère Henry a voulu expulser M. Marius Sammarcelli de son Casino de la Villa des Fleurs pour prendre sa place. Il lui a fait une effroyable guerre de papier timbré. Je vous donnerai tous les détails pour le « Vieux Ponte » et, ceux que je ne pourrai pas vous donner, je vous indiquerai où vous pourrez les prendre. Mais Marius — le marquis de Sammarcelli, comme il se fait appeler à présent — n'est pas un ancien cocher comme moi ou un ancien cuisinier comme mon frère. Il est au-dessus de nous, il a de l'éducation, il a été le plus fort. Maintenant il se venge de la peur que mon frère lui a faite et des gros ennuis qu'il lui a causés... »

Là-dessus, M. Charles Bertrand me parla des excellents rapports de M. Marius Sammarcelli avec les magistrats de Chambéry, qui, disait-il, « étaient les hôtes assidus du Casino de la Villa des Fleurs, qui y dînaient à prix très réduit, qui y faisaient la fête avec de belles petites, qui y

---

(1) En argot de jeu, on appelle les tricheurs, les grecs, des « travailleurs ».

jouaient, qui y perdaient et qui ne rougissaient pas d'accepter des services d'argent de M. Marius Sammarcelli, un ancien repris de justice, dont il donnerait au Vieux Ponte le casier judiciaire... »

J'ai retrouvé depuis la plupart des renseignements que me fournit alors M. Charles Bertrand dans un article de la *Petite République* du 5 novembre 1894, et dans un discours de M. Millerand à la Chambre, du 29 novembre de la même année ([1]).

([1]) Antérieurement, le 26 octobre, la *Petite République* avait publié l'article qui suit :

MAGISTRATURE DE TRIPOTS.

Le gérant d'un des claquedents les plus distingués d'Aix-les-Bains a mangé la grenouille.

Fureur bien explicable des actionnaires de cette maison de passe... passe protégée par Dupuy ; car s'ils attirent les gogos autour de leur tapis vert, ce n'est pas assurément pour que le croupier subtilise à son profit les billets de mille qui viennent se faire escamoter. 300,000 francs manquent à l'appel.

Les voleurs volés se sont adressés à la justice. Mais c'est ici que l'histoire sort de l'ordinaire :

Ce serait bien connaître, dit la *Cocarde*, le *modus agendi* de certains parquets dans le *ressort* des villes d'eaux et la toute-puissance des relations administratives, judiciaires et autres du généreux gérant de la Villa des Fleurs d'Aix-les-Bains,

Aussi la plainte des associés de Sammarcelli semblait-elle déjà enterrée, malgré la matérialité des faits et les aveux mêmes du trop prodigue gérant.

C'est que les amis de ce gérant occupent les premiers rangs à la cour de Chambéry. Nous ne parlerons, pour le moment, que du procureur général de cette cour, M. Moline.

Ce haut fonctionnaire est, en effet, l'un des plus fidèles habitués de la Villa des Fleurs, où, gracieusement, il a son fauteuil au théâtre, au premier rang de l'orchestre, et où il témoigne ouvertement à Sammarcelli, dans les salons de jeu, toutes les marques de son affectueuse considération. Ce n'est peut-être pas précisément là qu'un magistrat de cet ordre devrait si assidûment siéger.

D'ailleurs, M. Moline n'est pas le premier procureur général dont Sammarcelli a su se faire l'ami. Il semble avoir une tendresse particulière pour les magistrats. Pressentiment, peut-être !

Toujours est-il qu'il les oblige volontiers, tel le prédécesseur de M. Moline, M. le procureur général Laroche, qui, en quittant Chambéry, a complètement oublié un effet de 4,000 francs resté en souffrance, non pas entre les mains de Sammarcelli, — pas si bête ! — mais dans celles de l'un de ses associés.

Ils sont propres, les magistrats que l'Europe nous envie !

La *Cocarde* ajoute que le garde des sceaux est saisi de la question et qu'il voudra en connaître les dessous scandaleux.

Seriez-vous naïf, cher confrère ?

L'article de la *Petite République* ne tient pas moins de trois grandes colonnes de sa première page, sous le titre : *Les scandales de la magistrature, la pétaudière de Chambéry, magistrats au tripot, un procureur fin de siècle;* sans compter un large titre en bande : *Magistrats de tripots.*

Voici, malgré leur longueur, les principaux passages de cet article, tel que le Vieux Ponte n'en a jamais, à beaucoup près, publié d'aussi violent, et dont je laisse, bien entendu, à la *Petite République* et aux nombreux journaux qui l'ont reproduit la pleine et entière responsabilité :

L'omnipotent Sammareelli.

Sammarcelli, le gérant fameux du « Casino de la Villa des Fleurs », d'Aix-les-Bains, sorte de claquedent distingué et fort à la mode, doublé d'un tripot patenté où se pratiquent couramment étouffage, bourrage de cagnote et autres diverses opérations habiles dans tout bon tripot qui se respecte. Sammarcelli, c'est l'un de ces types symboliques de saltimbanques véreux et honorés, qui jouent dans notre société bourgeoise et capitaliste un rôle si important. A Aix, depuis des années, il est considéré comme le veau d'or. Devant lui s'inclinent et la ville tout entière, qu'il enorgueillit de son luxe, et aussi, plus bas encore, l'administration et la magistrature.

Se trompe-t-on sur son compte, là-bas? Non. C'est un personnage toléré, comme son établissement.

Faisons maintenant paraître quelques comparses.

Au nombre des amis intimes, de tous les jours, de Sammarcelli, se trouvent les plus hauts fonctionnaires de l'administration et de la magistrature. Ce sont ces derniers qui nous intéressent le plus. Parmi les autres, nous n'en citerons qu'un, un bon : du Grosriez, préfet de la Savoie.

Cet excellent du Grosriez.

Du Grosriez pourrait et devrait être renseigné sur tout ce qui se passe à la « Villa des Fleurs », puisqu'il y a là un commis-

saire de surveillance administrative, nommé Tassini, et qui est
à Aix le représentant de la sûreté générale. Mais ce Tassini est
un doux, un tranquille. Parasite doublement et grassement
rétribué, il passe son temps à « gobeloter » perpétuellement soit
avec Sammarcelli, soit le plus souvent avec ses croupiers,
c'est-à-dire avec ceux-là mêmes qu'il est chargé de surveiller.
Et du Grosriez ne s'inquiète pas plus de Sammarcelli que de
Tassini ; et jamais un rapport n'a été adressé à qui que ce soit
sur les faits scandaleux cités plus haut et qui sont de notoriété
publique.

Bien plus, du Grosriez est atteint pour Sammarcelli d'une
affection chaude, forte comme il est rare d'en rencontrer : il ne
peut se passer de lui. Et pas un jour, pendant toute la saison,
il ne manquera son train ni n'hésitera à faire les 23 kilomètres
qui séparent Chambéry d'Aix, pour venir prendre son bain quotidien et serrer la main de son ami Sammarcelli. On pense bien
que le voyage, pas plus que le bain, ni le reste, ne coûte
un centime au digne préfet, qui, comme tel, jouit de toutes les
immunités.

S'il était jamais besoin, nous reviendrions volontiers à ce
personnage. Mais il est temps d'en arriver enfin à nos bons
magistrats.

L'ami des magistrats.

Ce sont gens, vous le pensez bien, dont il est utile à un Sammarcelli de s'assurer la complaisance. Aussi ceux-là sont-ils
particulièrement soignés, ou plus justement choyés.

A la « Villa des Fleurs », les gros de la cour, pour ne
s'occuper que de ceux-ci, ne sont pas autrement que chez eux.
Ils y règnent en maîtres, ils y commandent et y sont obéis, ils
y mangent et ils y digèrent, ils ont la haute main sur tout et
partout. Aussi passent-ils volontiers leur existence dans cet
Eden élégant, après avoir oublié à la porte leur qualité de
magistrats, comme on laisse au vestiaire un manteau encom-
brant.

Aux petits soins pour la cour.

Du reste, Sammarcelli a pour eux toutes les prévoyances.
A côté de la salle de jeu, bien près, se trouve une magnifique salle

de théâtre, où l'on entend toujours d'excellents artistes. ᴊnorme
agrément, sans doute. Aussi, dès le commencement de la
saison, le gérant s'empresse d'envoyer à tous les magistrats du
ressort leur entrée permanente, sans compter les fauteuils
d'orchestre quotidiens offerts gracieusement à eux et à leur
famille. Les deux premiers rangs de fauteuils, les meilleurs,
sont réservés toujours aux conseillers, et surtout au parquet.
Comment résister à tant d'obligeance? Drôle de situation
quand même que celle de magistrats acceptant d'être les obligés
d'un tenancier de tripot! Nous verrons que les conséquences
peuvent en être graves.

Mais, dira-t-on, n'existe-t-il pas partout des chefs de cour,
un procureur général? Si fait; mais, à Chambéry, il ne s'en est
pas encore rencontré un qui ait trouvé répréhensible et condamnable l'habitude qu'ont prise des magistrats de galvauder
publiquement leur dignité professionnelle. Bien plus, c'est le
procureur général lui-même qui donne l'exemple des premiers
débordements. Voyez plutôt le prédécesseur du procureur
actuel, un certain Laroche.

Le procureur Laroche.

Ce Laroche, en quittant Chambéry, ne s'est pas contenté
d'oublier de payer certains créanciers indiscrets, mais il laissait encore, entre les mains d'une tierce personne, la preuve
certaine, absolue, et que nous avons vue, des sommes d'argent
reçues par lui de Sammarcelli. Et la chancellerie, qui est
pleine d'indulgence pour ces magistrats modèles, le bombarda
un jour, en avancement, procureur général à Toulouse. Quel
joli contraste à établir entre ceux-là et les rares intègres comme
Deleuil, frappé pour avoir, dans l'indépendance de son mandat
politique, blâmé la dernière loi scélérate!

Delachenal le joueur.

Voici maintenant un conseiller à la cour, M. Delachenal,
qui, avec des appointements de 7,000 francs, et sans aucune
fortune personnelle, trouve moyen de passer jour et nuit à
tailler et ponter à la table de baccara, en face de ses justiciables
par conséquent.

Un mot du conseiller Clairet.

Écoutez ensuite un mot, rien qu'un mot, mais combien éloquent, d'un autre conseiller fin-de-siècle, un nommé Clairet, espèce de « musicomane » enragé : « Je pardonne tout à Sammarcelli, dit-il un jour, même son immoralité et ses vols, pourvu qu'il me donne de la bonne musique, et une bonne place pour l'ouïr. »

Manifestation sympathique.

Puis, un fait typique, qui prouve suffisamment l'état d'âme de la magistrature de Chambéry. C'était à l'issue d'un procès récent dans lequel le Sammarcelli avait été flétri de main de maître.

On vit alors ce spectacle singulièrement édifiant de conseillers à la cour, dont Pascaud est le procureur général actuel, Moline, le successeur de Laroche, venir avec empressement féliciter le digne gérant et lui presser les mains en signe de protestation et de fidèle amitié.

Maître Moline !

Ceci n'est rien encore. Voici Moline, le procureur général que nous venons de nommer ! Saluez ! Celui-là est fort de toute son audace. Et avec cela une inconscience véritablement merveilleuse ! On conte sur lui force histoires de savantes débauches. Mais quelle admirable source d'observations ! Quel plaisir, par exemple, de le voir, à la veille de chaque procès contre Sammarcelli, arriver dans la salle de jeu du Casino pour conférer avec celui-ci, lui donner des conseils pratiques de sa haute expérience, lui indiquer les points faibles, etc., et le lendemain de ces mêmes procès venir dans cette même salle, publiquement, le complimenter du succès obtenu, et auquel il n'est point étranger !

A la « Villa des Fleurs », Moline n'oublie pas seulement ses devoirs d'homme, mais encore ceux de magistrat. En effet, il résulte des divers procès faits à Sammarcelli que l'administration a sciemment foulé aux pieds, en sa faveur, tous les règlements qui régissent ce qu'on appelle proprement les cercles annexés aux casinos de villes d'eaux, et qui font foi en la matière.

« De mèche » avec l'administration.

Ces règlements ont été élaborés en 1886 et 1887 par le ministre de l'intérieur, de concert avec son collègue de la justice ; édictés par la direction de la Sûreté générale, ils ont fait l'objet d'une circulaire adressée, en 1888, à tous les procureurs généraux. Ils avaient pour but d'assainir ces sortes d'établissements interlopes et d'imposer des conditions fixes de tolérance qui sont la seule et vraie garantie du public, s'il peut y en avoir.

Comment on viole des règlements.

D'après eux, la « Villa des Fleurs » ne peut absolument pas être entre les mains d'un unique gérant, surtout quand il est pertinemment taré comme Sammarcelli. Elle devrait être administrée par un comité composé de gens honorables responsables de tous les actes de la gestion, et qui auraient alors à veiller à ce qu'aucun fait délictueux ne s'y passât.

Jamais pour Sammarcelli ces règlements n'ont été mis en vigueur. Et la complicité de Moline apparaît évidente, car il ne peut arguer qu'il les ignorait. D'abord, parce qu'ils sont comme la charte de ces établissements. Ensuite, parce que, dans un procès qui eut lieu au commencement de juin dernier, ils ont été tout au long exposés à l'audience. Le ministère public n'a pas pu ne pas les entendre. Mais il n'est pire sourd que celui qui ne veut entendre.

Ainsi la loi, qui interdit formellement les maisons de jeu, et la tolérance administrative, qui les tolère en certains cas nettement définis, ont été l'une et l'autre violées. Et les circonstances depuis n'ont fait qu'aggraver un état de choses qui n'a pas changé...

Sammarcelli le malin.

Le ministère public et la cour ne bronchant pas, il s'est ouvert à Chambéry toute une série de procès d'une solution inextricable. Sammarcelli a pu détourner des sommes considérables sans que jamais les gens spoliés aient pu trouver, malgré tous leurs efforts, un tribunal quelconque pour se faire rendre justice.

Devant les tribunaux civils, le fin matois, avec sa coutumière bonne foi, plaidait l'exception de jeu. Le tribunal de commerce et la cour, pudibonds à leurs heures, s'effarouchaient à cette idée que les associés de Sammarcelli voulussent voir qu'il y avait dans la cagnotte, dont l'existence doit être ignorée, et se refusaient à connaître de contrats illicites.

Flagrant délit.

Or, les associés savaient que Sammarcelli les volait. Mais ils n'en avaient point la preuve absolue ; quand un jour, après mille ruses folles, il fut pris enfin la main dans le sac. Un constat d'huissier établit qu'en trois jours il avait fait 29,000 francs de recettes, et la caisse de la société n'en accusait que 17,000. En trois jours, 12,000 francs seulement avaient disparu, comme par enchantement.

Une plainte fut portée. Serré de près, ne pouvant nier devant l'évidence, l'honnête gérant reconnut les détournements. Bien plus, cyniquement, il avoua s'être emparé de la même façon d'une somme de 261,000 francs, employée, dit-il, sait-on à quoi?... à faire jouer. Il y a cent raisons évidentes de voir là un abus de confiance nettement caractérisé. Et ni le procureur de la république ni le juge d'instruction qui reçut les aveux, ne le firent arrêter et incarcérer sur-le-champ.

Bien au contraire, cet ami des magistrats jouissait d'une telle influence et ses excellents procédés avaient su inspirer tant d'indulgence au parquet, qu'on voulut classer l'affaire. Mais les dupés s'agitèrent. Et le parquet, un beau jour, décida gravement qu'il n'y avait pas lieu à poursuite !

Plainte à Guérin.

Alors, l'affaire fut portée entre les mains du garde des sceaux. Celui-ci fut, non pas ému, mais ennuyé par ces révélations qui mettaient à nu les agissements de ses subordonnés. Quant à porter le fer rouge sur cette plaie, il ne l'a point encore fait. Prendra-t-il jamais les mesures qu'il convient contre les fonctionnaires compromis? Cette hypothèse nous laisse sceptique ; d'autant que Moline se vante d'être le proche parent et le protégé d'un personnage influent. Même pourrait-on bien s'étonner, après des exemples fameux, de voir Moline sortir de cette affaire plus blanc que la blanche hermine? Si encore, pour comble, M. Guérin ne vient pas, à cette occasion, exaucer le vœu le plus cher du procureur général, et le nommer premier président!

Voici maintenant le discours de M. Millerand :

M. MILLERAND. — Monsieur le garde des sceaux, c'est à vous maintenant que je m'adresse. Ce ne sont pas seulement les fonctionnaires de la préfecture de police, ce sont des magistrats, ce sont des fonctionnaires placés sous vos ordres qui, publiquement, au vu et au su de leurs justiciables, se compromettent. Je rappelle d'un mot, et pour ne citer qu'un exemple — un de nos collègues m'en citait un autre tout à l'heure — qu'il est de notoriété publique, car cela se passe au grand jour, que tous les membres de la cour d'appel de Chambéry sont, pendant quatre mois, depuis l'ouverture jusqu'à la clôture de la saison d'Aix-les-Bains, les invités et les hôtes...

M. ANTOINE PERRIER (Savoie). — Tous, c'est une erreur ! (*Très bien ! très bien ! et rires.*)

M. MILLERAND. — Vous avez raison. (*Applaudissements à l'extrême gauche.*)

UN MEMBRE. — L'exception confirme la règle.

M. MILLERAND. — Je remercie mon honorable collègue, M. Perrier, de me permettre de faire une rectification nécessaire. Oui, il y a à la cour de Chambéry des magistrats qui ont le sentiment de ce que leur commandent et leur dignité et les fonctions dont ils sont investis. Il y en a qui refusent les invitations et les faveurs dont les honore le tenancier du tripot ; mais la grande majorité des magistrats de la cour, qui ont tous les mois à connaître des procès à intervenir entre ce directeur de cercle et leurs justiciables, sont tous les jours, pendant toute la saison, je le répète, les invités et les hôtes d'un tenancier de tripot qui, après avoir été condamné pour vol et s'être fait, grâce à de hautes influences, réhabiliter, montre combien il était digne de cette réhabilitation en exerçant la profession honorable et lucrative de directeur de cercle. (*Très bien ! très*

bien! et rires à l'extrême gauche.) Je demande à M. le
ministre de la justice quelles mesures il compte prendre pour
faire cesser ce scandale...

M. LE GARDE DES SCEAUX. — C'est fait!

M. Henry Bertrand, qu'on avait arrêté pour le crime de
faux, et qu'on a relâché depuis au bout de quatre mois
d'encellulement préventif, en lui disant que c'était par erreur, se plaignait d'être atrocement torturé par son juge
d'instruction.

Dans le procès qu'on lui fit ensuite pour usure, à l'audience du 20 avril 1894, il répondait à une question du
président, M. Bidault de Lisle :

— Je ne sais pas !
— Comment, vous ne savez pas !
— Oui, je ne sais pas. On m'a *tellement torturé* à l'instruc-
tion (1)! *Je suis resté huit jours sans manger.*

Le juge qui avait signé le mandat d'arrêt de M. Henry
Bertrand, et qui, au dire de son frère Charles, et d'après
lui-même, l'avait si atrocement torturé, n'était pas un des
magistrats nommés dans l'article de la *Petite République*,
mais il avait été juge à Chambéry. Il était, disait toujours
M. Charles Bertrand, l'intime ami et l'obligé de M. Marius
Sammarcelli ; il agissait pour son compte, sur ses indications, d'après ses instructions.

Ici, M. Charles Bertrand entra dans des détails d'un tel
réalisme, d'une telle crudité, et si outrageants pour la
magistrature que, malgré tout mon désir de mettre les
points sur les *i*, je préfère les passer sous silence. Tout ce
que je puis dire, c'est que M. Charles Bertrand me montrait dans son récit le magistrat dînant presque quotidiennement avec le tenancier récemment réhabilité, faisant

_____

(1) Journaux du 21 avril 1894.

ensemble des fêtes extraordinaires. Il m'offrait des preuves.

En résumé, M. Charles Bertrand soutenait que ses frères et lui étaient victimes d'une machination abominable, qui avait pour auteurs deux de leurs concurrents les moins recommandables, M. Marius Sammarcelli, ex-croupier, ex-tenancier du « Washington », alors tenancier de la « Villa des Fleurs » d'Aix-les-Bains, et M. Isidore Bloch, tenancier du « Cercle de l'Escrime » et du « Casino de Dieppe », marchant d'accord avec M. Josué Crémieux, tenancier du « Cercle de la Presse ». Ils avaient circonvenu la magistrature et la police. M. Charles Bertrand demandait que le « Vieux Ponte » édifiât sur leur compte les juges, la police et le public, en faisant connaître leurs antécédents, leurs habitudes, leurs procédés, enfin, leurs titres à la confiance des autorités et des joueurs. Ce serait faire œuvre de justice et rendre service à tous ceux dont ils trompaient ou exploitaient la naïve crédulité. Il fournirait au « Vieux Ponte » les éléments d'articles qui feraient du bruit et dont tout le monde lui saurait gré.

Au cours de cette conversation, il n'a pas été un seul instant question d'argent. Il n'a été fait, d'autre part, qu'une seule allusion aux attaques du « Vieux Ponte », et c'est par M. Charles Bertrand : « Surtout, me dit-il, ne manquez pas de recommander au « Vieux Ponte » de m'attaquer. Nous avons affaire à de fines mouches qui ne manqueraient pas de se demander d'où il tient ses renseignements, et s'il me ménageait, ils ne tarderaient pas à me soupçonner. Du jour où la mèche serait éventée, je serais un homme perdu. » M. Charles Bertrand m'indiqua même quelques-unes des attaques qui seraient, selon lui, les plus utiles et qui lui feraient le plus de plaisir, mais je dois avouer que, sur ce point, le « Vieux Ponte » a eu la faiblesse de ne lui donner qu'une incomplète satisfaction.

M. Charles Bertrand, en me quittant, me recommanda
avec la plus vive insistance de ne rien dire à M. Heftler ([1]),
ni à personne, de ce qui s'était passé entre nous dans cette
entrevue et des rapports que nous devions avoir par la
suite. Il me demanda ma parole de garder le silence ; je la
lui ai donnée et je l'ai tenue. Aujourd'hui encore, je ne dis
que ce qui me paraît absolument nécessaire pour ma défense.

A la suite de cette première entrevue, M. Charles Bertrand est venu bien des fois chez moi. Il m'a aussi amené
plusieurs personnes pour me donner des renseignements.
Il m'en a indiqué d'autres avec lesquelles il ne pouvait
pas, disait-il, avoir à ce moment des rapports personnels.
Il m'indiquait comment on pourrait les voir, quelles questions il fallait leur poser, quels documents il fallait leur
demander.

On s'est souvent demandé, et on se demande peut-être
encore quelquefois, comment le « Vieux Ponte » pouvait
se procurer les renseignements si précis et si intéressants
dont ses « Lettres » étaient remplies. On le comprend, à
présent. Tous les renseignements qu'il a publiés sur
M. Marius Sammarcelli, la plupart de ceux qu'il a publiés
sur M. Isidore Bloch et sur beaucoup d'autres sont venus
de M. Charles Bertrand, qui, lorsqu'il ne les a pas fournis
directement, a donné les moyens de se les procurer.

Plusieurs fois, à la demande de M. Charles Bertrand, le
Vieux Ponte est revenu sur la même question : « Pourquoi

---

[1] M. Charles Bertrand m'a fait la même recommandation quand il
m'a prêté de l'argent et vendu des actions. « Pas un mot à M. Heftler »,
répétait-il sans cesse. C'était sa constante préoccupation. M. Heftler
n'a rien su par moi, mais M. Charles Bertrand, quand il a déposé
devant M. Dopffer, a mis dans ma bouche les propos qu'il m'avait
tenus. Il a prétendu que je lui avais recommandé de ne rien dire à
M. Heftler. Il a dit le contraire de la vérité.

le préfet de police, M. Lépine, est-il si sévère pour les uns et si indulgent pour les autres? Pourquoi renvoie-t-il de leurs tripots les Bertrand, alors qu'il laisse Crémieux (Josuë) à la Presse et Bloch (Isidore) à l'Escrime? »

Souvent M. Bertrand arrivait le matin tout essoufflé : « Mais enfin, s'écriait-il, qu'est-ce qu'il a ce préfet de police? Qu'est-ce qu'il veut? Qu'est-ce qu'il lui faut? C'est un enragé! C'est un fou! »

Il n'était pas furieux seulement de l'arrestation de M. Henry Bertrand, de son expulsion à lui, Charles, et de l'expulsion de son frère Léon. Les autres mesures prises par le préfet de police, dans le but chimérique de moraliser les tripots, d'y empêcher les tricheries et les prêts, le mettaient hors de lui, surtout celle qui exigeait la présence constante dans les salons de jeu de trois agents de la brigade des jeux. « Si on voulait voler, disait M. Charles Bertrand, ils n'empêcheraient rien, ils ne connaissent pas les trucs, ils ne sont pas « affranchis » (1). Ils arrivent avec des souliers tout crottés, ils ne s'essuient même pas les pieds en entrant, ils s'étalent dans les meilleurs fauteuils, ils sont insolents, grossiers, ils font fuir les joueurs. Il m'apprit que parmi ces agents se trouvait un nommé Lepoix, plus insolent que tous les autres, qui était, disait-il, le protégé, la créature, le stipendié de M. Isidore Bloch. « Dites donc au Vieux Ponte de l'attraper, répétait-il sans cesse, dites au Vieux Ponte qu'à la préfecture de police on l'appelle le Plumeau. »

Un jour du mois de novembre, il fut question d'une nouvelle mesure destinée à restreindre la facilité d'admission dans les cercles ouverts. M. Charles Bertrand accou-

---

(1) Il faut une véritable étude pour devenir affranchi. L'affranchi voit quand on triche et comment on triche. Il est impossible que le non-affranchi y voie jamais rien.

rut. C'est sur ses instances et d'après ses indications,
presque sous sa dictée, que parut le lendemain, dans le
XIXᵉ Siècle, une lettre du Vieux Ponte, contenant entre
autres ce passage :

M. Lépine parle à présent de prescrire qu'il ne pourra plus y
avoir dans les cercles ouverts de réception que tous les quinze
jours. Quelle sera la sanction ? L'agréable personnage que Bloch
honore d'une amitié particulière, M. Lepoix, *le Plumeau,*
comme on l'appelle à la préfecture de police, ira-t-il prendre
au collet, pour les **empêcher** d'entrer, les joueurs qu'il soupçon-
nera de n'avoir pas été affichés pendant le temps réglementaire?

Il en sera de cette mesure comme de **toutes** celles qu'a prises
M. Lépine : elle embêtera plus ou moins les joueurs, mais elle
ne changera rien au train-train des tripots. En somme,
qu'a-t-il fait jusqu'ici ce préfet de police qui devait tout pour-
fendre? Des menaces et rien de plus. Il a, il est vrai, consigné
Charles et Léon Bertrand à la porte de leurs tripots, mais cette
exclusion a eu surtout pour effet de souligner la faveur extraordinaire et inexplicable dont M. Lépine entoure d'autres
tenanciers tout aussi peu recommandables que les Bertrand ([1]).

C'est encore à la demande expresse de M. Charles Bertrand que le Vieux Ponte écrivait le 27 décembre.

Dans les cercles ouverts, la situation est toujours la même.
M. Lepoix continue à promener à travers les salons son encom-
brante personnalité, adressant à ses chefs des rapports favorables ou contraires, selon les sentiments que les tenanciers
ont eu l'habileté ou la maladresse de lui inspirer.

Je serais certainement autorisé à dire que les nombreux
articles dont je viens de citer deux courts extraits représentaient une publicité que j'étais en droit de me faire

---

([1]) Lettre du Vieux Ponte, du 17 novembre 1893.

payer ce qu'il me convenait, et je pourrais demander quelle qualité peuvent avoir les tribunaux en l'absence de toute législation pour tracer la limite entre la publicité permise et celle qui ne l'est pas et pour en fixer le prix. Dans l'affaire des cercles, Mᵉ Morillot, avocat de M. Camille Dreyfus, a donné lecture de la déposition de l'administrateur d'un grand journal, alors dirigé par un député, qui a déclaré au juge d'instruction qu'avec le consentement de son directeur, il avait reçu un jour 10,000 francs pour un article de quelques lignes en faveur des bookmakers. Personne n'y a trouvé rien à redire. Dans un autre procès, un autre administrateur a déposé que le prix ordinaire des premiers-Paris de son journal était de 3,000 francs. Il y a des journaux qui trouvent très honorable de recevoir plus de 60,000 francs par an de la maison de jeu de Monaco, pour publier de temps à autre quelques lignes en faveur de ses concerts. A l'époque où il fut question du renouvellement du privilège de la Banque de France, l'honorable M. Magnin fit offrir aux journaux des sommes plus ou moins importantes pour obtenir leur concours ou leur neutralité, et certains journaux, qui avaient auparavant critiqué le projet, n'éprouvèrent pas plus de scrupules à les accepter que n'en avait éprouvé M Magnin à les leur proposer. Toutes les grandes compagnies, tous les banquiers, tous les monopoles, on peut ajouter tous les intérêts usent pour leur défense de procédés analogues. En dehors du journal de M. Méline, la *République française*, dans laquelle ils ont mis comme entrée de jeu 1,250,000 francs, les protectionnistes subventionnent une quantité de journaux et de publications de toute espèce. Les libre-échangistes, moins riches, en font de même sur une échelle moindre Je sais un financier qui, il y a quelques années, a distribué 1,400,000 francs en quelques semaines aux journaux et aux journalistes pour la défense d'un projet qui d'ailleurs fut repoussé. Est-ce que cela regarde les tribunaux? S'il plaît à quelqu'un de payer 100,000 francs une insertion de mille lignes ou de cent lignes, ou même d'une seule ligne dans un journal, auraient-ils la prétention de s'y opposer? Et si quand il aura obtenu ce qu'il désirait, quand il n'aura plus besoin de publicité, il plaît au même individu de venir dire qu'il y a eu erreur, qu'il n'a payé cette publicité, dont il était naguère si avide, si impatient, que dans la crainte d'être attaqué, les tribunaux condamneront-ils pour chantage le journal qui aura bien voulu faire cette publicité? A ce compte-là, tous les banquiers, tous les industriels, tous les négociants, tous les directeurs de casinos et de cafés-concerts, tous les plaideurs qui ont jamais fait à un titre quelconque de la publicité, pourraient toujours, dans les trois ans, se la faire rembourser. Ils n'auraient qu'à dire aux journaux : « Remboursez-nous ou nous dirons que nous ne vous avons donné de la publicité que par crainte de vos attaques! »

Mais la question de mes rapports avec M. Charles Bertrand ne se pose même pas ainsi. Il avait fait appel à mes sentiments d'équité. Il avait sollicité mon concours contre les injustices dont ses frères et lui étaient victimes et dont la plus grosse, l'incarcération prolongée de M. Henry Bertrand, a été reconnue par l'arrêt de non-lieu de la chambre des mises en accusation. Il m'avait supplié de montrer aux magistrats, à la préfecture de police, au public que les autres tenanciers, qui poursuivaient ses frères et lui de leur haine rancunière et jalouse, ne valaient pas mieux qu'eux. Il m'avait demandé de combattre les mesures prises par le préfet de police contre les cercles, après m'avoir, au préalable, fait comprendre que ces mesures étaient aussi insuffisantes et inutiles que vexatoires, ce qui était la vérité et ce qui venait à l'appui de la thèse soutenue par le *XIX° Siècle*, qu'on pouvait hésiter entre la suppression et l'affermage des jeux, mais que tout ce qui pourrait être tenté en dehors de ces deux solutions pour empêcher l'innombrable légion des joueurs d'être volés, serait vain, et que le plus détestable comme le plus dangereux de tous les systèmes était le système actuel qui faisait peser sur le gouvernement et sur la police toutes les responsabilités, qui les exposait à toutes ces suspicions sans compensation et sans profit.

Tous les services que M. Charles Bertrand m'avait demandés et que je pouvais honorablement lui rendre, je les lui avais rendus.

Ayant eu par la suite besoin d'argent, je lui en ai emprunté et je lui ai vendu des actions du *XIX° Siècle* que j'avais payées de mes deniers. Pourquoi avais-je besoin d'argent? Je l'ai dit Parce que j'avais voulu avoir un journal dont je fusse le maître, parce que j'avais mis dans le *XIX° Siècle* tout ce que je possédais, parce que la guerre que m'avait faite le *Petit Journal*, avec l'appui du gouvernement de M. Charles Dupuy, m'avait entraîné à des dépenses exagérées, parce que j'avais, en un mot, apporté à la défense du programme de réformes politiques et sociales que j'avais adopté, trop d'obstination et d'ardeur. C'est sur cette meule que j'ai usé ma fortune et ma vie.

Je me suis adressé à M. Charles Bertrand pour m'avancer les sommes dont j'avais besoin, par la raison toute simple que je me trouvais être en rapport avec lui et qu'il est aussi connu sur la place de Paris comme prêteur d'argent que Potin comme épicier. Il l'a fait de bonne grâce, non cependant sans avoir pris ses renseignements [1].

---

(1) Dans l'affaire Henry Bertrand, M. le substitut Lecherbonnier a dit que les frères Bertrand, quand ils prêtaient de l'argent, s'entouraient des plus minutieux renseignements.

Par quelle aberration pourrait-on voir dans une pareille opération, qui n'a été précédée d'aucune menace, une extorsion de fonds, c'est-à-dire, pour appeler les choses par leur nom, un vol? En me prêtant cet argent, M. Charles Bertrand a fait ce qu'il fait tous les jours et même plusieurs fois par jour, puisque son métier, comme celui de ses frères, est de prêter de l'argent et que c'est en exerçant ce métier, il ne s'en cache pas, et celui de tenancier de cercle, qu'il a fait sa fortune. Faut-il ajouter que sans la catastrophe inouïe qui a brisé ma vie et grâce à laquelle on m'a spolié de tout ce que je possédais, j'aurais bientôt tout remboursé, capital, intérêt et commission?

J'ai, en outre, vendu à M. Charles Bertrand, exactement au prix qu'elles me coûtaient, des actions du *XIXe Siècle*, qui étaient ma propriété personnelle et dont j'avais le droit de disposer au profit de qui bon me semblait. Est-ce que ce n'est pas là encore une opération parfaitement licite? Est-ce que d'aventure les Français. qui ont la fâcheuse idée de se faire journalistes, se trouveraient, par cela seul qu'ils entrent dans la presse. déchus de leurs droits de citoyens? Est-ce qu'il ne leur serait plus permis d'emprunter de l'argent, de signer des effets, de vendre ou d'acheter des titres? N'auraient-ils plus le droit d'avoir besoin d'argent?

Que M. Charles Bertrand me réclame le montant de ce que je lui ai emprunté, c'est son droit, mais qu'après ce qui s'est passé entre nous, après les services qu'il m'a demandés et que je lui ai rendus, il ose m'accuser de chantage, ah non, ah non! Cela passe la permission.

Mais est-ce bien lui qui m'accuse? A-t-il vraiment dit de lui-même tout ce que contiennent ses dépositions à l'instruction et à l'audience, ou le lui a-t-on fait dire? L'impression générale, à l'audience publique du 14 février, a été qu'on le lui avait fait dire. Son témoignage et celui de

M. Bloch avaient si peu l'air d'être l'expression de la
vérité, que dans plusieurs journaux on s'écria le lendemain : « A Mazas ces coquins, à la fois délateurs et faux
témoins ([1])! »

([1]) *Petite République* du 16 février et autres.

XV

Affaire Bertrand — L'instruction secrète.

Plaintes unanimes contre les juges d'instruction. — Il n'y a pas de bons juges. — Morale professionnelle. — L'histoire d'une réforme. — Une conséquence de l'affaire des cercles. — Promesse du cabinet Bourgeois. — Omnipotence du juge d'instruction. — Son ordonnance dicte aux juges leur jugement. — Un trompe-l'œil. — Une interview de Mme Dupas. — Phénomène de suggestion. — La femme Doize. — Histoire d'une bague. — La terreur du juge. — Plutôt la mort ! — L'estrapade et les coquards d'eau. — Déposition Félix Martin. — Mme Persil. — Le procès des omnibus. — Le chantage des juges d'instruction. — Le triage des dépositions. — Déposition de M. de Rothschild. — M. Ernest Boulanger chez M. Dopffer. — M. Pereire, journaliste. — M. Bertrand part pour Bruxelles. — Erreur de compte. — Pour éviter un effondrement. — Une accusation bâtie de chic. — Les hallucinations de M. Thomas. — Qu'est-ce que le chantage ? — Les chantages de M. Dupuy. — Délit de fantaisie. — La justice des tenanciers.

Dans un grand nombre de procès récents, on a entendu tantôt les accusés, tantôt les témoins, souvent les uns et les autres, se plaindre des juges d'instruction auxquels ils avaient eu affaire. Les mêmes plaintes ont été formulées contre M. Bertulus pour l'affaire Henry Bertrand et pour l'affaire de la grève des omnibus, contre M. de Cosnac pour l'affaire Félix Martin, contre M. Dopffer pour l'affaire des cercles, contre M. Epinas pour l'affaire Dupas, contre M. Meyer pour l'affaire des Trente et pour Lebaudy, etc., etc. Qu'en conclure sinon qu'avec les lois qui régissent actuellement l'instruction criminelle, il ne peut guère y avoir de bons juges d'instruction ?

Voici un juge qui derrière chaque plainte voit un coupable, derrière chaque dossier un criminel, qui a son opinion faite à priori et qui n'en veut pas démordre. Il n'écoute rien, n'entend rien, ne voit rien. Il brutalise l'accusé, le terrorise, le torture pour lui arracher des aveux ou au moins des réponses compromettantes ; il menace les témoins, il pratique à leur égard le plus odieux des chantages, il falsifie leurs dépositions ; il apparaît aux malheureux justiciables comme un être méchant, dépravé, féroce, inaccessible à tout sentiment d'humanité, même de justice, aimant à se repaître de douleur humaine. Ce juge est haïssable et il est haï de tous ceux qui sont tombés entre ses griffes ou qui n'ont fait que les entrevoir. Et cependant ses parents, ses amis, ses connaissances vous diront que c'est le plus honnête homme du monde, le plus loyal, le plus juste, le plus généreux, le plus accessible à la pitié : il ne ferait pas du mal à une mouche. Seulement il considère comme un devoir de trouver quand même un coupable chez tous les accusés et, au point de vue spécial où il se place, il a raison, car plus il a su trouver de coupables, plus il est estimé de ses collègues et de ses chefs.

Il ne faut pas confondre la morale courante avec la morale professionnelle. Chaque profession a sa morale propre qui n'a rien de commun avec la morale ordinaire. Ce qui est crime dans l'une est vertu dans l'autre [1].

_____

[1] M. A. Hamon a publié sur ce sujet une remarquable étude de psychologie intitulée : *Psychologie du militaire professionnel.* (Albert Savine, éditeur.)

L'Assemblée constituante de 1789 avait créé l'instruction publique et contradictoire. Douze ans après, le 7 pluviôse an IX, Bonaparte, premier consul, en revenait à l'ordonnance de Colbert de 1670, ressuscitait le secret et établissait le régime de procédure pénale dont tous les amis de la liberté et de la dignité humaine n'ont cessé depuis de poursuivre la réforme. Sous le deuxième Empire, elle était demandée par Prévost-Paradol, Jules Favre, Berryer, Gambetta, Dufaure, Carnot (Hippolyte), Odilon Barrot. Dans les premières années de la troisième République, en 1873, un nouveau projet était proposé à l'Assemblée nationale par Jules Favre et Ernest Picard. En 1879, après le 16 mai, un projet analogue fut voté par la Chambre, à laquelle le Sénat finit par le renvoyer tellement amendé qu'il était méconnaissable et ne signifiait plus rien. Pendant seize ans, ce projet voyagea entre le Palais Bourbon et le Luxembourg ([1]. Il vit passer quatre législatures, une vingtaine de ministères, quatre présidents de la République, et il dormait encore dans les limbes parlementaires quand éclata l'affaire des cercles. Le premier moment de stupeur — et il faut bien le dire aussi de terreur — passé, chacun eut le sentiment qu'une monstrueuse iniquité était en train de se commettre et que tout le monde pouvait être victime d'une iniquité semblable. La question de la réforme des articles du code d'instruction criminelle, qui instituent ce qu'on a justement appelé l'instruction inquisitoriale et secrète, fut alors remise à l'ordre du jour. Elle est aujourd'hui réclamée par tous les partis. Elle est inscrite sur le drapeau du parti socialiste et révolutionnaire; le Sénat en est saisi par un projet qui fait à son auteur, M. Constans, le plus grand honneur.

---

[1] Il faut rendre justice à M. Bovier-Lapierre, député de l'Isère, qui but nommé rapporteur en 1887 et qui n'a rien négligé pour faire voter le projet.

Dans la *Revue des Deux Mondes* du 1ᵉʳ décembre 1895, M. Georges Picot, de l'Académie des sciences, indique comme un des principaux articles du programme que le parti conservateur devrait adopter pour lutter efficacement contre le socialisme (¹) : « la réforme du code d'instruction criminelle, surtout en ce qui touche les pouvoirs sans frein ni responsabilité du juge d'instruction. » « Les procédés actuellement en usage, ajoute-t-il, loin d'être une force pour la magistrature, se retournent contre elle. » C'est aussi l'avis des magistrats. « La protestation contre le secret de l'instruction semble générale, dit M. l'avocat général Jean Cruppi dans un remarquable et très intéressant article de la *Revue des Deux Mondes* du 1ᵉʳ novembre 1895, et ce serait à notre avis marcher d'accord avec le sentiment public de faire disparaître de notre code cette pratique surannée, *aussi dangereuse pour les juges que pour l'accusé* : cette pratique qui compromet les gouvernements sans servir la société et qui, suivant l'expression du grand jurisconsulte anglais Stephen, empoisonne la justice à sa source (²). » Le ministère Bourgeois, enfin, arrivant au pouvoir, avait promis qu'il appuierait la réforme qui depuis si longtemps figure parmi les principales revendications du parti radical. Dans la déclaration ministérielle lue le 4 novembre 1895 à la Chambre par M. Léon Bourgeois, président du conseil, au Sénat par M. Ricard, garde des sceaux, on remarquait ce passage :

Nous appuyerons les propositions qui ont pour but d'établir le débat contradictoire dans l'instruction correctionnelle et criminelle. Nous demanderons même, *comme la garantie la plus efficace contre les attaques dont la justice, dans un pays*

(¹) « La lutte contre le socialisme. » *Revue des Deux Mondes* du 1ᵉʳ septembre 1895, p. 608.

(²) « La cour d'assises de la Seine », par JEAN CRUPPI. *Revue des Deux Mondes* du 1ᵉʳ novembre 1895, p. 40.

libre, ne doit jamais être l'objet, d'établir dans la mesure compatible avec la sûreté de la poursuite, certaines conditions de publicité de l'instruction.

Mais les ministères passent et les abus restent...

Si jamais cependant cette réforme, pour laquelle j'ai lutté déjà sous l'Empire comme publiciste et qu'on me réduit aujourd'hui à défendre comme accusé, finit par aboutir, au moins partiellement, ce sera grâce à ce procès des cercles dans lequel j'ai été broyé. C'est ainsi que dans ce monde les idées de progrès triomphent par la ruine et le désastre de ceux qui les ont le plus longtemps et le plus ardemment défendues...

Tous les journaux ont signalé cette conséquence de l'affaire des cercles. Je citerai comme exemple quelques extraits d'une remarquable campagne faite dans le *XIXᵉ Siècle*, qui était passé sous la direction de M. Lefèvre ([1]). Ils donnent une idée très exacte de ce qui s'est dit et imprimé à ce propos un peu partout.

Pour remettre la réforme à l'ordre du jour, pour réveiller l'opinion et provoquer ses revendications, il a fallu la surprise et le scandale des procès politiques et des instructions tendantielles de ces derniers temps. M. Dopffer, après tout, aura peut-être rendu service à la cause de la réforme.

(*XIXᵉ Siècle,* 24 mars 1895.)

Les derniers services que la magistrature a rendus à M. Dupuy — lequel, d'ailleurs, en est mort — ont remis sur le tapis la question de l'instruction secrète...

L'instruction secrète et ses procédés inquiètent évidemment l'opinion. Le public, jusqu'à présent, lorsque par hasard il venait à sa connaissance quelque détail des vexations, des cruautés, des ignominies que des prévenus, c'est-à-dire des innocents présumés, avaient eu à subir, se figuraient que

---

([1]) M. Lefèvre est devenu directeur du *XIX⁰ Siècle* et du *Rappel* par suite de la mort du regretté Auguste Vacquerie.

c'étaient là des exceptions, des scandales accidentels, rares et qu'il suffisait de signaler pour qu'on ne les revît plus.

Aujourd'hui, le public commence à comprendre qu'il se trompait, que c'est la règle et non l'exception, la pratique constante et non point l'accident. Et la conscience des honnêtes gens en manifeste hautement son irritation.

On commence à comprendre qu'avec les pratiques gouvernementales et procédurières que l'hypocrisie haineuse des « verdâtres » (¹) et les haines sans scrupules de leurs gouvernements ont mises à l'ordre du jour, il n'y a plus de sécurité pour personne et que les plus honnêtes gens du monde peuvent être exposés à cette formidable aventure d'avoir maille à partir avec un juge d'instruction.

(*XIXᵉ Siècle*, du 24 mai 1895.)

Jadis, quand la justice n'était redoutable qu'aux voleurs, les vices de la procédure et les abus de pouvoir des juges n'inquiétaient que médiocrement le bon public. On se disait, avec confiance : « Ça ne touche pas les honnêtes gens. » Aujourd'hui que les voleurs, ayant grossi, deviennent parfois redoutables à la justice et, la politique s'en mêlant, sont assez forts pour lui faire donner des ordres, personne n'est plus à l'abri du juge d'instruction. Il suffit d'un gros financier enrichi de faux dividendes, ou de quelques grandes compagnies éprouvant le besoin de détourner sur de pauvres diables les rigueurs qu'elles auraient encourues, pour mettre en mouvement ces grosses influences politiques dont l'intervention se résout en procès. Et les théories de nos financiers, acceptées et mises en pratique par nos juges, ont de quoi ne rassurer personne. Il est clair qu'on peut devenir, sans savoir comment, justiciable de M. Dopffer : de sorte que chacun se préoccupe, désormais, des pouvoirs sans limite, des droits sans contrôle, de l'arbitraire

---

(¹) On appelait « verdâtres », sous la Révolution, ceux qui, sous prétexte de vertu, avaient fait de la guillotine un instrument de règne et envoyaient à la mort, sous les accusations les plus absurdes, leurs adversaires politiques. « Robespierre vert de mer », disait Camille Desmoulins.

sans responsabilité que le code d'instruction criminelle confère
au juge d'instruction.

Et quand on y regarde d'un peu près, il y a de quoi n'être
pas tranquille, eût-on la conscience plus pure qu'un cristal
sans tache. Personne, personne absolument, n'est assuré de ne
pas trouver en rentrant chez soi la surprise désagréable d'un
mandat de comparution.   (*XIXᵉ Siècle*, 31 mai 1895.)

Les scandales des dernières instructions ont fait plus pour
mûrir l'opinion que toutes les polémiques de journaux.
M. Dopffer quêtant des plaintes contre des détenus dont on
voulait, à toute force, faire des prévenus ; le même M. Dopffer
refusant de recevoir des plaintes contre des délinquants dont on
ne voulait, à aucun prix, faire des accusés, voilà qui a suffi pour
mettre sérieusement sur le tapis la réforme de l'instruction
criminelle.   (*XIXᵉ Siècle*, 17 juin 1895.)

Comme signe caractéristique de l'impression générale,
je citerai aussi, parmi tant d'autres, un article paru au
milieu de l'instruction de cette affaire des cercles, dans un
journal populaire très modéré qui ne marche pas à l'avant-
garde de l'opinion, qui ne fait que la suivre même d'assez
loin, le *Petit Parisien*. Cet article, intitulé *La question
du juge*, débute ainsi :

Le juge d'instruction, depuis quelque temps, a pris une large
place dans les affaires publiques. C'est, à l'heure présente, le
pouvoir le plus agissant qui soit en France, et ses décisions
quotidiennes sont des événements. Il tient sous sa main la
presse, la finance et, du même coup, la politique. Il triture les
prévenus et plane sur les suspects comme une menace. Tous
les matins et tous les soirs, le public recherche, anxieux, les
nouvelles de son cabinet, et, comme le gouvernement après
chaque conseil des ministres, le juge donne aux informateurs
le bulletin officiel de ses opérations du jour.

Ce pouvoir presque sans limites et sans contrôle a quelque
chose d'effrayant. Un homme, inconnu la veille, se trouve

tout à coup maître absolu des événements. Personne n'a d'ordre
à lui donner ni même de conseils à lui faire entendre. Il opère
seul, dans le secret, dans la nuit du huis-clos, sans témoins,
n'ayant de compte à rendre à personne, et son pouvoir, absolument irresponsable, est absolu, discrétionnaire. C'est un dicta-
teur qui, n'ayant même pas la responsabilité de ses erreurs ou
de ses fautes, exerce sur les affaires du pays, et peut-être sur ses
destinées, une action puissante.

Le juge d'instruction peut, sur une simple plainte d'un
individu suspect comme le tenancier de tripot Isidore
Bloch, ou même sans plainte, sur la simple dénonciation
d'un mouton comme de Clercq, ou même sans dénonciation,
sur un simple soupçon, faire arrêter n'importe quel
citoyen, le faire passer par le dépôt, par l'anthropométrie,
par toutes les horreurs de l'emprisonnement préventif, le
mettre au secret, le ruiner, le déshonorer ; mais là ne se
borne pas son pouvoir. L'ordonnance par laquelle il
renvoie l'accusé devant le tribunal correctionnel, dicte au
tribunal son jugement : « Attendu, dit-elle, qu'il y a contre
le prévenu charges suffisantes... »

Ce qui rend l'omnipotence du juge d'instruction encore
plus effrayante, c'est que dans la pratique celui qui l'exerce
n'est en réalité qu'un commis auquel le ministre dirigeant
communique à toute heure ses ordres par l'intermédiaire
du procureur de la république. Si le juge (¹) n'accepte pas
le rôle de commis, on le change. Cette réponse si fréquente des ministres : « La justice est saisie », est une des
plus ridicules farces de la comédie politique. Quand ils
l'entendent, tous les députés devraient se lever pour
riposter : « Mais la justice, c'est vous ! »

Dans les audiences à la vapeur de la police correctionnelle, le tribunal, le voudrait-il, n'a ni le temps ni les

_____

(¹) Il y a à Paris vingt-huit juges d'instruction, entre lesquels le
gouvernement peut choisir.

éléments nécessaires pour se former une opinion. A quoi
bon, d'ailleurs? Le juge d'instruction n'est-il pas un magistrat consciencieux dont les décisions méritent toute confiance? Il a mis deux mois et demi, comme dans l'affaire
des cercles, ou six mois, comme dans l'affaire de la
Transatlantique, à instruire l'affaire; il a interrogé le
prévenu, il l'a retourné de toutes les façons, il a entendu
dix, vingt, trente témoins, peut-être davantage. Si après
une aussi minutieuse enquête, il a reconnu que l'accusé
était coupable, c'est qu'il l'est.

Le tribunal juge donc le plus souvent d'après les procès-
verbaux des interrogatoires de l'accusé et des témoins
devant le juge d'instruction qui, avec les notes de police
et les fameux dossiers annexes forment, comme je l'ai dit,
le dossier de l'accusation. Ces procès-verbaux sont dictés
au greffier par le juge d'instruction; ils ne donnent aucune
idée de la scène qui s'est passée dans leur cabinet. Au bas
de chacun d'eux se trouve, il est vrai, une mention disant
qu'ils ont été lus au prévenu ou aux témoins, qui les ont
signés. Mais ce n'est là qu'une vaine formalité, ou plutôt
qu'un trompe-l'œil. La plupart des témoins croiraient se
perdre s'ils osaient demander la moindre rectification à un
texte dicté en leur présence par le terrible magistrat. Ils
sont trop heureux que leur corvée soit finie; ils n'ont
qu'une hâte, c'est de s'en aller. Pour franchir la porte
une demi-seconde plus tôt, ils signeraient n'importe quoi.

Je sais un témoin qui, dans l'affaire des cercles, s'est
plaint, en sortant du cabinet du juge, d'avoir signé le contraire de ce qu'il avait dit : « Pourquoi n'avez-vous pas
refusé de signer? lui a-t-on dit. — Je n'ai pas osé (1). »

Le *Figaro* du 20 décembre 1895 a publié une interview

---

(1) Voir une très intéressante étude : *L'instruction inquisitoriale et
secrète*, par M. J. MUNIER-JOLAIN, avocat à la cour d'appel de Nancy.
Paris, A. Marescq aîné, 1880.

de Mme Dupas, citée comme témoin dans l'affaire de son mari :

Ma déposition finie et rédigée, avant de la signer j'ai voulu la lire. Mais le greffier m'a dit très brusquement :

— Signez sans relire. On vous fait déjà trop de faveurs, et vous les reconnaissez mal.

J'insistai, refusant de signer. Alors un agent me prit le papier et répéta :

— Vous ne lirez pas ! Si vous ne signez pas, on va le constater tout simplement.

Alors, absolument affolée, j'ai signé sans savoir quelles déclarations ils me faisaient approuver ainsi.

Quand le témoin a signé, il est lié. Le jour de l'audience, sa déposition, signée par lui de gré ou de force, est sous les yeux du président, qui l'interroge, qui l'observe et qui peut, s'il ne marche pas droit, le faire arrêter comme faux témoin. Il lui faudra un grand courage pour dire autre chose que ce qu'il aura signé. Si cependant il a ce courage, on lui lira les dépositions qu'il a faites devant le juge d'instruction. Elles seront parole d'Évangile. Il aura beau affirmer, sous la foi du serment, qu'on lui a fait dire le contraire de ce qu'il a voulu dire, qu'elles lui ont été arrachées, qu'elles sont le contraire de la vérité; elles seules compteront.

Les membres du tribunal souvent ont été juges d'instruction; ils n'ignorent donc pas la terrible suggestion exercée par ce magistrat sur ceux qu'il interroge. Ils devraient en tenir compte.

On a vu plus d'une fois nos modernes juges d'instruction obtenir par cette suggestion les mêmes résultats que le bourreau obtenait jadis avec le chevalet, les brodequins, les tenailles ou le fer rouge et faire avouer à des innocents des crimes ou des délits qu'ils n'avaient jamais commis. Il y a un exemple classique que rappelait, dans le *Radical* du

14 avril 1895, mon ancien collaborateur Sigismond Lacroix, celui de la femme Doize, à laquelle un juge
d'instruction fit avouer qu'elle avait tué son père, et qui
fut condamnée comme parricide, bien qu'elle fût absolument innocente (¹). Un autre de mes confrères, Pierre
Durranc, a raconté, dans la *Justice* du même jour, avec
sa verve accoutumée, l'histoire récente d'une pauvre domestique, accusée par sa maîtresse de lui avoir volé une
bague :

La prévenue proteste énergiquement de son innocence. Mais,
peu à peu, ses forces l'abandonnent. Chaque jour, c'est une
torture nouvelle; chaque jour, le juge d'instruction lui affirme
que ce qu'elle a de mieux à faire, c'est d'avouer.

Et, de guerre lasse, elle avoue.

— Oui, dit-elle, c'est moi qui ai dérobé cette bague. C'est
entendu. Mais maintenant que je vous ai tout dit, je vous en
supplie, laissez-moi en repos. C'est à devenir folle !

Le juge d'instruction se frotte les mains et se rengorge.
N'est-ce pas à force d'insistance et d'habileté qu'il est parvenu
à arracher un aveu à cette voleuse ?

L'affaire arrive devant la cour... Et la propriétaire de la
bague accourt, le bijou à la main. Cette bague ne lui avait
jamais été dérobée. On venait de la retrouver, sous clef, dans
une armoire !

Si par la simple suggestion, singulièrement aidée par la
menace implicite qui résulte généralement de son attitude,
de son ton, ou simplement de sa qualité, un juge d'instruc
tion peut obtenir d'un prévenu qu'il s'accuse lui-même et
rende ainsi sa propre condamnation inévitable, comment
un témoin, qui voit le gouvernement, la magistrature, la
police, la presse acharnés contre un accusé, qui a, par
conséquent, la certitude qu'en le chargeant il ne s'expose

(¹) Le véritable meurtrier fut découvert par la suite et le procès fut
revisé.

à aucun danger, qu'au contraire il se sauve, tandis qu'en ne le chargeant pas il se met, comme le faisait observer M. de Cosnac à M. Félix Martin, dans un mauvais cas [1], comment un tenancier auquel on ne dit pas brutalement, sans doute : « Accuse, ou on ferme ton tripot », « Mens, ou on tue ta poule aux œufs d'or », « Fais un faux serment, ou on t'arrête comme on a arrêté ton frère pour usure », mais auquel on le fait entendre, ne s'empresse pas de déclarer tout ce qu'il peut plaire à un juge d'instruction ou à un président de police correctionnelle de lui faire dire?

Quiconque a comparu devant un juge d'instruction, à titre de simple témoin, a pu éprouver quelle énorme difficulté il faut vaincre, même quand on est libre de toute attache avec la police, même quand on se croit sûr de n'avoir rien à craindre de la justice, quelle énergie il faut dépenser, quel courage il faut avoir, de quel héroïsme il faut être capable, pour ne pas dire ce que le juge d'instruction veut qu'on dise et pour dire ce que la vérité exige que l'on dise.

Les journaux du mois de mars 1895 ont enregistré un fait divers qui montre quelle impression peut produire sur un esprit de force moyenne une convocation devant le juge d'instruction. Un brave homme avait été cité à titre de simple témoin dans une première affaire, et il avait conservé de ses rapports avec la justice de son pays un tel souvenir que, recevant une nouvelle assignation pour une autre affaire, toujours à titre de témoin, il aima mieux se tuer que d'être interrogé une fois encore par un juge d'instruction.

Tout le monde évidemment ne se tue pas pour avoir reçu une assignation à témoin, mais tout le monde est plus ou moins gêné, inquiet, ennuyé.

---

[1] Déposition de M. Félix Martin, à l'audience du 15 février 1895.

Convoqué comme témoin dans l'affaire de la Transatlantique par M. Dopffer, qui voulait à toutes forces
trouver des coupables, M. Georges de Nouvion nous a
donné, dans le journal *Paris* du 26 mars 1895, un intéressant compte rendu de ses impressions :

Quand vous comparaissez devant la cour ou les tribunaux,
malheur à vous si votre « tête ne revient pas » à l'un des juges
ou au ministère public, si vous êtes intimidé par l'appareil de
la justice, si vous vous troublez d'avoir à parler en public ou si
même, ayant conscience de la gravité de votre déposition, vous
avez quelque hésitation à rappeler vos souvenirs ; l'un vous
menace, l'autre vous raille, et ils sont tout heureux quand l'auditoire pouffe de rire.

On vous lit votre déposition à l'instruction ; on tâche de vous
mettre en contradiction avec vos déclarations antérieures et, à
chaque moment, vous voyez le ministère public prêt à requérir
contre vous les peines édictées contre les faux témoins. Tout
cela est bien fait pour vous rendre votre sang-froid !

Avant cette torture publique, vous en avez subi une autre,
en petit comité, dans le cabinet du juge d'instruction. Ce magistrat, qui regrette encore le bon temps où l'on avait des
moyens sérieux de délier les langues, s'efforce de son mieux de
remplacer l'estrapade ou les coquards d'eau. Il se garde bien
d'aller droit au but, mais il procède comme le chat avec la
souris. Il trace autour de vous de savantes circonvolutions et
cherche à vous empêtrer dans vos réponses avant d'en venir au
point précis sur lequel il veut vous interroger.

De temps en temps, certains d'entre eux, pour obtenir la réponse qu'ils veulent, éprouvent le besoin de vous rassurer.
*Dernièrement j'avais été appelé, comme bien d'autres, chez
le juge d'instruction à la mode. Sur la foi de je ne sais
quels renseignements donnés par un fumiste* (1) *qui avait
voulu me jouer un mauvais tour, il avait désiré faire ma*

---

(1) Le fumiste n'était autre que le mouton de Clercq. C'est le
9 mars 1895 que M. de Nouvion fut entendu.

connaissance, et il me posait des questions auxquelles je répondais par une négation formelle. Ennuyé, sans doute, de la tournure que prenait l'entretien, il éprouva le besoin de me dire « qu'il n'était pas question de m'incriminer » et que je pouvais bien avoir agi sans saisir la portée de mes actes. Si agréable qu'il puisse être de se faire délivrer un brevet d'imbécillité, je persistai dans une négation qui était, du reste, absolument vraie.

Mais je pensais à tous ces pauvres diables qui s'étaient assis avant moi sur cette chaise et qui, tout tremblants, tout effarés, s'étaient laissé arracher, par des moyens analogues, des déclarations inexactes, sentant peser sur eux la menace du mandat de dépôt, voyant se profiler dans le couloir le tricorne du gendarme.

Encore n'est-ce pas tout.

Quand votre déposition est finie, le juge en dicte le résumé à son greffier. Ah ! c'est là que le témoin a besoin de toute son attention, de toute sa volonté. *On ne s'imagine pas les ressources que ce résumé fournit pour faire dire aux gens exactement le contraire de ce qu'ils ont dit, pour atténuer l'importance des déclarations gênantes pour l'accusation, pour aggraver la portée d'une parole échappée à un témoin ému ou peu versé dans les subtilités de la langue.*

Puis ce résumé partial terminé, on ne prévient même pas le témoin qu'il peut en demander *la correction ou refuser de le signer. On lui tend une plume en lui disant : « Signez ! » Et le malheureux signe, et quand il a signé on lui sert sa déposition à l'audience, et l'on n'admet pas qu'il puisse apprécier de vive voix des changements qui ne sont que des corrections justifiées.*

Ceux qui ont assisté aux débats publics du procès des cercles et du procès du journal *la Voie ferrée*, se rappellent avec quelle indignation et quelle véhémence M. Félix Martin ([1]) a renié les dépositions qu'il s'était laissé arracher par le juge d'instruction.

([1]) M. Félix Martin est ancien élève de l'École polytechnique.

Dans le procès des cercles, au sujet de M. Girard, il dépose à l'audience publique du 15 février :

Devant le juge d'instruction, je ne savais pas trop ce que je disais. On m'a fait dire ce qui n'était pas dans mon esprit. Aujourd'hui, je suis rendu à moi-même, je dépose en jouissant de toutes mes facultés. **Ma** déposition d'aujourd'hui doit **seule** compter, parce que seule elle est l'expression de la vérité.

Et plus tard, le 13 mai, dans le procès de la *Voie ferrée*, comme le président lui faisait observer que la déposition qu'il faisait à l'audience était en contradiction **avec celle** qu'il avait faite devant le juge d'instruction :

« Monsieur le président, répond M. Félix Martin, je vous prie de ne pas tenir compte de cette déposition.

M. LE PRÉSIDENT — Mais pas du tout, monsieur, elle est au dossier, je vais m'en servir.

M. FÉLIX MARTIN. — C'est que, monsieur le président, quand je l'ai faite, j'étais dans une situation fort pénible ; j'étais à peine un homme, j'avais perdu la mémoire, je répondais machinalement aux questions du juge d'instruction. J'avais été tellement maltraité... »

Dans l'affaire dite de « l'obole », Mᵐᵉ Persil, entendue comme témoin par la 11ᵉ chambre, à l'audience du 8 février, s'écrie douloureusement :

« Ce n'est pas commode vraiment ici de dire la vérité. On est un peu torturé quand on vient à cette barre.

— Enfin, madame, dit le président, voici ce que vous avez dit au juge d'instruction.

Et M. le président Levrier donne lecture de la déposition de Mᵐᵉ Persil.

— Oh ! monsieur, fit Mᵐᵉ Persil, c'est le style de M. le juge d'instruction, tout cela, ce n'est pas le mien... »

Enfin, dans le procès intenté à MM. Proust et Deville, à

la suite de la grève des omnibus, un des accusés, interrogé au sujet des déclarations qu'il aurait faites au juge d'instruction, répond :

« Je n'ai pas dit tout ce que le juge d'instruction m'a fait dire. Le juge d'instruction a dicté mes réponses. Il a beaucoup ajouté... »

Veut-on maintenant savoir à quels procédés ne craignent pas d'avoir recours des magistrats qu'inspirent la fureur de la poursuite, la frénésie de la condamnation?

Voici un fait dont les journaux n'ont pas parlé, mais que je tiens de source sûre.

Je suis depuis longtemps en relations avec un homme de mon âge qui occupe dans les affaires une situation très haute, très honorable et qui n'est pas seulement un financier, qui est aussi, qui est surtout un homme intelligent, instruit, spirituel, digne à tout point de vue de sympathie et d'estime. On dénonce nos relations à M. Dopffer qui le fait venir et qui, en présence de M. Thomas, lui demande ce qu'il peut dire contre moi.

Il répond : Rien.

Alors M. le substitut Thomas l'interpellant :

« Il y a lâcheté de votre part à ne pas déposer contre l'inculpé. Vous avez donc encore peur de lui !

— Je ne peux cependant pas, sous prétexte de crânerie, charger un innocent et faire une déposition mensongère. »

A ces paroles, M. le substitut Thomas s'écrie :

« Tous les banquiers sont des lâches ! »

A la place d'un homme occupant une grande situation, n'ayant rien à attendre ni à craindre des magistrats, mettez un pauvre diable ou même un riche diable, un tenancier de tripot vivant dans la crainte perpétuelle de la police et de la justice, comment voulez-vous qu'il résiste, qu'il n'avoue pas immédiatement à ce magistrat qui dispose du droit

d'arrêter les gens et de les ruiner : « Oui, monsieur le
magistrat, vous avez raison, je ne m'en étais jamais aperçu,
je ne me le rappelais pas, je vous demande pardon, mais
puisque vous le voulez, je m'en aperçois maintenant, je
me souviens. Oui, on a voulu me faire chanter... » ?

Et le tenancier, regardant la porte, ajoutera : « Maintenant que je vous ai dit ce que vous vouliez, j'espère que
vous allez me laisser partir... »

Mais mon histoire n'est pas finie.

On avait saisi chez moi des lettres et des dépêches
de la même personne. Elles commençaient par : « Mon
cher ami ». Deux petits bleus contenaient des invitations à
déjeuner.

« Vous ne rougissez pas, dit le juge à mon ami, en mon-
trant la cote qui renfermait ses autographes, vous ne rougissez pas d'avoir été en pareils termes avec ce misérable.
(Le misérable qui a volé la souscription de Vienne, etc., etc.)

— Ce misérable, répondit mon ami, avait mon estime...
Il l'a encore... Les injures que vous adressez à un absent
ne parviendront pas à me convaincre que je me suis trompé
autrefois et que je suis dans l'erreur aujourd'hui. »

Mais le juge et le substitut n'en voulaient pas démordre.
A la menace implicite accompagnée d'injures succède la
menace explicite.

« A votre aise, dit le juge, mais je n'en mettrai pas moins
dans le dossier les lettres et télégrammes que je viens
de faire passer sous vos yeux. Le tribunal appréciera.

— Je n'y vois pas d'inconvénient. Mais si vous trouvez
bon de placer dans ce dossier des lettres et des télégrammes
qui n'ont rien à voir avec l'affaire dont vous vous occupez
et qui n'ont jamais eu aucun rapport avec aucune affaire,
vous ne trouverez pas mauvais, qu'à titre de réciprocité, je
vous cite, en vous demandant de les faire figurer également
dans le dossier, les noms de certains ministres qui, avant

de faire droit à des demandes très légitimes que j'étais obligé de leur adresser, m'ont imposé la charge de distribuer certaines sommes à des journaux qui soutenaient leur politique... et parmi ces journaux ne figurait pas le *XIXe Siècle*. »

Le juge n'insista pas.

Comme cette déposition était à mon avantage et à l'avantage de M. Girard, comme elle n'avait pour auteur ni un mouchard, ni un tenancier de tripot, comme elle émanait d'un homme honorable et honoré, elle n'a pas plus que les petits bleus, dont je viens de parler, été jointe au dossier. Le juge d'instruction ne tient compte que des dépositions qui peuvent manifestement nuire à l'accusé. Les autres, celles qui lui sont favorables, sont soigneusement dissimulées au tribunal, au public et à l'accusé. Elles sont comme si elles n'avaient jamais existé. Le dossier n'en porte pas trace.

En voici une nouvelle preuve :

M. de Rothschild avait été souvent nommé, souvent attaqué dans le *XIXe Siècle*. Il n'en fallut pas davantage pour que le juge, en quête de plaintes, le mandât à son cabinet. Souffrant, paraît-il, d'une attaque de goutte, il se fit remplacer par un homme de confiance qui déclara que M de Rothschild n'avait aucune plainte d'aucun genre à formuler contre le *XIXe Siècle*.

Le dossier ne dit mot de cette déposition.

Il passe également sous silence celle de M. Ernest Boulanger, sénateur, ancien président de la Compagnie générale des omnibus, actuellement premier président de la cour des comptes. M. Dopffer, dans son ardeur à trouver des plaignants plus recommandables que les tenanciers de cercles et moins suspects, plus indépendants de la police, avait fait défiler dans son cabinet tous les banquiers que les délateurs lui avaient désignés : le Comptoir d'escompte, le Crédit lyonnais, la Compagnie parisienne du gaz, la maison Rothschild, etc. N'étant parvenu ni par l'intimidation, ni par la menace, ni par la séduction à faire dire par aucune société de crédit, par aucun banquier, par aucune compagnie industrielle ou financière, par aucun homme, enfin, digne de foi que le *XIXᵉ Siècle* ait jamais fait du chantage à l'égard de qui que ce soit, ne sachant plus où donner de la tête, il eut l'idée, ou on lui donna l'idée, d'interroger la Compagnie des omnibus. Le *XIXᵉ Siècle* l'avait souvent attaquée. Quel est le journal indépendant qui n'attaque pas de temps à autre, parfois même avec continuité, une compagnie qui donne prise à tant de critiques ? Peut-être ces attaques étaient-elles une menace dans le but de lui extorquer des fonds. M. Dopffer manda donc à son cabinet M. Boulanger, qui dès la première question répondit :

« Je ne connais absolument rien de l'affaire que vous instruisez. Comme président de la Compagnie des omnibus, je n'ai jamais eu aucun rapport avec le *XIXᵉ Siècle*, pas plus qu'avec son directeur politique ou son administrateur.

« Maintenant, monsieur le juge d'instruction, ajouta M. Boulanger, ne serait-ce que pour ne pas m'être dérangé en pure perte, permettez-moi de vous faire observer qu'en vertu des règles de la hiérarchie, ce n'est pas moi qui devrais être dans ce cabinet, mais bien vous qui auriez dû vous transporter dans le mien. Vous avez oublié, monsieur le juge, que j'avais l'honneur d'être le président de la cour des comptes. »

Quelquefois on n'escamote pas toute la déposition, on se contente de la tronquer, d'en supprimer le trait qui lui donne sa véritable physionomie. Ainsi dans l'affaire de la Transatlantique, M. Dopffer fait appeler M. Sibert, rédacteur à la ligne au *XIXᵉ Siècle*. Il lui demande si je ne l'ai pas envoyé à la Compagnie Transatlantique pour y demander de l'argent.

« Non, monsieur le juge, répond M. Sibert.

— Alors vous ne vous êtes jamais occupé de cette affaire ?

— Ah ! si, je me rappelle !

— A la bonne heure ! J'en étais sûr. Voyons, que vous rappelez-vous ?

— Je me rappelle que le directeur du *XIXe Siècle* m'a envoyé à la Bibliothèque nationale pour y copier certains articles contre la Compagnie Transatlantique.

— Et de qui étaient ces articles ?

— De M. Pereire ([1]). »

M. Dopffer n'a pas dicté à son greffier cette dernière partie de la déposition de M. Sibert. Elle ne figure pas au dossier.

On n'y trouve pas non plus la moindre trace des dépositions qui auraient pu éclairer le public sur les origines et les causes véritables du procès. Plusieurs fois pendant l'instruction, le secrétaire général du *Petit Journal*, M. Henri Poidatz, et mon concurrent aux élections de 1893 dans l'arrondissement de Gien, M. Alasseur, ont été vus entrant dans le cabinet de M. Dopffer. Qu'allaient-ils y faire ? Quel intérêt les y appelait ? Le dossier ne parle pas plus de leurs fréquentes et longues conversations avec le juge ([2]) qu'il ne

---

([1]) On verra plus loin que lorsqu'il voulut s'emparer de l'administration de la Transatlantique que les Pereire avaient dû quitter à la suite des scandales de l'Immobilière et du Crédit mobilier, M. Eugène Pereire avait fait contre la Compagnie, dans le journal *la Liberté*, une violente campagne qui ne fut pas considérée comme une campagne de chantage et qui d'ailleurs réussit. Le conseil d'administration capitula et céda la place à l'assaillant.

([2]) M. Alasseur est aussi venu plusieurs fois au *XIXe Siècle* conférer avec M. Imbert, qui le recevait dans mon cabinet. Il faisait à cette époque le plus grand éloge de M. Dopffer, mais il disait le plus grand mal de M. Lascoux, qui avait été chargé d'une commission rogatoire dans l'affaire de M. Merry, maire de Gien, et qui avait refusé de le recevoir.

parle des entrevues du juge avec le philosophe Ardisson.

De même pour les faits. Ceux qui pourraient servir à édifier le tribunal sur la valeur de certains témoignages sont soigneusement passés sous silence.

Je rappelais tout à l'heure l'histoire de ce brave homme qui aima mieux se tuer que de comparaître devant le juge. M. Charles Bertrand ne s'est pas tué, mais quand il a reçu la convocation de M. Dopffer, il a pris tout de suite le train pour Bruxelles.

Après son départ, son avocat, qui était en même temps celui de M. Isidore Bloch, alla trouver M. Dopffer, avec lequel il eut plusieurs conférences; puis, un beau jour, M. Charles Bertrand revint tout d'une traite se mettre à la disposition et à la discrétion de M. Dopffer. N'eût-il pas été intéressant de noter cet incident dans le dossier, de manière qu'à l'audience le président pût poser à M. Charles Bertrand cette question : « Pourquoi êtes-vous parti pour Bruxelles le jour où vous avez été convoqué chez le juge d'instruction et quelle raison vous a fait revenir ? »

Je faisais ces réflexions en examinant le volumineux dossier de l'affaire des cercles. En lisant les procès-verbaux des interrogatoires de M. Charles Bertrand, à chaque ligne je me demandais : « Comment a-t-il pu faire et signer une pareille déposition ? Comment a-t-il pu prétendre que je l'avais menacé ? Comment a-t-il pu dire qu'il m'avait donné de l'argent pour que le *XIXᵉ Siècle* ne l'attaque pas ? »

M. Charles Bertrand a dit dans ses dépositions devant le juge d'instruction, ou on lui a fait dire et il a répété d'une façon plus ou moins nette à l'audience, qu'au commencement de novembre 1893, à une date qu'il ne précise pas exactement, mais qui aurait suivi de très près notre entrevue chez M. Heftler, il m'aurait remis 20,000 francs, que dans le courant du même mois de novembre, il m'aurait remis encore 20,000 francs, cette fois contre des billets ; qu'au mois de mars, il m'aurait escompté un autre billet de 10,000 francs ; qu'enfin, au mois de mai, il m'aurait *prêté* 20,000 fr. de plus, ce qui ferait un total de 70,000 fr.

La vérité est qu'au mois de novembre 1895, j'ai emprunté à M. Charles Bertrand 20,000 francs, pour lesquels je lui ai remis des billets d'égale somme qui ont été renouvelés à leur échéance, pour lesquels je lui ai payé l'intérêt et l'agio ; qu'au mois de mars 1894, il m'a escompté un nouveau billet de 10,000 francs qui a été renouvelé dans les mêmes conditions ; qu'au mois de juillet, enfin, je lui ai non emprunté 20,000 francs, mais vendu pour 20,000 francs d'actions du *XIXe Siècle*, en payement desquels il m'a remis un chèque chez son banquier, M. Khan, 17, rue Scribe ; total, 50,000 francs.

Entre le compte de M. Charles Bertrand et le mien, il y a donc une différence de 20,000 francs.

Existe-t-il une preuve, un commencement de preuve du prétendu premier versement de 20,000 francs que M. Charles Bertrand m'aurait fait au commencement de novembre et qui, en réalité, font double emploi avec ceux pour lesquels je lui ai souscrits des billets dans le courant du même mois ? Non. Questionné à cet égard par le juge d'instruction, M. Bertrand a déclaré que sa comptabilité n'en portait aucune trace.

Il reste deux affirmations en présence, la sienne et la mienne. Qui croira-t-on ? L'ex-tenancier ou le journaliste ? L'homme qui s'est enrichi en exploitant des maisons de jeu et en prêtant de l'argent, ou celui qui s'est ruiné en défendant des idées généreuses et en mettant le public en garde contre les pièges des exploiteurs ?

Comme je n'ai jamais menacé M. Charles Bertrand et

comme la menace seule constitue le délit, il importe peu
au point de vue de ma culpabilité ou de mon innocence
juridiques que je lui aie emprunté 30,000 ou 50,000 francs,
que les opérations que j'ai pu faire avec lui roulent sur un
chiffre de 50,000 ou de 70,000 francs.

Mais au point de vue de la physiologie du procès, il est
très intéressant de rechercher comment ces 20,000 francs
supplémentaires ont été introduits dans le débat.

Voulant à tout prix fournir aux juges les éléments d'une
condamnation, M. Isidore Bloch, qui était redevenu l'ami de
M. Bertrand et qui le voyait tous les jours[1], avait dénoncé
à M. Dopffer le fait Bertrand et l'avait fait dénoncer par
son fidèle auxiliaire, le mouton de Clercq. « M. Bertrand,
dépose M. Bloch le 19 novembre, avant que M. Bertrand
soit entendu, M. Bertrand m'a dit que *pour faire
cesser les attaques du* XIXe SIÈCLE, *il avait payé
20,000 francs.* Je crois qu'il a payé davantage[2]. » C'est
sur cette donnée première que M. Dopffer a questionné
M. Bertrand. C'est d'après elle qu'il a dirigé son inter-

---

[1] Déposition de M. Charles Bertrand.

[2] Comme preuve de la complicité de M. Heftler dans l'extorsion
de fonds au préjudice de M. Charles Bertrand, dont j'étais accusé, le
jugement de 1re instance et l'arrêt de la cour disent que M. Heftler
se serait plaint à de Clercq de mon peu de générosité à son égard.
M. Heftler a formellement et énergiquement nié le propos, qui est un
des innombrables mensonges de de Clercq, car je n'ai eu à me montrer
ni généreux ni pas généreux à l'égard de M. Heftler, qui a ignoré les
opérations que j'ai faites avec M. Charles Bertrand ; mais comme le
propos était contraire à un prévenu, entre l'affirmation de M. Heftler
et celle de de Clercq, le ministère public et les juges ont préféré celle
de la « petite crapule » qui, d'après M. le substitut Thomas, « a l'habitude
du mensonge ».

De Clercq a aussi prétendu que M. Heftler lui avait raconté l'entrevue qui avait eu lieu chez lui entre M. Charles Bertrand et moi.
« M. Portalis, a-t-il dit, était au piano. » Il a inventé l'histoire pour
faire le mot. Tout le monde a ri. Les juges ont été convaincus. Ce sont
ces incidents d'audience qui décident le sort des procès criminels. La
plaisanterie d'un mouton à la solde de la préfecture tient lieu de preuve
décisive.

rogatoire. Or, si M. Bertrand s'était borné à dire la vérité, il eût été impossible de trouver dans cette affaire prétexte à poursuites et à condamnation. Elle se serait effondrée d'elle-même malgré mon absence, comme s'était effondrée l'affaire Trocard et comme se serait effondrée l'affaire Bloch, si celui-ci à la dernière minute n'avait imaginé de dire que de Clercq était venu le trouver de la part du *XIXe Siècle* et avait partagé avec moi le produit de son chantage Hemerdinger. Il n'y avait qu'un moyen d'empêcher cet effondrement : c'était de faire dire à M. Charles Bertrand que, *pour arriver à obtenir la cessation des attaques* du Vieux Ponte, — ce sont les termes mêmes de sa déposition — il m'avait, « cédant à mes exigences », remis tout de suite 20,000 francs en dehors de ceux pour lesquels je lui ai ensuite signé des billets...

Mais, d'une part, comme je l'ai dit dans le précédent chapitre, M. Charles Bertrand n'avait plus à craindre les attaques du *XIXe Siècle*, puisqu'il n'était plus tenancier, et il n'avait aucun besoin, d'autre part, de donner 20,000 fr. *pour arriver à obtenir la cessation* de ces attaques, puisque le *XIXe Siècle* non seulement ne l'attaquait plus, mais le défendait.

Est-il enfin vraisemblable que M. Charles Bertrand qui, pour le payement des actions du *XIXe Siècle*, avait tenu à me donner un chèque sur son banquier M. Khan, 17, rue Scribe, et qui, pour les 30,000 francs qu'il m'a prêtés, s'était fait faire des billets parfaitement en règle, m'ait remis ces premiers 20,000 francs sans me demander aucun reçu et sans s'arranger pour que ce versement laissât une trace quelconque ?

Ce qui prouve d'ailleurs que cette accusation concernant le fait Bertrand a été bâtie de chic et sur des données matériellement fausses, c'est la teneur du réquisitoire écrit et du réquisitoire oral de M. le substitut Thomas.

Après les premiers versements, dit le réquisitoire écrit, les attaques diminuèrent sans pourtant cesser tout à fait. Puis le *XIXe Siècle* ayant sans doute besoin d'argent, *elles redoublent d'intensité, au commencement de* 1894 ; Bertrand les apaisa un instant, en versant encore 10,000 francs à Portalis, le 10 mars, et, comme elles reprenaient le 25 mai suivant, *le malheureux fermier de cercle* s'imposait un nouveau sacrifice, en remettant au même un chèque de 20,000 francs pour obtenir un peu de répit.

Le ministère public commet une première erreur en appelant M. Charles Bertrand *le malheureux fermier de cercle ;* il ne l'était plus, ainsi que lui-même l'a déclaré à l'audience, depuis le mois d'octobre 1893; mais il en commet une autre beaucoup plus grave et plus difficile à comprendre en disant que M. Charles Bertrand m'a versé 10,000 francs, le 10 mars, *pour apaiser les attaques,* qui *avaient redoublé d'intensité au commencement de 1894.* C'est dans le redoublement de ces attaques du « Vieux Ponte » que M. le substitut Thomas voit, ainsi qu'il l'a redit à l'audience dans son réquisitoire oral, la menace constitutive du délit de chantage. Comme pour la souscription de Vienne, il aura été le jouet d'une hallucination. Si, en effet, il avait pris la peine de consulter la collection du *XIXe Siècle,* ce qui lui eût été facile, puisqu'il en avait fait saisir trois exemplaires, il aurait vu qu'*au commencement de l'année 1894,* le *XIXe Siècle* ne contient *pas l'ombre d'une attaque* contre M. Charles Bertrand, ni d'ailleurs contre aucun autre tenancier, ni contre aucun cercle. « Comment l'aurais-je pu, si je n'étais pas né, dit le héros de la fable ? » Comment ces attaques auraient-elles redoublé d'intensité puisqu'elles n'ont pas existé ?

M. le substitut Thomas renouvelle la même erreur et y insiste dans son réquisitoire oral, quand il dit : 1° que les attaques du « Vieux Ponte », « *adoucies quand Bertrand* venait de verser des fonds, reprenaient quand le XIXᵉ SIÈCLE *avait de nouvelles exigences* » (¹); 2° que j'ai touché de M. Charles Bertrand « 70,000 francs en huit mois, du mois de novembre 1893 au mois de juin 1894, c'est-à-dire *au cours de la violente campagne du* « *Vieux Ponte* » dans le XIXᵉ *Siècle* » (²).

Tout cela, c'est du roman, c'est de la fantaisie, c'est du rêve, c'est de l'hallucination. Les attaques du « Vieux Ponte » n'ont pas « été *adoucies* quand Bertrand venait de verser des fonds », puisqu'elles avaient cessé avant même que je visse M. Bertrand ; elles ne *reprenaient* pas quand le *XIXᵉ Siècle* avait *de nouvelles exigences*, puisqu'à partir de la fin d'octobre 1893 il n'a jamais été question dans le *XIXᵉ Siècle* de M. Charles Bertrand ou de ses frères que sur la demande expresse de M. Charles Bertrand, dans son intérêt, pour reprocher au préfet de police de se montrer si sévère à son endroit, alors qu'il était si indulgent pour les autres tenanciers ; enfin, comment M. le substitut Thomas a-t-il pu dire que les versements de M. Charles Bertrand avaient eu lieu *au cours de la violente campagne du* « *Vieux Ponte* », puisque lui-même déclare qu'ils ont eu lieu *en huit mois, de novembre 1893 au mois de juin 1894*, et que du 28 décembre 1893 au 25 août 1894 *il n'a pas paru dans le* XIXᵉ SIÈCLE *une seule lettre du* « *Vieux Ponte* » (³)? La preuve matérielle est là dans la collection du *XIXᵉ Siècle*. On n'avait qu'à l'ouvrir pour se renseigner.

C'est ainsi que le ministère public écrit l'histoire et c'est d'après l'histoire ainsi écrite que les juges condamnent.

(¹) « Sténographie du réquisitoire de M. le substitut Thomas. » (*Revue des procès célèbres*, p. 220.)

(²) *Ibid.*

(³) Du 8 au 28 décembre 1893, il n'a paru dans le *XIXᵉ Siècle* que deux lettres du « Vieux Ponte », qui ne contenaient ni le nom des Bertrand, ni aucune allusion les concernant.

La principale raison — même la seule — sur laquelle se sont appuyés le réquisitoire et le jugement pour dire que M. Charles Bertrand aurait cédé à des menaces écrites provient donc d'une erreur matérielle, grossière et manifeste.

J'ai démontré, d'autre part, que M. Charles Bertrand, qui n'a pas déposé plainte, n'a jamais été de ma part l'objet d'aucune menace verbale explicite ou implicite. Je l'ai démontré par l'exposé des faits, par le récit de notre première entrevue, par le caractère de nos relations, par l'indication de quelques-uns des services qu'il m'a demandés et que je lui ai rendus.

Telle est cette affaire Bertrand.

Si j'avais menacé M. Charles Bertrand, si je lui avais demandé de l'argent ou si j'en avais accepté de lui pour ne plus l'attaquer, je soutiens que ce serait une infamie de m'avoir pour cela poursuivi et condamné quand tant d'autres dans la presse, dans la politique et dans les affaires ont employé et emploient encore cette méthode pour arriver à la fortune et aux honneurs. Car, enfin, qu'est-ce que le chantage? Où ça commence-t-il? Où ça finit-il? Qui est-ce qui fait le chantage, qui est-ce qui n'en fait pas? Quand le chantage est-il déshonorant, quand est-il honorant? Quand est-il punissable, quand est-il récompensable? On a dit bien des fois que le premier homme qui avait fait du chantage était Jacob, quand il avait menacé Esaü de ne pas partager avec lui son plat de lentilles s'il ne lui cédait pas son droit d'aînesse. Et avant Jacob, Ève n'avait-elle pas fait du chantage comme toutes ses filles en font depuis le commencement du monde en disant à l'homme ou en lui donnant à entendre qu'elles ne lui accorderont ce qu'il demande que s'il leur donne ce qu'elles désirent? Le diplomate qui menace une puissance de la guerre, d'une guerre à coups de canon ou à coups de tarifs, si on ne lui accorde pas tels ou tels avantages ; le banquier qui vous menace de ne pas faire votre affaire si vous ne lui cédez pas une assez grosse part de bénéfices ; le propriétaire qui vous menace de ne pas vous louer sa maison ou de ne pas renouveler votre' bail, et le commerçant qui vous menace de ne pas vous céder sa marchandise si vous ne lui offrez pas le prix qui lui convient ; le député qui menace le ministère d'une façon explicite ou implicite de ne pas lui donner son vote s'il n'obtient pas sur l'heure tant de bureaux de tabac, telle place, telle faveur pour lui, pour ses proches ou pour ses amis ; le maire d'une commune, qui menace le député de ne pas voter et de ne pas faire voter pour lui si on ne lui accorde pas à lui personnellement ou à sa commune ce qu'il demande ; l'électeur qui menace le candidat de ne pas lui donner sa voix, ne font-ils pas tous plus ou moins et d'après des procédés divers du chantage ?

Dans un salon très élégant, j'entendais un soir une dame, qui occupe dans la politique une situation très importante et très en vue, faire ainsi sa profession de foi devant plusieurs hommes politiques parmi lesquels il y en avait de très purs : « Moi, quand le gouvernement ne m'accorde pas sur l'heure ce que je demande, je m'aligne ! » Et ce disant, elle faisait avec une moue charmante et un appel de pied mutin le geste de l'escrimeur qui se met en garde. Quand elle appliquait son programme, ne faisait-elle pas du chantage ?

Je ne parle pas de chantages autrement odieux : le chantage, dont je m'occupais tout à l'heure, des juges d'instruction disant aux accusés que s'ils ne se dénoncent pas eux-mêmes, « ils se mettront dans un mauvais cas » ; le chantage du ministère Dupuy, menaçant les journaux de les faire poursuivre et condamner s'ils lui font de l'opposition ou du moins un certain genre d'opposition ; le chantage du même M. Dupuy, faisant insérer dans le *Figaro* du 20 janvier 1895 cette note abominable :

Les juges d'instruction semblent piétiner sur place, mais qui nous assure que dans le cas de votes trop accentués de la part de certaines individualités compromises ils ne reprendront pas une offensive meurtrière (¹)?

Mais tout cela c'est le chantage permis, le chantage bien porté. Le seul chantage qui semble aujourd'hui prohibé est le chantage par la voie de la presse. En quoi donc consiste-t-il?

« Rien de plus net, dit M. Jean Richepin dans le *Journal* du 18 février 1896. Menacer de la plume et se faire payer pour ne point exécuter la menace, voilà du chantage!

« Mais, ajoute-t-il, ne se fait-on jamais payer qu'en argent? Et passer la casse pour qu'on nous rende le séné, n'est-ce pas aussi strictement une façon de chantage? Et louer, au détriment des gens de talent, un médiocre qui vous solde en services, qu'est-ce donc? Et se monter une galerie gratis en écrivant des salons? Et mettre au septième ciel, en la proclamant étoile, une mauvaise cabotine qui ne l'a été vraiment que sous le ciel de votre lit? Et apothéoser pareillement la maîtresse d'un homme en place, celle d'un critique influent? Et tant d'autres péchés véniels en journalisme, qu'est-ce donc, si ce n'est pas aussi du chantage? »

Et un directeur de journal ou un journaliste quelconque, s'il a assez d'autorité pour cela, qui, au lieu d'argent, se fera donner dans un marché, dans une entreprise, dans une affaire, un intérêt qu'il revendra l'instant d'après quelques centaines de mille francs ou même quelques millions, ne sera-ce pas du chantage?

« De quel droit, concluait M. Richepin, déclarer maître-chanteur celui qui se fait payer en argent et celui-là seulement? »

(¹) Beaucoup de journaux ont publié à propos de cette note des articles intitulés : *Vote au chantage*.

Mais même quand le payement a lieu en argent, où commence le chantage?

M. Marcel Habert, député de Seine-et-Oise, dans son discours du 29 novembre 1895, accusait de chantage tous les journaux qui reçoivent des subventions de la maison de jeu de Monaco, prétendant que « si, à l'exemple des grands financiers, elle avait pris l'habitude d'avoir un budget de publicité, c'était pour fermer la bouche aux personnes trop curieuses » (¹). Le même député signalait une curieuse inconséquence gouvernementale. Il montrait les ministres ordonnant des procès de chantage contre la presse et en même temps excitant la presse au chantage en permettant aux « établissements qui relèvent de son concours, comme la Banque de France, les compagnies de chemins de fer, le Crédit foncier », de donner de l'argent aux journaux sous forme de mensualité ou autrement dit pour être à l'abri de leurs critiques (²). « Ces établissements, s'écriait-il, font une besogne abominable. » Et s'adressant aux membres du gouvernement : « La démoralisation de la presse est en grande partie votre œuvre (³). »

D'après M. Millerand, il y a des journaux qui ne seront jamais accusés de chantage, ce sont ceux qui ont commencé par faire chanter le gouvernement en se faisant inscrire sur la liste des fonds secrets. Une autre opinion à citer dans le même ordre d'idées est celle de M. Carlier, représentant du syndicat des grandes compagnies de chemins de fer. Dans sa déposition devant la commission d'enquête parlementaire chargée d'examiner le cas de M. Raynal, il a fait cette déclaration : « On a dit récemment qu'il y avait la presse honnête et l'autre..., les publicistes dont les noms

---

(1) Séance du 29 novembre 1894. *Journal officiel* du 30.
(2) Séance du 13 février 1895.
(3) *Ibid.*

figurent sur nos relevés, ceux-là, je les considère comme
les publicistes les plus honorables ». D'où un député (¹) a
tiré cette conclusion qn'il n'y avait de presse honnête aux
yeux des grandes compagnies que celle qu'elles payaient.
L'autre, c'est la presse qui n'est pas honnête, c'est la
presse de chantage.

En somme, le délit de chantage ou, pour employer le
terme juridique, le délit d'extorsion de fonds est un délit
de fantaisie. Il existe ou il n'existe pas, selon le bon plaisir du gouvernement et des magistrats. C'est l'éternelle
histoire des bons et des mauvais sujets. Pourquoi un tel
n'est-il pas poursuivi? Parce qu'il a la grâce du gouvernement? Pourquoi tel autre l'est-il? Parce qu'il ne l'a pas.

Mais j'en reviens à mon cas particulier. Encore une fois,
je n'ai jamais menacé M. Bertrand, jamais je ne lui ai
demandé et jamais je n'ai accepté de lui de l'argent pour
ne pas l'attaquer. Les opérations que j'ai faites avec lui
n'ont en rien modifié l'attitude du *XIXe Siècle* à son égard
ou à l'égard des tripots. Elle est restée après, exactement
ce qu'elle était avant.

Les poursuites dirigées contre moi dans cette affaire
sont plus monstrueuses encore que dans l'affaire Bloch.
J'ai dit ce qu'était la plainte de M. Bloch. Le plaignant
était de mauvaise foi, c'était un calomniateur, c'était un
faux dénonciateur; je l'ai démontré et je défie bien que
personne à présent s'avise de soutenir le contraire. Au
moins avait-on, pour me poursuivre, le prétexte de sa
fureur, de son désir de vengeance, de sa plainte, tandis
que dans l'affaire Bertrand, on n'en avait aucun : personne
ne s'est plaint. Mais la justice, qui s'émeut si peu des
extorsions journellement pratiquées par les tenanciers au

(¹) M. Gustave Rouanet. Séance du 5 février 1890.

préjudice des joueurs et des emprunteurs, a vu un haut
intérêt social à venger malgré lui M. Charles Bertrand
d'extorsions chimériques qui n'ont, en réalité, jamais eu
lieu. On a dit que c'était une question d'ordre public, et
on a poursuivi l'affaire. Eh bien, il est propre l'ordre
public !

Pour bâtir cette affaire Bertrand, on est allé chercher
un ex-tenancier, un prêteur d'argent qui se souciait si peu
de se plaindre et de déposer contre moi que le jour où il
avait été convoqué chez le juge d'instruction, il était parti
pour la Belgique, un de ces hommes enfin que leur situation met dans l'impossibilité de rien refuser à la police, ou
de résister à une interrogation d'un juge d'instruction, et
on lui a extorqué, par une véritable manœuvre de chantage, une déposition mensongère. Qu'aurais-je pu faire, si
je n'avais pas fait défaut, pour lutter contre cette accusation ? Je n'aurais sûrement pas été confronté avec M. Charles
Bertrand avant l'audience, car, de nos jours, pour rendre
le triomphe de l'accusation plus facile et plus certain, on ne
confronte plus les témoins avec les accusés au cours de
l'instruction. — Dans l'affaire des cercles, il n'y a pour
ainsi dire pas eu de confrontations dans le cabinet de
M. Dopffer. — A l'audience, j'aurais dit la vérité. M. Charles
Bertrand stylé par la police, terrorisé par le président,
lié par la signature qu'on lui a fait mettre au bas de ses
dépositions à l'instruction, aurait balbutié le contraire, et,
d'après le système de l'unique témoin, c'est lui qu'on aurait
cru. Ce nouveau mode de justice pourrait s'appeler la justice des tenanciers de tripot, et, puisque ces hommes
honnêtes sont crus sur parole, puisqu'en fin de compte ce
sont eux qui jugent et qui condamnent, je me demande,
en vérité, pourquoi on ne leur passe pas tout de suite la
toque et la toge, et pourquoi on ne les fait pas monter sur
le siège. Ce serait plus simple et plus franc.

XVI

L'hilarant Crémieux et le faux témoin Pont-Jest.

Succédant à M. Isidore Bloch et à M. Charles Bertrand,
voici maintenant à la barre des témoins, M. Josué Crémieux, alors directeur du Cercle de la Presse et du
Casino de Luchon.

Le Cercle de la Presse? Les journalistes français
s'étaient-ils donc réunis pour fonder un Cercle de la
Presse?

Le titre était un coup monté, comme on dit en argot de
joueur. C'était une tricherie.

Dans un article de l'*Écho de Paris* du 21 avril,
M. Henry Bauër a donné d'intéressants renseignements
sur la fondation de ce cercle.

Histoire d'un tripot.

Il y a une quinzaine d'années, un journaliste d'affaires (M. René Delmas de Pont-Jest), en récompense de services rendus à la cause de l'ordre, reçut d'un ministre l'autorisation d'ouvrir une maison de jeu. Il s'aboucha avec une demi-douzaine de spécialistes qui jugèrent, comme lui, l'appellation de « Cercle de la Presse » propre à attirer les pontes naïfs et à en imposer aux autorités en cas d'anicroche. Puis la société fut constituée sur un capital, en grande partie fictif, représenté par douze cents actions. La liste de ces actionnaires, qu'on a publiée, est curieuse et édifiante. A côté des utilitaires ayant le courage de placer leurs capitaux et de tirer un gros revenu de l'exploitation dévoratrice, voici les bénéficiaires d'actions à titre gracieux, ceux qui en rémunération de leur influence et de leur nom, acceptèrent un *bouch..-l'œil*, comme on dit en argot boulevardier : dix actions à un compositeur de musique, cinq à un romancier sans clientèle, quarante à un sous-directeur du Comptoir d'escompte, trente à un inspecteur général des prisons, au ministère de l'intérieur; enfin cinq à l'homme politique qu'on ne peut manquer de rencontrer, au sénateur à qui nulle question de jeu depuis vingt ans n'est demeurée étrangère.

Ces détails sont peut-être indifférents aux sages, mais les tristes passionnés que le jeu a appauvris, sinon complètement ruinés, ne peuvent se défendre d'un mouvement de haine contre les tranquilles exploiteurs de leurs vices, contre les cagnottards qui s'engraissent de leurs défaites.

Deux figurent sur la liste au chiffre de trois cents actions : ce sont les créateurs du Cercle de la Presse et les organisateurs de sa partie : Carolus Leroux, dit Charles, et un certain Sophrore-Benjamin Sicre du Breilh. Cette paire d'hommes appartient à l'histoire des mœurs parisiennes, durant les vingt dernières années.

Charles Leroux, ou plus familièrement Charles, avait commencé à la cuisine d'un tripot : il était plongeur, autrement dit laveur de vaisselle. Sitôt qu'il eut 500 francs d'économie, il les prêta à certains décavés qui, dans l'affolement du jeu, ne

redoutent pas de quêter le louis à l'antichambre. De prêts en
prêts, rendus avec usure, la première mise se centupla et à
l'ouverture du nouveau claqueden، rue Le Peletier, Charles y
apportait une caisse de jeu de ۱00,000 francs à la disposition
des joueurs. Mais il fallait attirer la clientèle. Ce fut le rôle du
compagnon Sicre du Breilh.

De haute taille, de manières aisées, d'abord aimable, la face
aux yeux rusés encadrés dans de longs favoris blancs, le gail-
lard avait l'aplomb et la faconde du Méridional. Son passé se
perdait dans les nuits de San-Francisco, à l'époque des aventures
et des coups de carte heroïques. Ce qu'on savait bien, c'est
que depuis une vingtaine d'années, il était en France le grand
créateur de tripots et l'organisateur des fortes parties. Du nord
au midi, de l'est à l'ouest, il avait la main sur les cagnottes de
tous les tapis verts; favorisé par ses accointances avec les
politiciens du Midi, il installa des maisons de jeu à Luchon, à
Biarritz, à Nice, à Vichy, au Havre, à Boulogne, en Belgique
et en Espagne. Je ne dirai rien sur les maléfices de tous ces
enfers. Ils sont entrés dans la légende.

Avec son entregent, son amabilité de Gaudissart, il s'entendait à racoler les gros joueurs et à les amener aux bords de sa
cagnotte. Aussi il eut vite fait de développer au Cercle de la
Presse une partie formidable. Les coups de 100,000 francs n'y
étaient pas rares au début et les différences de plusieurs centaines de mille francs presque journalières. La caisse de
Charles n'était-elle point ouverte aux joueurs opulents qui pouvaient, en une seule soirée, entamer leur avoir? Il y en eut
qui, pendant une nuit, perdirent 500,000 francs et des fortunes
de plusieurs millions fondirent en moins de deux ans. Quatre
ou cinq des plus grands négociants parisiens engouffrèrent dans
la cagnotte le fonds et le revenu de maisons anciennes. En
moins de dix ans, il s'est certainement dispersé sur ce tapis
vert plus de 50 millions.

Naturellement, il y fleurit tous les abus qui croissent et se
multiplient autour du jeu : bourrage de la cagnotte, étouffage
des jetons, filouterie au change. Mais parmi les tricheries
déclarées, la plus fameuse fut exécutée par cet Ardisson qui,

l'an dernier, réussit à s'introduire à l'Epatant sous le nom de vicomte d'Entrac et à y pratiquer ses manigances. Donc, six ou sept ans plus tôt, ce grec se fit présenter au Cercle de la Presse, qui venait de transporter ses pénates au boulevard des Capucines (1). Ses parrains étaient un prince de famille célèbre dans l'histoire de France et un autre gentilhomme. Tous deux, en recommandant le faux Fischer, ne pouvaient ignorer les travaux d'Ardisson.

J'étais assis au tapis vert le premier soir qu'il prit la banque. Il perdit trois ou quatre coups comme amorce, puis nous rafla en une série impitoyable tout ce que nous avions en poche... Il y eut des très gros perdants et le filou emporta une dizaine de millions. Il était à peine dehors qu'un de nous demanda : « Quel est donc ce monsieur ? Comment s'appelle-t-il ?

— Il s'appelle Fischer, il est officier de marine et le fils du fabricant de coffres-forts », répondit consciencieusement un des employés du Cercle.

— Mais le marchand de coffres s'appelle Fichet et n'a pas de fils. »

Le lendemain, le préfet de police, consulté sur l'identité du personnage, communiqua la fiche suivante : Ardisson, dit Fischer, dit le major Bob, grec des plus habiles..., travaille *quelquefois* seul.

Mille rumeurs se répandirent sur cet incident, qui atteignit l'administration du Cercle... HENRY BAUËR.

Charles Leroux, devenu millionnaire, eut « maison montée, équipage, galerie de tableaux et les faveurs de feue Léonide Leblanc ». Il devint fou.

A sa mort, Sicre du Breilh prit comme associé M. Josué Crémieux, qui chaque matin allait avec une petite voiture chercher aux halles les provisions pour la journée. On l'appelait « le légumier ».

Sicre du Breilh à son tour mourut et le légumier Josué

---

(1) Dans le local où M. Dupressoir, l'ancien directeur de Monaco et de Baden-Baden, avait installé précédemment le Cercle international.

Crémieux devint seul directeur du Cercle de la Presse, qui continua d'être, sous son règne, l'asile des grecs et le temple de la filouterie. Dès qu'un provincial ou un riche étranger débarquait à Paris, d'habiles rabatteurs l'entraînaient au Cercle de la Presse sous le fallacieux prétexte de lui faire voir de près les plus célèbres écrivains.

M. Josué Crémieux n'avait pas pardonné au « Vieux Ponte » d'avoir protesté au nom de la presse contre un tel scandale. Aussi M. Dopffer n'eut-il rien de plus pressé que de le mander à son cabinet.

L'heure de la vengeance a enfin sonné pour le tenancier. Naturellement, il va dire qu'on l'a fait chanter, c'est le mot d'ordre. Mais où, quand, comment?... Ici commence la difficulté.

Il parle d'abord de ce fameux projet Trocard avec lequel les tenanciers avaient cru écraser le *XIXe Siècle*, puis il raconte qu'il a reçu la visite de plusieurs individus qui ne se présentaient ni de la part du *XIXe Siècle*, ni de la part de M. Girard, ni de la mienne, qui venaient lui proposer de s'entremettre pour faire cesser les attaques du *XIXc Siècle*, et comme le juge d'instruction lui demande quels étaient ces individus, M. Josué Crémieux de répondre :

« Je ne connais pas leurs noms! »

N'est-ce pas l'habitude des tenanciers de maisons publiques de ne pas s'inquiéter du nom des visiteurs?

A l'audience, M. Josué Crémieux a cependant senti le besoin de préciser et il a dit que le premier de ces individus — dont il ne se rappelle plus le nombre — était « un petit bossu ». On s'est mis à rire. Alors M. Josué Crémieux, très digne : « Je suis bien connu des magistrats. » L'hilarité redouble. « Je veux dire des avocats » (*Rires plus éclatants.*) (¹).

_____

(¹) Compte rendu du *Radical,* de la *Gazette des Tribunaux,* etc.

Mais je n'ai pas été poursuivi pour le fait Crémieux. Le jugement n'a pas cru devoir parler de sa déposition. Je n'insiste pas.

Après le directeur du tripot de la Presse, voici son fondateur, M. René Delmas, dit de Pont-Jest, qui, depuis le premier jour, prélevait sur le produit de la cagnotte, du bourrage et des autres tricheries une dîme fixe de 2,000 francs par mois. M. de Pont-Jest faisait en outre partie du comité dont les membres, au Cercle de la Presse comme dans tous les établissements de ce genre, étaient en réalité nommés par le directeur.

D. — Vous jurez de dire la vérité, rien que la vérité?
R. — Je le jure!

Et tout fier de l'effet qu'il va produire, M. de Pont-Jest fait ce faux témoignage :

De Pont-Jest : Je rencontrai un soir Portalis, que je savais être l'auteur de la campagne contre les cercles. Je lui dis : « Vous faites une campagne odieuse ; cessez-la, au nom de nos vieilles relations. » Il m'a dit : « Allez voir Girard, il arrangera cela dans les prix doux. Je compris, et quand il me tendit la main, je la refusai en lui disant : « Vous êtes un bandit de lettres. » Je n'ai rien à dire de plus [1].

L'accusé absent ou présent doit s'attendre aux morsures de tous les roquets, aux coups de pied de tous les ânes. Il est le maudit, l'excommunié, l'outlaw. Les faux témoins n'ont pas à se gêner. A la condition que leur faux témoignage serve l'accusation, ils peuvent tout dire. Personne n'osera publiquement protester, ce qui n'empêchera pas chacun de se dire à part soi : « Quel misérable que ce... »

Était-il vraisemblable que M. de Pont-Jest eût eu l'audace de me tenir ce propos et que je lui eusse permis de le

[1] *Gazette des Tribunaux* du 16 février 1895.

tenir sans instantanément lui appliquer ma main sur la
figure? Ai-je donc donné des preuves de lâcheté telles que
je puisse être supposé capable de supporter une telle
injure et d'un tel individu (¹)?

Je n'ai jamais permis à personne de m'insulter en face,
comment l'aurai-je permis à M. de Pont-Jest?

Cette raison n'est pas la seule qui rend son témoignage
invraisemblable. Comment se fait-il que cette réponse foudroyante, dont il était si fier à l'audience, il n'en ait rien
dit au juge d'instruction? Un manque de mémoire en pareil
cas pour un propos si grave paraît bien extraordinaire.

La vraie cause de ce silence, c'est que la déposition de
M. de Pont-Jest à l'audience a été, comme celle de M. Isidore Bloch, comme celle de de Clercq, une manœuvre de
la dernière heure, une invention *in extremis* pour corser
l'accusation, un audacieux coup de tricherie pour forcer
la main de la justice comme ces messieurs ont l'habitude
d'en monter dans leurs tripots pour forcer la veine.

Un point très important à fixer, était la date à laquelle
le propos avait été tenu. M. de Pont-Jest, dans sa
déposition devant le juge d'instruction, dit que c'est
au *mois de mars 1894*. Me rencontrant au mois de mars
sur le terre-plein de l'Opéra, il m'aurait demandé que
le *XIX° Siècle* cessât sa campagne contre le Cercle de
la Presse. Or, depuis le mois de décembre 1893, la
campagne était finie. Le « Vieux Ponte » depuis cette
époque n'avait plus écrit une seule lettre. M. de Pont-Jest
ne pouvait donc pas me demander de cesser une campagne
depuis longtemps terminée.

(¹) « Il y a une chose, a dit Mᵉ Desplas dans sa plaidoirie pour
M. Girard, que personne n'a jamais songé à contester à M. Portalis,
c'est le courage. Comment admettre qu'il ait pu se laisser traiter de
bandit de lettres par M. de Pont-Jest sans lui envoyer une paire de
soufflets ? »

Tout n'est pas faux cependant dans la déposition de M. de Pont-Jest, que j'ai rencontré, par parenthèse, deux ou trois fois dans ma vie et avec lequel je n'ai jamais eu, à proprement parler, de relations ni vieilles ni autres. Il m'a, en effet, abordé sur le terre-plein de l'Opéra un soir que je rentrais chez moi pour dîner et nous avons échangé quelques paroles. Il m'a félicité de la campagne du *XIXe Siècle* contre les cercles qui fonctionnaient, disait-il, d'une façon très irrégulière et où il se passait de telles choses que le préfet de police devrait tous les fermer. « Mais, s'empressa-t-il d'ajouter, le Cercle de la Presse n'est pas dans ces conditions », et il m'expliqua que le Cercle de la Presse, « son cercle », n'était pas un tripot comme les autres (tous les tenanciers en disent autant du leur), que c'était un vrai cercle, qu'il voulait m'en fournir les preuves en m'apportant les statuts, les livres du cercle, etc. Je lui répondis que je ne tenais pas à les voir, que cela n'avait d'ailleurs aucune utilité. Comme il insistait pour savoir où et à quelle heure on pouvait me rencontrer, je lui répondis que j'étais tous les soirs au *XIXe Siècle*, de cinq à sept heures du soir, et je le quittai sans qu'il ait été dit entre nous un seul mot « d'arrangements », de « prix doux », ni de rien de ce qu'il dit dans sa déposition.

J'ai donc été l'objet d'une sollicitation imprévue de M. de Pont-Jest, qui voulait absolument me démontrer que son tripot était le modèle des tripots. Je ne lui ai rien demandé et j'ai dû assez mal dissimuler le vif désir que j'avais de me débarrasser de lui.

Que vaut la parole de M. de Pont-Jest et que vaut la mienne ? C'est une question à laquelle il ne m'appartient pas de répondre. Je crois bien cependant pouvoir dire sans outrecuidance qu'entre les deux, beaucoup d'hommes sérieux n'auraient pas hésité avant ce procès et n'hésiteraient pas davantage aujourd'hui.

Mais à l'unique conversation que j'aie jamais eue **dans**
la rue avec M. de Pont-Jest, il y avait un témoin. Ce
témoin, qui était avec moi quand M. de Pont-Jest
m'aborda, M. de Pont-Jest l'a nommé dans la déposition
devant le juge d'instruction, c'est M. Alfred Bertezène, que
je connais depuis vingt ans comme auteur de plusieurs
ouvrages fort intéressants (¹) et qui certainement eût dit la
vérité. Pourquoi ne l'a-t-on pas interrogé à ce sujet?
Pourquoi s'en est-on rapporté à M. de Pont-Jest qui, comme
tous les autres témoins dans cette affaire, témoignait dans
son intérêt, dans sa propre cause, défendant son tripot,
c'est-à-dire sa peau, sa vie, son bien-être, sa fortune, sa
situation sociale, son unique moyen d'existence (²) ?

Je n'ai pas besoin de dire que je n'ai pas vu M. Bertezène depuis la déposition de M. de Pont-Jest, mais j'ai
quand même son témoignage.

Il a publié sous sa signature, dans le n° 169 de la *Voix
de Paris*, portant la date du 21 mars 1895, un article
où il appelle M. de Pont-Jest un « bandit de cercle », où
il le traite de *mouchard* et de *faux témoin* et où il dit :

« J'étais hier à Paris... J'ai été à Boulogne-sur-Seine serrer
la main à une digne femme cruellement frappée, Mme Edouard
Portalis. »

Il rapporte ensuite avec des réticences qui sont indiquées
par plusieurs points sa conversation avec Mme Portalis :

« Je ne vous demande pas, lui dit M. Bertezène, où est
M. Portalis.
— Je l'ignore moi-même.

(¹) M. Bertezène est directeur d'un journal hebdomadaire, la *Voix de
Paris*.
(²) Ce ne sont pas les romans de M. de Pont-Jest qui peuvent lui
rapporter de quoi vivre. On n'a qu'à les lire pour s'en convaincre.

— Voici pourquoi je suis venu à Boulogne...

. . . .

. . . .

— Est-ce possible ?
— Absolument exact.
— Ainsi ?
— Chut ! N'en parlez pas à votre ombre. Au revoir. »

M. Alfred Bertezène était, en effet, allé voir ma femme
à Boulogne-s/Seine. La confidence qu'il lui avait faite et
qui est remplacée par des points dans la *Voix de Paris*,
c'est que M. de Pont-Jest avait fait un faux témoignage,
que je ne lui avais pas dit d' « aller trouver M. Girard, qui
arrangerait cela dans les prix doux », que je ne lui avais
parlé d'aucune espèce d'arrangement, qu'il ne m'avait
jamais répondu que j'étais un « bandit de lettres », que
malgré son serment de dire la vérité, sa déposition n'était,
d'un bout à l'autre, qu'un faux témoignage et qu'il était
prêt, lui, Bertezène, à en témoigner.

Ce faux témoignage, M. le substitut Thomas naturellement le ramasse, l'enchâsse, l'enjolive ; il nous montre le
vertueux Pont-Jest « ne pouvant maîtriser son indignation (1) ». Ah ! ça, dans quels estaminets de banlieue, de province va-t-on donc recruter les substituts pour qu'ils soient
dépourvus du sens du ridicule au point d'oser nous parler
sérieusement de l'indignation du vertueux Pont-Jest ?

Ce faux témoignage, le tribunal en fait un des considérants de son jugement, il s'en sert pour motiver sa
condamnation.

Attendu, dit-il, qu'après une série d'articles agressifs contre
le Cercle de la Presse, Delmas de Pont-Jest, membre du
comité, ayant demandé des explications à Portalis, ce dernier

_____

(1) Réquisitoire de M. le substitut Thomas. *Revue des procès célèbres*,
p. 222.

lui répondit cyniquement : « Adressez-vous à Girard, qui a le maniement des fonds et de la comptabilité, il arrangera cela dans les prix doux », réponse qui arracha à de Pont-Jest ce cri d'indignation : « Vous êtes un bandit de lettres. »

En appel, M. l'avocat général Cadot de Villemonble termine son réquisitoire en disant aux conseillers : « Vous vous rappellerez le mot de M. René de Pont-Jest, parlant à Édouard Portalis : « Vous êtes un bandit de lettres ! » Et la cour s'est inclinée, elle a sanctionné le jugement prononcé par M. de Pont-Jest dans son faux témoignage, elle l'a reproduit dans son arrêt. Les joueurs honnêtes — il y en a — devant lesquels M. René de Pont-Jest pratique la poussette depuis vingt ans et se livre aux plus répugnantes carottes sont encore tout ébaubis d'avoir vu ce vil pilier de tripot tout à coup accepté par les magistrats comme professeur de vertu autorisé et comme infaillible justicier.

Le lendemain de la déposition de MM. Crémieux et de Pont-Jest, notre grand caricaturiste Forain publiait dans le *Figaro* (¹) un dessin qui exprimait très finement cette pensée, celle de tout le monde, — que ce procès était la revanche et la réhabilitation de la filouterie, de la fourberie, de la tricherie et de la poussette. Il était intitulé, *la rentrée au tripot*. Un directeur de cercle rentre du palais, où il vient d'être entendu comme témoin. Il jette son paletot et son chapeau au garçon du vestiaire : « Et les juges, monsieur le directeur? lui demande un membre du comité. — Charmants ! répond le directeur, aussi dites aux pontes que j'autorise la poussette pendant un quart d'heure. » Le membre du comité a tout à fait la tête de M. de Pont-Jest; Forain ne l'aura pas fait exprès.

_____

(¹) *Figaro* du 16 février 1895.

Le parquet ne donnant jamais sur les accusateurs aucuns renseignements, les juges de la 11ᵉ chambre et les conseillers à la cour auront cru que le Cercle de la Presse était pour les journalistes ce que le Jockey-Club est pour le monde du sport et qu'un membre du comité d'un pareil cercle devait être un personnage très respectable. Aussi n'ont-ils pas hésité à se couvrir de son autorité pour flétrir par une suprême injure, par une dernière et odieuse diffamation, un accusé qu'ils ne connaissaient que par les calomnies de l'accusation.

Mais M. l'avocat général Cadot de Villemonble me connaissait personnellement. Nous étions très bien ensemble. Nous avons des amis communs. Déjà il avait pris la parole comme avocat général dans un procès que j'avais eu à soutenir devant la cour d'Orléans, c'était en 1890. La Chambre venait d'ordonner une enquête sur les faits de corruption, de pression sur les ouvriers et de diffamation qui avaient signalé l'élection de mon concurrent aux élections législatives de 1889. Son invalidation allait être prononcée, un nouveau scrutin allait s'ouvrir et tout faisait prévoir que j'allais être élu. M. Cadot de Villemonble parla en termes emphatiques de la transcendance de mes talents, de la noblesse de mon caractère, du nouvel éclat que j'avais su donner à un nom déjà illustre. Il fit enfin de moi un tel éloge que je ne savais où me mettre.

En 1895, je n'étais plus à la veille d'entrer à la Chambre. Je n'étais plus directeur d'un grand journal, j'étais vaincu, j'étais condamné, j'étais absent. M. Cadot de Villemonble ne voulut pas faire mentir le bon Lafontaine :

> Selon que vous serez puissant ou misérable,
> Les jugements de cour vous feront blanc ou noir.

Il crut qu'en reprenant pour son compte l'injure de M. de Pont-Jest et en m'insultant maintenant que j'étais à terre avec aussi peu de mesure qu'il me flagornait quand le vent soufflait de mon côté, il se ménagerait les bonnes grâces de ces journaux qui, comme le Rougyff (¹) de 1893, répétaient chaque matin à l'époque des procès de chantage : « Tribunaux, à l'ouvrage ! Allons Thémis, en avant, marche ! »

Son calcul, toutefois, ne paraît pas avoir réussi. Le 3 octobre 1895, la *Petite République*, annonçant je ne sais quel procès, disait : « C'est l'avocat général Cadot de Villemomble, l'impuissant, l'idiot, le gâteux, qui soutiendra l'accusation. »

Et maintenant — car j'en reviens toujours là — je suppose que j'ai été arrêté le 21 novembre 1894 : la déposition de M. de Pont-Jest me serait tombée sur la tête à l'audience comme une cheminée sur la tête du passant un jour d'ouragan. Comment aurais-je pu parer le coup ? M. Bertezène était alors à Menton, ou en Suisse, je ne sais où. Il n'était pas venu voir ma femme, il n'avait pas publié dans la *Voix de Paris* l'article que j'ai cité. A quoi m'aurait servi de répéter publiquement à M. de Pont-Jest, ce qu'en particulier tout le monde dit de lui ? Au nom de la nouvelle justice — de la justice des tenanciers de tripot — le président n'aurait imposé silence. Si j'avais insisté, il m'aurait fait emporter par les gardes. Dans le feu de l'audience de la police correctionnelle, sans documents et sans témoins, comment aurais-je pu prouver que la déposition de ce fondateur de tripot, de ce parasite de la cagnotte qui pendant vingt ans a vécu du produit de la tricherie, du bourrage et de l'étouffage, de ce chevalier de la poussette est un faux témoignage ?

(¹) Guffroy avait pris l'anagramme de son nom pour titre de son journal, un des plus violents de l'époque.

XVII

Affaire Sammarcelli.

Pour la construction de l'église d'Aix-les-Bains. — Le bon
Dieu intéressé dans la cagnotte. — Le casier de Marius Sammarcelli. — Envoi de témoins. - Procès en diffamation. —
Une plaidoirie de Mᶜ Millerand. — *Nil mirari.* — Dénoncés
par de Clercq. — M. Girard est acquitté par la cour. — La
baignoire d'argent. — Aveugle acharnement.

Le défilé des tenanciers de tripot devant la 11ᵉ chambre
s'est terminé par la déposition de M. Marius Sammarcelli,
ancien croupier, ex-tenancier du Washington, alors tenancier du Casino de la Villa des Fleurs d'Aix-les-Bains.

Dans cette affaire, il n'y a pas eu de plainte et l'*unique*
témoin, M. Sammarcelli, que je n'ai jamais vu, auquel je
n'ai jamais envoyé personne, n'a jamais dit qu'il ait été de
ma part ou de la part de M. Girard ni même de la part de
personne, l'objet d'aucune tentative.

Je n'en ai pas moins été condamné ainsi que M. Girard
et par les mêmes motifs pour avoir voulu lui extorquer des
fonds parce qu'au mois de décembre 1893 M. Heftler a eu
avec lui une conversation dans laquelle mon nom n'a
d'ailleurs pas été prononcé.

Le tribunal n'a pas pris la peine d'examiner les faits ; il
a vu une nouvelle occasion de frapper le voleur de la souscription de Vienne et il en a profité.

Il est vrai que la cour n'a pas cru pouvoir ratifier un tel

jugement. En appel, M. Girard a été acquitté sur le chef d'accusation Sammarcelli comme sur le chef d'accusation Bloch et la cour n'aurait pu faire autrement que de prendre à mon égard la même décision si j'avais fait appel.

Voici la genèse de cet inimaginable procès qui forme un chapitre à part de l'affaire des cercles et qui a donné lieu à un réquisitoire définitif spécial.

Au mois de novembre 1893 au plus fort de 'a campagne que tous les journaux menaient contre les tripots, le journal le *Progrès d'Aix-les-Bains* reproduisait un curieux entrefilet que M. Sammarcelli venait de publier dans son journal *l'Avenir d'Aix-les-Bains* :

CASINO VILLA DES FLEURS.

Don à l'églis.. — M. Sammarcelli a remis au président de la fabrique la somme de 300 francs pour la construction de l'église d'Aix, avec la promesse d'augmenter cette somme l'année prochaine *si nous avons une meilleure saison.*

Le *Progrès d'Aix-les-Bains* accompagnait la reproduction de cet entrefilet de quelques réflexions :

Ainsi, disait-il, la Villa des Fleurs, pour obtenir une saison meilleure, implore la protection di in... Jusqu'ici, nous avions vu demander la bénédiction du ciel pour l'agriculture, dans le but d'éloigner une épidémie, mais c'est la première fois que nous voyons attirer la bénédiction du Très Haut sur une maison de jeu et de plaisirs folâtres, car, il n'en faut pas douter, si la saison est bonne pour la *Villa*, elle est mauvaise pour les joueurs. *On sait parfaitement, en effet, que le seul gagnant au jeu est le tenancier de la maison.*

Le « Vieux Ponte » eût été indigne de sa réputation, il n'eût pas été le « Vieux Ponte » s'il n'avait pas enchâssé dans une de ses lettres l'entrefilet du journal de l'ancien croupier — cette perle.

En ce moment, on s'inquiétait beaucoup des antécédents et de la moralité des privilégiés auxquels le gouvernement accordait et garantissait le monopole de l'exploitation du jeu à Paris et dans les départements. Justement le « Vieux Ponte » venait de recevoir communication du casier judiciaire de M. Marius Sammarcelli, qui contenait trois condamnations : la première pour abus de confiance, la seconde pour tenue d'une maison de jeu de hasard, la troisième pour infraction à la police des chemins de fer. Il trouva piquant de le publier en regard de l'entrefilet du journal dans lequel le tenancier de la Villa des Fleurs promettait au Très-Haut de contribuer plus généreusement à la construction de son temple s'il le favorisait dans l'exploitation de son tripot. « L'un, disait-il, fait pendant à l'autre. »

Le « Vieux Ponte » se hâtait d'ajouter que le Sammarcelli, dont il s'agissait dans ce document, avait été réhabilité quatre ou cinq ans auparavant, grâce à de très hautes influences. Il demandait ensuite si ce Sammarcelli était le même que celui de la Villa des Fleurs et de la souscription à l'église, s'il était enfin l'ancien croupier de Washington.

Ce casier judiciaire n'était pas une pièce secrète. Il avait été lu plusieurs fois déjà devant le tribunal et devant la cour de Chambéry au cours des innombrables procès que M. Sammarcelli a eu à soutenir comme gérant du Casino de la Villa des Fleurs.

Mais sa publicité dans un journal parisien froissa vivement M. Sammarcelli, qui aussitôt envoya ses témoins au *XIX° Siècle*. Ils demandèrent à voir le « Vieux Ponte » : les garçons leur ayant répondu que le « Vieux Ponte » n'était pas visible, ils me firent passer leurs cartes. Je refusai de les recevoir ([1]). Alors M. Marius Sammarcelli

---

([1]) Pareille mésaventure est arrivée à M. Sammarcelli quand l'année suivante, au mois de novembre 1894, il envoya ses témoins au directeur de la *Cocarde* et, je crois, d'un autre journal. La *Petite République* fit

m'assigna, ainsi que le *XIX° Siècle*, en diffamation devant le tribunal de Chambéry, demandant 50,000 francs de dommages et intérêts.

Je fus d'abord condamné, le 13 février 1894, par défaut solidairement avec le *XIX° Siècle* à 1,000 francs d'amende et 1,000 francs de dommages et intérêts. La cause de M. Sammarcelli avait été plaidée par Me Léon Renault.

Quand l'affaire revint sur opposition devant le tribunal de Chambéry, le 27 février 1894, ma cause et celle du *XIX° Siècle* furent défendues par Me Millerand, qui revendiqua énergiquement pour la presse le droit de renseigner le public sur les antécédents et les agissements des tenanciers des maisons de jeu.

Voici, d'après la sténographie, le début de sa plaidoirie. Je la cite parce qu'elle prouve combien les hommes politiques les plus sévères et les plus soupçonneux étaient loin de considérer la campagne du *XIX° Siècle* comme une campagne de chantage :

C'est un proverbe de la sagesse antique qui n'a, à traverser les siècles, rien perdu de sa saveur ni de son utilité pratique, a dit Me Millerand, que le *Nil mirari*. Il ne faut, en effet, s'étonner de rien et il convient au philosophe — ce n'est pas des amis du plaignant que je parle — de considérer d'un œil indulgent et amusé le spectacle bouffon qu'offre aujourd'hui cette audience où l'on voit un tenancier de tripot, où la prostitution se mêle agréablement au vol et lui sert d'appât, retenir à sa requête, pendant plusieurs heures, l'attention du tribunal et demander que l'on condamne comme diffamateur à 50,000 francs de dommages-intérêts — car à moins il ne considère pas que seront réparés les dommages qui ont été causés à son honneur et à sa

---

paraître à ce propos un article avec le titre : *Sammarcelli devient naïf,* où elle disait : « Nous nous permettons de penser qu'aucun de nos confrères ne se laissera prendre au piège grossier que le douteux personnage a voulu leur tendre, car il n'est pas moins grave de refaire une virginité que le contraire. »

considération — un journal qui n'a commis d'autre crime, messieurs, que de dire tout haut ce que chacun pense tout bas.

En faisant la campagne contre les cercles, le *XIXᵉ Siècle* a fait à la fois une bonne action et, je ne crains pas de l'ajouter, une bonne affaire. Il a fait ce que beaucoup d'autres journaux, en même temps que lui, d'une façon moins brillante, ont fait également. Il a répondu aux préoccupations du public. Le résultat a été d'abord, au point de vue moral, fort appréciable. Cette campagne menée avec beaucoup d'éclat, même avec beaucoup d'ardeur, et, ce qui vaut mieux, avec beaucoup de précision et d'exactitude, en même temps qu'elle a donné des résultats d'ordre général tels que la fermeture de certains cercles, résultat qui est tout à son honneur, a donné au journal un grand nombre de lecteurs dont beaucoup lui sont restés fidèles.

Mᵉ Millerand, au cours de son éloquent plaidoyer, avait demandé à fournir la preuve des faits allégués par le *XIXᵉ Siècle* et à faire entendre des témoins que le *XIXᵉ Siècle* avait cités.

Le tribunal, dans son jugement, repoussa l'offre de preuves, me mit hors de cause et, pour le surplus, confirma le jugement qui avait précédemment condamné le *XIXᵉ Siècle* à 1,000 francs d'amende et 1,000 francs de dommages-intérêts.

Le *XIXᵉ Siècle* fit appel de ce jugement.

Cette lutte durait depuis un an, sans que M. Marius Sammarcelli eût jamais pensé à se plaindre qu'on ait voulu lui extorquer quoi que ce fût. Quelle est donc l'origine de l'affaire Sammarcelli? Toujours la même : une dénonciation de l'agent secret de la préfecture de police, Albert de Clercq. De Clercq m'aurait dénoncé comme ayant volé les tours de Notre-Dame que le parquet aurait « marché » sur cette dénonciation.

C'est sur cette dénonciation, et rien que sur cette dénonciation, que M. Girard et moi nous avons été condamnés.

Dans sa dénonciation spontanée du 21 novembre 1893 au chef de la sûreté, de Clercq écrit :

Je *crois* que M. **Portalis visait** parmi les tenanciers de jeu M. Sammarcelli, Bloch...
M. Heftler n'a-t-il pas essayé d'obtenir de M. Sammarcelli qu'il vienne à composition ?

A la suite de cette dénonciation, M. Sammarcelli est interrogé par M. le juge d'instruction Rempler ; il dépose qu' « à la suite de la publication dans le *XIXe Siècle* de son casier judiciaire, textuellement reproduit, il a envoyé ses témoins au *XIXe Siècle* », et qu'à la même époque (c'était avant l'envoi des témoins), il avait « reçu la visite du baron Heftler, qui venait, disait-il, *de son propre chef et sans y avoir été nullement sollicité*, lui offrir de faire cesser tous ses ennuis en allant trouver M. Girard, un des principaux actionnaires du *XIXe Siècle* ».

D. L'intervention de M. Heftler a-t-elle été suivie à bref délai d'articles diffamatoires dans le *XIXe Siècle ?* demanda M. Rempler.
R. Non.

Le 2 janvier, M. Sammarcelli, interrogé cette fois par M. Dopffer, dépose : « *Heftler disait qu'il venait de son propre chef.* »

Heftler, introduit, déclare : « *J'ai agi de ma propre initiative. Ni Girard ni Portalis ne m'avaient chargé d'aller demander à M. Sammarcelli de s'arranger avec le XIXe Siècle.* »

Girard, introduit à son tour, déclare qu' « *il n'a jamais chargé Heftler d'aller trouver M. Sammarcelli.* »

A l'audience du 15 février 1895, M. Marius Sammarcelli a répété que Heftler s'était présenté *de son propre chef*, et il a ajouté : « *La visite de M. Heftler ne m'a pas paru être une pression de chantage.* »

Ainsi les dépositions de l'unique témoin qu'il y ait dans cette affaire, les déclarations des accusés, tout prouve que M. Heftler s'est rendu de son propre mouvement chez M. Sammarcelli, qu'il n'a, d'ailleurs, pas menacé. Ne tombe-t-il pas sous le sens, au surplus, que si M. Girard ou moi nous avions voulu envoyer M. Heftler ou tout autre à M. Sammarcelli, nous l'aurions envoyé avant la publication de son casier judiciaire? Le casier publié, M. Sammarcelli n'avait plus rien à demander au *XIX*e *Siècle*, ni rien à craindre de lui.

L'accusation touchant M. Sammarcelli ne s'appuie donc sur aucune pièce, sur aucun témoignage. La seule preuve invoquée par l'acte d'accusation, c'est que l'agent secret de Clercq a déclaré dans ses dénonciations que M. Heftler *devait* être notre *agent* (¹). Encore de Clercq a-t-il pris lui-même soin de déclarer que ses dénonciations n'étaient que des « racontars » (²).

Le tribunal de première instance s'était contenté de cette preuve bizarre. La cour ne l'a pas trouvée suffisante.

Considérant, dit l'arrêt du 10 avril, qu'il n'apparaît pas avec une suffisante précision d'aucun des documents de la cause que Girard ait participé à cette tentative, soit comme coauteur d'Heftler, soit comme complice... »

Mais n'est-il pas effrayant qu'un directeur de journal, un rédacteur en chef, un administrateur, ou n'importe qui, puisse être arrêté préventivement et enfermé pendant cinq

---

(¹) Réquisitoire définitif du 6 février, cote 23. Le même réquisitoire définitif, reproduit par beaucoup de journaux, contenait cette assertion : « En effet, Heftler, sans fortune et sans ressource, monte avec Portalis la Société du Palais de Glace. » M. Heftler a déclaré à l'audience qu'il ne m'avait jamais parlé de cette affaire. Pour moi, je n'ai appris son existence que par la lecture des débats du procès. Où donc le parquet a-t-il pris ses renseignements ?

(²) Écrit spontané adressé au chef de la sûreté par Albert de Clercq, le 21 novembre 1894.

mois à Mazas, parce qu'un tiers aura eu l'idée de faire
de son chef, sans en parler à personne, une démarche
semblable à celle de M. Heftler auprès de M. Sammarcelli?

Paris est rempli de gens qui s'ingénient de toutes les
façons pour faire des affaires. Beaucoup se vantent de
leurs relations prétendues ou réelles avec les journaux,
vont dans les maisons de banque, chez les directeurs d'établissements publics ou chez les particuliers dont les noms
ont été ou vont être cités dans la presse, leur proposent de
faire avec les journaux qui s'occupent ou qui pourraient
s'occuper d'eux des traités de publicité. Ils font ces démarches sans avoir consulté les journaux; mais il est arrivé
souvent qu'ils ont trouvé d'abord chez les banquiers ou
ailleurs, et ensuite dans certains journaux, des oreilles
complaisantes [1]. On ne cite guère de journalistes qui se
soient enrichis, mais on nomme plusieurs de ces intermédiaires officieux qui ont fait fortune, qui ont maison à la
ville, maison à la campagne, qui ont à la boutonnière le
ruban de la Légion d'honneur, qui sont invités aux
grandes chasses des féodaux de la finance, qui ont enfin
dans leurs salles de bain des baignoires en argent avec
leur chiffre en or. Est-il étonnant qu'on cherche à les
imiter, et n'est-il pas révoltant que les uns soient poursuivis, flétris et condamnés là où les autres sont comblés
de considération, d'honneurs et d'argent?

Il y a aussi les gens qui se font passer soit pour les collaborateurs de journaux, où ils n'ont jamais fait insérer
une ligne, soit pour les auteurs d'articles qu'ils n'ont jamais écrits. Le « Vieux Ponte » avait pris soin de les dés-

---

[1] Mémoire pour M. Girard, ex-administrateur du *XIXe Siècle*,
page 51.

avouer à l'avance dans le *XIXe Siècle* du 27 octobre 1892 :

Il y a actuellement, disait-il, dans les cercles ouverts, le monsieur qui cherche à se faire passer pour le « Vieux Ponte ». Ce monsieur est généralement un grec qui menace d'effroyables révélations les tripots où, par crainte du scandale, on le laisse tripoter les cartes à son aise, ou *un quidam qui veut simplement taper un Bloch, un Bertrand, un Crémieux ou un autre tenancier de quelques plaques de 100 francs.*

De telle sorte que ce pauvre « Vieux Ponte » est devenu ainsi, sans s'en douter, un bienfaiteur de l'humanité. Il y a maintenant, dans les cercles, toute une classe d'individus dont l'unique métier est de dire à propos qu'ils vont aller le raconter au « Vieux Ponte ». J'en connais qui y gagnent leur « matérielle » plus sûrement qu'à la poussette.

Le *XIXe Siècle* est revenu plusieurs fois sur le même sujet. Il avait donc pris toutes les précautions pour qu'on ne pût pas le rendre responsable de démarches semblables à celles de M. Heftler auprès de M. Sammarcelli..., mais l'acharnement et le parti pris étaient **tels que** les juges de première instance n'ont rien voulu entendre

XVIII

Mme Hugot, née Muller.

Une lettre anonyme. — Marchande à la toilette et prêteuse sur gages. — Ce journal ne respecte rien. — Une campagne implicite. — L'agneau sans tache. — Les verres grossissants de Mme Hugot. — Acquittement de M. Girard.

Pendant l'instruction de l'affaire des cercles, le préfet de police avait reçu une lettre anonyme ainsi conçue :

Monsieur,

M. Heftler, fils du coiffeur de Berlin, Prussien et non Polonais, a été l'année courante chez Mme Muller, directrice du concert Lisbonne, lui demander 6,000 francs pour la faire chanter dans son journal le *XIXe Siècle*, a-t-il dit.

Mme Muller a refusé et est prête à venir témoigner devant lui s'il le faut.   X (¹).

Mme Hugot, née Muller, Marie-Clémentine, 34 ans, rue Buffaut, 1, aussitôt interrogée par M. Dopffer (²), déclare qu'elle était en rapport avec M. Heftler comme prêteuse sur gages.

J'ai connu Heftler, dit-elle, en janvier 1894, je crois, époque à laquelle je lui prêtai 300 ou 400 francs sur des bijoux. Je lui

---

(¹) Dossier de l'affaire Hugot, cote 1*bis.*
(²) *Ibid.*, cote 2, déposition du 22 décembre.

portai l'argent moi-même à son cercle, près de l'Opéra. Il m'a rendu la somme.

Elle dépose ensuite que dans le courant du mois de mai ou de juin de la même année, elle a reçu la visite de M. Heftler, qui est venu lui demander 5,000 ou 6,000 francs en lui disant que si elle ne les lui donnait pas, il la ferait attaquer par le *XIXe Siècle*.

M. Heftler n'a jamais eu le pouvoir de faire attaquer ni défendre qui que ce soit dans le *XIXe Siècle*. S'il avait dit le contraire, il se serait vanté.

L'a-t-il dit? Il le nie formellement, mais c'est une affaire entre lui et Mme Hugot. La seule chose qui m'intéresse personnellement et qui soit intéressante aussi pour la foule entière des justiciables, c'est de savoir comment j'ai pu être impliqué et condamné, ainsi que M. Girard, dans le procès dirigé à ce propos contre M. Heftler.

En supposant que Mme Hugot n'ait dit aux juges que la stricte vérité, deux choses certaines résultent des termes mêmes de ses dépositions : la première, c'est que M. Heftler ne s'est pas présenté à elle de la part du *XIXe Siècle*, de M. Girard ou de moi, qu'il ne lui a pas demandé 5,000 ou 6,000 francs pour le *XIXe Siècle* ou pour quelqu'un du *XIXe Siècle*, mais pour lui, Heftler, personnellement, de même que c'est pour lui personnellement qu'il avait antérieurement emprunté 300 ou 400 francs à la même Mme Hugot sur des bijoux.

Mais alors où est le lien entre Mme Hugot et le *XIX Siècle?*

Mme Hugot, dans la suite de sa déposition, va nous le dire :

Une campagne, dit-elle, sur interrogatoire de M. Dopffer, *une campagne a été faite dans le journal le XIXe Siècle, je ne saurais dire à quelle époque exacte, mais j'ai reconnu des allusions à mon adresse.*

Ainsi, une campagne de presse avait été dirigée dans le *XIXe Siècle* contre Mme Hugot, née Muller, Marie-Clémentine, 34 ans, marchande à la toilette et prêteuse sur gages, exactement comme contre les cercles ouverts, contre le Pari mutuel, contre les trafics de l'Élysée, contre la Compagnie Transatlantique... Il ne respectait donc rien, ce *XIXe Siècle?*

M. Dopffer et le parquet se mettent à leur tour en campagne pour découvrir la grande campagne du *XIXe Siècle*, contre Mme Marie Clémentine Hugot. On fouille la collection du *XIXe Siècle* depuis les temps les plus reculés jusqu'à nos jours, on ne trouve rien concernant Mme Hugot. Ce nom n'est pas imprimé une seule fois dans le journal.

Quelle est cette campagne d'un nouveau genre? La campagne « implicite », sans doute, celle qui ne se formule pas, mais qui n'en est pas moins terrible. M. Dopffer ajuste ses lunettes, M. Thomas met son lorgnon : ils ont beau chercher, ils ne découvrent rien, aucun indice, nulle trace de campagne « implicite », même « déguisée ».

Que résoudre? Jeter sa langue aux chiens? Abandonner la poursuite contre le *XIXe Siècle*, contre Girard, contre Portalis? Fâcheuse extrémité. Avant d'en venir là, ils décident de faire appel au dévouement du « mouton », du bon mouton qui n'est pas l'agneau sans tache, mais qui plus d'une fois, dans ce procès, a fait le salut de l'accusation. On amène de Clercq, qui fouille à son tour la collection du *XIXe Siècle* et qui finit par signaler aux magistrats deux lignes d'un long article de reportage de deux colonnes, paru le 26 avril 1894, *un mois avant* la visite de M Heftler à Mme Hugot, à la deuxième page du *XIXe Siècle*, sous le titre : *Les couloirs du Palais de Justice.*

Cet article que je n'avais pas lu, je l'avoue, avant qu'il m'ait été signalé par le compte rendu du procès du 13 février, se rapportait à l'affaire Talleyrand-Périgord-

Woestyne, une affaire d'usure qui, comme l'a dit Mᵉ Desplas, dans sa plaidoirie pour M. Girard, « amenait dans les couloirs du juge d'instruction une foule de personnages louches et équivoques qui, par une sorte de malentendu, se trouvaient là à titre de témoins ».

Le reporter s'est promené dans les couloirs du Palais de Justice, il s'est informé, il raconte ce qu'il a vu. « Il y avait aussi, dit-il au milieu de son article, des femmes, des prêteuses sur gages, sur reconnaissances du mont-de-piété, familières avec les maisons de détention. M. Elie de Talleyrand-Périgord nous semble avoir raison de s'informer de la moralité des témoins. »

Ces deux lignes dans lesquelles Mᵐᵉ Hugot a cru voir, avec les verres grossissants de l'imagination féminine, toute une campagne, c'est-à-dire toute une série d'articles dirigés contre elle, ont paru au tribunal de 1ʳᵉ instance une preuve décisive de la complicité de M. Girard et de la mienne avec M. Heftler dans la démarche qui lui est reprochée et qu'il nie avoir faite.

La cour d'appel a été d'avis que c'était tout de même par trop dépasser la mesure. Elle a acquitté M. Girard pour l'affaire Hugot, comme elle l'avait acquitté pour l'affaire Bloch, pour l'affaire Sammarcelli, et je ne crois pas trop m'avancer en disant qu'elle se serait vue obligée, sur mon appel, de me décharger aussi de cette fantastique accusation.

En apprenant que M. Girard, qui, lui, s'était défendu, était condamné en première instance et que je l'étais moi-même pour tentative d'extorsion de fonds au préjudice de cette marchande à la toilette que je n'ai jamais vue, dont je n'avais jamais entendu prononcer le nom et dont le nom n'a jamais été imprimé dans le *XIXᵉ Siècle*, je me disais qu'il n'y avait plus qu'à fuir d'un pays où de pareilles

énormités judiciaires étaient possibles, à moins de ne s'y
mêler de rien, et encore en ne s'y mêlant de rien, en abdi-
quant ses droits de citoyen, en laissant tout aller à la
dérive, n'est-on pas absolument sûr de n'être pas frappé
un jour sans savoir pourquoi dans sa liberté, dans sa fortune et dans son honneur.

XIX

Les chemins de fer du Sud.

Extraordinaire série de procès. — La quantité remplace la
qualité. — On ne trouve rien contre M. Girard. — La dénonciation de M. Félix Martin. — Trente-deux heures sans
manger. — Les deux dépositions de l'unique témoin. — Il
faut choisir. — Pourquoi votre fille est muette. — Le probabilisme au prétoire. — Casuistique pénale. — En quoi
consiste ma complicité. — Mon ascendant sur M. Girard. —
Le comble du grotesque. — Au nom de la vertu.

Sur l'affaire Bloch, qui à elle seule ne paraissait vraiment pas offrir une base suffisante pour une condamnation,
on a greffé l'affaire de M. Charles Bertrand, qui n'avait
aucun motif de se plaindre et qui n'y a jamais songé. Sur
les affaires Bloch et Bertrand auxquelles on avait donné le
nom d'Affaire des Cercles, on a greffé l'affaire Sammarcelli,
puis l'affaire de Mme Hugo, puis l'affaire des chemins de
fer du Sud et enfin l'affaire de la Transatlantique, qui n'est
pas l'épisode le moins extraordinaire de cette extraordinaire série de procès accumulés contre les mêmes hommes
et contre le même journal. Plus les charges relevées par la
prévention paraissent insuffisantes pour justifier le sacrifice
de la victime, plus on les multiplie, et lorsque le défenseur, prenant un à un les chefs d'accusation, aura démontré
qu'aucun ne tient debout, les magistrats répondront : « Oui,

mais il y a la multiplicité des faits incriminés dont nous sommes forcés de tenir compte. »

M. Girard était en prison depuis le 29 novembre 1894. On n'avait contre lui que les vagues dénonciations faites par de Clercq dans son *écrit spontané* au chef de la sûreté. On n'avait pu relever à sa charge aucun fait précis. Il n'était intervenu ni dans l'affaire Bloch, ni dans l'affaire Bertrand, ni dans l'affaire Sammarcelli, ni dans l'affaire Hugo. On n'avait trouvé à lui reprocher aucune démarche directe. Contre moi, on avait le prétexte des billets et du chèque Bertrand, on avait surtout mon départ dont j'ai dit les raisons, mais qui constituait, au dire de l'accusation, « le plus explicite des aveux », mais contre M. Girard on n'avait rien, quand, à la fin de décembre, M. Félix Martin, directeur de la Compagnie des chemins de fer du Sud, fut arrêté sous une inculpation de faux qui était elle-même la conséquence non d'un faux, mais d'une formidable erreur de deux auxiliaires de la justice. On n'avait épargné à M. Félix Martin aucune des tortures par lesquelles débute aujourd'hui toute instruction judiciaire (¹). Il avait été mis au secret, il avait subi le passage à l'anthropométrie. An bout de trois jours de ce régime affolant, le 2 janvier 1895, il est amené devant M. le juge d'instruction de Cosnac, qui, tout de suite, lui pose cette question comme si c'était exprès pour la lui poser qu'on l'eût arrêté : « N'avez-vous pas reçu personnellement des sollicitations de la part de certains journaux et ne vous a-t-on pas proposé, moyennant finances, de faire une campagne de presse soit en votre faveur, soit en faveur de la Compagnie? » M. Félix Martin ne sait que répondre à une question aussi imprévue. Pourquoi accuserait-il des gens dont il n'a jamais eu l'idée de se plaindre? M. le juge d'instruction a

_____

(¹) Sauf les cas où le prévenu est laissé en liberté.

recours alors à la contrainte morale **qui** est considérée
comme un délit lorsqu'un journaliste est supposé l'avoir
exercée, mais que les juges d'instruction n'hésitent jamais
à employer contre un accusé. Il fait entendre à M. Félix
Martin que s'il hésite à se porter à son tour accusateur, il
se mettra dans un mauvais cas. Voici d'ailleurs, d'après
les notes d'audience, le récit que M. Félix Martin a fait
de cette scène dans sa déposition du 25 février :

« On sait, a-t-il dit, comment j'ai été appelé à déposer à
l'instruction : Je venais d'être arrêté; trois jours après, le juge
qui instruisait contre moi me demanda de dire ce que je savais
sur des tentatives de chantage ; je n'étais pas en possession de
tous mes moyens à raison de mon arrestation ; j'étais resté
trente-deux heures sans manger et j'étais très troublé, très
humilié; *le juge m'a dit que je me mettrais dans un mauvais cas en ne répondant pas*, car on savait qu'on avait exercé
contre moi des tentatives de chantage ; j'ai demandé à être questionné, le juge l'a fait ; j'ai répondu :

« Quand j'ai déposé devant M. Dopffer (¹), j'étais très malade,
j'avais un commencement de pneumonie et j'ai répondu sans me
rendre compte exactement des termes employés. »

Nous avions au *XIXᵉ Siècle* un rédacteur à la ligne qui
traitait exclusivement, avec une grande compétence, la
question des chemins de fer. Un soir du commencement du
mois d'octobre, il avait apporté sur la Compagnie des
chemins de fer du Sud de la France un article pour lequel
il n'avait reçu ni de M. Girard, ni de moi, aucune instruction et qui ne disait pas la centième partie de ce qui a été
dit depuis à la tribune de la Chambre, à la tribune du
Sénat et dans la presse. L'article, au surplus, ne s'appliquait qu'à l'ancienne administration de la Compagnie des

---

(1) C'est la deuxième déposition de M. Félix Martin. La première,
devant M. de Cosnac, est du 2 janvier ; la seconde, devant M. Dopffer,
est du 17.

chemins de fer du Sud, à l'administration de feu le baron Jacques de Reinach. Il ne visait pas l'administration actuelle. Il parut dans le numéro du *XIXᵉ Siècle* daté du 4 octobre 1894.

A quelque temps de là, M. Girard apprit que le nouveau conseil d'administration de la Compagnie des chemins de fer du Sud de la France s'étant mis d'accord avec le ministre des travaux publics, le gouvernement était sur le point de présenter aux Chambres un projet de loi qui devait permettre à la Compagnie d'éviter la liquidation et de se reconstituer. De divers côtés on lui avait demandé quelle était la situation de la Compagnie, quel avenir lui était réservé. Il crut que pour se renseigner exactement le plus simple était d'aller trouver le directeur de la Compagnie, M. Félix Martin, et l'entretien qu'il eut avec lui à cette occasion est l'unique base de l'incrimination.

Que s'est-il dit dans cet entretien? Deux personnes seulement peuvent le dire : MM. Girard et Félix Martin, personne n'ayant assisté à leur entretien. Dans cette affaire, comme dans toutes celles pour lesquelles nous avons été poursuivis et condamnés, il n'y a qu'un seul et unique témoin. Mais cette fois, entre les dépositions de l'unique témoin il faut choisir, car il en a fait deux diamétralement opposées.

Quand M. Félix Martin fait sa première déposition ([1]), il est prisonnier; son arrestation, les mauvais traitements, les affreuses humiliations qui l'ont suivie lui ont troublé la raison; il est persuadé qu'on l'a arrêté pour obtenir de lui une déposition contre le *XIXᵉ Siècle*, et que s'il ne dépose pas dans un sens favorable à la prévention, il se mettra « dans un mauvais cas ». Il dit donc au juge

---

([1]) Il y a bien trois dépositions de M. Félix Martin à l'instruction, l'une devant M. de Cosnac et deux devant M. Dopffer, mais elles sont identiques et n'en font qu'une.

d'instruction de lui adresser des questions et, d'après le procès-verbal de l'interrogatoire dicté par le juge au greffier, le juge serait parvenu à lui faire dire :

PREMIÈRE DÉPOSITION DE M. FÉLIX MARTIN.

« Il y a environ trois mois, un violent article contre la Compagnie du Sud avait paru dans le *XIXe Siècle*... Une quinzaine de jours environ après, M. Girard, copropriétaire du *XIXe Siècle*, vint me trouver et me dit que M. Portalis avait préparé un second article, plus violent que le premier, et que si la Compagnie voulait donner quelque chose au journal, il empêcherait la publication de ce nouvel article... (¹) »

Quand M. Félix Martin fait sa deuxième déposition, à l'audience publique du 15 février, sous la foi du serment, il est libre, il ne subit aucune pression, il n'a pu avoir aucun rapport avec M. Girard, qui a été maintenu en prison depuis le 29 novembre :

DEUXIÈME DÉPOSITION DE M. FÉLIX MARTIN.

« Je déclare, dit-il, que ce que dis aujourd'hui, en pleine possession de moi-même, est la vérité. Je ne crois pas que M. Girard ait dit qu'on publierait des articles contre nous... M. Girard n'a proféré aucune menace.

« A l'instruction, comme je l'ai dit, je n'avais pas la force matérielle ni morale de lier deux idées; je répondais par oui ou par non. J'étais frappé si injustement !

« *Je déclare formellement sur l'honneur que M. Girard ne m'a pas menacé.* »

Quant à M. Girard, il n'a pas varié dans ses réponses :

« Je ne suis pour rien, a-t-il dit à l'instruction aussi bien qu'à l'audience, dans l'article qui a paru dans le *XIXe Siècle*.

_____

(¹) Cote 2. Déposition de M. Félix Martin devant M. de Cosnac, le 2 janvier.

Je suis allé au chemin de fer du Sud pour avoir des renseignements sur la situation exacte de la Compagnie. Je n'ai pas demandé d'argent (1). »

Mis en présence de M. Félix Martin, dans le cabinet de M. Dopffer, M. Girard lui avait dit : « Comment avez-vous osé dire à M. le juge d'instruction que je vous avais menacé? — Que voulez-vous ! » avait répondu M. Felix Martin en levant les épaules avec un geste de complet découragement (2).

De ces deux dépositions, laquelle choisira le tribunal? Celle de l'homme libre, conscient, maître de lui, ou celle du prisonnier malade, affolé, violenté, terrorisé? Sans doute, il choisira celle de l'homme libre, d'autant plus qu'elle se trouve corroborée par ce fait significatif qu'après la visite de M. Girard à M. Félix Martin, aucune attaque contre la Compagnie des chemins de fer du Sud n'a paru dans le *XIXe Siècle?* Eh bien! non. M. Félix Martin a eu beau déclarer, sous la foi du serment, que sa déposition à l'audience devait seule compter parce qu'elle était seule vraie, que l'autre qui lui avait été arrachée, dictée, était contraire à la vérité; c'est de cette dernière déposition et de cette déposition seulement que le ministère public dans son réquisitoire, le tribunal dans son jugement, la cour dans son arrêt vont tenir compte. « Je n'ai pas été menacé », jure M. Félix Martin. « Si vous n'avez pas entendu la menace, répondent le jugement et, après le jugement. l'arrêt de la cour, c'est que la menace a été sous-entendue : au lieu d'être explicite, elle aura été implicite. Il suffit que vous en ayez reçu l'impression. — Mais je n'ai pas reçu du tout cette impression. — N'importe! vous auriez pu la recevoir! » Voilà pourquoi votre fille est muette... Voilà pourquoi M. Girard est condamné.

---

(1) Notes d'audience communiquées par le greffier du tribunal.
(2, Interrogatoire de M. Girard, du 15 janvier (cote 24).

D'après le jugement du 27 février 1895, une démarche comme celle de M. Girard auprès de M. Félix Martin, *constitue tout au moins une menace implicite; l'article 400 (§ 2) du Code pénal n'exigeant point qu'elle soit directe ni expressément proférée.* Il résulte, en outre, de l'arrêt de la cour, du 10 avril suivant, que l'*élément essentiel du délit peut être représenté par une menace même implicite.*

Cette théorie nouvelle de la menace implicite qui punit non plus le fait positif, l'acte visible, mais la pensée supposée, transporte la doctrine du probabilisme dans le prétoire, avec cette différence que le probabilisme des jésuites avait pour but de tout excuser, tandis que celui de nos magistrats de police correctionnelle veut condamner jusqu'aux intentions qu'eux-mêmes prêtent aux accusés. Ce n'est plus du droit, c'est de la casuistique pénale.

M. Félix Martin eut donc beau protester, M. Girard fut condamné pour la démarche qu'il avait faite auprès de lui, et j'ai été, à mon tour, condamné pour cette démarche que j'avais totalement ignorée.

Voici le passage du jugement relatif à ma complicité :

Attendu que pour les motifs *précédemment déduits*, il y a *lieu d'admettre* que Girard agissait en vertu d'un accord *non douteux* avec Portalis.

C'est-à-dire que je suis condamné en vertu d'une hypothèse, et cette hypothèse ne s'appuie sur aucun fait. M. Girard a déclaré à l'instruction et à l'audience qu'il était allé voir M. Félix Martin non pas à cause des articles du *XIXᵉ Siècle*, mais malgré ces articles. En tout cas, il ne m'a pas parlé de son projet. S'il m'en avait parlé, j'aurais tâché de l'en dissuader, car j'étais convaincu que le projet du gouvernement ne serait pas voté, que la Compagnie serait mise en liquidation, quoi qu'elle fasse, et que, par conséquent, les renseignements qu'elle pourrait donner seraient fatalement démentis par les événements.

Ne pouvant citer aucun fait, le jugement dit que *mon accord non douteux* avec M. Girard, dans sa démarche auprès de la Compagnie des chemins de fer du Sud, résulte *des motifs précédemment déduits.*

Quels sont ces motifs? Ils sont *déduits,* comme dit le tribunal, dans cet attendu par lequel débute le jugement :

« Attendu que le tribunal est autorisé, par l'ensemble des éléments de la cause, à admettre que Portalis et Girard n'ont jamais agi l'un sans l'autre..., que cette solidarité se manifeste dans un grand nombre de *faits de moralité* relevés à l'instruction... »

Ces prémisses admises, vous voyez la conséquence : tout ce qu'aura fait M. Girard, j'en serai responsable ; tout ce que j'aurai fait, M. Girard en sera responsable.

Me Desplas, dans sa plaidoirie pour M. Girard, a très bien démontré que cette prétendue solidarité entre M. Girard et moi, à supposer qu'elle eût existé vraiment, ne saurait suffire à établir la complicité de M. Girard dans tout ce que je faisais, ou ma complicité dans tout ce qu'il faisait. La complicité pénale ne se présume pas. Pour l'établir, il faut établir que l'accusé a commis quelqu'un des actes énumérés dans les articles de la loi qui définissent et punissent la complicité.

Mais cette solidarité n'est qu'une ridicule et peu loyale invention du ministère public.

Pour s'en assurer, on n'avait qu'à questionner quelques témoins indépendants. On aurait appris tout de suite qu'au *XIXe Siècle,* les attributions de M. Girard et les miennes étaient très nettement séparées. Je m'occupais de la rédaction et M. Girard s'occupait de l'administration. Pas un rédacteur du *XIXe Siècle,* hormis de Clercq, ne pourrait dire que M. Girard se soit jamais mêlé de la rédaction. Quant à moi, je n'intervenais dans l'administration que pour discuter et pour arrêter les dépenses de rédaction. Je restais étranger à toutes les questions de publicité, de publicité proprement dite et de publicité financière. Pendant les neuf années que je suis resté directeur politique et rédacteur en chef du *XIXe Siècle*, il ne m'est pas arrivé une seule fois de traiter une affaire de ce genre, même lorsque M. Girard était absent.

Le réquisitoire et, après lui, le jugement, représentent M. Girard comme un être faible, sans défense, sans initiative, subissant aveuglément mon influence... Cette appréciation a bien dû sembler le comble de la fantaisie et du grotesque à tous ceux qui ont été les témoins, même accidentels, même momentanés, de mes rapports avec M. Girard, à ses amis, à ses proches, à tous ceux qui le connaissent de près ou de loin.

Je connais M. Girard depuis trente ans Quand, en 1886, on me pria, on me supplia d'essayer de sauver le *XIXe Siècle*, ne voulant pas assumer la charge de la direction matérielle en même temps que la direction politique et littéraire, je lui demandai s'il voulait se charger de l'administration. Il accepta. Nous avions donc au *XIXe Siècle* des intérêts communs, mais ne peut-on pas avoir des intérêts communs, s'occuper chacun dans une sphère différente d'une même entreprise, sans conserver l'un et l'autre sa personnalité? A la vérité, il n'y a entre M. Girard et moi aucune ressemblance ni pour le caractère, ni pour les manières, ni pour les coutumes dé la vie. Nous n'avons jamais eu la même façon de voir les hommes et les choses. Il a plusieurs fois répété, au cours de ce procès, qu'il n'approuvait pas, qu'il blâmait même la manière dont je dirigeais la rédaction. J'étais loin, de mon côté, d'approuver toujours la manière dont il dirigeait l'administration. Je ne connais, d'ailleurs, pas d'homme qui, par nature, par tempérament, par habitude, soit plus incapable de subir aucune influence et qui, au moins lorsqu'elle vient de moi, supporte plus difficilement la contradiction sans éclater. Les murs du local où se trouvaient les bureaux du *XIX*e *Siècle* doivent retentir encore de ces éclats. Il a dû vraiment, malgré l'horreur de sa situation, avoir envie de rire, au moins de pitié, quand il a entendu le passage du réquisitoire où M. le substitut Thomas prétend que je le *fascinais* et qu'il faut « avoir égard à l'*ascendant* que j'exerçais sur lui et qu'*il subissait* ». Être ainsi jugé, quelle dérision et quelle honte !

Ce serait d'ailleurs une erreur de croire **que ceux** qui ont soufflé aux juges ces étonnantes appréciations ne connaissaient pas M. Girard. Ils le connaissaient **très bien** au contraire. Mais tout ce procès a été une gageure d'agents d'affaires canailles, qui ont entrepris de faire dire aux juges, dans un jugement, des blagues aussi audacieuses que celles qu'ils débitent quotidiennement dans leurs bulletins financiers.

Quant aux « éléments de la cause » et aux « faits de moralité » qui prouveraient ma solidarité avec M. Girard, où les trouve-t-on? Dans « l'écrit spontané » de de Clercq, dans les dépositions de MM. Imbert et Vanault, dans la déposition de M. de Pont-Jest... Et c'est sur les fausses dénonciations de ce mouton, sur les monumentales erreurs de ces deux auxiliaires de la justice, sur les faux témoignages de ce chevalier de la poussette, qu'au nom de la vertu je suis condamné !

XX

L'affaire de la Transatlantique. — Les inculpations.

M. Pereire veut jeter la suspicion sur tous ses adversaires en les accusant de chantage. — Les millions de la famille Pereire. — Un émule de Claudius-Marius-Morel. — Profession lucrative. — Justicier à gages. — Sept mois d'instruction. — Raffinement de cruauté. — Les acticles de M. Le Roy. — Arrêt de la cour dans l'affaire de l'Immobilière. — La campagne du *Temps*, du *Figaro*, de la *Libre Parole*. — Le code et le codex. — Un jugement qui ne prouve rien. — Le système de M. Pereire. — Consultation de MM. Sénart et Demolombe. — La thèse de M. Le Roy. — 466 voix contre 20. — Les deux procès Rousseau. — Réquisitoire de M. l'avocat général Puech. — M. Rousseau gagne son premier procès. — Le jugement du tribunal de commerce. — M. Rousseau fait appel, puis se désiste. — Un maître Jacques de la finance et de l'industrie. — Visite de M. Girard à M. Pereire. — Guérison miraculeuse d'un témoin unique, sourd et aux trois quarts aveugle. — M. Ronchet chez M. Girard. — Menaces invraisemblables. — Un commis qui sait trop bien sa leçon. — Ma visite à M. Pereire. — Le pot de terre contre le pot d'or. — La preuve du faux témoignage de M. Pereire. — Il s'allie au *Petit Journal*. — Son manque de parole. — Lâche agression. — Plus fort que Laubardemont. — Mon entrevue avec le directeur de l'*Express-Finance*. — Génération d'un faux témoignage. — Un mot de M. l'avocat général Jean Cruppi. — Le coup de l'escalier. — 150 francs de subvention. — Les témoins de M. Pereire.

J'arrive aux dernières poursuites qui ont été greffées

sur la plainte originaire et unique du tenancier de tripot,
Isidore Bloch : aux poursuites pour « tentative d'extorsion
de fonds au préjudice de la Compagnie Transatlantique et
de son président M. Eugène Pereire », qui ont abouti au
jugement du 24 octobre 1895, condamnant l'administrateur
du *XIXe Siècle*, M. Girard, à dix-huit mois de prison et
me condamnant, par défaut, à cinq ans, avec confusion
entre ces peines et celles antérieurement prononcées dans
l'affaire des cercles.

Cette tentative n'a jamais existé. C'est une invention de
M. Pereire, qui cependant n'a pas porté plainte.

A l'époque du procès des cercles, M. Pereire sollicitait
des pouvoirs publics le renouvellement du contrat qui
assurait à la Compagnie Transatlantique le monopole des
services maritimes postaux de l'Algérie et de la Tunisie. Il
voulait obtenir, avec la prolongation du privilège pour
quinze années, une forte augmentation de subvention. Ses
projets, dont la réussite lui tenait beaucoup à cœur, ren-
contraient une très vive opposition dans les Chambres, dans
la commission parlementaire des services maritimes postaux, dans la commission du budget, dans la presse et
naturellement chez les compagnies maritimes du port de
Marseille, qui reprochaient à la Compagnie Transatlantique
d'abuser de son monopole pour ruiner toute concurrence.

Quand, sur la plainte en l'air du tenancier de tripot
Isidore Bloch, le chef du gouvernement, M. Dupuy, eut
ordonné l'arrestation de l'administrateur et du directeur
politique du *XIXe Siècle*, M. Pereire, qui se vantait d'être
l'intime ami du président du conseil, pensa que le meilleur
moyen d'assurer le renouvellement de son monopole était
de jeter la suspicion sur tous les adversaires de ses projets
en portant contre le *XIXe Siècle*, son principal antagoniste
dans la presse, une accusation de chantage, qui, vu les

circonstances, ne pouvait manquer d'être favorablement accueillie et en faisant de cette première dénonciation le point de départ d'une vaste accusation de chantage dans laquelle seraient englobées les compagnies marseillaises, les députés hostiles au renouvellement du privilège de la Compagnie Transatlantique et même les juges, si les juges n'entraient pas assez vite et assez docilement dans ses vues.

Pour atteindre un si noble but, rien n'a été négligé, ni les mensonges, ni les faux témoignages, ni les subornations de témoins, ni la contrainte morale, ni la menace implicite et explicite. Ah! c'est une belle chose que la vertu telle que l'entend M. Eugène Pereire, dont la République a fait un commandeur de la Légion d'honneur, parce qu'il avait hérité des millions volés dans des affaires comme l'Immobilière et le Crédit mobilier!

La condamnation du *XIXᵉ Siècle*, dans l'affaire des cercles, avait été due en grande partie aux menées du *Petit Journal*. On le savait. On résolut de procéder comme lui.

M. Eugène Pereire trouva son Claudius-Marius-Morel dans M. André Lajeune-Vilar.

Il lui fit publier d'abord un article rempli de fausses dénonciations, qui parut le 30 novembre 1894 dans le *Journal*, dont M. Letellier est le propriétaire et M. Fernand Xau le directeur, ensuite un volume intitulé : *Les coulisses de la presse, mœurs et chantages du journalisme*, qui, si j'en juge par les nombreuses pages qui m'y sont consacrées, n'a pas dû coûter à son auteur de grands frais d'imagination. Il commence par reproduire, en l'amplifiant quelque peu, son article du 30 novembre; ensuite il copie consciencieusement, sans même citer la source, les plus invraisemblables histoires de la brochure Morel, puis, et c'est là ce qui achève de donner au libelle son vrai caractère, il reproduit sans y changer un mot et en le citant

cette fois, l'incroyable article du *Petit Journal*, du 8 avril
1891, intitulé : « le Bandit », dont j'ai cité plus haut ([1])
quelques passages et quelques épithètes choisies.

Qu'est-ce que M. Lajeune-Vilar? Je ne sais **rien de lui**,
sinon qu'il fut un des fondateurs du Cercle de l'Escrime
(le Cercle de M. Isidore Bloch), et qu'il fut consul de
France pendant vingt-quatre heures seulement, le ministre
qui l'avait élevé à ce grade ayant cru devoir rapporter sa
nomination en présence des commentaires auxquels elle
avait donné lieu.

Aujourd'hui, M. Lajeune-Vilar a, comme M. Marius-
Morel, embrassé la profession de justicier. Justicier pour
compte de tenanciers de tripots et de sociétés financières
mal administrées : c'est une des nouvelles professions du
jour, lucrative, peu honorable et sans risques!

M. Lajeune-Vilar apporte, il faut le reconnaître, dans
l'exercice de sa profession de justicier, une fantaisie qui
n'est pas banale. Le ministère public l'avait fait citer dans
notre procès de la Transatlantique comme témoin à charge.
Interrogé par M. le président Couturier sur les histoires
qu'il a racontées dans son livre et dans ses articles sur
M. Girard et sur moi : « Oh! s'empresse-t-il de répondre
avec un charmant sourire, je ne réponds pas de leur
authenticité. » Le parquet non plus n'en répond pas, mais
c'est là-dessus qu'il poursuit et que les juges condamnent.

A Marseille, le 11 décembre 1895, un avocat, Mᵉ Autran,
lui dit que son livre et ses articles ont dû être payés par
M. Pereire, et s'adressant directement à lui : « Vous vendez
votre plume ([2])?

— Oui, répond M. Lajeune-Vilar, je fais payer mes
articles, tout comme vous vos plaidoiries, et à cette diffé-

([1]) Voir p. 66.

([2]) Compte rendu du procès du *Journal* contre les armateurs marseillais. (*Journal* du 12 décembre 1895.)

rence près que vous parlez et que j'écris, c'est la même chose. »

Tout l'honneur des poursuites dirigées contre le *XIXᵉ Siècle*, pour l'affaire de la Transatlantique, revient à M. Lajeune-Vilar pour avoir rédigé son article du 30 novembre 1894 et à M. Fernand Xau pour l'avoir publié. M. le substitut Guillemin, dans son réquisitoire définitif, dit que « c'est par cet article qu'il a eu connaissance du prétendu chantage du *XIXᵉ Siècle* contre la Transatlantique ». M. le président Couturier a répété, à l'audience du 17 octobre, que « c'était cet article qui avait mis l'action publique en éveil (!) ».

L'instruction fut aussitôt ouverte. Le 3 décembre 1894, quatre jours après l'arrestation de M. Girard, M. Pereire est interrogé une première fois par M. Dopffer. Il lui dit que les faits allégués par M. Lajeune-Vilar dans le *Journal* sont en partie exacts. Pourquoi ce procès de la Transatlantique, commencé le 1ᵉʳ décembre, n'a-t-il pas été jugé en même temps que l'affaire des cercles, comme l'a été par exemple l'affaire des chemins de fer du Sud, dont l'instruction n'a été ouverte que le 21 janvier, sept semaines après celle de la Transatlantique, et qui n'avait certes avec l'affaire des cercles aucune espèce de rapport ? Quelle raison si grave pouvait justifier ce raffinement de cruauté qui faisait tenir la menace d'un nouveau procès indéfiniment suspendue sur la tête d'un accusé ?

Les inculpations relevées pendant ces sept mois d'instruc-

(¹) Voici, d'après le compte rendu sténographique de l'audience du 17 octobre 1895, comment s'est exprimé à ce sujet M. le président Couturier :

« L'action publique a été mise en mouvement *par un de vos confrères*, par un article du *Journal*; c'est par un article du *Journal*, publié par M. Lajeune-Vilar, à la date du 29 novembre 1894, que le public et en même temps le parquet ont été mis au courant des faits qui vous sont reprochés aujourd'hui, et c'est *à la suite de la publication de cet article qu'une information a été immédiatement ouverte.* »

tion et retenues par le jugement, contre M. Girard et contre moi, sont au nombre de sept, savoir :

1° Une série d'articles publiés par le *XIX° Siècle;* 2° un procès fait par M. Rousseau à la Compagnie Transatlantique pour le compte du *XIX° Siècle;* 3° en ce qui concerne M. Girard personnellement, une visite faite par lui à M. Pereire, président de la Société de papeterie, et une conversation entre M. Rombet, représentant de ladite Société de papeterie, et M. Girard; 4° en ce qui me concerne personnellement, une visite que j'ai faite à M. Pereire, président de la Société de papeterie; 5° une conversation que j'ai eue avec M. Haguet, directeur de l'*Express-Finance.*

Je vais, en exposant les faits du procès, prendre une à une chacune de ces charges et montrer qu'aucune d'elles n'a sa raison d'être.

Je dirai ensuite quelles ont été les véritables causes de ces poursuites et comment elles ont eu lieu à l'instigation d'un financier sans scrupules qui aurait voulu exploiter, au profit de ses combinaisons et de ses appétits, le rigorisme de la justice et l'amour de certains hommes politiques du parti socialiste pour la vertu.

Ce récit sera un document intéressant pour servir à l'histoire des mœurs judiciaires de cette fin de siècle.

PREMIÈRE INCULPATION : *Les articles du XIX° Siècle.*

La question du renouvellement du privilège de la Compagnie Transatlantique se trouvait en discussion devant la Chambre. C'était une question d'intérêt général au premier chef. De sa solution dépendait, dans une large mesure, la prospérité de notre marine marchande. Elle intéressait le commerce national et la masse des contribuables. En la traitant, le *XIX° Siècle* remplissait son devoir de journal sérieux, bien informé, soucieux d'éclairer le public sur les grandes questions du jour.

Le ministère public et le tribunal ont dit que j'étais l'auteur de ces articles. Sur ce point comme sur tous les autres, ils se sont trompés. Me Desplas a donné lecture, à l'audience du 17 octobre 1895, d'une lettre qui lui a été adressée par le secrétaire de la rédaction du *XIXe Siècle* et qui figure au dossier : « *Les articles concernant la Compagnie Transatlantique*, écrit M. Danthesse, *n'ont pas été rédigés au* XIXe SIÈCLE. *Ni M. Girard, ni M. Portalis, ni aucun des rédacteurs ou collaborateurs habituels du journal n'en ont écrit* UNE LIGNE. *Je puis l'affirmer, puisque j'étais alors secrétaire de la rédaction du* XIXe SIÈCLE. » A l'appui de cette déclaration, Me Desplas a produit la copie de ces articles : elle n'est pas de ma main. J'ajoute, enfin, que je n'aurais pas eu la compétence de les écrire.

Comme ces articles ne sont pas de moi, comme je n'y ai jamais fait aucun changement, aucune correction, comme je n'en ai jamais retranché une virgule, comme je n'y ai jamais ajouté un mot, je suis bien à mon aise pour répéter ici tout le bien qu'on en pensait et qu'on en disait. Il n'y avait qu'une voix pour reconnaître qu'ils étaient absolument remarquables dans le fond et dans la forme. Les critiques qu'ils présentaient n'étaient pas nouvelles. Elles avaient précédemment été formulées par le *Temps*, en 1891, dans une série d'articles, depuis réunis en brochure, et dans beaucoup d'autres feuilles, notamment dans le *Petit Journal* (¹), qui inscrit depuis sur la liste des journaux subventionnés par M. Pereire pour 500 francs par mois, est devenu un des défenseurs les plus ardents de son administration.

En même temps que le *XIXe Siècle* faisait cette campagne, elle était reprise par d'autres journaux, par la *Libre Parole*, par l'*Éclair*, par le *Soir*, par l'*Économiste*

_____

(¹) Mai, juin 1891.

français et par le *Figaro*. Les articles du *XIXe Siècle* ne se distinguaient de ceux des autres journaux que par l'autorité et la compétence indiscutées de leur auteur.

Le réquisitoire de M. le substitut Guillemin et le jugement de la 8e chambre, du 24 octobre 1895, disent que ces articles étaient « diffamatoires ».

Si en 1864, 1865, 1866 et 1867 un journal avait eu la clairvoyance et le courage de dire que les fondateurs de la dynastie des Pereire faisaient des rapports inexacts aux assemblées générales d'actionnaires, distribuaient des dividendes fictifs, etc., ces illustres financiers auraient aussi crié à la diffamation, et si la nouvelle jurisprudence inaugurée sous le ministère Dupuy eût été inventée, ils auraient fait condamner pour chantage leurs prétendus diffamateurs. Ce journal cependant aurait rendu un immense service et n'aurait fait que devancer l'arrêt que la cour de Paris devait prononcer le 9 février 1877 :

Considérant qu'*il est établi, par les documents de la cause, que par la publication de rapports inexacts faits aux assemblées générales des actionnaires, par la distribution de dividendes fictifs pris sur le capital social,* par *un ensemble d'actes et de manœuvres contraires à la vérité et à la bonne foi,* Émile Pereire, Isaac Pereire et Salvador, ont *trompé tout à la fois les actionnaires, les obligataires et les tiers* sur la mauvaise situation de la Compagnie Immobilière dont ils étaient les administrateurs, etc.

Les articles consacrés par le *XIXe Siècle* à la Compagnie Transatlantique n'étaient ni plus ni moins diffamatoires que ceux des autres journaux, notamment que ceux du *Figaro*.

Pour établir leur caractère diffamatoire, le jugement de la 8e chambre allègue :

1° *Que dans ces articles il est dit notamment que la*

Compagnie Transatlantique est en déficit de 45 millions;

2° *Que ses bilans sont frauduleux;*

3° *Que ses administrateurs ont commis de véritables escroqueries justiciables de la police correctionnelle;*

4° *Que le président Eugène Pereire y est traité de ramolli.*

Or, le *Figaro* dit :

1° *Que la Compagnie Transatlantique est en déficit* de 47,717,237 francs (*Figaro* du 16 juin 1894); *que ses actions valent 203 francs de moins que le pair* (*Figaro* du 14 juillet 1894);

2° *Que ses bilans sont frauduleux* (*Figaro* des 26 mai, 2, 16, 21, 30 juin, 7 juillet, 14 juillet, 21 juillet 1894); *que le conseil d'administration n'a pas réussi dans son rapport à masquer la situation réelle de la Compagnie aux actionnaires* (*Figaro* du 23 juin 1894); que les actions, en cas de liquidation, ne vaudraient pas plus que le papier (*Figaro* du 7 juillet 1894); *que mieux vaudrait dire aux actionnaires la vérité que de les leurrer par des chiffres dans lesquels ils ne voient goutte* (*Figaro* du 7 juillet 1894);

3° *Qu'elle a distribué des dividendes fictifs* (*Figaro* du 16 juin, du 3 juillet 1894); *que la Compagnie Transatlantique, en tant que Compagnie de transports, ne gagne rien* (*Figaro* du 21 juillet 1894);

4° *Que ses administrateurs ont commis de véritables escroqueries justiciables de la police correctionnelle* (*Figaro* du 16 juin 1894), *que M. Pereire, au lieu de s'appliquer aux réformes qui pourraient, sinon modifier une situation mauvaise, du moins en retarder ou en atténuer les effets, ne tend qu'à la présenter sous un jour faux, pour tromper les actionnaires, qu'il y a de ce côté*

des responsabilités qui pourraient être invoquées un jour.
(*Figaro* du 21 juillet 1894) ([1]).

5º Le jugement de la 8ᵉ chambre reproche enfin au
*XIXᵉ Siècle d'avoir traité le président Eugène Pereire de
ramolli ;* le *Figaro*, de son côté, dit en parlant de M. Eugène Pereire *qu'on se trouve en face de responsabilités de
fait qui relèvent du codex encore plus que du code* (*Figaro*
du 21 juillet 1894). Est-ce dans cet euphémisme que M. le
président Couturier voit la grande différence entre les
articles du *Figaro* et ceux du *XIXᵉ Siècle ?*

La vérité est que si on avait voulu faire, selon la promesse de M. le substitut Thomas, œuvre de justice indépendante et impartiale, on n'aurait pas dû poursuivre le
XIXᵉ Siècle, qui a publié cette série d'articles en dehors de
tout esprit de gain ou de spéculation, et que le parquet
aurait dû · diriger d'un autre côté ses investigations.
MM. Pereire, Ronchet et d'autres personnes savent bien ce
que je veux dire.

Comme exemple de la ressemblance des articles du
XIXᵉ Siècle avec ceux des autres journaux, on pourrait

---

[1] Les administrateurs de la Compagnie transatlantique ont été
accusés, dans la séance du 14 juillet 1895, d'avoir commis un délit
d'un autre genre. Énumérant les causes pour lesquelles la Compagnie
transatlantique avait perdu de l'argent dans l'exploitation de ses services de la Méditerranée, M. Forciolo, député de Constantine, a dit :
« Il y a une troisième cause de perte qui résulte de la propre faute de
la Compagnie Transatlantique, je dirai même *d'un délit qu'elle a peut-
être commis*. A un moment donné, elle s'est entendue avec les autres
compagnies de Marseille pour exagérer le prix du fret. Il y avait une
coalition, une entente qui est prévue par un article du code pénal. On
n'a poursuivi ni la Compagnie Transatlantique, ni les autres compagnies. » M. Gustave Rouanet, député de Paris, a été plus net :
« Nous avons eu un exemple de ces coalitions illégales punies par
l'article 419 du code pénal. Nous avons vu de ces coalitions se produire entre la Compagnie Transatlantique et les compagnies rivales
pour arriver à augmenter le prix du fret. » (*Journal officiel* du
15 juin 1895.)

aussi citer les articles de la *Libre Parole*, qui étaient la reproduction textuelle des articles du *XIXᵉ Siècle*.

Ni le ministère public, ni aucun tribunal, ni personne n'avait d'ailleurs et n'a encore légalement le droit de dire que les articles publiés sur la Compagnie Transatlantique et sur son président M. Eugène Pereire, soit dans le *XIXᵉ Siècle*, soit dans les autres journaux, contenaient des diffamations.

On sait, en effet, qu'aux termes de la loi de 1881 sur la presse, les journaux accusés de diffamation par les sociétés financières sont autorisés à faire contre elles la preuve de leurs allégations et que, si cette preuve est rapportée, il n'y a pas de diffamation. Aussi longtemps donc que l'inexactitude des allégations du *XIXᵉ Siècle* n'a pas été prouvée, nul n'a le droit de prétendre qu'elles étaient diffamatoires. La Compagnie Transatlantique s'est fait défendre par le *Petit Journal* et par les autres journaux qu'elle subventionne. Elle a fait soutenir par l'*Événement* [1], par le *Rappel* et par la presse socialiste que la campagne du *XIXᵉ Siècle* était le résultat d'une conjuration, mais elle n'a pas fait cette preuve. Pour la faire, deux voies lui étaient ouvertes. Elle pouvait, si le *XIXᵉ Siècle* avait

---

[1] L'*Événement*, qui a consacré des colonnes entières de sa première page à la défense de la Compagnie Transatlantique, avait débuté le 3 mars par la publication de l'article ci-dessous, paru le 3 mars 1894 :

DESSOUS DE CARTES.

On n'a pas manqué d'observer, dans le public, l'extrême ardeur avec laquelle a été engagée une campagne de dénigrement contre la Compagnie Transatlantique. La curiosité la plus indiscrète d'un journal ne saurait suffire à l'expliquer. On a recherché quels sont les intérêts concurrents qui ont pu provoquer cette série d'attaques plus ou moins systématiquement répercutées sur le marché par la coalition ambitieuse de les mettre à profit. Ce n'est un mystère pour personne que cette coalition a surtout en vue l'obtention des services postaux entre la France et l'Algérie et la Tunisie, dont le renouvellement est prochain. Il existe notamment à Marseille une « Compagnie de transports

commis des erreurs, les rectifier dans le *XIXᵉ Siècle*
et elle n'aurait pas eu besoin pour cela d'invoquer le droit
de réponse que lui accordait la loi, car le *XIXᵉ Siècle* n'a
pas cessé de répéter que ses colonnes étaient ouvertes à
M. Eugène Pereire et qu'il s'empresserait d'insérer toutes
les rectifications qu'il voudrait bien lui adresser (¹). Elle
pouvait aussi poursuivre le *XIXᵉ Siècle* en diffamation. C'est
par là qu'elle aurait dû commencer et je ne suis pas seul à
penser ainsi. Dans un réquisitoire qu'il prononça devant la
1ʳᵉ chambre de la cour, le 24 mai 1894, à l'occasion d'un
débat dont je parlerai plus loin, M. l'avocat général Puech
prononçait ces paroles textuelles qui bientôt devaient être
sanctionnées par un arrêt de la cour :

> Depuis le mois de janvier dernier, la Compagnie générale
> Transatlantique aurait pu poursuivre la diffamation dont elle
> se plaint devant les tribunaux et en demander réparation. Elle
> aurait pu démontrer la calomnie dont elle était victime. Elle
> ne l'a pas fait, et sa défense demeure donc jusqu'à présent à
> l'état d'allégation.

---

maritimes », la Compagnie Touache, et la maison Caillol-Saint-Pierre
qui n'auraient pas craint de rêver de supplanter, dans les services
postaux avec l'Algérie et la Tunisie, la Transatlantique. A cette
association médiocre de forces singulièrement inégales, il faudrait
nécessairement une flotte. On la demanderait à la Société des forges
et chantiers de la Méditerranée, qui participerait ainsi à l'opération
projetée. Enfin, comme des banquiers ne seraient pas moins utiles
que des constructeurs, la Société générale et le Crédit industriel paraî-
traient indiqués pour être les bailleurs de fonds de la combinaison
que l'on tente d'échafauder. Nous ne traçons ici que des hypothèses;
mais le plan de cette mercantile conjuration n'est pas tellement couvert qu'il puisse échapper aux regards clairvoyants qui scrutent les
dessous de cartes. Mais on est parti trop tôt en guerre et la tentative
démasquée n'aboutira qu'à faire ressortir la puissante et supérieure
vitalité de la Compagnie Transatlantique.   J. D.

La note était la même dans le *Rappel* et fut la même plus tard dans
la presse socialiste.

(¹) On lisait notamment dans un article du *XIXᵉ Siècle* du 17 février 1894 :

> Nous avons dit déjà et nous répétons que, si la Compagnie Trans-
> atlantique croyait pouvoir rectifier nos chiffres, les colonnes du
> *XIXᵉ Siècle* lui étaient ouvertes.

Au lieu de faire au *XIXe Siècle* un procès en diffamation, M. Pereire a préféré l'accuser de chantage. C'est,
en effet, pour les directeurs et administrateurs des sociétés
financières, un moyen très commode de tourner la loi de
1881 et d'échapper à l'obligation de prouver qu'ils ne
méritent pas les critiques dirigées contre eux, mais le
jugement obtenu par surprise de la 8e chambre ne
diminue en rien la valeur de l'observation présentée à la
cour par M. l'avocat général Puech. Il ne prouve pas que
M. Pereire et la Compagnie transatlantique aient été
calomniés. La situation à cet égard est aujourd'hui ce
qu'elle était hier.

Les articles concernant la Compagnie Transatlantique
qui ont été publiés par le *XIXe Siècle* ont été écrits tout
entiers par M. Le Roy, ancien secrétaire général de la
Compagnie Transatlantique, ancien armateur. Interrogé
par M. Dopffer, il a dit qu'il avait agi dans l'intérêt du
bien public [1]. Il faut croire que le ministère public a
admis ce mobile, puisque M. Le Roy n'a pas été poursuivi.

M. Le Roy m'a toujours dit qu'il avait quitté la Compagnie transatlantique en 1875, lorsque M. Eugène Pereire
en était devenu le président et le directeur, parce qu'il
était avec ce dernier en complet désaccord sur la manière
d'administrer la Compagnie. Les Pereire avaient été
obligés de quitter l'administration de la Compagnie Transatlantique en 1868, à la suite de la chute de la Société
Immobilière et du scandale causé par cet énorme désastre.
A la faveur de la guerre, de la proclamation de la République et de la Commune, les krachs financiers de la fin de
l'Empire avaient été vite oubliés. Sept ans après, en 1875,
M. Eugène Pereire crut le moment favorable pour rentrer
à la Transatlantique et en prendre la présidence. Il com-

---

[1] 7 mars 1895, cote 43.

mença dans la *Liberté* une violente campagne de presse contre les administrateurs qui étaient alors en fonctions. Le système qu'il proposait était très simple : il consistait à distribuer en dividendes aux actionnaires les sommes jusque-là consacrées à l'amortissement du matériel naval de la Compagnie.

Au mois de mai 1878, trois membres du conseil d'administration ayant reçu mission d'examiner les propositions de M. Eugène Pereire rédigèrent un rapport qui expose très clairement l'objet de la discussion. En voici les passages essentiels :

Vous savez, disent les trois rapporteurs, ce que demande le groupe d'actionnaires dont il a été si souvent question depuis notre dernière assemblée générale, sous l'inspiration d'un actionnaire important dont les idées se trouvent longuement exposées dans les articles publiés par le journal *la Liberté*, les 24 et 31 mars et les 7, 14, 21 et 28 avril, et que vous connaissez tous. (M. Pereire.)

Cet actionnaire demande qu'on ne distraye dorénavant rien — ou du moins aucune somme de quelque importance — des bénéfices de l'exploitation et, en outre, *qu'on prélève sur les fonds de réserve, d'amortissement et d'assurance réunis, la quotité nécessaire pour arriver à un dividende de 25 francs par action*, prélèvement autorisé, selon lui, par l'article 55 des statuts.

Nous croyons, au contraire — et nous avons à l'appui de notre opinion la consultation écrite de deux jurisconsultes éminents, MM. Sépart et Demolombe — *que le fonds d'amortissement, en raison de sa destination spéciale, ne saurait fournir une part quelconque du dividende.*

Dans le système qui nous est opposé, il faut renoncer à toute transformation de nos anciens bateaux, à toute augmentation et à tout renouvellement de notre flotte... *C'est à grand'peine que nous trouverions, même plus tard, les fonds nécessaires au remplacement des chaudières et aux grosses réparations, dont la nécessité s'imposera dans quelques années.*

Il faudrait alors recourir à l'emprunt, ce qui ne répugne pas au défenseur du système que nous combattons. Il suppose que par la distribution de tous les bénéfices acquis, — et de plus même, — *les actions remonteraient bientôt au pair et qu'alors la Compagnie pourrait faire une émission d'obligations...*

Nous avons sous les yeux les rapports des **deux derniers** exercices de presque toutes les grandes compagnies de navigation françaises et étrangères... *Presque toutes ces compagnies — à commencer par les Messageries maritimes — amortissent à 5 p. c.* Quelques-unes même forment en outre un fonds spécial d'amortissement pour le renouvellement des chaudières. D'autres encore, tout en attribuant de fortes sommes à l'amortissement, ne s'astreignent pas au chiffre rigoureux de 5 p. c. ; mais celles-là sont dans une situation si prospère que leur exemple n'a plus autant d'importance...

Nous ne croyons pas pouvoir donner une meilleure réponse que ces exemples mêmes à nos actionnaires opposants.

Autant que nos adversaires, nous avons le plus vif désir de voir nos actions revenir à leurs anciens prix ; mais nous n'attendons cette amélioration que de l'augmentation intrinsèque et réelle de leur valeur, et non de combinaisons d'écritures et de distributions de dividendes non sérieusement acquis et enflés contrairement aux principes d'une sage administration, contrairement à la loi et contrairement à notre conscience.

Les actionnaires ne demandent en général qu'une seule chose : qu'on leur distribue de gros dividendes. Des moyens employés pour y arriver, ils se préoccupent peu. Le système de M. Eugène Pereire prévalut. Il devint président du conseil.

Dans les articles publiés par le *XIXᵉ Siècle*, M. Le Roy continuait à combattre le système de M. Pereire. Il soutenait que les sommes annuellement **consacrées** par la Compagnie Transatlantique à l'amortissement de son matériel naval étaient tout à fait insuffisantes. Il citait l'exemple

28

de toutes.les grandes compagnies maritimes de France et de l'étranger, il concluait que si l'amortissement avait été pratiqué à 5 p. c. selon une règle qu'il présentait comme invariable et absolument obligatoire pour toutes les entreprises du même genre, au lieu de l'être à moins de 2 1/2 p. c., et si les écritures étaient redressées dans ce sens, comme elles devraient l'être, il en résulterait pour la Compagnie transatlantique une diminution d'actif de 43 millions, de telle sorte que son capital social, qui est de 40 millions, apparaîtrait ainsi comme ayant totalement disparu. Tant que cette situation serait maintenue, les dividendes distribués pouvaient être considérés comme fictifs et la Compagnie Transatlantique, si elle ne modifiait pas son mode d'amortissement, marchait à un désastre qui rappellerait celui de l'Immobilière.

Le système de M. Eugène Pereire avait, selon M. Le Roy, un autre inconvénient : c'était de rendre la concurrence impossible à toute autre compagnie maritime amortissant régulièrement son matériel à 5 p. c.

En ce qui concerne les services d'Algérie et de Tunisie, M. Le Roy disait que la demande d'augmentation de subvention de la Compagnie n'était pas justifiée, que si elle avait perdu de l'argent sur ces services, malgré sa subvention annuelle de 800,000 francs, c'est qu'elle l'avait fait exprès, pour ruiner les compagnies rivales. Il adjurait le gouvernement au nom de la justice, au nom des intérêts budgétaires, au nom des intérêts algériens et tunisiens, de régler la future adjudication des services d'Algérie, de manière à ne pas décourager tous les soumissionnaires possibles. Tout ce qui a été dit à ce sujet dans le *XIX⁰ Siècle* a été répété à la Chambre, dans la séance du 14 juin 1895, par les orateurs qui ont combattu le traité de gré à gré, que le gouvernement avait passé avec la Compagnie Transatlantique. Parmi ces orateurs figurait au premier rang le rapporteur de la commission du budget, depuis ministre des finances, M. Doumer.

Le projet de traité présenté par le gouvernement accordait pour quinze années le monopole des services maritimes postaux de l'Algérie et de la Tunisie à la Compagnie Transatlantique, avec une subvention annuelle de 1 million 500,000 francs, plus des primes à la vitesse pouvant s'élever à 500,000 francs, plus la subvention indirecte résultant des prix forfaitaires accordés par l'État à la Compagnie concessionnaire pour le transport du personnel et du matériel de l'État, plus d'autres avantages.

Il fut repoussé par 466 voix contre 20.

Dira-t-on que M. Paul Doumer, M. Gustave Rouanet et les autres orateurs qui ont combattu le projet, ainsi que les 466 députés qui ont voté contre, aient agi dans un but intéressé et aient voulu faire chanter la Compagnie Transatlantique?

Le *XIXe Siècle* ne l'a pas voulu davantage.

DEUXIÈME INCULPATION. — LE PROCÈS ROUSSEAU.

Mais le *XIXe Siècle* a, par l'entremise de son caissier-comptable, M. Rousseau, fait deux procès à la Compagnie Transatlantique, l'un devant le juge des référés et devant la cour, pour obtenir communication de la liste des actionnaires, l'autre devant le tribunal de commerce, en rectification de bilan conformément aux règles d'amortissement indiquées plus haut, et subsidiairement en dissolution de société.

Le procès en communication de la liste des actionnaires a été gagné par M. Rousseau, devant le juge des référés, M. de Boislisle, et devant la 1re chambre de la cour, présidée par M. le premier président Périvier. L'avocat de la Compagnie Transatlantique soutenait dès cette époque que M. Rousseau, qui n'était que l'instrument du

XIXᵉ Siècle, agissait dans un but « méchant et délictueux », dans un but de chantage, et voici ce que lui répondait le ministère public, par l'organe de M. l'avocat général Puech :

A supposer, disait l'organe du ministère public, que M. Rousseau ne fasse qu'une seule et même personne avec le *XIXᵉ Siècle*, ce qui pourra paraître vraisemblable, les accusations portées par le journal *le XIXᵉ Siècle*, dans sa campagne contre la Compagnie Transatlantique, sont très graves, mais elles sont présentées d'une façon sérieuse, et les articles ne sont pas seulement des allégations vagues ou des insinuations qui ne reposent sur rien ; ces articles sont étudiés, ils sont documentés et ils reposent sur des faits qui sont vrais ou faux, mais qui en tout cas méritent l'attention et commandent l'examen...

Nous nous trouvons en présence de deux affirmations contraires, l'une très précise, traduite par une action devant le tribunal de commerce, et l'autre se contentant de nier la véracité des accusations publiées contre la Compagnie générale Transatlantique, sans d'ailleurs fournir jusqu'à présent aucune espèce de preuve. Par conséquent, il n'est pas démontré que M. Rousseau agisse *dans un but méchant* et *surtout délictueux* [1].

Quel contraste entre ce ton et celui que devaient prendre plus tard, pour parler des mêmes faits, MM. les substituts Thomas et Guillemin !

Quant au procès de M. Rousseau devant le tribunal de commerce, c'était, d'après le réquisitoire de M. le substitut Guillemin, « une arme de guerre pour amener la Compagnie Transatlantique à une transaction coûteuse [2] », et, d'après le jugement du 24 octobre 1895, « une manœuvre intéressée ». M. l'avocat général Puech est d'un tout autre avis. Il soutient qu'il ne voit rien de délictueux dans l'instance par laquelle M. Rousseau a soumis à l'appréciation

---

[1] Compte rendu sténographique publié dans le *XIXᵉ Siècle* du 9 juin 1895.

[2] Réquisitoire définitif de M. le substitut Guillemin.

du tribunal de commerce les graves questions soulevées par
le *XIXe Siècle* et par les autres journaux. Rien ne prouve
même, dit-il, qu'il agisse dans un but malveillant; mais
quand cela serait, qu'aurait-on à lui reprocher?

Je suppose, dit-il, que M. Rousseau soit absolument **inféodé**
au *XIXe Siècle* et que sa personnalité ne fasse qu'un avec le
journal *le XIXe Siècle;* je suppose qu'il agisse dans un but hostile et malveillant; je suppose qu'au lieu de voiler les fautes
de la société, comme le désireraient peut-être certains actionnaires; et comme l'ont fait, dans certaines circonstances, des
actionnaires, il estime qu'il vaut mieux, pour l'intérêt de tous,
produire ces fautes en pleine lumière! Est-ce que ce n'est pas
son droit? Est-ce qu'il y a dans la loi, à l'égard de celui qui
achète une action d'une société, une disposition quelconque
qui lui impose l'obligation d'être l'ami du conseil d'administration? Est-ce qu'il y a une loi ou une règle quelconque qui
impose à un actionnaire l'obligation d'être content quand même
alors que l'assemblée générale est satisfaite et qui empêche le
droit de protestation, le droit de pousser un cri d'alarme, si
l'on croit que ce cri d'alarme est justifié?

Non, il n'y a pas de loi, mais il y a maintenant une interprétation judaïque du paragraphe 2 de l'article 400 du
Code pénal avec lequel on déshonore, on ruine et on emprisonne quiconque pousse le cri d'alarme.

Je reconnais, ajoutait M. l'avocat général Puech, qu'il y a des
actionnaires qui abusent de leur droit. Cela est certain, mais nous
savons aussi, messieurs, — et malheureusement ces abus d'une
autre nature ont été bien plus grands — qu'il y a des conseils
d'administration qui ne respectent pas la loi, qui la violent auda-
cieusement aux yeux des actionnaires. Il y a eu des catastrophes trop récentes et trop fréquentes pour que l'attention de
la cour ne soit point appelée sur ce point, et je n'ai pas besoin
d'insister dans ces conditions sur le point de savoir quel est le
devoir du juge.

Tout est changé maintenant et personne n'a plus le droit

de critiquer un conseil d'administration sans risquer d'être accusé de chantage.

Comme l'a très bien dit M. l'avocat général Puech, le procès devant le tribunal de commerce était la conséquence pratique et logique des articles parus dans le *XIXᵉ Siècle* et dans les autres journaux. A l'assemblée générale du 30 mai 1894, un actionnaire, exprimant le vœu de tous les vrais amis de la Transatlantique, avait demandé que, pour en finir avec la question de l'amortissement qui donnait lieu, depuis près de vingt années, à des discussions préjudiciables, en somme, à son crédit, la Compagnie fasse estimer la valeur de son actif, c'est-à-dire de ses navires, par des ingénieurs, des armateurs, des gens compétents pris en dehors d'elle et que le rapport de cette estimation soit publié.

Le conseil d'administration et la majorité de l'assemblée ne tinrent pas plus compte de cette proposition qu'ils n'avaient tenu compte des articles du *Temps*, du *Petit Journal*, du *Figaro*, de la *Libre Parole*, de l'*Éclair*, du *Soir* et du *XIXᵉ Siècle*. Quelque temps auparavant, le *XIXᵉ Siècle* avait eu à subir devant le tribunal de commerce un procès en rectification de bilan et en dissolution de société qui lui avait été intenté par un porteur de trois actions de la Société du *XIXᵉ Siècle*, un nommé Amadieu, homme de paille de ce *Petit Journal* dont M. Eugène Pereire s'était fait, comme on l'a vu plus haut et comme on le verra plus loin, l'allié et le complice dans sa guerre déloyale contre le *XIXᵉ Siècle*, contre son administrateur et son directeur.

Le tribunal de commerce avait nommé un expert et la cour avait confirmé ce jugement ([1]). D'accord avec M. Le Roy et avec moi, M. Rousseau prit l'assignation de M. Amadieu; il la copia textuellement, pensant que le

---

([1]) Arrêt de la 2ᵉ chambre de la cour.

tribunal de commerce déciderait une expertise comme il l'avait fait dans le procès Amadieu contre le *XIXe Siècle*, et que les experts qu'il désignerait seraient choisis parmi des hommes compétents, c'est-à-dire parmi des hommes du métier, et dans ce cas le gain du procès Rousseau paraissait assuré.

La cause de M. Rousseau fut soutenue par Me Tézenas; Me Barboux plaida pour la Compagnie Transatlantique. Le tribunal de commerce, présidé par M. Raffard (1), refusa l'expertise.

Le tribunal de commerce, en dépit des insinuations malveillantes de Me Barboux, ne vit cependant pas, comme devait le faire plus tard la 8e chambre, dans la demande de M. Rousseau, une simple manœuvre de chantage. Son jugement ne tient pas moins de trois grandes colonnes de la *Gazette des Tribunaux*. Voici le principal argument qu'il oppose à M. Rousseau, et cet argument, qui n'est qu'un argument de fait, n'infirme en rien, il faut le remarquer, la thèse du *XIXe Siècle*, au contraire :

Attendu, dit-il, que sans rechercher si dans la méthode qu'il a suivie depuis plusieurs années pour procéder aux évaluations et réductions de valeur par lui attribuées à la flotte, le conseil d'administration de la Compagnie Transatlantique s'est ou non inspiré des principes de prévoyance en usage dans des compagnies concurrentes, ni s'il a appliqué à la dépréciation du matériel naval les taux d'amortissement généralement usités dans l'industrie des transports nautiques, il convient de remarquer que les statuts de la société défenderesse laissent, à cet égard, une entière liberté aux administrateurs; que loin de fixer un taux maximum ou minimum, ils ne précisent point le quantum de la dépréciation à effectuer chaque année, qu'ils se bornent à prévoir que les produits de l'entreprise serviront à « acquitter l'amortissement du matériel naval »; que s'il est vrai que les

_____

(1) Le premier assesseur était M. Falco.

statuts originaires avaient déterminé que cet amortissement
devait être calculé de façon à couvrir sa dépréciation et son
usure, cette obligation primitivement insérée dans un but de
bonne et sage administration a disparu dans les statuts (¹)
aujourd'hui modifiés qui, régulièrement approuvés par les
actionnaires, font actuellement leur loi.

Que dès lors les administrateurs ont le droit ne s'en tenir à
une règle d'amortissement plus ou moins étendue ou étroite ;
que, sous réserve de leur propre responsabilité, à raison de
leur gestion, ils sont seuls juges de l'importance des réductions
à opérer annuellement et de l'opportunité d'assurer, par des
amortissements plus ou moins larges, l'avenir de la société dont
la direction leur est confiée (²).

La Compagnie Transatlantique demandait reconven-
tionnellement 100,000 francs de dommages et intérêts
pour le préjudice qu'elle disait lui avoir été causé par le
procès Rousseau et par les articles du *XIXᵉ Siècle*. Le
tribunal, tout en reconnaissant que les articles du
XIXᵉ Siècle ne sont que *la reproduction et la répétition
des observations qu'avaient déjà présentées sur la situation
et les procédés d'administration de la Compagnie Transatlantique, certains journaux offrant des garanties de
compétence sérieuse*, condamna M. Rousseau à payer à la
Compagnie Transatlantique la somme de 20,000 francs (³).
Appel fut immédiatement interjeté de ce jugement. Rien

(¹) Cette grave modification a été introduite dans les statuts de la
Compagnie Transatlantique, sur la proposition de M. Pereire, pour lui
permettre l'application de son système.

(²) *Gazette des Tribunaux* du 18 août 1894.

(³) La *Politique coloniale*, du 30 août, disait à propos du jugement du
tribunal de commerce du 23 juillet :

Nous ignorons si le jugement sera confirmé en appel. En le prenant
toutefois tel qu'il est, on y trouve ce que les juges consulaires semblent
surtout avoir tenu à souligner : à savoir que si à la Transatlantique tout
se passe conformément aux statuts, ceux-ci ont été modifiés et rendus
élastiques d'une façon bien inquiétante pour le paisible rentier.

On aura du mal à convaincre un brave bourgeois que les réserves
créées pour être liquides et disponibles puissent être si facilement immo-
bilisées et que les administrateurs aient le droit de résoudre à leur

ne dit que la cour, qui s'était une première fois prononcée en faveur de M. Rousseau, ne lui aurait pas une seconde fois donné raison si, effrayé de la condamnation prononcée contre lui, il ne s'était pas mis d'accord avec M. Pereire et ne s'était pas désisté sans en rien dire à personne [1].

M. Eugène Pereire s'était fait défendre, contre les critiques du *XIX° Siècle*, par le *Petit Journal*, par l'*Événement*, dont M. Edmond Magnier était alors le directeur, par le *Siècle*, de M. Yves Guyot, et par d'autres journaux. Devant le tribunal de commerce, il avait fait plaider sa cause par l'ancien bâtonnier, M° Barboux.

Cependant les faits pour lesquels il nous a fait poursuivre et condamner, M. Girard et moi, en 1895, sont antérieurs aux articles du *XIX° Siècle* et au procès Rousseau. Pourquoi, s'ils ont existé, M. Pereire a-t-il attendu si longtemps pour les dénoncer? Pourquoi n'a-t-il pas commencé par là? Pourquoi a-t-il si longtemps, si laborieusement et à tant de frais discuté avec le *XIX° Siècle?* N'eût-il pas été plus simple, plus logique et plus expéditif de lui fermer la bouche dès le premier jour par une accusation de chantage?

---

fantaisie une question aussi capitale que l'amortissement, grâce au blanc-seing d'une majorité d'actionnaires.

Le procès dont nous avons tâché de rendre compte avec la plus entière bonne foi n'aurait-il eu pour résultat que d'appeler sur cette situation étrange toute l'attention des intéressés, *qu'il servirait déjà à quelque chose.*

Plusieurs autres journaux ont fait des articles dans le même sens.

(1) Voici l'explication que donne M. Lajeune-Vilar du désistement de M. Rousseau (*Journal* du 30 novembre 1894):

Lorsqu'il fallut les payer, MM. Portalis et Girard firent la sourde oreille, et M. Rousseau n'eut d'autre ressource que d'aller trouver M. Pereire et de lui donner les preuves qu'il n'avait été que l'instrument des directeurs du *XIX° Siècle.*

La vérité est que M. Pereire ne se souciait nullement de voir le procès venir devant la cour. Aussi M. Rousseau étant allé le trouver, il s'empressa de lui promettre la remise des 20,000 francs en échange : 1° de son désistement; 2° d'une lettre où il déclarerait qu'il avait agi pour le compte du *XIX° Siècle.*

TROISIÈME INCULPATION : VISITE DE M. GIRARD, ADMINIS-
TRATEUR DU *XIXe Siècle*, A M. PEREIRE, PRÉSIDENT DE
LA SOCIÉTÉ DE PAPETERIE.

M. Eugène Pereire est une espèce de Me Jacques de la
finance et de l'industrie. Président de la Compagnie Transatlantique, de la Banque Transatlantique, de la Banque de
Tunisie, de la Compagnie d'assurances l'Union et le
Phénix espagnols, administrateur de la Compagnie parisienne du gaz, de la Compagnie générale des omnibus, de
la Compagnie des docks et entrepôts de Marseille, de beaucoup d'autres sociétés, il est, en outre, fabricant de papier,
fabricant de chocolat, fabricant de rhum, marchand de
comestibles, que sais-je? Toutes ses fabriques, toutes ses
entreprises forment autant de sociétés dont il est invariablement le président. C'est ainsi qu'il est président de la
Société de papeterie, qui a son usine à Ballencourt et son
siège social au siège même de la Transatlantique. Toutes
les personnes qui ont affaire à lui comme fabricant de
chocolat ou comme fabricant de papier, il les reçoit dans
son cabinet de président de la Compagnie Transatlantique
et les fait attendre dans la salle du conseil d'administration de cette Compagnie.

Nous avons été, M. Girard et moi, très imprudents dans
nos rapports avec M. Pereire. Nous ne lui avons pas
demandé avant de lui adresser la parole : Est-ce au pape-
tier ou au marin, est-ce au président de la Société de
papeterie ou au président de la Société Transatlantique
que nous avons l'honneur de parler? Et, imprudence plus
grave encore, nous n'avons pas pris la précaution de nous
faire accompagner d'un huissier pour constater sa réponse
et pour dresser le procès-verbal de nos conversations *ne
varietur*.

La Société de papeterie fournissait un grand nombre de

journaux, parmi lesquels le *XIXe Siècle*. Au mois d'octobre 1892, le *XIXe Siècle* devait à la Société de papeterie
pour 96,000 francs environ de fournitures de papier. Il
avait été convenu que cette somme serait réglée par la
Société du *XIXe Siècle* en billets renouvelables. A ce
moment, la Société du *XIXe Siècle* venait d'émettre un
certain nombre d'obligations et M. Girard, qui avait avec
la Société de papeterie d'excellents rapports, alla trouver
son président, M. Pereire. Il proposa au président de la
Société de papeterie de prendre, en payement d'une partie
de la créance de ladite société et pour son compte, 100 obligations du *XIXe Siècle*, au prix d'émission qui était de
450 francs. Ces obligations rapportaient 5 1/2 p. c , elles
étaient remboursables en quarante ans par tirages au sort
annuels. C'étaient des billets à plus longue échéance.

M. Girard affirme que l'entrevue fut des plus courtoises.

D'après la déposition de M. Pereire devant M. Dopffer,
M. Girard aurait eu, au contraire, « une attitude arrogante où perçait la menace ». Est-ce vraisemblable? Est-ce
possible? Peut-on raisonnablement supposer M. Girard
assez inintelligent et assez maladroit pour avoir pris une
attitude arrogante quand il allait proposer à un créancier
un mode de règlement de préférence à un autre?

Qui a pu voir « l'attitude arrogante » de M. Girard?
Qui a pu voir dans cette attitude « percer la menace » ?
Une seule personne, M. Pereire, *unique témoin*. Mais
M. Pereire qui, neuf fois sur dix, à ce qu'il paraît, est
plus sourd qu'un pot, et qui, par-dessus le marché, est
aux trois quarts aveugle, à force d'être myope, ne s'est
aperçu de cette attitude arrogante et de ce percement de
menace que *deux ans et demi* plus tard, après la campagne du *XIXe Siècle*, alors que, pour obtenir un renouvellement de privilège et une augmentation de subvention,
il croyait indispensable de dire qu'on avait voulu faire

chanter la Compagnie Transatlantique. En 1892, il ne voit rien, n'entend rien. Pendant deux ans et demi, il continue à ne rien entendre et à ne rien voir ; puis tout à coup, en 1894, son ouïe et sa vue deviennent d'une telle acuité qu'il entend sans cornet et qu'il voit sans lunettes ce qui n'a jamais existé. Le désir de jouer un mauvais tour à des concurrents et d'arracher à l'État quelques millions de subventions produisent de ces miracles sur les sens de certains financiers.

Quoi qu'il en soit, M. Pereire dit à M. Girard qu'il lui ferait porter la réponse de la Société de papeterie par M. Ronchet. C'était avec M. Ronchet que M. Girard traitait ses marchés de papier. M. Girard connaissait M. Ronchet comme représentant de la Société de papeterie. Jamais, avant le procès, il n'avait entendu dire qu'il fut le secrétaire de M. Pereire.

M. Ronchet vint, en effet, trouver M. Girard et lui dit que la Société de papeterie aimait mieux s'en tenir au premier mode de règlement qui avait été convenu, et ne pas prendre, en payement d'une partie de sa créance, les cent obligations qui lui étaient proposées ; à quoi M. Girard, laissant cette fois percer la menace, aurait répondu :

« Puisque ces messieurs ne veulent pas me comprendre, ils entendront parler de moi ; mes dossiers sur la Transatlantique sont prêts (¹). » M. Girard nie formellement avoir tenu ce propos. « Je n'ai jamais eu, dit-il, aucun dossier concernant la Compagnie Transatlantique. Comment aurais-je pu, en octobre 1892, me douter que, quatorze mois plus tard, en décembre 1893, M. Portalis ferait la connaissance de M. Le Roy, et que M. Le Roy publierait, dans le *XIXᵉ Siècle*, une série d'articles dont le

---

(¹) Déposition de M. Ronchet du 7 mars 1895, cote 13.

premier a paru le 31 janvier 1894? » Le *XIX*e *Siècle*, enfin, devait à cette époque 96,000 francs à la Société de papeterie (¹). Menacer eût été de la folie, car c'eût été m'exposer à me faire réclamer cette somme d'un seul coup; c'eût été courir à la faillite! Si enfin, ajoute-t-il, j'avais commis la folie de menacer M. Pereire en tant que président de la Compagnie Transatlantique, aurait-il eu la magnanimité de rester avec moi dans les meilleurs termes comme président de la Société de papeterie, et de me continuer en cette qualité ses bonnes grâces, sa fourniture et son crédit pendant près de deux années, jusqu'en juillet 1894? »

Il ne faut pas oublier, d'autre part, que lorsqu'il allait proposer au président de la Société de papeterie des obligations du *XIX*e *Siècle*, M. Girard n'agissait pas pour son compte, il agissait pour le compte de la Société du *XIX*e *Siècle*, dont il était l'administrateur délégué. Il ne pouvait donc tirer de sa négociation, si elle eût réussi, aucun profit personnel. La Société du *XIX*e *Siècle* ne pouvait, elle non plus, tirer du succès de cette négociation aucun profit, puisqu'elle n'aurait fait que transformer la nature de son obligation. Quel rapport y a-t-il entre une pareille démarche, si simple, si naturelle, si honorable, et une tentative d'extorsion de fonds?

Personne n'assistait à la conversation que M. Ronchet, *unique témoin*, témoin suspect, et M. Girard. Pourquoi a-t-on cru l'un plutôt que l'autre? M. Girard était accusé, c'est vrai; mais M. Ronchet, lui, était aux gages de M. Pereire, de M. Pereire qui avait été cruellement blessé dans son amour-propre par les articles du *XIX*e *Siècle*, dans lesquels son incapacité et son imprévoyance avaient été dénoncés; de M. Pereire qui, pour l'exécution de ses

---

(¹) Il lui avait dû beaucoup plus.

plans, avait besoin de faire croire que la Compagnie
Transatlantique avait été victime d'une tentative de chantage. Cette prétendue conversation que M. Girard aurait
eue avec M. Ronchet quinze mois avant une publication
qui ne dépendait de lui en aucune façon, qu'il ne pouvait
ni prévoir, ni empêcher, a été l'unique cause de sa condamnation. C'est le seul grief que le jugement du 24 octobre 1895 ait retenu contre lui.

Ainsi M. Girard est allé proposer à M. Pereire, *président de la Société de papeterie*, des obligations à la
place de billets, et sur la seule déposition de M. Ronchet,
commis dudit Pereire, président de ladite Société de
papeterie, il est condamné pour tentative d'extorsion au
préjudice de M. Pereire, président de la Transatlantique.

Mais la précision même du témoignage de M. Ronchet
aurait dû le rendre suspect. Il se rapporte à une conversation qui aurait été tenue en octobre 1892, et le 7 mars 1895,
il se rappelle exactement, mot pour mot, ce que M. Girard
lui aurait dit deux ans et demi auparavant. Il n'hésite sur
aucun terme; il se rappelle les points et les virgules : on
ne se souvient avec une pareille exactitude que de ce qu'on
invente ou de ce qu'on apprend par cœur. N'est-ce pas,
enfin, une coutume atroce, inique, scandaleuse, révoltante, d'accepter, les yeux fermés, de confiance, la déposition du témoin accusateur, qui peut ainsi se venger de
son ennemi et le faire condamner sans courir aucun
risque, sans alléguer aucune preuve?

Pour moi, j'ignorais cette démarche de M. Girard. Elle
était si bien d'ordre purement administratif qu'il avait cru
inutile de m'en parler. Je ne savais, le plus souvent, ni où
M. Girard achetait le papier du journal, ni quelle était la
situation de la Société du *XIXᵉ Siècle* vis-à-vis de ses fournisseurs. Je ne m'inquiétais que de savoir si le papier était

bon ou mauvais : s'il me paraissait mauvais, je me plaignais ; s'il me paraissait bon, je faisais des compliments.

QUATRIÈME INCULPATION. — MA VISITE A M. PEREIRE.

Je n'appris qu'au mois de juillet 1893 la situation où se trouvait la Société du *XIXe Siècle* vis-à-vis de la Société de papeterie. Les gens du *Petit Journal* étaient allés, comme je l'ai dit, chez tous les fournisseurs du *XIXe Siècle*, achetant aux uns leurs créances, excitant les autres à nous poursuivre.

Les payements anticipés que nous avions dû faire, les coûteux procès qu'il nous avait fallu soutenir, les mille difficultés qui nous avaient été suscitées avaient obligé la Société du *XIXe Siècle* à des débours considérables et imprévus.

Comme j'allais partir pour Gien, où m'appelait l'ouverture de la période électorale, M. Girard me dit que nous avions à la Société de papeterie un découvert, s'élevant encore à 68,000 ou 72,000 francs, que M. Pereire avait manifesté le désir d'être réglé de cette somme le plus tôt possible, et qu'étant donnée la guerre qu'on nous faisait, je ferais bien d'aller le trouver et de lui demander qu'il attende pour ce règlement la fin de la période électorale. J'y allai.

Je ferai remarquer que j'ignorais quelle était la situation de la Compagnie Transatlantique ; je ne savais pas le premier mot de la question de l'amortissement ; je ne soupçonnais pas l'existence de M. Le Roy ; je ne pouvais donc pas penser aux articles qu'il devait publier dans le *XIXe Siècle* six mois plus tard.

M. Pereire a déclaré, ou on lui a fait déclarer, devant le juge d'instruction, le 7 mars 1895, que j'étais *venu lui demander de cesser les poursuites contre le* XIXe Siècle,

*qu'il avait refusé, que j'étais parti en lui disant que je
savais ce qui me restait à faire* ([1]).

Le jugement du 24 octobre dit que *ce propos, rap-
proché de la menace formulée en octobre précédent par
Girard* (si elle a existé, ce qui reste à démontrer) *et de la
campagne de presse acharnée qui n'a pas tardé à suivre,
constituent, à n'en pas douter, une menace non équivoque
de révélations et d'imputations diffamatoires.*

Non équivoque! Il faudrait d'abord établir que ce
propos, je l'ai tenu. Ah! je sais bien que M. Pereire est
riche, riche des millions volés aux porteurs de titres de
l'Immobilière ([2])! Je sais bien que la République en a
fait un commandeur de la Légion d'honneur pour services exceptionnels.

Quels services? — Quand il aura consommé la ruine des
actionnaires et des obligataires de la Compagnie Transatlantique comme lui et les siens ont consommé la ruine de
toutes les compagnies dont ils ont eu les destinées entre les
mains, on reconnaîtra peut-être, comme on l'a fait pour
d'autres financiers, que ses services n'étaient pas si exceptionnels qu'on l'avait cru d'abord. Je sais combien il est
aisé à un financier comme lui, enrichi de l'argent des autres,
de faire à un pauvre journaliste comme moi, qui s'est ruiné
pour la défense de ses idées, une réputation de maître-
chanteur. Je sais que M. Pereire subventionne un certain

([1]) Déposition de M. Pereire devant M. Dopffer, le 7 mars 1895,
cote 12.

([2]) Un correspondant du *XIX⁰ Siècle* faisait, au sujet de la Compagnie Immobilière, cette remarque : « MM. Pereire étaient personnellement propriétaires des terrains de la plaine Monceau. Ils les avaient
achetés environ 2 francs le mètre, ils les revendirent 140 francs, —
tandis que les domaines que MM. Pereire avaient acheté pour la
Compagnie immobilière, à Paris, à Marseille et dans d'autres lieux,
on peut dire que la Compagnie les a payés 140 francs le mètre et les
a revendus 2 francs. (*XIX⁰ Siècle* du 12 juillet 1894.)

Ceci est à rapprocher de l'arrêt de la cour de Paris cité plus haut.

nombre de journaux dans lesquels il pourra, quand il le voudra, faire vanter sa véracité, sa bonne foi, son honnêteté, tandis qu'ils me couvriront de calomnies et d'injures. Je sais qu'il trouvera toujours dans les bas-fonds de la presse des canailles plumitives comme M. Claudius-Marius-Morel et M. Lajeune-Vilar, pour lui tresser des couronnes et pour le présenter dans d'honnêtes libelles comme le sauveur de la marine marchande, la providence de l'épargne et le bienfaiteur de l'humanité. Je sais que M. Pereire est puissant. Je sais qu'il est l'ami de M. Dupuy — il me l'a dit à moi-même; l'ami de M. Dopffer — il l'a dit à un interviewer du *Journal* (¹); l'ami de M. Clément, commissaire aux délégations judiciaires, — il l'a dit au même interviewer (²); l'ami aussi parfois de certains radicaux et de certains socialistes, — on le verra plus loin; mais tout cela ne prouve pas qu'un tribunal indépendant ait raison de croire aveuglément à sa parole, tout cela ne

---

(¹) *Journal* du 30 novembre 1894.

(²) On lit dans l'article de M. Lajeune-Vilar, paru dans le *Journal* du 30 novembre 1894 :

C'est par erreur que l'on prétend que c'est à la suite d'une plainte déposée par M. Eugène Pereire, président du conseil d'administration de la Compagnie Transatlantique, que M. Girard, administrateur du *XIXᵉ Siècle*, a été arrêté hier, comme on le verra plus loin. M. Pereire, que nous avons vu dans la soirée, nous l'a formellement déclaré.

Ce qui a pu donner créance à ce bruit, selon lui, c'est qu'il s'est effectivement rendu, samedi dernier, à 2 heures, chez M. Clément, commissaire aux délégations judiciaires, qu'il connaît particulièrement puisque, de ses deux fils, l'un est attaché à la Compagnie Transatlantique, et que l'autre, qui a embrassé la carrière théâtrale et fait actuellement partie d'une troupe de province, y a été également employé.

Il est constant que M. Pereire s'est rendu, le même jour, à 3 heures, chez M. Dopffer, et, surtout après la visite de M. Clément, on a pu être fondé à croire qu'il y avait corrélation entre cette visite chez le magistrat instructeur de l'affaire Portalis et la tentative de chantage dirigée contre la Compagnie Transatlantique. Mais M. Pereire nous a déclaré qu'il n'en était rien. Le président de la Compagnie Transatlantique nous a déclaré que ce magistrat est très lié avec son collègue, M. Cloquemin, qu'il le connaît lui-même, et qu'une tout autre affaire l'appelait chez lui.

— Je n'aurais pas déposé de plainte sans en avoir référer à mon conseil d'administration, nous a dit M. Pereire. Or, celui-ci n'a jamais été saisi par moi de la question

prouve pas qu'il ait dit la vérité dans sa déposition devant M. Dopffer, et il ne l'a pas dite.

Cette déposition, qui n'a pas été reproduite par M. Pereire à l'audience du 17 octobre à laquelle il n'a pas assisté, contient d'abord une erreur matérielle. Je n'ai pas pu demander à M. Pereire de *cesser* les poursuites contre le *XIXe Siècle*, par la raison qu'à cette époque *elles n'étaient pas commencées*.

Pour le reste de sa déposition, elle est juste le contraire de la vérité. Si M. Pereire a tenu le langage que lui prête le procès-verbal de son interrogatoire chez M. Dopffer, je suis obligé de lui dire, malgré la modération dont je me suis fait une règle dans ce mémoire, qu'il a profité de ce que j'étais accusé et absent pour mentir effrontément.

J'étais allé voir M. Pereire dans la matinée, vers onze heures et demie. Le soir même, avant de me rendre à la gare de Lyon où je devais prendre le train de sept heures pour Gien, j'écrivais à M. Girard la lettre suivante qu'il a retrouvée dans ses papiers et dont Me Desplas a donné lecture à l'audience du 17 octobre :

Le *XIXe Siècle*,
142, rue Montmartre,
Paris.
—
Rédaction.
—
                                        Vendredi, 5 heures,

Mon cher M. Girard,
Je n'ai pas le temps d'aller au journal. Je pars pour Gien, où j'ai demain d'innombrables rendez-vous. J'ai vu ce matin M. Pereire. Je l'ai trouvé très aimable. Il n'a pas fait le sourd, ce qui de sa part, m'a-t-on dit, est le comble de la gracieuseté. Après avoir un peu pleuré misère et m'avoir raconté que les appontements de Pauillac le ruinaient, il a fait venir M. Ronchet et lui a dit textuellement : « Le *XIXe Siècle* désire que nous lui fassions *un pont* jusqu'après les élections. J'ai dit à

M. Portalis que pour lui être agréable, nous remettrions le règlement du compte du *XIXe Siècle* au mois d'octobre. »

M. Pereire m'a ensuite fait de grands compliments sur le *XIXe Siècle*, qu'il trouve très intéressant, très vivant. Il m'a parlé de son « cher ami » Dupuy, qui n'a, m'a-t-il dit, rien à lui refuser. Il s'est ensuite répandu en lamentations pitoyables sur le nouveau cahier des charges pour les services maritimes postaux, et il m'a supplié d'en montrer l'iniquité à Terrier (1), auquel il m'a demandé de le recommander. Je lui ai répondu que je ne connaissais pas la question, mais que je l'étudierais à mon retour pour lui être agréable. En partant, je lui ai fait répéter sa promesse de ne pas réclamer le montant de ses fournitures de papier avant le mois d'octobre. Il m'a dit que j'avais sa parole et il m'a reconduit jusqu'à l'escalier avec toutes sortes de protestations amicales.

Nous voilà donc tranquilles jusqu'au mois d'octobre.

Là-dessus, je pars pour ne revenir que vainqueur ou vaincu le 20 août, à moins d'un ballottage peu probable.

Quand venez-vous ? Prévenez-moi au moins la veille, afin que je puisse vous faire dire où je serai.

Bien à vous,

A.-E. PORTALIS.

Je partis pour Gien. Le lendemain soir, sans qu'aucun incident nouveau se fût produit, sans m'avoir rien fait dire, sans avoir prévenu personne, M. Pereire assignait la Société du *XIXe Siècle* en déclaration de faillite devant le tribunal de commerce de la Seine pour le mardi suivant.

Aussitôt après avoir reçu ma visite, M. Pereire s'était abouché avec les gens du *Petit Journal* et avait fait avec eux un traité dont j'ignore les conditions ; mais ce que je sais, ce qui est un fait positif, c'est que le *Petit Giennois*, fondé tout exprès pour combattre ma candidature, publiait

---

(1) M. Louis Terrier était alors ministre du commerce et de l'industrie. Il était rédacteur au *XIXe Siècle* quand M. Dupuy l'avait appelé à faire partie de son cabinet.

dans son numéro, daté du 5 août, une dépêche de Paris
annonçant que le *XIX° Siècle* venait d'être assigné en
déclaration de faillite. L'article était intitulé : *Fini Portalis* (¹). Il fut envoyé, colporté, crié dans tout l'arrondissement. Les journaux du département hostiles à ma candidature le reproduisirent. On répandait en même temps le
bruit qu'à la suite de cette demande en déclaration de faillite, j'allais être arrêté. Le secrétaire de la rédaction du
XIX° Siècle, M. Danthesse, m'écrivait à la date du
28 juillet :

> Mon cher directeur,
>
> ... Dugas (²) a vu aujourd'hui Desponds (³), qui l'a mis au cou-
> rant d'un bruit bizarre que M. Alasseur fait courir dans l'arron-
> dissement de Gien. Il paraît que vous serez ARRÊTÉ avant le
> 15 août! C'est monstrueux, dit Dugas, comme moyen électoral,
> je trouve cela idiot...
>
> Croyez, mon cher directeur, à tout mon dévouement.
>
>   DANTHESSE.

Ce n'était pas si idiot : c'est grâce à ces moyens que
M. Alasseur l'a emporté.

Ainsi, M. Pereire ne se contentait pas de manquer
cyniquement à la parole qu'il m'avait donnée, il se faisait
le complice de la plus dégoûtante manœuvre électorale, il
fournissait les éléments de cette manœuvre à mes adversaires, il se livrait, enfin, contre un homme qu'il n'avait
jamais vu qu'une fois dans sa vie, contre lequel il n'avait
aucun grief, qu'il venait d'assurer de sa sympathie, auquel
il venait de demander un service, à la plus lâche et à la plus
ignoble des agressions.

---

(1) *Petit Giennois* du 5 août, 1° page, 3° colonne.
(2) M. Dugas était un des rédacteurs judiciaires du *XIX° Siècle*.
(3) M. Anatole Desponds, frère de M. Albert Desponds, ancien
conseiller général de Châtillon-s/-Loire.

A partir de ce moment, il ne cessa plus de faire cause commune avec le *Petit Journal*, son ennemi de la veille. Mais sa demande en déclaration de faillite fut repoussée et il fut condamné aux dépens. Le *XIXe Siècle* avait, avant le jugement, payé 52,000 francs. Il restait en litige une somme de 18,000 francs pour laquelle il y avait contestation entre la Société de papeterie et la Société du *XIXe Siècle*.

Quatre ou cinq mois après que M. Pereire m'eut fait — qu'on me passe l'expression — cette inqualifiable saleté, mon frère, M Joseph Portalis, me présenta M. Le Roy, qui m'offrit de faire paraître une série d'articles sur la Compagnie Transatlantique. La question était intéressante, la prochaine expiration des traités qui liaient l'État à la Compagnie Transatlantique pour l'exploitation des services postaux de la Méditerranée donnait à ces articles une grande actualité. J'étais libre de toute attache et de toute reconnaissance à l'égard de M. Pereire. Je n'avais aucune raison pour ne pas accepter les propositions de M. Le Roy : je les acceptai.

Les associés de M. Pereire continuèrent de leur côté leur guerre de procès. C'est, comme je l'ai dit, sur une de leurs assignations que fut copiée l'assignation du procès Rousseau.

CINQUIÈME INCULPATION. — MON ENTREVUE AVEC LE DIRECTEUR DE L'EXPRESS-FINANCE.

Le tribunal de commerce rendit son jugement dans cette affaire le 23 juillet 1894. Le réquisitoire et le jugement de la 8e chambre, du 24 octobre 1895, disent qu'à ce moment :

« Un ralentissement se produisit dans les attaques du *XIXe Siècle* contre la Compagnie Transatlantique, mais que dès le 10 août, Portalis publiait un article contenant cette phrase où *la menace apparaît* de nouveau clairement : « Justement respectueux de nos propres vacances, nous avons depuis le jugement, qui coïncidait avec notre villégiature, ramassé tout ce qui nous reste à dire pour l'automne ! »

Ainsi, d'après la nouvelle jurisprudence, cette simple phrase perdue au milieu d'un long article constitue la menace de révélations ou d'imputations diffamatoires. Mais pour apprécier toute la beauté et tout le danger de cette manière de juger, il faut savoir :

1° Que cette phrase n'est pas de moi ;

2° Que les conditions et le but dans lesquels elle a été écrite sont le contraire de ce que disent le tribunal et le jugement.

Les articles sur la Compagnie Transatlantique et sur les services maritimes postaux de l'Algérie et de la Tunisie s'étaient succédé chaque semaine à peu près sans interruption, malgré les graves événements dont le récit remplissait les colonnes des journaux : le procès et l'exécution de Caserio, le procès des Trente, etc. Dans le *XIX° Siècle*, du 11 août, avait paru un article intitulé : *La Compagnie Transatlantique et les services postaux d'Algérie*, dans lequel il était dit que « M. Pereire était de tous les concessionnaires possibles nécessairement le plus cher, maritimement le moins compétent, financièrement le moins solide, et qu'il ne pouvait triompher à l'adjudication qu'à la condition de s'y présenter tout seul » ; mais ces articles n'étaient pas, comme ceux du commencement de l'année, surtout consacrés à l'examen des bilans de la Compagnie Transatlantique. Ils traitaient de questions plus générales et demandaient moins de travail, ce qui s'explique par ce fait tout simple qu'à ce moment M. Le Roy était en vacances.

Le 16 août, — et non le 10 — M. Le Roy envoyait au

XIXe Siècle un long article à propos du jugement qui avait condamné M. Rousseau :

« ... M. Rousseau, dit M. Le Roy, n'a ait fait en somme que reproduire nos propres dires... Le tribunal a entendu nous condamner autant sinon plus que lui, puisque ce sont tous nos arguments que les juges ont essayé de casser sur le dos de leur justiciable. Après cette cru lle exécution, on pouvait donc croire que les actions de M. Pereire, parfaitement nettoyées de toutes nos méchancetés, allaient rebondir aux plus hauts cours du passé par la seule force de la chose jugée. »

L'impartialité du tribunal, continue M. Le Roy, est bien connue, mais son autorité cependant est moins considérable, quand c'est en matière pu ement maritime et sur des points de fait exclusivement de métier et d'expérience professionnelle, un ancien marchand de soieries, un ju f voué au commerce des diamants, un fabricant de fermetures pour boutiques et un horloger qui condamnent un vieil armateur, car ce sont nos juges.

M. Le Roy répète ensuite qu'il s'attendait à une hausse subite, irrésistible et foudroyante. M. Pereire, d'après lui, aurait fait tout ce qu'il aurait pu Il ne se serait pas épargné, il serait allé lui et ses amis tambourinant la condamnation et exhortant les acheteurs.

Mais, ajoute M. Le Roy, rien n'y a fait : le jour du jugement, les actions valaient environ 320 francs. Elles gravitent maintenant autour de 295 francs — tantôt un peu plus, bientôt beaucoup moins.

Et nous n'y sommes pour rien : car *justement respectueux de nos propres vacances, nous avons depuis le jugement qui coïncidait avec notre villégiature, ramassé tout ce qui nous reste à dire pour l'automne,* pour cette saison mélancolique où le jeune malade voudra sans doute parcourir encore avec nous,

Le bois cher à ses premiers ans,
Le bois de sa comptabilité.

M. de Voltaire, qui avait infiniment d'esprit, l'a fort bien dit :

il y a quelqu'un qui a plus de ma'ice que les plus vieux armateurs, plus de nez que M. Pereire, plus d'autorité que les juges
même consulaires : ce quelqu'un, c'est tout le monde.

Or, c'est tout le monde qui est l'auteur de la continuation de
cette baisse impolie. Nous signalons hautement ce nouveau
complice ' la vindicte du tribunal de commerce. Peut-être cette
délation, dénuée de toute noblesse, nous rendra-t-elle quelque
crédit auprès des juges. « Tout le monde », nous n'hésitons
pas à le dire, est animé du plus mauvais esprit à l'égard de
M. Pereire. « Tout le monde » n'a même pas attendu l'analyse
que nous ferons des vingt-deux pages du jugement (quand nous
aurons pu les obtenir) pour se faire une opinion à lui. C'est
scandaleux! «Tout le monde serait anarchiste, que cela ne nous
étonnerait pas. En tout cas, c'est à vérifier avec soin.

Ainsi s'expliquerait que « tout le monde » refuse obstiné-
ment à M. Pereire la confiance que ses actionnaires lui ont votée
à l'unanimité, que les juges du tribunal de commerce lui ont
confirmée, cette confiance, enfin, qu'il mérite si bien comme
nous ne nous sommes jamais lassés de le démontrer Ah! mes
juges, le grand coupable, l'auteur de tout, celui qu'il faut
atteindre, ce n'est pas l'actionnaire (M. Rousseau), ce n'est
même pas nous: c'est tout le monde. *Ecce homo!* Quand vous
le tiendrez celui-là, ne vous lavez pas les mains. Même si elles
sont malpropres, tapez ferme. Ce sera le moment et vos coups
porteront juste.

Car enfin, cette condamnation à 20,000 francs de dommages
et intérêts, ça n'a pas de portée. M. Pereire demandait
100,000 francs, ça n'avait pas de sens...

Et M. Le Roy continuant sur ce ton longtemps encore
conclut en disant que pour sauver la Compagnie Transatlantique, il faudrait non pas 20,000 francs ni 100,000, mais
47 millions, somme selon lui nécessaire à la reconstitution
du fonds d'amortissement.

Le parquet n'avait pu piquer la phrase qu'il a incriminée au beau milieu de cet article sans le lire. Il savait
donc dans quelles conditions elle avait été écrite et dans

quel but. Il savait, de plus, que l'article n'était pas de moi, qu'il était de M. Le Roy, et que la phrase incriminée avait très bien pu m'échapper. J'avais dans la compétence de M. Le Roy aussi bien que dans son art d'écrire, la plus absolue confiance et jamais je ne lisais ses articles en manuscrit. Je n'ai connu la phrase en question que par le jugement du 24 octobre 1895, mais si je l'avais lue auparavant, du diable si je l'aurais remarquée et si je me serais douté qu'elle pouvait un jour servir à me faire pendre. « Donnez-moi, disait Laubardemont, une ligne la plus indifférente de la main d'un homme et j'y trouverai de quoi le faire pendre. » Avec la nouvelle jurisprudence, il n'est même plus besoin que « la ligne la plus indifférente » soit de la main de l'accusé, elle peut être de la main d'un autre.

Le jugement du 24 octobre considère donc cette ligne indifférente, qui n'est pas de moi, que je n'ai ni remarquée ni même lue, comme une menace de moi, et il continue :

Attendu qu'à la suite de la publication de cet article, Portalis jugeant le moment opportun pour revenir à la charge (la première charge, c'était ma visite à M. Pereire), a, en septembre, sollicité et obtenu une entrevue avec le sieur Haguet, ami intime de M. Pereire, à qui il a *cyniquement* proposé, moyennant le versement d'une somme de 75,000 francs, de cesser les attaques contre la Compagnie Transatlantique et même de les retourner contre certaines Compagnies rivales.

L'histoire de la proposition que j'aurais faite à M. Haguet vaut l'histoire du vol de la souscription de Vienne, ou l'histoire de mon association avec de Clercq pour le chantage Hemerdinger, ou l'histoire de la mission que j'aurais confiée à de Clercq d'aller demander de l'argent à M. Isidore Bloch pour cesser la campagne contre les cercles. Le témoignage de M. Haguet vaut ceux de de Clercq et de Pont-Jest.

Le seul fait vrai dans cette histoire est mon entrevue avec M. Haguet chez M. Dromel.

M. Dromel, que je ne connaissais pas même de nom, était venu me trouver au *XIXᵉ Siècle*. Il m'avait d'abord proposé des articles sur la question sociale, puis sur les questions économiques. Je lui avais répondu, comme je le faisais toujours en pareil cas, qu'il m'apporte des articles, que je les lirais et que, s'ils me paraissaient intéressants, je les insérerais. Il m'en apporta plusieurs sur divers sujets. Je crois que j'en ai inséré cinq ou six.

Un jour, il me parla de la campagne de la Transatlantique et me dit que le directeur d'un journal financier, dont il était, lui, Dromel, le principal rédacteur, l'*Express-Finance*, pourrait me donner sur la Compagnie Transatlantique des renseignements intéressants et me dire des choses que j'ignorais. Je lui répondis : Qu'il vienne! je le recevrai.

Quelque temps après, M. Dromel me dit que le directeur de l'*Express-Finance* craignait de se brouiller avec la Compagnie Transatlantique en venant au *XIXᵉ Siècle* et il m'offrit de venir chez lui. M. Dromel, avec sa tête chenue, ne m'avait pas l'air d'un homme à jouer le rôle de traître. Comme je n'avais d'ailleurs rien à cacher, rien à dissimuler, j'étais absolument sans méfiance. L'idée que cette entrevue pouvait être un piège ne me vint pas. On prit rendez-vous et j'allai chez M. Dromel au jour dit, croyant aller chez un journaliste pour y rencontrer un autre journaliste.

M. Dromel me présenta M. Haguet. Nous causâmes. M. Haguet me donna sur la situation de la Compagnie Transatlantique quelques détails intéressants et qui montraient un homme au courant de la question. On parla de l'amortissement, de la vitesse des compagnies marseillaises. J'en profitai pour lui répéter ce que je disais à tout le monde, quand l'occasion s'en présentait, que le *XIXe Siècle* avait conservé toute son indépendance et que sa campagne était complètement désintéressée. On a vu, par « l'attendu » cité plus haut, comment M. Haguet a traduit ce passage de notre conversation : j'avais dit que le *XIXe Siècle* était libre de toute attache avec les sociétés marseillaises, il m'a fait dire que le *XIXe Siècle* était prêt à se tourner contre elles.

Au cours de la conversation, j'eus l'occasion de dire que si M. Pereire apportait dans l'administration de la Compagnie Transatlantique autant de mauvaise foi et de déloyauté qu'il en avait montré dans ses rapports avec moi, je plaignais les actionnaires de la Transatlantique. A l'appui de cette opinion, je rappelai que pour me faire échouer aux élections de 1893, dans l'arrondissement de Gien, il s'était prêté à la plus déloyale des manœuvres ; que, manquant à la parole qu'il m'avait donnée, il avait assigné le *XIXe Siècle* en déclaration de faillite et qu'il l'avait forcé à payer 52,000 francs du jour au lendemain sur 72,000. Tout cela fut dit devant M. Dromel, et M. Haguet étant parti en même temps que moi, je le lui répétai dans l'escalier.

Ici encore, on aperçoit clairement la génération du faux témoignage. J'avais dit que M. Pereire avait forcé le *XIXe Siècle* à lui payer du jour au lendemain 52,000 francs sur 72,000. M. Haguet s'empare de cette parole et me fait dire que si M. Pereire veut donner au *XIXe Siècle* 75,000 francs, le *XIXe Siècle* cessera la campagne. La manière dont on travestissait ma pensée et mon langage était d'autant plus perfide que le propos qui m'était prêté avait l'air de cadrer avec les prétendues menaces que M. Girard aurait faites à M. Ronchet en 1892.

Un président de tribunal me disait un jour qu'en police

correctionnelle on n'entendait presque jamais que de faux
témoins. Cette déclaration me stupéfiait. Je la comprends
maintenant. M. l'avocat général Jean Cruppi, dans sa
récente étude sur la cour d'assises de la Seine, fait cette
observation très juste que devant la justice criminelle
chacun se soucie beaucoup moins d'établir une preuve que
de produire des effets. C'est tout aussi vrai, plus vrai peut-
être pour la police correctionnelle que pour la cour
d'assises. La grande préoccupation des témoins, du ministère public, du président, du tribunal lui-même dans son
jugement, est de produire des effets. M. Dromel n'aurait
jamais consenti, je n'en doute pas, à faire un faux témoignage caractérisé, mais il n'était pas fâché, tout en étant
agréable à ses patrons, de produire son petit effet. Il ima-
gina de dire dans sa déposition que j'avais « l'air inquiet
et que je regardais anxieusement s'il n'y avait pas quelqu'un de caché derrière les tentures ». Il n'en a pas fallu
davantage pour que les journaux amis de la Compagnie lui
fissent un succès. Je crois pourtant me souvenir que dans
la salle à manger où me reçut M. Dromel, il n'y avait pas
de tentures.

M. Haguet aussi a produit son effet en déposant que,
pour lui parler sans ambages, j'avais attendu d'être seul
avec lui dans l'escalier. On a fait sur cet escalier un tas de
plaisanteries. M. le substitut Guillemin a dit que j'avais eu
« l'esprit de l'escalier ». Quand l'occasion se présente de rire
aux dépens de l'accusé, c'est une joie pour le ministère
public, pour le président, pour les journalistes, pour tout
le monde.

Mais où était la preuve que M. Haguet disait la vérité?
Autrefois, quand on voulait accuser quelqu'un de chantage,
on s'arrangeait pour avoir des témoins qui entendissent ce
que disait le maître-chanteur. Maintenant, on écarte soi-

gneusement les témoins. Puisqu'avec la nouvelle jurisprudence, tout accusateur, quel qu'il soit, est cru sur parole, à quoi bon des témoins? Il est infiniment plus commode et plus sûr de n'en pas avoir. M. Haguet, par exemple, s'est bien gardé de dire que je lui avais fait une proposition quelconque devant M. Dromel. Il aurait d'abord fallu obtenir de M. Dromel qu'il fît un faux témoignage et M. Dromel aurait pu ne pas y consentir. Entre le témoignage de M. Dromel et celui de M. Haguet, il aurait pu y avoir des contradictions. Il valait bien mieux inventer le « coup de l'escalier ». Dans l'escalier, il n'y avait plus personne que M. Haguet et moi. Il pouvait mettre dans ma bouche les propos les plus absurdes. J'étais absent, il ne craignait donc aucune contradiction.

Il n'y avait à l'appui du témoignage de M. Haguet aucune espèce de preuve.

Quelle raison a-t-on au moins de croire à sa sincérité? Il est, dit le jugement, l'ami intime de M. Pereire. Je n'en savais rien et j'aurai à revenir tout à l'heure sur cette particularité, mais elle est loin d'être un argument décisif en faveur de la sincérité de M. Haguet.

Ce que ne dit pas le jugement, c'est que M. Haguet est le propriétaire et le directeur d'un petit journal financier qui ne contient rien qu'un bulletin financier, et qui, comme tous les journaux de ce genre, ne vit que des libéralités des financiers. Il reçoit une subvention de 150 fr. par mois de la Compagnie Transatlantique. Ce n'est pas une garantie d'indépendance. Dans l'affaire de la Transatlantique comme dans l'affaire des Cercles, on n'a entendu comme témoins que les plaignants ou des personnes aux gages des plaignants.

Quant à moi, je nie le propos que me prête M. Haguet, et j'ajoute que ce propos je n'ai pas pu le tenir. Jamais, pendant les trente années de ma carrière de journaliste,

je n'ai propose à personne de lui vendre le silence de mon
journal. Si j'avais voulu faire une proposition de ce genre
à la Compagnie Transatlantique, aurais-je choisi M. Haguet
pour ambassadeur? Le jugement prétend qu'il est l'ami
intime de M. Pereire. Il me l'apprend, M. Haguet ne
porte pas cette qualité écrite sur sa figure. Il ne s'est pas
vanté devant moi de cette intimité, et je ne pouvais pas
supposer que cet infime journaliste financier pût être l'intime ami de ce roi de la finance.

M. Haguet ne s'est donné à moi ni comme le représentant de M. Pereire ni comme représentant de la Compagnie
Transatlantique. Pourquoi donc lui aurais-je fait des propositions et à quel titre les aurait-il écoutées?

L'accusation prête successivement à l'accusé tous les
caractères, le peint de toutes les couleurs, l'affuble de
tous les costumes, lui donne toutes les postures selon les
besoins de son argumentation ; tantôt elle fait de moi un
homme « à grandes allures », « très arrogant », « très fier »,
« très intelligent », « très fort » — c'est la note du réquisitoire de M. le substitut Thomas, — tantôt elle me représente comme sollicitant humblement une entrevue du
directeur de l'*Express-Finance* et fait de moi le dernier des
serins.

La vraisemblance pourtant a des limites qu'on ne
devrait pas dépasser : c'était la première fois que je me
trouvais en face du directeur de l'*Express-Finance*. J'avais
toutes sortes de raisons pour me défier de lui et j'aurais
été dire à ce journaliste inconnu : « Vous savez, le
XIXe Siècle est à vendre. Sa campagne contre la Compagnie Transatlantique n'est qu'une campagne de chantage.
Pour 75,000 francs, la Compagnie Transatlantique aura
son silence quand elle voudra. Répétez-le à qui vous
voudrez... »

Non, la bourde est trop grossière, aucun homme de bonne foi ne l'avalera jamais. M. Haguet était à mes yeux un journaliste financier qui pouvait me donner, sur une question dont je m'occupais, des renseignements intéressants, c'est pour cela que je l'ai vu, c'est dans ce sens que je lui ai parlé. J'ignorais qu'il fût un mouchard de M. Pereire, capable, comme tout mouchard, de broder, d'inventer, de mentir pour être agréable à son patron.

Ce qui suit achèvera de démontrer quelle confiance méritent les témoins de M. Pereire.

XXI

L'affaire de la Transatlantique.
2° Les chantages de M. Pereire.

Pour atteindre les compagnies marseillaises. — Le bout de
l'oreille. — M. Pereire démasque son jeu. — Incertitudes
du parquet. — *Les dessous d'une instruction.* — Accusations de chantage contre les armateurs marseillais et contre
les membres du Parlement. — Les *dessous d'une convention
postale.* — M. Lajeune-Vilar proteste contre l'indulgence de
la justice. — Entrevue de M. Eugène Pereire et de M. Camille
Pelletan. — La campagne des socialistes. — Dopfferiaňa. —
M. Dopffer accusé de déni de justice et de forfaiture. —
M. Drumont appuie M. Rouanet. — On répond en poursuivant le *XIXe Siècle*. — Le proces de Marseille. — Changement d'attitude de M. Pereire. — On propose un marché à
M. Girard. — Donnant, donnant. — Visite de M. Ronchet
à M. Girard. — M. Dopffer est un monstre. — Remise du
procès de Marseille. — Nouvelles propositions de M. Lajeune-
Vilar. — Mentez ou vous serez condamné. — La plaidoirie
de Me Andrieux. — Il y a un maître-chanteur.

Le procès de chantage contre le *XIX° Siècle* a été,
comme je l'ai dit, imaginé pour atteindre les compagnies
marseillaises.

Le but poursuivi apparaît dès le premier article de
dénonciation écrit par M. Lajeune-Vilar, sous l'inspiration
de M. Pereire, et publié dans le *Journal* du 30 novembre 1894, article qui, ainsi que M. le substitut Guillemin

et M. le président Couturier l'ont déclaré, ont motivé les poursuites.

Sous l'inspiration de M. Portalis, dit l'article, un syndicat se forma donc. Et dans ce syndicat entrèrent, paraît-il, des armateurs très importants, membres des conseils d'administration de plusieurs compagnies maritimes de navigation de Marseille et du Havre, dont nous pourrions donner les noms. On cite, notamment, les noms de MM. M..., E..., T..,, G..., et C. S. P...

On ne devait plus se contenter des attaques quotidiennes des articles du *XIXᵉ Siècle*; il s'agissait, pour leur donner une consécration, d'influencer les actionnaires et obligataires de la compagnie en amenant une baisse sur toutes les actions et obligations.

Portalis était naturellement intéressé dans les opérations de ce syndicat, sans préjudice du bénéfice qu'il aurait retiré et qui lui était promis si les syndicataires aboutissaient à ruiner la compagnie, à la culbuter, à s'emparer de son matériel et à la reconstituer [1].

Je ne m'attarderai pas à réfuter tous les mensonges contenus dans cet article qui a servi de base à l'accusation, il me faudrait relever chaque phrase, chaque mot. Je me contenterai de répéter, une fois pour toutes, que je n'ai jamais eu aucun rapport soit directement, soit indirectement avec les compagnies marseillaises. On a dit et on a cherché à prouver que M. Le Roy était d'accord avec elles : on n'y a pas réussi. Ma conviction est que cet accord n'a jamais existé. Si en tout cas il avait existé, c'eût été sans que j'en sache rien.

---

[1] M. Lajeune-Vilar, dans son livre, répète les mêmes choses: « M. Portalis, dit-il, s'était entendu avec un groupe de financiers et d'armateurs » et il ajoute : « M. Pereire, s'il voulait parler, pourrait citer les noms de divers autres personnages qui ont tenté aussi de le faire chanter. » (*Les coulisses de la presse*, p. 212.)

Pourquoi M. Pereire n'a-t-il pas voulu parler ? Pourquoi n'a-t-il dénoncé que le *XIXᵉ Siècle* qui, lui, n'a jamais cherché à le faire chanter ? Il le sait bien.

On a dit aussi que mon frère Joseph Portalis, qui m'avait présenté M. Le Roy, avait fait un voyage à Marseille pendant la campagne du *XIX*° *Siècle*. Mon frère est commissionnaire en métaux, il s'occupe de trouver du fret pour les navires. Chaque année, il fait plusieurs voyages au Havre, à Nantes, à Marseille. On a dit qu'il avait vu à l'un de ses voyages à Marseille un des administrateurs d'une des compagnies marseillaises. C'est possible, mais ce qui est certain, c'est qu'il ne m'a jamais parlé de cette entrevue.

Quant au syndicat que j'aurais organisé, c'est une ridicule invention de MM. Pereire et Lajeune-Vilar. Depuis 1869 — c'est-à-dire depuis vingt-six ans — je n'ai ni fait une opération de bourse, ni touché une carte. Puisque les perquisitions sont à la mode, on peut consulter les livres des agents de change et des coulissiers, on n'y trouvera pas mon nom.

Dans sa déposition du 7 mars devant M. Dopffer, M. Pereire déclare :

Il me paraît que Portalis et Girard avaient un double mobile : le chantage à notre préjudice et le *gain des sommes d'argent versées par des personnes ou des sociétés nous faisant une concurrence déloyale...*

On voulait ruiner notre compagnie ([1]).

Le lendemain 8 mars, M. Lajeune-Vilar fait la même déposition que son chef de file, mais il précise davantage :

Portalis et Girard se faisaient payer par un syndicat de compagnies rivales.

On disait à la Bourse que le syndicat était composé de MM. Estier et Touache, Gouin, Caillol et St-Pierre et autres armateurs de Marseille ([2]).

Plus tard, après que notre procès avait été jugé et que

([1]) Déposition de M. Pereire devant M. Dopffer, le 7 mars 1895, cote 12.
([2]) Déposition de M. Lajeune-Vilar devant M. Dopffer, le 8 mars 1895.

nous avions été condamnés, M. Pereire, démasquant son jeu, écrivait au président de la 3e chambre du tribunal civil de Marseille, M. Abram, la lettre suivante qui a été lue à l'audience du 11 décembre dans le procès des armateurs marseillais contre le *Journal* :

« Paris, 9 décembre 1895.

« Monsieur le président,

« J'ai le regret de ne pouvoir me rendre à Marseille, pour témoigner dans le procès intenté au *Journal*, et je joins à cette lettre un certificat de mon médecin attestant que des douleurs rhumatismales m'empêchent d'entreprendre ce voyage. Je viens de relire attentivement l'article incriminé (¹), et je puis affirmer l'*exactitude de la plupart des faits qui s'y trouvent mentionnés*.

« Le dossier constitué pour le procès Portalis et Girard pourrait fournir au tribunal *des preuves de l'intervention des compagnies marseillaises*, car ce dossier contient de nombreux documents que j'ai remis moi-même à M. le juge d'instruction Dopfer et *qui ne laissent pas de doute sur le caractère de cette intervention*.

« Quant à moi, voici ce que je sais personnellement : Cité devant M. Dopffer, j'ai été confronté successivement avec M. Girard, qui a avoué devant moi que les articles lui étaient apportés tout faits et gratuitement par M. Le Roy, et qu'ils étaient insérés dans le *XIXe Siècle*. Chaque numéro qui contenait ces articles était envoyé à 3,000 ou 4,000 exemplaires aux représentants des compagnies de navigation, à Marseille et à Alger. Je demandai alors à M. Girard s'il opérait gratuitement ces envois, à quoi il répondit « qu'il était marchand de papier, et qu'il vendait son papier à qui le lui payait ». Après l'interrogatoire de M. Girard, j'ai assisté à celui de M. de Clercq. On a présenté à ce dernier un spécimen de l'écriture de M. Le Roy, et il a reconnu que cette écriture était celle des 55 articles publiés contre la Compagnie Transatlantique.

_____

(¹) On trouvera plus loin cet article.

Après la sortie de ces deux messieurs, je fis observer à M. Dopffer que, si Portalis et Girard avaient tenté de faire chanter la Compagnie Transatlantique et moi, il résulterait, de ce que nous venions d'entendre, que les compagnies marseillaises concurrentes pourraient être, à juste raison, *considérées comme complices de ces attaques*.

Pendant le cours de cette campagne, j'ai reçu de mes différents agents et inspecteurs de nombreux rapports me faisant connaître que les numéros contenant des diffamations étaient envoyés par les soins de MM. les agents des compagnies syndiquées dans toute l'Algérie, aux représentants actionnaires et obligataires de la Compagnie transatlantique. J'ai remis la plupart de ces documents à M. Dopffer. Enfin, *s'il est vrai que MM. Portalis et Girard ont cherché indirectement à tirer quelque argent de ma société, il est certain qu'au plus fort de la campagne contre nous, les compagnies syndiquées ont fait des tentatives* DIRECTES *pour nous amener à composer avec elles, en vue de l'adjudication des services postaux de l'Algérie.*

Deux démarches ont été faites, l'une à mon bureau et l'autre chez moi, par un personnage accompagné d'un de ses amis, pour me faire savoir que si la Compagnie Transatlantique consentait à donner aux compagnies 200,000 francs par an pendant la durée de la concession future, ces compagnies se retireraient de la lutte. Le personnage en question est allé encore, après l'adjudication, trouver chez lui le commandant Lota, commandant l'*Eugène Pereire*, et lui a laissé entendre que, si « son patron voulait faire allouer 300,000 francs par an à la compagnie mixte, pendant la durée de la concession, pour les lots dont elle était adjudicataire, celle-ci les céderait tous à la Compagnie Transatlantique ». Le commandant Lota m'a immédiatement envoyé un rapport à ce sujet.

En ce moment même, un projet de loi, consacrant pour dix ans la liberté des services d'Algérie, est présenté au Parlement, et des démarches ont été faites auprès de moi pour me faire comprendre que si je consentais à faire un traité de fret avec la compagnie mixte et à lui accorder 300,000 francs par

an pendant dix ans, elle se faisait forte, par l'influence de ses
amis, de faire transformer par le Parlement le système de la
liberté en une concession avec subvention en faveur de ma
compagnie.

Toutes ces tentatives ont été repoussées par moi. De plus,
on m'a fait demander de différents côtés, pendant la campagne
du *XIXᵉ Siècle*, si la Compagnie Transatlantique consentirait
à vendre ses paquebots à la compagnie mixte ; on avait échoué
dans le projet primitif, qui consistait à demander aux tribunaux la liquidation de la Compagnie Transatlantique, d'où la
vente de son matériel et l'achat de sa flotte pour prendre ensuite
sa place aux adjudications.

M. Le Roy prétend n'avoir jamais réclamé d'argent pour ces
nombreux articles. Or, ces articles constituent un travail considérable. Une partie de ce travail repose sur des documents
puisés par M. Le Roy dans les archives de la compagnie,
et une autre partie est la reproduction presque littérale
d'une brochure fort étudiée, due à la science de M. Gouin,
administrateur directeur de la Société des transports maritimes.

Cette brochure, qui a été envoyée aux journaux de Paris et
de province, aurait pu, du reste, donner lieu à une réclamation de la part de la Compagnie Transatlantique, et il eût été
intéressant de savoir si M. Olive, l'imprimeur, en aurait assumé
la responsabilité.

Est-il raisonnable de supposer que M. Le Roy, qui consacre
sa vie à soutenir sa famille, ait perdu son temps à faire, sans
rémunération aucune, cinquante-cinq articles, lorsque pendant
vingt ans il avait gardé le silence ?

De plus, peut-on croire que M. Gouin, dont les instants sont
si précieux, ait consacré un temps considérable à grouper des
chiffres et à analyser tous les détails de la situation financière
de la Compagnie Transatlantique en comparant ces chiffres à
ceux des principales compagnies ? Qu'il ait fait les frais de
cette brochure et tout cela, comme M. Le Roy, dans l'intérêt
public ?

Il y avait, suivant moi, un vaste complot pour ruiner la

*Compagnie Transatlantique et reprendre toutes ses conces-
sions.*

Veuillez agréer, monsieur le président, l'assurance de mes
sentiments de haute considération.

EUGÈNE PEREIRE.

On remarquera que M. Pereire qui, dans ses premières
accusations de chantage contre le *XIXe Siècle*, avait été si
net, n'affirme plus qu'il ait été de la part de M. Girard ou
de ma part l'objet de tentatives d'extorsion de fonds. *S'il
est vrai, dit-il, que MM. Portalis et Girard ont cherché
indirectement à tirer quelque argent de notre société...*
mais ce qu'il affirme formellement, c'est qu'il a été l'objet
de tentatives de la part des compagnies de Marseille.

L'instruction du procès intenté au *XIXe Siècle* pour tentative d'extorsion de fonds au préjudice de la Compagnie
Transatlantique avait été ouverte au lendemain de l'article
de M. Lajeune-Vilar. Le premier interrogatoire de
M. Pereire est du 3 décembre 1894.

Au bout de six mois, au commencement de juin 1895,
on se demandait encore si le procès viendrait ou ne viendrait pas.

Depuis des mois, M. Girard n'en avait plus entendu
parler. L'opinion la plus répandue était que les poursuites
seraient abandonnées faute de preuves et qu'une ordonnance de non-lieu allait être rendue.

Mais le jour approchait où la Chambre allait être
appelée à discuter le renouvellement de la concession des
services postaux de l'Algérie. C'est à ce moment que
M. Pereire fit faire par M. Lajeune-Vilar l'article suivant,
paru dans le *Journal* en première page le 5 juin :

LES DESSOUS D'UNE INSTRUCTION ([1]).

Dans une quinzaine de jours viendra, devant le tribunal

([1]) M. Lajeune-Vilar, dans sa déposition devant le tribunal de Mar-

correctionnel, le procès intenté à MM. Portalis et Girard,
pour le chantage exercé par eux contre la Compagnie Transatlantique.

Ce procès réserve des surprises désagréables pour pas mal
de gens. Et il faut encore constater, dans cette instruction,
l'intervention du gouvernement, ou plutôt du ministère de la
justice, en faveur d'une certaine catégorie de personnalités qui
sont laissées au dehors de l'instruction, tandis qu'on réserve
toutes les rigueurs de la loi pour Portalis, qui est à Buenos-
Ayres, et pour Girard, qui moisit à Mazas, les deux boucs
émissaires.

Le *Journal* a raconté le premier tous les détails du chantage
exercé contre la Compagnie Transatlantique. Puis, le livre de
M. Lajeune-Vilar, les *Coulisses de la Presse, a précisé les
dessous de cet acte de banditisme éhonté, qui servait les
intérêts de grosses personnalités commerciales, adversaires
de la Compagnie Transatlantique, au détriment de l'épargne
française.*

MM. Portalis et Girard, lorsqu'ils avaient entrepris cette
campagne, poursuivaient un double but : faire chanter M. Pereire de la forte somme de 200,000 francs, et, auparavant, *se
faire payer leurs attaques diffamatoires par un syndicat
d'armateurs marseillais, tous intéressés à empêcher le renouvellement du contrat postal de la Compagnie Transatlantique, dans la Méditerranée.*

Lorsque M. Lajeune-Vilar a été appelé, pour l'instruction,
dans le cabinet de M. Dopffer, notre confrère exigea du juge
d'instruction, qui l'interrogeait sur les détails de l'affaire, de
constater dans sa déposition les noms des armateurs qui avaient
formé le syndicat de spéculation à la baisse, et dont il n'avait
donné que les initiales dans son livre : « Ces gens-là ont fait
perdre aux actionnaires et obligataires de la Compagnie Trans-

---

seille, le 11 décembre 1895, a dit, sans soulever aucune protestation
du ministère public, qu'il avait pu avoir copie de l'instruction de
M. Dopffer et que dans ce dossier il se trouvait des pièces importantes.
Journal du 12 décembre 1895.) Mᵉ Andrieux a répété la même chose.
L'instruction n'est donc secrète que pour les accusés ?

atlantique, par la baisse qu'ils ont occasionnée, plus de
20 millions de francs ; ils sont certainement plus coupables, ou
tout au moins autant, que MM. Portalis et Girard : je ne
comprends pas qu'on poursuive les uns et qu'on laisse les autres
tranquilles. Puisque vous exercez des poursuites, en vous
basant sur ce que j'ai écrit, dit M. Lajeune-Vilar à M. Dopffer,
j'entends dire le nom de tous ceux qui ont coopéré à ce scandaleux trafic, ou je ne dépose pas. »

— Mais vous pouvez avoir des responsabilités, dit M. Dopffer.

— Cela m'importe peu, répondit le témoin ; je suis sûr de
ce que j'ai avancé : j'aurais le droit de faire la preuve, si
besoin était.

Donc, les noms de ces armateurs, *complices de MM. Portalis et Girard,* se trouvent cités textuellement dans cette
déposition.

Ce sont : MM. Mante, Estier, Gouin, Touache, Caillol et
Saint-Pierre.

Qu'a-t-on fait contre ces gros messieurs ?

Rien.

Pourquoi ? Est-ce parce qu'ils sont trop riches ? ou bien parce
qu'ils sont les amis et les protégés de puissantes personnalités
parlementaires ? Peut-être bien parce qu'ils sont l'un et l'autre.

Toujours est-il que les affirmations de M. Lajeune-Vilar ont
été confirmées par l'instruction de M. Dopffer. Mais je crois
savoir que les armateurs n'ont même pas été entendus comme
témoins par le juge. Cependant, les découvertes faites par lui
exigeaient tout au moins cette formalité. Mais les juges
d'instruction sont trop les dociles serviteurs de la politique
pour ne se laisser guider que par leur devoir strict et impé-
rieux. Qu'on en juge par ceci :

Tous les articles parus dans le *XIXᵉ Siècle* avaient été
rédigés par l'ancien secrétaire général de la Compagnie Transatlantique, M. Georges Le Roy, et ce personnage avait été
l'âme véritable de la campagne menée par ce journal. C'était lui
qui avait négocié l'affaire avec Portalis. C'était lui aussi qui
avait fait l'accord avec le Syndicat des armateurs marseillais.
Car les directeurs du *XIXᵉ Siècle* n'avaient accepté de faire la

campagne qu'on leur proposait qu'à la condition qu'elle leur serait payée d'avance. Ils n'étaient pas sûrs, en effet, de pouvoir faire chanter M. Pereire.

Girard, interrogé par M. Dopffer, déclara au début de l'instruction que les articles lui avaient été payés par les Compagnies de navigation de Marseille syndiquées, lesquelles s'étaient engagées à prendre tous les jours quatre mille numéros du journal, pour les envoyer ou distribuer aux actionnaires, obligataires et clients de la Compagnie Transatlantique (1). Chaque article était donc payé 200 francs, sans préjudice des bénéfices à réaliser dans la spéculation de bourse. Girard déclara que l'auteur de l'article était M. Le Roy, lequel les lui avait apportés, et était le représentant du syndicat marseillais (2).

« Je suis marchand de papier. Je vends du papier. Je n'ai pas fait autre chose, dit-il, et c'est pour le vendre que j'ai inséré les articles que l'on m'envoyait. »

De Clercq (3), interrogé, répondit au juge qu'il ne connaissait pas non plus l'auteur des articles, mais qu'il reconnaîtrait son écriture s'il en voyait un spécimen. Tous les articles insérés étaient, d'ailleurs, de la même écriture.

On montra alors à de Clercq une lettre de M. Le Roy à M. Pereire, dans laquelle il assurait le président de la Compagnie Transatlantique de son dévouement sans bornes pour

---

(1) M. Girard n'a jamais dit un mot de cela.

(2) C'est encore une invention de M. Lajeune-Vilar. On ne trouve rien de pareil dans aucune des dépositions de M. Girard.

(3) On ne pouvait manquer de faire figurer de Clercq, le mouton, dans le procès de la Transatlantique. On l'avait d'abord inculpé sans qu'on ait jamais su pourquoi, probablement pour l'avoir sous la main en cas de besoin. On s'est contenté de lui faire dire :

Sur interpellation : *J'ai entendu dire* à diverses personnes que Portalis et Girard voulaient faire marcher la Compagnie Transatlantique... *J'ai entendu dire* que de l'argent avait été donné par les compagnies rivales... Je crois me rappeler que dans les articles publiés par le *XIXe Siècle* il y avait non seulement des attaques contre la Compagnie Transatlantique, mais des louanges pour les compagnies rivales.

Plus heureux que dans l'affaire des cercles, de Clercq a bénéficié dans l'affaire de la Transatlantique d'une ordonnance de non-lieu.

toute sa vie. Cette lettre avait été écrite lorsque M. Le Roy
avait quitté la Compagnie Transatlantique et avait reçu pour
viatique une somme de 15,000 francs.

Sans avoir vu la signature, de Clercq mit le doigt sur la
lettre et déclara que tous les articles étaient de cette écriture.

La preuve de la complicité de M. Le Roy était donc établie.
Et lorsque la confrontation eut lieu entre de Clercq et Le Roy,
celui-ci, atterré par l'évidence et la matérialité des faits, avoua.

Eh bien ! M. Le Roy n'est pas poursuivi ! Pourquoi ? Parce
qu'il a été dans toute cette histoire l'intermédiaire des gros
armateurs de Marseille et que, si une poursuite était exercée
contre lui, il faudrait nécessairement impliquer dans l'affaire
ceux dont il avait été l'agent.

Est-ce cela la justice ? Les lois sont-elles simplement faites
pour les comparses et non pour les grands ? Et il faut remarquer que non seulement MM. Le Roy, Estier, Mante et
consorts n'ont pas été simplement les complices du chantage,
ils se sont rendus coupables d'un autre délit : celui d'entente
pour provoquer une baisse sur une valeur de bourse à l'aide de
moyens frauduleux. Les petits actionnaires et obligataires, qui
ont été pris de panique à la lecture des cinquante-cinq articles
du *XIXᵉ Siècle*, et qui ont vendu à bas prix des actions ou
des obligations qu'ils avaient achetées près de 200 francs plus
cher, n'ont-ils pas droit à être protégés par la justice ?

Dans le procès qui viendra vers la fin de juin devant la
police correctionnelle, *les vrais coupables, les plus dangereux, ne seront donc pas sur le banc des accusés. La justice de M. Trarieux les protège et les couvre.*

Je dirai, dans un autre article, quels étaient les mobiles de
la campagne du *XIXᵉ Siècle*, et *quels sont les personnages
parlementaires qui se sont faits les protecteurs et leurs auxiliaires. Ce sera d'autant plus intéressant à conter que tout
cela jettera un peu de lumière sur la discussion qui va se
produire à la Chambre pour le renouvellement des contrats
postaux de la Méditerranée.*

Le lendemain 6 juin, le gérant du *Journal* recevait par
ministère d'huissier la lettre suivante :

Paris, Grand-Hôtel, le 6 juin 1895.

Monsieur E. Robert, gérant du journal le Journal,

106, *rue Richelieu,* **Paris.**

Le numéro du *Journal* du 5 juin contient, sous le titre :
« Les dessous d'une instruction », un article dont toutes les
assertions sont complètement fausses en ce qui nous concerne.
Cet article est injurieux et diffamatoire. Nous venons de
prendre nos mesures pour qu'il soit poursuivi dans le plus
bref délai devant la juridiction compétente. C'est la seule
réponse qu'il nous convient d'y faire.

Veuillez insérer la présente dans votre plus prochain numéro,
à la même place et en mêmes caractères que l'article auquel
nous faisons allusion.

Agréez, Monsieur, nos salutations.

MANTE, *président ;* ESTIER, *vice-président ;*
TOUACHE, *administrateur de la Compa-*
gnie de navigation mixte. (Marseille.)

En insérant cette lettre le 8 juin, le directeur du *Journal,*
M. Fernand Xau, disait qu'il renonçait à publier le second
article que lui avait remis M. Lajeune-Vilar. Cet article
n'a donc pas été publié, mais il avait été imprimé. J'en ai
trouvé une épreuve à la brosse, dans le dossier de Mᵉ Desplas, qui m'a été communiqué et je le transcris ici, malgré
sa longueur, parce qu'il montre comment certains financiers s'y prennent pour enjôler la justice et la faire servir à
leurs combinaisons. Plus on approche du jour où doit
avoir lieu la discussion à la tribune de la Chambre, plus
les vraies intentions de M. Pereire se précisent, mieux
on voit pourquoi il a fait dénoncer le *XIXᵉ Siècle* par
M. Lajeune-Vilar et pourquoi il l'a dénoncé lui-même,
plus les accusés du premier jour passent au second rang :
ils ne sont plus que des comparses, des instruments secon-
daires et négligeables : ce sont ces compagnies marseillaises et leurs amis de la Chambre qui ont tout fait ; ce sont

elles, elles seules qu'on veut atteindre... Or, puisque l'entente entre le *XIXᵉ Siècle* et les compagnies marseillaises n'a jamais existé, puisqu'il a été prouvé par les débats et par le jugement du procès de Marseille, que c'est un pur roman dans lequel il n'y a pas un mot de vrai, quoi d'étonnant à ce que M. Pereire et ses témoins aient dit d'un bout à l'autre de cette affaire, comme sur ce point capital, le contraire de la vérité?

Voici l'article imprimé et non publié de M. Lajeune-Vilar :

LES DESSOUS D'UNE CONVENTION POSTALE.

Le projet de convention postale, intervenu entre le ministère des postes et la Compagnie Transatlantique, et le procès en chantage intenté à MM. Portalis et Girard, ont un lien commun. Ce lien est le Syndicat des compagnies marseillaises qui, en 1894, était derrière la campagne faite par le XIXᵉ Siècle et qui, en ce moment, guide les décisions de quelques-uns des membres de la commission des services postaux. Ces amis du Syndicat des compagnies marseillaises ne sont pas moins influents parmi les commissaires. Et il n'en faut pas davantage pour réunir une majorité capable de s'arrêter à des résolutions susceptibles de jeter le trouble et le désarroi dans tous les services maritimes organisés qui relient la France à l'Algérie.

Lorsque les armateurs de Marseille se sont syndiqués pour entreprendre une campagne contre la Compagnie Transatlantique dans le XIXᵉ Siècle, leur but était de déconsidérer la Société, de provoquer la panique des actionnaires et d'occasionner une baisse des actions et des obligations. Puis, d'obtenir la liquidation et de racheter la flotte. La Compagnie de navigation mixte était ainsi assurée de rester seule soumissionnaire, d'écarter sa concurrente en la tuant, et d'obtenir alors des conditions excellentes pour son contrat. Le plan de campagne fut celui-là. Ponctuellement, il fut exécuté. Mais la Compagnie Transatlantique se défendit et elle fut assez heureuse et assez forte pour résister.

L'animosité des compagnies marseillaises provenait de ce que, à la fin de l'année 1893, la Compagnie Transatlantique, — ayant pressenti les projets de concurrence de ses associés, — s'était retirée du syndicat formé par les armateurs pour maintenir à un chiffre déterminé, et naturellement rémunérateur, le prix du fret.

La campagne du XIXe *Siècle fut la réponse à la rupture de cet accord.* Et l'entente entre les concurrents se fit dès ce moment contre la Transatlantique, dans le but de la démolir et de pouvoir ensuite être maîtres absolus de fixer à leur volonté le prix du fret commercial.

Quoique fort riches, les armateurs s'étaient parfaitement rendu compte qu'ils ne pourraient aboutir à ce résultat qu'après avoir ruiné la Compagnie Transatlantique. Peu importait, à ces gens millionnaires, les ruines qu'ils allaient amonceler. Ils n'avaient qu'un seul objectif : s'enrichir des ruines des autres et reconstituer ensuite une nouvelle société, ou augmenter le capital de la leur, grâce à l'achat d'une flotte existante, appropriée et organisée, qu'ils comptaient acheter pour rien et dont ils auraient fait apport dans une société pour un gros chiffre, c'est-à-dire pour sa valeur réelle. Le bénéfice de cette opération eût été considérable, et la ruine des actionnaires et des obligataires eût simplement profité à ces écumeurs peu scrupuleux.

Cette appréciation n'est pas seulement la mienne ; elle est celle qui est exprimée tout au long dans un jugement rendu contre le *Journal de Cette*, qui avait reproduit les articles contre la Compagnie Transatlantique et dont voici un considérant : « Le but de ces articles étant manifestement d'effrayer les actionnaires et obligataires, et par suite, de provoquer la baisse des valeurs de la Compagnie. »

Un des directeurs de l'une des compagnies concurrentes, M. Gouin, mit lui-même la plume à la main et écrivit une brochure anonyme publiée sous ce titre : *Questions maritimes*. Et, pendant que toutes ces attaques se produisaient, violentes, acerbes, diffamatoires, les armateurs faisaient des efforts surhumains pour entrer en rapport avec la Compagnie Transatlantique et pour lui persuader qu'elle ne pouvait so sauver d'un désastre final qu'en concluant un accord avec le Syndical marseillais. Ces démarches ont été multiples; mais, toutes, elles ont été repoussées comme inacceptables, léonines et préjudiciables aux actionnaires.

S'il faut en croire les rumeurs qui circulent dans le monde parlementaire, *certains députés se seraient faits,* — inconsciemment peut-être (?) — *les intermédiaires et les défenseurs de l'entente qu'il s'agissait d'imposer à la Compagnie Transatlantique* Le cas échéant, il serait possible de préciser, de citer des noms et des faits.

Ce qui paraît certain, c'est que des démarches nombreuses ont été faites, et que toutes ces influences étaient mises en mouvement pour aboutir à conclure un arrangement qui était seulement profitable à la Compagnie de Navigation mixte. Ces influences se sont retrouvées aussi dans la commission parlementaire, mais là, il n'a plus été question de la Compagnie de Navigation mixte, de ses projets. On s'est plus spécialement attaché à rechercher et à grouper les intérêts qui pouvaient être en jeu, au point de vue électoral. On s'est bien gardé de dévoiler les véritables mobiles.

Une des preuves des efforts faits par la Compagnie de Navigation mixte pour s'entendre et traiter avec la Compagnie Transatlantique, résulte d'une lettre écrite en mai 1895 par un gros négociant marseillais, ami des deux Compagnies. Cette lettre, adressée au président de la Compagnie Transatlantique et qui a été communiquée au ministre du commerce, était accompagnée d'un projet d'entente pour la convention des services maritimes de l'Algérie, et la base de ce projet consistait en ce que le lot attribué par l'adjudication, le lot de Constantine, à la Compagnie mixte fût cédé à la Compagnie Transatlantique.

Le chapitre premier de ce projet suffit pour établir péremptoirement le but recherché par ses auteurs. Par ce chapitre, la Compagnie mixte s'engageait à céder son lot de Constantine à la Compagnie Transatlantique, qui se chargerait ensuite de l'exploiter, et en retour cette dernière Société de ait payer à la première, et lui garantissait, jusqu'à concurrence de 300,000 f., un dividende de 25 francs par action.

Ce projet, qui paraît émaner de MM. Mante et Estier, est une vraie merveille! Ces messieurs se faisaient adjuger un lot postal; ils ne devaient pas l'exploiter et ils étaient ainsi assurés d'avoir pour les actions de leur compagnie, qu'ils possèdent peut-être personnellement en majeure partie, — un dividende de 25 francs.

Qui aurait payé ce dividende? Les actionnaires de la Compagnie Transatlantique. En soumissionnant, ils n'avaient donc pas l'intention d'exploiter. Ils n'en avaient pas les moyens, et le gouvernement n'a pas été dupe de cette manœuvre.

C'est donc sur ces entrefaites que le ministre des postes a passé directement un contrat de gré à gré avec la Compagnie Transatlantique. C'était le seul moyen de couper court aux tentatives d'intimidation, de pression et de corruption dont on connaît maintenant les mobiles.

Le ministre avait fort bien compris que le Syndicat des armateurs marseillais, qui n'est pas en état d'assurer un service régulier et correct de grande navigation, n'avait nullement l'intention de faire un service.

Mais le Syndicat a « des intelligences dans la place », c'est-à-dire dans la Chambre, et ces intelligences, accrues par le concours de quelques députés qui revendiquent le rétablissement de lignes supprimées par le nouveau projet, font le jeu des adversaires de la Compagnie Transatlantique. Aussi, on peut dire que la majorité de la commission n'a en vue que les intérêts personnels. Et voilà ce qui a permis à un député de dire publiquement : « Il ne faut pas que le renouvellement des contrats postaux soit un nouveau Panama! »

Eh bien, si Panama il y a, il ne peut être que du côté de ceux qui sont les instruments plus ou moins inconscients des maîtres-chanteurs, des syndicataires baissiers et des spéculateurs qui s'enrichissent au détriment de l'épargne publique.

Le procès qui va se dérouler devant le tribunal correctionnel *tirera au clair toute cette vilaine intrigue.* Il m'a semblé utile de la faire connaître avant la discussion du renouvellement des contrats postaux. *Il me paraît juste de protester contre l'indulgence de la justice à l'égard du Syndicat des armateurs marseillais.* Nul ne doit s'en étonner, ces gens-là étant couverts et protégés par quelques opportunistes de la Chambre, intéressés à appuyer leurs projets, à servir leurs intrigues et à compléter leurs manœuvres.

En même temps qu'il faisait rédiger ces articles par M. Lajeune-Vilar, M. Eugène Pereire, qui ne se dérange que dans les grandes occasions, se rendait chez le directeur du journal *le Rappel*, M. Lefèvre, où il se rencontrait avec M. Camille Pelletan, député des Bouches-du-Rhône, membre du groupe socialiste et rédacteur au *Rappel.*

M. Pelletan n'avait auparavant jamais eu de relations avec M. Pereire. Il ne le connaissait pas personnellement ([1]).

Dans sa déposition du 13 décembre, devant le tribunal de Marseille, il a lui-même fait le récit de son entrevue avec le président de la Compagnie Transatlantique.

On lit dans le compte rendu du *Journal*, du 14 décembre 1895 :   *

La déposition de M. Pelletan vient ensuite, et la présence, à la barre, du député des Bouches-du-Rhône, ne manque pas de provoquer une certaine sensation. Interrogé sur ce qu'il sait des faits de la cause, M. Pelletan raconte qu'il n'a rien su directement, mais qu'il a été mis au courant des circonstances de l'affaire qui se juge aujourd'hui par M. Pereire lui-même, un jour qu'il le rencontra chez un ami commun, M. Lefèvre.

La conversation porta tout naturellement sur les tentatives de chantage dont M. Pereire avait été l'objet. M. Pelletan, du reste, était déjà quelque peu au courant par les racontars qui lui étaient parvenus, soit dans les couloirs de la Chambre, soit dans les bureaux de rédaction, et aussi par l'instruction judiciaire à ce moment ouverte contre Portalis et Girard.

([1]) Déposition de M. Camille Pelletan au procès de Marseille. Compte rendu du *Journal* du 14 octobre 1895.

M. Pereire lui expliqua comment on avait pu découvrir la personne qui fournissait des renseignements au *XIXe Siècle*. C'était un nommé Le Roy, ancien employé de la Compagnie Transatlantique, qui payait ainsi M. Pereire des services qu'il lui avait rendus et pour lesquels il lui avait juré une reconnaissance éternelle. Ainsi qu'il résultait de lettres à lui adressées par ce Le Roy, M. Pelletan apprit également que Le Roy, en quittant la Compagnie Transatlantique, était entré au service des hommes qui s'étaient coalisés contre elle. M. Pereire raconta aussi la formule des propositions qui lui avaient été faites par les armateurs marseillais; elles portaient tantôt sur des achats de navires, d'autres fois elles se bornaient à la demande de subvention annuelle. *Ce qui surprenait M. Pelletan, c'est que, tandis qu'on poursuivait Portalis et Girard, qui n'étaient, en somme, que les imprimeurs des articles de chantage, on laissait tranquilles les promoteurs de la campagne.*

« Et comme journaliste, a-t-il dit, cela m'intéressait évidemment. Du reste, j'étais bien à mon aise pour parler et penser de la sorte, ajoute M. Pelletan, puisque je fus un de ceux, à la Chambre, qui votèrent pour le rejet des propositions de la Compagnie Transatlantique. »

Aussitôt après l'entrevue du député socialiste et du financier, les journaux socialistes croyant être sur la piste d'une affaire scandaleuse où pourraient être compromis un certain nombre de députés opportunistes, entreprirent contre la magistrature une campagne d'une excessive vivacité. Ils dirent que les magistrats, en refusant de poursuivre les compagnies marseillaises et les députés qui marchaient avec elles, s'étaient faits les complices des seuls, des vrais maîtres-chanteurs. Ils accusèrent, en propres termes, M. Dopffer de « déni de justice » et de « forfaiture ». Les compagnies marseillaises s'étaient-elles rendues coupables des manœuvres qu'on leur reprochait? Des députés s'étaient-ils associés à ces manœuvres? Je n'en sais rien, je n'ai pas à le savoir, mais il est une constata-

32

tion que j'ai le droit de faire et qui a été faite déjà par tous ceux qui suivent avec quelque attention les événements contemporains, c'est que la magistrature qui s'était si vite émue du premier article de M. Lajeune-Vilar et qui, sur un mot de lui, sans autres renseignements, s'était tout de suite jetée sur le *XIXe Siècle*, se montra beaucoup moins empressée à tenir compte des dénonciations bien plus graves et bien plus précises de la presse radicale et socialiste. Pour toute réponse, elle se contenta de reprendre les poursuites contre l'administrateur et le directeur politique du *XIXe Siècle*. Nous seuls avons payé les frais de la campagne. De tous ceux que M. Lajeune-Vilar et M. Pereire ont dénoncés, nous avons été seuls inquiétés, seuls poursuivis, seuls condamnés...

Mais pour comprendre le jeu joué par M. Pereire et pour se donner une idée de la vilaine intrigue à laquelle nous avons été sacrifiés, il faut lire ces articles.

Le premier est de M. Gustave Rouanet, député de la Seine, membre du groupe socialiste. Il a paru dans la *Petite République* du 9 juin 1895 :

DOPFFERIANA.

Nous avons montré de quelle façon l'intègre Dopffer, dirigé par l'intègre Trarieux, conduit ses instructions, et ce qu'il faut penser des blagues solennelles que les ministres, à bout d'arguments, nous débitent à la tribune sur l'indépendance, la conscience et autres entités gratuitement attribuées aux magistrats opportunistes...

Le *Journal* racontait hier les dessous d'une instruction conduite par Dopffer...

Il s'agit du chantage organisé par MM. Girard et Portalis contre la Compagnie Transatlantique. Des renseignements positifs donnés par notre confrère, il résulte que Portalis et Girard n'étaient que les instruments dans lesquels soufflait un syndicat d'armateurs marseillais.

Portalis et Girard tenaient l'archet, mais les Compagnies de navigation de Marseille fournissaient la musique et l'orchestration. La preuve en fut faite dans le cabinet de M. Dopffer. L'auteur des articles lui-même dut avouer son œuvre. De sorte que le juge d'instruction fut amené à découvrir un double délit : 1º celui de chantage commis par les armateurs marseillais; 2º celui de manœuvre frauduleuse, nettement caractérisée, pour faire baisser les actions de la Transatlantique, manœuvre prévue par l'article 419 du Code pénal.

Vous vous rappelez Trarieux, me disant à la Chambre : « Citez-moi une manœuvre frauduleuse, tombant sous le coup de l'article 419, que nous n'ayons pas réprimée ? »

J'en ai cité trois ou quatre. En voici une autre, bien récente, puisque l'affaire Girard doit venir devant la chambre correctionnelle vers la fin du mois. Seulement, là comme dans les chemins de fer du Sud, Dopffer a pratiqué une sélection. Il poursuit les uns — les comparses — mais il étouffe les dossiers des autres, des financiers, des hauts et puissants armateurs que protège l'influence parlementaire des députés amnistiés par ce même Dopffer.

Ah! la conscience des magistrats est une belle chose, un objet de prix, vraiment. Ça vaut tout juste autant que la conscience de Trarieux.

Gustave Rouanet.

Le lendemain, dans la *Petite République* du 10 juin, nouvel article de M. Rouanet :

DOPFFERIANA.

Nous avons signalé à nos lecteurs les révélations faites par le *Journal* sur l'affaire de chantage Girard-Portalis, instruite par l'intègre Dopffer et qui a abouti à laisser dans une ombre discrète les véritables auteurs de la sérénade jouée au conseil d'administration de la « Transatlantique ».

Le *Journal* a annoncé qu'il ferait connaître, dans un second article, les noms des députés mêlés au non-lieu rendu par Dopffer. Nous avons donc, hier et avant-hier, parcouru attentivement les colonnes de notre confrère, dans l'espoir d'y trouver des renseignements nouveaux. L'article annoncé n'a pas encore paru.

Il conviendrait qu'on se hâtât de satisfaire la curiosité que le premier article a fait naître, car il se pourrait que la rivalité d'intérêts qui séparait jusqu'ici la « Transatlantique » de ses concurrents marseillais prît fin. *Jeudi matin, un des députés auxquels le* Journal *faisait allusion est allé porter des propositions de transaction à la Transatlantique. On ferait une cote mal taillée. Les services maritimes postaux sont un gâteau assez gros pour que chacun puisse avoir sa part et manger à sa faim dessus.*

De son côté, le gouvernement est fort préoccupé des récriminations que les parties en présence se jettent à la tête, avec menace de révélations plus ou moins complètes; et ce brave M. Lebon ne demande qu'une chose : c'est qu'on s'entende. Quant à Dopffer, lui, son avis est qu'il y a longtemps qu'on aurait dû se mettre d'accord.

L'entente est-elle faite? Si oui, nous n'en persistons pas moins à engager notre confrère à compléter ses indications de l'autre jour. GUSTAVE ROUANET.

P.-S. — J'apprends à minuit que le *Journal* publie ce matin une note annonçant qu'il a reçu, du syndicat des armateurs de Marseille, une sommation lui signifiant d'avoir à annoncer que les armateurs vont lui intenter une poursuite devant les tribunaux compétents.

En présence de ce papier timbré, le *Journal* déclare que le second article annoncé ne paraîtra pas.

C'est là une botte de Dopffer, et elle ne manque pas plus d'habileté que de traîtrise.

On accuse Dopffer de forfaiture. Le juge d'instruction riposte par une assignation des armateurs marseillais menaçant de traîner devant les juges correctionnels, où la preuve des faits allégués n'est pas admise, les journaux qui ont flétri justement ses procédés d'instruction.

C'est complet. Nous y reviendrons. G. R.

Le 8 juin, c'est M. Camille Pelletan qui, tout chaud en

core de sa conversation avec M. Pereire, écrit dans le *Rappel* (numéro daté du 9).:

ENCORE LES MAGISTRATS.

Quelle chose bizarre, décidément, on a fait de la justice française!...

Dans le procès des Transatlantiques, des journalistes (déjà condamnés, d'ailleurs) sont poursuivis pour tentative de chantage sur la compagnie. Je n'ai nulle envie de défendre ces journalistes ni les actes qui, une première fois, les ont, comme dit Scapin, « brouillés avec la justice ». En sens inverse, je ne suis nullement disposé à prendre en main la cause de la compagnie, contre le monopole de laquelle je parlais et je votais cette semaine. Mais franchement, ce qui se produit est trop scandaleux.

Des rivaux puissants et riches sont entrés en campagne depuis longtemps contre la puissante compagnie postale. D'une part, ils la faisaient attaquer très vigoureusement; d'autre part, ils lui dépêchaient continuellement des ambassadeurs pour lui proposer les conditions auxquelles les attaques cesseraient. Il y avait même notoirement, à un moment donné, dans ces propositions, la demande d'un demi-million que les compagnies rivales payeraient, et que les négociateurs se partageraient A un moment donné, les auteurs de cette campagne se sont adressés aux journalistes poursuivis. Ils leur fournissaient les articles publiés. Il a été avoué, à l'instruction, qu'ils sont de la main d'un ancien secrétaire général de la « Compagnie Transatlantique » embauché par ses rivaux. Ils distribuaient les numéros de journal où la copie fournie par eux était imprimée. Il a été établi que les prévenus actuels expédiaient des ballots de leur journal au syndicat des financiers susdits, lesquels les faisaient ouvertement répandre dans le public par les bureaux qu'ils ont dans les ports de la Méditerranée (1). *S'il y*

_____

(1) Tous les renseignements fournis par M. Pereire à M. Pelletan concernant le *XIX° Siècle* sont inexacts. J'ai déjà dit que le *XIX° Siècle* n'avait eu aucun rapport avec les compagnies marseillaises et l'administration du journal n'a jamais envoyé de ballots à aucun syndicat.

a eu chantage, ce que je n'ai pas à décider, en voilà les auteurs Je ne plaide pas l'innocence des journalistes qui collaboraient à cette manœuvre; mais ils n'étaient évidemment que des complices. Les auteurs principaux du délit étaient ailleurs.

Voilà bien la vraie pensée de M. Pereire. M. Camille Pelletan continue :

Là-dessus, que fait le vertueux Dopffer ? — A tort ou à raison, la Compagnie ne se plaignait pas. Il se plaint pour elle. Il mande le directeur des Transatlantiques. Celui-ci lui dit : « Mais ce n'est pas à ces prévenus que j'ai affaire ! Le coup vient d'ailleurs : voici les preuves ; voici les principaux coupables ! — Pardon, dit le vertueux Dopffer ; nous ne nous entendons plus. Il ne peut pas s'agir de ces respectables financiers dont vous me parlez. Si vous croyez avoir à vous en plaindre, poursuivez-les donc un peu à votre compte personnel, mais à part ! Vous verrez ce qu'il en adviendra ! Moi, je ne me frotte pas à ces hautes personnalités. — Mais, répondent les Transatlantiques, ils ont tout fait !... — N'insistez pas, et parlons d'autre chose, reprend la vertu judiciaire. Vous n'auriez pas quelque autre journal à me dénoncer ? .. En voici un qui est connu dans toute la France pour signaler impitoyablement tous les abus de la finance... Ce coquin-là vous a attaqué : il a dû vous demander de l'argent (¹)? — Lui?... Point du tout. Mais le groupe financier dont je vous parle... — Pas un mot de plus. Je ne connais pas, je ne veux pas connaître ceux que vous accusez. Ne perdons pas notre temps, s'il vous plaît.

Ici M. Camille Pelletan explique à sa manière que partout où la vertu de M. Dopffer a voulu s'exercer, elle a trouvé devant elle une personnalité influente ou un gros financier qui lui a dit : « Halte-là ! »

Bloquée de toutes parts, cette vertu n'a plus que les quelques

---

(¹) D'après ce qui a été raconté par MM. Pelletan et Rouanet dans le *Rappel* et la *Petite République*, c'était de la *Libre Parole* qu'il s'agissait.

journalistes qu'elle a fait condamner en des temps meilleurs : elle espère en eux. Une vertu sérieuse a besoin de s'exercer :

La foi qui n'agit pas, est-ce une foi sincère?

On ne lui permet que M. Portalis et Girard : à chaque mésaventure nouvelle, elle mord un morceau de plus dans les restes de son déjeuner de l'hiver dernier.

CAMILLE PELLETAN.

Le 12 juin, nouvel article de M. Rouanet en tête des colonnes de la *Petite République*, numéro du 18 juin :

DOPFFERIANA. (*Suite.*)

J'apprends que je vais être cité devant les juges correctionnels de Marseille — en qualité de témoin.

C'est mon confrère du *Journal*, M. Lajeune-Vilar, qui songe, paraît-il, à invoquer mon témoignage dans le procès que lui ont intenté certains armateurs marseillais.

J'ai déjà signalé aux lecteurs de la *Petite République* ces poursuites, provoquées par M. Lajeune-Vilar, *prétendant que M. Dopffer aurait épargné les véritables auteurs et principaux bénéficiair s des chantages Girard-Portalis, parce que ces auteurs ne seraient autres que des rivaux de la Transatlantique, puissamment appuyés par des personnalités parlementaires fortement compromises avec eux.*

Je trouve ces poursuites assurément étranges. Si quelqu'un aurait dû prendre l'initiative d'un procès pareil, c'est le premier intéressé, celui sur lequel, en somme, a été formulée l'imputation la plus grave : *je veux dire M. Dopffer.*

Ce magistrat instructeur a été accusé, en effet, *d'un déni de justice ;* — dans l'espèce, *il s'agit d'une véritable forfaiture.* M. Lajeune-Vilar a affirmé que M. Dopffer avait sciemment étendu sa protection sur les inspirateurs de Girard et de Portalis : *il a, sans détours, accusé le juge d'instruction de s'être fait par là le complice des maîtres-chanteurs,* coupables, tout à la fois, du délit reproché aux comparses qu'il poursuit et des manœuvres frauduleuses prévues par l'article 419 du code pénal. Si donc quelqu'un avait qualité pour réfuter les imputations contenues dans l'article visé, c'est surtout M. Dopffer. Ce juge

avait d'autant plus l'impérieuse obligation d'engager ce procès
que, seul, il peut sommer le journaliste qui l'a dénoncé à venir
établir devant la cour d'assises la **preuve matérielle** de ses
allégations.

Or, M. Dopffer ne poursuit pas. Les armateurs marseillais
se substituent à lui. Ce sont eux qui assignent Lajeune-Vilar.

M. Rouanet énumère ensuite plusieurs affaires dans
lesquelles M. Dopffer aurait, selon lui, soustrait les vrais
coupables à la justice. Il revient sur ce fait que des
démarches ont été faites, que des offres formelles d'entente
pour le partage du gâteau maritime ont été soumises par
un député porteur de propositions transactionnelles, que
M. Dopffer n'ignorait ni la nature de ces offres, ni les conditions chiffrées qu'elles contenaient et qu'il n'a pas
poursuivi.

Au sujet de cet article de M. Rouanet, M. Édouard
Drumont écrivait dans la *Libre Parole* : « M. Rouanet
accuse non pas la magistrature, mais un magistrat nomi-
nativement désigné. Ce serait un mauvais symptôme de
voir un magistrat reculer devant cette juridiction du jury
où la preuve est admise. »

L'inspirateur et le véritable auteur de toutes ces accusations n'était autre que M. Pereire. Quand il avait
dénoncé ou fait dénoncer par M. Lajeune-Vilar, l'administrateur et le directeur politique du *XIXᵉ Siècle*, tous
deux anathématisés par le gouvernement de M. Dupuy, la
justice l'avait tenu pour un accusateur de bonne foi,
sérieux, infaillible ; mais, du moment où il se mit à accuser
les armateurs de Marseille, des députés, des magistrats,
tous gens auxquels le gouvernement n'avait pas retiré sa
grâce, ses allégations furent à priori considérées comme
des mensonges, ses accusations comme des calomnies.

Si cependant il avait dit vrai dans le premier cas, pour-

quoi n'aurait-il pas dit la vérité dans le second et si, par
contre, il mentait dans le second, n'était-il pas à présumer
qu'il avait également menti dans le premier, puisque dans
l'un et l'autre cas il obéissait au même mobile et poursuivait le même but?

A la suite — je ne dis pas à cause — de cette campagne,
une assignation fut enfin lancée contre M. Girard et contre
moi pour le 26 juin 1895, non plus devant la 11e chambre
qui, ayant jugé l'affaire des Cercles, aurait dû logiquement
avoir à juger l'affaire de la Transatlantique, mais devant
la 8e chambre, présidée par M. Couturier.

Cette date du 26 juin, peut-être choisie par hasard,
devait très bien convenir à M. Pereire. M. Pereire n'ignorait pas qu'aucune entente n'ayant jamais existé entre les
Compagnies marseillaises et le *XIXe Siècle*, le procès ne
donnerait lieu à aucune des révélations que les journaux
avaient tant de fois annoncées à son instigation. Il était dès
lors préférable qu'il ne fût jugé qu'après la discussion de
la Chambre. De cette manière, les accusations de la presse
n'ayant reçu aucun autre démenti que le démenti intéressé,
partant suspect, des armateurs de Marseille, M. Pereire
pouvait espérer qu'une certaine suspicion diminuerait la
valeur des arguments des orateurs hostiles au renouvellement du privilège de la Compagnie Transatlantique.

La discussion eut lieu à la Chambre le 14 juin. Les
calculs machiavéliques de M. Pereire furent entièrement
déçus. Même les socialistes qui avaient fait son jeu parlèrent et votèrent contre lui.

Le 26 juin, le procès ne put être jugé à cause du déplorable état de santé de M. Girard, dont le tribunal ordonna
la mise en liberté provisoire. MM. Pereire et Ronchet,
venus pour déposer contre lui, l'accablèrent de politesses :
« M. Pereire n'avait pas déposé de plainte ; c'était malgré

lui que ce procès avait lieu. Jamais, ni lui ni M. Ronchet
n'avaient eu à reprocher à M. Girard la moindre tentative
de chantage. »

On eut le secret de ce changement d'attitude quand on
apprit que le procès intenté par les armateurs de Mar
seille au gérant du *Journal* pour l'article de M. Lajeune-
Vilar, du 5 juin, devait se plaider le 19 juillet à Marseille
et que M. Girard devait être cité comme témoin.

Le 15 juin, le gérant du *Journal* avait, conformément
à l'article 52 de la loi du 29 juillet 1881, signifié aux
armateurs de Marseille l'articulation des faits dont il
entendait faire la preuve :

1° La campagne du *XIX° Siècle* avait pour but de faire
chanter M. Pereire; elle était inspirée par un syndicat d'armateurs marseillais, administrateurs de diverses sociétés de navigation;

2° Ce syndicat était intéressé à empêcher le renouvellement
du contrat postal de la Compagnie Transatlantique dans la
Méditerranée;

3° M. Lajeune-Vilar, appelé comme témoin dans l'instruction devant M. Dopffer, a donné les noms de MM. Mante,
Estier, Gouin, Touache, Caillol et Saint-Pierre comme étant
membres du syndicat;

4° La campagne du *XIX° Siècle* avait pour but d'arriver à
faire baisser les actions de la Compagnie Transatlantique et de
provoquer la liquidation de cette Compagnie pour obtenir, au
profit des intéressés, le contrat postal;

5° L'auteur de ces articles, M. Le Roy, était en relations
avec le syndicat des armateurs;

6° Des pièces ont été fournies à l'instruction pour prouver
que *les armateurs susnommés étaient les instigateurs de la
campagne du XIX° Siècle* et que ces attaques servaient leurs
projets;

7° Les armateurs marseillais achetaient et faisaient distribuer les journaux contenant les articles de M. Le Roy ou les
autres journaux reproduisant les articles du *XIX° Siècle*; ils lui

adressaient ou les faisaient adresser aux actionnaires, obligataires et clients de la Compagnie Transatlantique;

8º M Girard a déclaré à l'instruction que les armateurs marseillais lui achetaient plusieurs milliers de numéros (¹) chaque fois que le *XIXᵉ Siècle* contenait des articles sur la Compagnie Transatlantique;

9º Des personnages parlementaires ont été les protecteurs et les auxiliaires des armateurs de Marseille pour faire réussir la campagne qu'ils avaient entreprise contre la Compagnie Transatlantique ou ont fait des démarches dans ce but, etc.

M. Pereire n'avait aucun moyen sérieux de faire cette preuve. Il comptait exclusivement sur le témoignage de M. Girard.

On fit proposer à M. Girard un véritable marché. « Son sort, disait-on, était entre les mains de M. Pereire et de ses amis : MM. Ronchet, Haguet et Dromel. Si M. Girard voulait témoigner contre les Marseillais, on témoignerait en sa faveur, on reviendrait sur les dépositions faites à l'instruction : c'était donnant, donnant. Dire qu'il avait agi pour le compte d'un syndicat d'armateurs de Marseille était pour lui la meilleure manière de se disculper. La campagne du *XIXᵉ Siècle* ainsi s'expliquait : elle n'avait pas été faite en vue d'une extorsion de fonds, mais pour remplir les obligations d'un contrat : rien n'était plus légitime ».

Le marché proposé à M. Girard était en somme le suivant : « Consentez, lui disait-on, à faire un faux témoignage et nous consentons à dire la vérité. »

On n'a pas oublié qu'il n'existait dans cette affaire de la Transatlantique qu'un seul témoignage contre M. Girard : celui du commis de M. Pereire, M. Ronchet.

Le mercredi 10 juillet 1895, à 2 heures de l'après-

(¹) M. Girard n'a jamais rien dit de pareil.

midi, M. Ronchet se rend chez M. Girard, 36, rue de Chézy, à Neuilly-s/Seine. Il voit d'abord M. Girard malade qui le reçoit dans son lit, ensuite Mme Girard et la sœur de M Girard, Mme Pelletier qui, pendant que son frère était en prison, avait perdu son mari, M. le docteur Pelletier (1). Rien n'avait été épargné à M. Girard, ni la ruine, ni les souffrances morales et physiques, ni les deuils de famille.

M. Ronchet proteste de sa sympathie, de la vive sympathie de M. Pereire pour M. Girard. « Comment a-t-on pu dire que M. Girard ait jamais voulu faire chanter M. Pereire ou la Compagnie Transatlantique?

— Mais alors pourquoi M. Pereire et M. Ronchet ont-ils prétendu dans leurs dépositions devant M. Dopffer que M. Girard les avait menacés? Ils savent bien que cela n'est pas vrai.

— Oui, nous le savons, répond M. Ronchet, mais M. Girard aussi sait bien comment les choses se passent chez les juges d'instruction : ils vous font dire ce qu'ils veulent. Ce M. Dopffer est un monstre. Il a voulu forcer la main à M. Pereire pour qu'il se portât partie civile, M. Pereire a résisté. Il a tout fait pour empêcher ce procès. »

Mais M. Girard ne peut rien dire contre les Marseillais, il ne les connaît pas, il ne sait rien.

« Il est impossible qu'il ne sache rien. Il réfléchira. En attendant, il faut qu'il se soigne et qu'il évite toute fatigue. Ce serait une si grande joie pour M. Pereire d'apprendre qu'il est rétabli! »

M. Girard ne devait pas si vite se rétablir. Il était en

---

(1) M. le docteur Pelletier était adjoint au maire de Blérancourt (Aisne). Le conseil municipal, pour temoigner de l'estime qu'on avait pour le défunt, lui a voté une concession à perpétuité dans le cimetière de la commune.

tout cas visible qu'il ne serait pas en état d'aller à Marseille pour le procès du 19. Le procès de Marseille fut remis au 18 octobre.

Au commencement d'octobre, M. Girard reçut deux assignations, l'une pour le 18, comme témoin devant la 3e chambre du tribunal correctionnel de Marseille, l'autre pour le 17, comme prévenu devant la 3e chambre du tribunal correctionnel de Paris.

Les marchandages immédiatement recommencent. Cette fois, M. Ronchet se tient dans la coulisse; c'est M. Lajeune-Vilar qui se met en avant et qui demande à voir M. Girard.

Une entrevue a lieu, le mercredi 16 octobre, à 2 heures, entre M. Lajeune-Vilar et M. Girard chez Me Choppin d'Arnonville, l'un des conseils de M. Girard.

M. Lajeune-Vilar n'y va pas par quatre chemins. Il répète exactement ce qu'on avait fait dire à M. Girard au mois de juillet : « Je vous propose un marché, c'est donnant, donnant ; si vous êtes avec nous contre les Marseillais, tous les témoins déposeront en votre faveur et vous serez acquitté, sinon ils déposeront contre vous et vous serez condamné. »

Il informe ensuite M. Girard que M. Pereire absent ne viendra pas à l'audience et il ajoute : « J'ai dans mes poches deux lettres de M. Pereire au président de la 8e chambre. Je puis remettre celle que je veux. L'une vous blanchit, l'autre vous écrase. Choisissez! »

Et ce disant, M. Lajeune-Vilar frappait de ses deux mains les poches de son paletot [1].

« Mais, répond M. Girard, je ne puis pas dire ce qui n'est pas vrai. »

---

[1] Me Choppin d'Arnonville assistait à cette conversation. J'en ai vérifié la scrupuleuse exactitude, de même que j'ai vérifié celle des propos de M. Ronchet que j'ai rapportés plus haut. Dans l'un et dans l'autre cas, j'ai des témoins qui ne sont pas des témoins à gages, comme tous ceux qui ont été entendus dans ce procès et dans celui des cercles.

Puisque M. Girard ne voulait pas dire ce qui n'était pas vrai, son sort était réglé. A défaut de son témoignage contre les Marseillais, on aurait du moins sa condamnation qui permettrait à M⁰ Andrieux, avocat du *Journal* (c'est-à-dire de M. Pereire), de dire dans sa plaidoirie devant le tribunal de Marseille : « Il y a eu chantage contre la Compagnie Transatlantique. La preuve, c'est la condamnation de M. Girard, administrateur, et de M. Portalis, directeur politique et rédacteur en chef du *XX⁰ Siècle*. Or, ce chantage, les compagnies marseillaises, la commission parlementaire, la commission du budget, les Chambres, en ont été les complices. Si je n'arrive pas à fournir la preuve de leur complicité effective, je prouverai du moins leur complicité morale (¹). »

A l'audience du 17 octobre, M. Ronchet ne se contenta pas de renouveler la déposition qu'il avait faite le 7 mars devant le juge d'instruction, il l'aggrava. Pour la première fois, il prétendit qu'en octobre 1892 M. Girard avait demandé à M. Pereire de prendre des obligations du *XIX⁰ Siècle* non en payement d'une partie de ses fournitures de papier, mais contre argent; comme il n'y avait que M. Girard pour le contredire et que M. Girard était accusé, M. Ronchet pouvait dire ce qu'il voulait.

C'est, je l'ai dit, uniquement sur cette déposition de M. Ronchet que M. Girard a été condamné, de même que je l'ai été sur l'unique déposition de M. Haguet.

Si la cour avait été saisie de cette affaire, il paraît infiniment probable qu'elle aurait infirmé le jugement de la 8⁰ chambre comme elle a infirmé le jugement de la 11⁰ chambre pour l'affaire Bloch, pour l'affaire Sammarcelli, pour l'affaire Hugot, mais M. Girard en avait assez,

----

(¹) Voir le compte rendu du procès de **Marseille dans** le *Journal* des 30 et 31 décembre 1895.

il était à bout; malgré les sollicitations de ses avocats et de ses amis, il ne voulut pas faire appel.

Mais je fais appel de ce jugement devant l'opinion.

Quand les juges de la 8ᵉ chambre ont rendu leur jugement, ils étaient dominés par l'injuste présomption de chantage qui résultait contre M. Girard et contre moi, de notre condamnation dans l'affaire des cercles. Ils étaient toujours sous l'impression des faits de moralité dont la fausseté n'avait pu encore être établie. Dans leur profonde ignorance des hommes et des choses de la vie parisienne, ils tenaient M. Lajeune-Vilar pour un justicier de bronze, uniquement guidé par l'amour de la vertu. Enfin, ils ne connaissaient pas l'affaire. Ils ne pouvaient pas la connaître. Moi-même je ne la connais que depuis les débats du procès de Marseille. Je savais bien que le *XIXᵉ Siècle* n'avait jamais eu l'idée d'exercer contre M. Pereire, président de la Société de papeterie, ni contre M. Pereire, président de la Compagnie Transatlantique, aucune tentative de chantage, mais ce que je ne savais pas et ce que je sais maintenant, c'est que le procès bâti par M. Pereire contre le *XIXᵉ Siècle* avec le complaisant concours de MM. Lajeune-Vilar, Ronchet et Haguet n'a été, à vrai dire, qu'une manœuvre de chantage contre les compagnies marseillaises, contre les Chambres et contre la magistrature.

Il y a bien eu un maître-chanteur dans cette affaire, mais ce maître-chanteur n'est ni M. Girard ni moi

---

XXII

Nouvelle jurisprudence.

La justice et la mode. — La loi sur l'état de siège. — Le
mariage du forçat. — Pour permettre aux forçats de revenir
au bien. — Musellement relatif. — Œuvre d'épuration. —
Ce qu'il est permis de dire de la magistrature. — Un joli
bouquet. — Les tripots, c'est l'arche sainte. — M. Dopffer
archange. — Un *trust* entre la magistrature et la haute
banque. — C'est nous qui sons les princesses ! — Le procès
de la *Voie ferrée*. — Le dopfférisme. — La sécurité des
bandits et la tranquillité des gouvernements. — Vingt ans
de bagne ! — Les promesses du parquet. — Il avoue sa partialité. — La deuxième charrette. — Une comédie de vertu.

On connaît à présent les condamnations qui m'ont frappé
et les conditions dans lesquelles elles ont été prononcées.
Peu importe l'opinion qu'on peut avoir sur le *XIXᵉ Siècle*,
sur ses doctrines, sur sa politique, sur la manière dont il
entendait la polémique, sur ses campagnes ; peu importe
la sympathie ou l'antipathie que pouvaient inspirer le
journal et son rédacteur en chef. Un fait certain, c'est
qu'aucune de ces condamnations ne repose sur une preuve
réelle, sur un témoignage sérieux. Il s'agit de savoir si un
républicain, un socialiste, un libertaire ou un libéral, à
quelque parti qu'il appartienne, peut tolérer qu'on arrête
les gens, sous les prétextes les plus futiles ou les plus faux,
et que des condamnations puissent être prononcées comme

celles qui l'ont été contre moi, par présomption. L'admettre c'est reconnaître en somme la légitimité de la dictature judiciaire exercée hier par tel ministre, demain par tel autre, au profit soit de ses ambitions et de ses haines particulières, soit d'un parti, soit d'une coterie.

Mais il y a des lois !

Faible garantie quand on vous condamne sans preuve, sur la simple déposition d'un coquin qui est votre ennemi, sans compter qu'elles sont en caoutchouc. Elles font à volonté Jean qui rit ou Jean qui grogne.

Il y aurait une curieuse étude à écrire sur les transformations que la jurisprudence fait subir aux lois avec, pour épigraphe, le mot de Voltaire : « La justice est aussi arbitraire que la mode. »

Au moyen de la jurisprudence, les juges en arrivent à fabriquer, sans la garantie de la discussion des assemblées et sans responsabilité, des lois entièrement nouvelles, inédites et imprévues.

Quand, le 9 août 1849, les représentants du peuple à l'assemblée législative votaient une loi sur l'état de siège, qui disait dans son article 1er : « L'état de siège ne pourra être déclaré qu'en cas de péril imminent pour la sécurité intérieure et extérieure » et qui était précédé d'un exposé des motifs déclarant que « le régime exceptionnel de l'état de siège ne pourrait être que *momentané* et *passager* », ils ne se doutaient pas que vingt ans plus tard une autre assemblée ne verrait dans l'état de siège qu'un moyen de se débarrasser des journaux d'opposition, de museler la presse et dans cet unique but le maintiendrait pendant cinq années en pleine paix intérieure et extérieure, de 1871 à 1876.

J'ai eu pendant cette période des journaux qui s'appelaient *la Vérité, la Constitution, le Corsaire, l'Avenir*

national. Quand dans ces journaux paraissait un article
d'Henry Maret, d'Émile Zola ou de moi qui déplaisait au
gouvernement, le gouvernement faisait un signe au gouverneur de Paris, général Ladmirault, qui, en vertu de la
loi sur l'état de siège, supprimait le journal. Je le faisais
reparaître sous un autre titre. On eût pu le supprimer
encore. Mais ces égorgements successifs répugnaient à
M. le duc de Broglie, qui était alors le chef du gouvernement sous la présidence du maréchal de Mac-Mahon, et
qui, tout en faisant œuvre de réaction, affichait d'anciennes
prétentions au libéralisme doctrinaire. On eut recours à
un procédé plus hypocrite. On inventa tout exprès une
nouvelle jurisprudence assimilant la suppression des journaux prononcée en vertu de l'état de siège aux suppressions qui, sous le régime du décret dictatorial du 2 décembre 1852, pouvaient être prononcées par voie administrative, et malgré les éloquents efforts de mon avocat,
Mᵉ Clausel de Counergues (¹), un jugement de la 3ᵉ chambre
du tribunal correctionnel de la Seine, bientôt confirmé par
la cour, me condamna, en outre de la suppression de mes
journaux, à 8,000 francs d'amende en vertu dudit décret
du 2 décembre (²).

La cour de cassation, sur la plaidoirie de Mᵉ Sabatier
et sur les conclusions de M. l'avocat général Bédarrides,
finit cependant par me donner raison (³). Il était bien

(¹) Aujourd'hui député de l'Aveyron.

(²) Cette jurisprudence constituait une innovation d'autant plus bizarre
qu'une loi du 12 mai 1868 avait abrogé les articles du décret du
2 décembre 1852, concernant le régime de la presse et les suppressions
de journaux par arrêtés de l'administration, mais la loi d'abrogation
avait omis de viser l'article du même décret punissant les infractions
à ces arrêtés. C'est en vertu de cet article, maintenu par omission, et
punissant un délit qui n'existait plus, qu'on me condamnait.

(³) La plupart des journaux me donnèrent leur appui dans cette campagne. Je dois notamment citer le précieux concours que me prêta
M. Édouard Hervé dans le *Journal de Paris*, malgré la divergence de
nos opinions politiques et malgré ses sympathies pour M. le duc de Broglie.

temps ! Les magistrats s'étaient hâtés lentement et il y avait deux ans que mes journaux étaient supprimés. A ce moment, au surplus, l'assemblée vota la levée de l'état de siège : l'arrêt que j'avais fini par obtenir de la cour de cassation n'avait pas été étranger à cette tardive décision.

Juste vingt ans après, en 1894, ce n'est plus la loi de 1849 sur l'état de siège qui sert à museler la presse et au besoin a supprimer les journaux, c'est une loi de 1863, votée par le Corps législatif du deuxième empire pour mettre les forçats à l'abri des menaces et de l'exploitation de leurs anciens compagnons de chaîne.

Ceci n'est pas une plaisanterie. M. l'avocat général Delpy, dans le discours de rentrée qu'il a prononcé le 5 octobre 1895, a très clairement exposé les origines de cette loi qui est devenue le § 2 de l'article 400 du code pénal en vertu duquel j'ai été poursuivi et condamné (1).

Vers la fin de l'année 1843, un jeune homme à peine âgé de 16 ans, presque un enfant, fut fatalement mêlé à un épouvantable assassinat : conduit par le hasard sur le théâtre du crime et subissant la pression de l'un des meurtriers qui avait autorité

---

(1) Mon ancien collaborateur Henry Maret a raconté, dans le *Radical* du 7 mai 1895, comment il avait été victime, après la Commune, d'une extension imprévue de la jurisprudence :

Moi qui vous parle, j'ai été poursuivi et condamné en vertu d'une loi de 1828, qui punissait l'outrage à Sa Majesté Louis XVIII, dont je n'avais jamais prononcé le nom. Mais on me prouva, clair comme une jurisprudence, que Sa Majesté Louis XVIII cela voulait dire l'Assemblée de Versailles.

Grâce à ce système, toute loi sur la presse est nulle et non avenue.

Et l'on se demande pourquoi l'on se donne la peine de légiférer, puisque les lois qu'on promulgue ne servent absolument à rien.

Il n'y a qu'une loi, c'est la fantaisie du pouvoir, qui peut, comme il le juge bon, vous appliquer tel article ou tel autre. Je ne vois, en somme, qu'une diversité d'apparence entre le juge qui rend des sentences à son idée et celui qui peut fouiller à son aise dans un arsenal de sept cent mille lois contradictoires. D'un côté comme de l'autre, c'est toujours le régime du bon plaisir.

HENRY MARET.

sur lui, tremblant pour sa propre vie, il fut en quelque sorte
contraint d'y assister et d'y participer. Sa coopération ne fut
pas directe, ses mains ne trempèrent point dans le sang, mais sa
complicité parut au jury suffisamment établie pour être retenue ;
et le 16 mars 1844 il était condamné par la cour d'assises de la
Drôme à la peine de quinze ans de travaux forcés.

Le voilà au bagne où, pendant douze ans, il expie courageusement, méritant par une conduite irréprochable la confiance et la
sympathie de ses gardiens : une décision gracieuse, bien justifiée, lui ouvre enfin, le 11 août 1855, les portes de sa prison ; il
a 28 ans, il est libre, mais il emporte et traîne avec lui, comme
un lourd boulet dont il ne se débarrassera jamais, cet ineffaçable
stigmate : *Forçat libéré !* Sa famille l'accueille, le console, le
soutient dans sa marche douloureuse vers la réhabilitation et,
ne reculant pas devant les sacrifices, l'installe à Paris, loin de
ceux qui pourraient le reconnaître, et le met à la tête d'un fonds
de commerce qu'il développe, agrandit et voit prospérer sous sa
direction.

Des relations de voisinage le rapprochent d'une charmante
jeune fille et, encouragé par les manifestations d'une sympathie
réciproque, il se laisse entraîner, sous l'œil de la mère, à des
assiduités qui devaient nécessairement faire naître l'idée d'une
union semblant réunir toutes les convenances. La pente était
trop douce pour ne pas se laisser glisser ; et le mariage est
décidé, conclu, sans qu'il ait le courage de dévoiler son terrible
passé. Il ne cache cependant ni son nom, ni son lieu d'origine ;
et son silence, favorisé par les circonstances et l'incurie des
parents de la future, est la seule fraude à lui imputer. Ce silence
coupable, condamné par la loi morale, je ne veux pas l'absoudre ;
mais quelle force et quel courage ne faut-il point pour se
résoudre à de semblables aveux !

L'avenir souriait aux jeunes époux étroitement unis ; et rien
ne pouvait faire prévoir la catastrophe où leur bonheur devait
sombrer, lorsqu'un jour se présente chez eux un inconnu, qui
s'installe et parle en maître : c'est l'ancien compagnon de chaîne
qui, sorti du bagne, et devenu maître-chanteur, saisit sa proie
et ne la lâchera plus. Ces deux existences lui appartiennent, il

sait que l'honneur et le bonheur du jeune ménage sont suspen-
dus à ses lèvres; et ses exigences proportionnées à la crainte
qu'il inspire, au pouvoir dont il dispose, croissent tous les jours.
Il puise à pleines mains dans la caisse, qui bientôt sonne creux;
et le malheureux négociant, désespéré, affolé, hanté par des
idées de suicide, songe à échapper par la fuite à son bourreau :
il part pour la Belgique, où il saura bien décider sa femme à le
suivre après y avoir préparé une installation nouvelle, son
absence dure à peine quarante-huit heures et à son retour tout
est consommé. Pour se venger d'un départ furtif, l'odieux personnage a parlé et le foyer est vide. L'épouse du forçat libéré
s'est réfugiée chez sa mère, ne pouvant se résigner à rester un
instant de plus sous le toit de l'homme qui traîna la chaîne
pendant douze ans; et elle organise déjà une action en nullité
de mariage pour erreur sur la personne.

Vous connaissez, messieurs, les fortunes diverses de ce procès
célèbre, terminé seulement en 1862, par un arrêt des chambres
réunies décidant que le mariage ne peut être annulé pour erreur
sur la personne, que lorsque l'erreur porte sur l'identité physique de l'un des conjoints.

Je me suis attardé au récit de cette lamentable histoire, parce
que *nous lui devons le § 2 de l'article* 400, *qui définit et
réprime le chantage.*

Dans la pensée des membres de la commission, ajoute
M. l'avocat général Delpy, le nouveau texte pénal avait surtout pour objet de remédier à l'un des dangers créés par la
promiscuité des prisons, la détention en commun, de soustraire
à l'influence néfaste et au pouvoir occulte des incorrigibles
compagnons de captivité ceux qui, leur peine accomplie,
veulent sincèrement revenir au bien (1).

Jules Favre et Ernest Picard attaquaient le projet. Il
avait, disaient-ils, le grave défaut de déférer le nouveau
délit aux tribunaux correctionnels au lieu de le déférer
au jury, qui est cependant, au moins en théorie depuis

---

(1) *Gazette des Tribunaux* du 23 octobre 1895.

1789, la juridiction criminelle normale du pays. Mais le rapporteur, M. de Cordoën, enleva le vote en invoquant la nécessité et l'urgence « d'arrêter ces spéculations ignobles, dont le résultat était d'empêcher des coupables, des con-damnés qui *voulaient revenir au bien, de replacer leur existence modeste et ignorée dans la voie de l'honnêteté et du travail* ».

C'est dans ces conditions que fut voté le texte suivant([1]):

Quiconque à l'aide de la menace écrite ou verbale, de révé-lations ou d'imputations diffamatoires, aura extorqué ou tenté d'extorquer soit la remise de fonds ou valeurs, soit la signature ou remise d'un écrit, d'un acte, d'un titre, d'une pièce quel-conque contenant ou opérant obligation, disposition ou décharge, sera puni d'un emprisonnement d'un à cinq ans et d'une amende de 50 francs à 3,000 francs.

Laissez couler un peu d'eau sous le pont du Châtelet. La même loi, votée en 1863 pour protéger les anciens forçats contre les menaces de la révélation de leur passé, servira en 1895 à protéger contre toute critique de la presse les tenanciers de tripot, c'est-à-dire des voleurs en exercice et les administrateurs de sociétés financières ou industrielles, comme M. Eugène Pereire, dont les procédés d'administration, au dire de tous les hommes sérieux et compétents, réservent aux actionnaires et obligataires de la Compagnie Transatlantique le même sort que la famille Pereire a naguère fait subir aux malheureux porteurs de titres de la Société immobilière et du Crédit mobilier.

Cette loi, insistait le rapporteur, a pour but de frapper ceux qui voudraient « empêcher les coupables de revenir

---

[1] La loi que Jules Favre appelait une loi de défiance contre le jury fut votée par 152 voix contre 48. Taxile Delord paraît avoir eu le pressen-timent du parti qu'on en tirerait un jour. Il dit, dans son *Histoire du second Empire*, que « ce vote couronnait logiquement la carrière d'une législature qui avait voté la loi de sûreté générale ». (Tome III, p. 433.)

au bien, de replacer leur existence modeste et ignorée dans la voie de l'honnêteté et du travail. » Le *XIXe Siècle* a-t-il fait quoi que ce soit pour empêcher M. Isidore Bloch, M. Bertrand, M. Sammarcelli, et dans un autre ordre d'idées M. Eugène Pereire, de revenir au bien ? Ne les y a-t-il pas au contraire encouragés ? Est-ce sa faute si M. Pereire préfère distribuer à ses actionnaires l'argent qu'il devrait consacrer à l'amortissement de la flotte de la Compagnie Transatlantique et si messieurs les tenanciers aiment mieux plumer les pauvres pontes et se pavaner en mailcoach sur la route de Cabourg à Deauville, plutôt que de « suivre la voie de l'honnêteté » ?

Naïfs députés qui, périodiquement, **présentiez** à la Chambre cette proposition plusieurs fois **repoussée** de revenir sur la conquête de la loi de 1881, et de rendre aux tribunaux de police correctionnelle la connaissance des délits de presse, vous avez trouvé votre maître dans l'inventeur de cette jurisprudence nouvelle. En présentant vos projets de loi, vous faisiez aux yeux de tous œuvre de réaction et vous ne seriez arrivés, si vous aviez pu les faire voter, qu'à un musellement relatif de la presse. Lui a l'air de faire œuvre de moralisation, d'épuration et sous le commode prétexte de faire régner la vertu, il obtient des résultats bien plus satisfaisants qu'avec l'état de siège. Non seulement il arrive à la suppression des journaux comme au beau temps du général Ladmirault — on l'a vu par l'exemple du *XIXe Siècle*, — mais il offre aux ministres la faculté de faire condamner les journalistes qui leur déplaisent à des peines **très sévères**, sans pièces, sans preuves d'aucune sorte, sur la déposition du premier faux témoin venu et de les faire arrêter préventivement, ce qui ne **pouvait** se faire ni sous l'état de siège, **ni sous l'Empire**.

Il est certaines institutions et **certaines personnes** à

l'égard desquelles la presse peut dépasser les dernières
limites de la critique, de la diffamation, de l'injure. Avec
la magistrature, elle peut s'en donner à cœur-joie. Elle
peut l'appeler « vieille tarpiaude » (¹), « sale catin » (²).
Elle peut dire que « vraiment il semble qu'elle se plaise au
dégoût qu'elle inspire et aime à se vautrer dans les vomisse-
ments qu'elle provoque » (³). Un avocat général déjà connu
comme littérateur et comme auteur dramatique, M. Peyssonnié, s'est révélé dans son discours de rentrée du 16 octobre 1895 comme un enragé collectionneur. Il a eu la
patience de réunir en un bouquet, qu'il s'est plu à offrir
à la cour d'Orléans, quelques-unes des fleurs qui, chaque
jour, émaillent les articles de journaux consacrés à la
magistrature :

Tristes justiciards, salariés, sales enjuponnés, ignobles drôles,
mufles, bandits, crapules, misérables, juges iniques, consciences
viles, magistrats domestiqués, brutes immondes, tas de vaches,
scélérats, haute pègre, association de malfaiteurs (⁴).

M. l'avocat général Peyssonnié cite aussi un honorable
magistrat qui a été traité d' « homme de proie », ni plus ni
moins que je ne l'ai été moi-même par le jugement de la
11ᵉ chambre. Je ne vois qu'une épithète qu'il ait oubliée,
c'est celle de maître-chanteur. Dieu sait cependant qu'on
ne s'est pas privé de la prodiguer à certains magistrats et à
certain garde des sceaux, à M. Thévenet et à M. Guérin,
par exemple (⁵).

(¹) *Intransigeant*, 2 octobre 1895.
(²) *Libre Parole*, 19 septembre 1895.
(³) *Intransigeant*, 30 août 1895.
(⁴) *Gazette des Tribunaux* du 22 novembre 1895.
(⁵) Dans toute une série d'articles de la *Libre parole*, M. Thévenet a
été traité de maître-chanteur et même de *roi du chant*. (*Libre Parole*,
janvier 1895.) Il ne faudrait d'ailleurs pas croire que la presse révolutionnaire ou antisémite aient le monopole de ces aménités. Les
journaux les plus conservateurs, les plus dévoués à la défense du capi-

Mais les tripots, les compagnies subventionnées, les monopoles, les grandes sociétés financières, c'est l'arche sainte.

Si vous y touchez, vous êtes mort.

Uniquement renseignés par la police qui, avec le *Petit Journal* et une ou deux feuilles du même bord, menaient la danse de la calomnie, la plupart des journaux avaient cru d'abord que M. Dupuy poursuivait vraiment une œuvre d'honnêteté publique. Quelques-uns faisaient semblant, d'autres étaient sincères. Ainsi M. Édouard Drumont s'était imaginé que M. Dopffer serait l'archange capable de terrasser le démon de la corruption — ce qui ne l'a pas empêché d'écrire de lui par la suite qu'il pourrait bien être « le dernier des coquins » [1]. Le directeur de la *Libre Parole* a même poussé l'hyperbole jusqu'à féliciter M. Thomas de son réquisitoire et à dire qu'en le prononçant il s'était « fait l'écho de la conscience publique »; mais il faut lui rendre cette justice que son enthousiasme a été de courte durée. Il écrivait dans la *Libre Parole* du 21 mars 1895 :

Il est maintenant à peu près impossible aux journaux d'avertir les naïfs des pièges qui leur sont tendus par les flibustiers cosmopolites. Il s'est constitué évidemment un *trust* entre la magistrature et la finance. Moyennant un abonnement annuel payé par la haute banque, la haute magistrature se charge de poursuivre pour chantage ceux qui dénonceraient les gros voleurs.

Dans la *Libre Parole* du 8 avril :

Il n'y a pas là (dans le procès des cercles) une opération de moralité publique, mais une opération commerciale et écono-

---

tal se montrent pas plus respectueux. C'est ainsi que le journal de M. Rességuier, le *Télégramme*, au commencement de mars reprochait à la justice de s'être mise au service des prévaricateurs et des escrocs. (Article cité par la *Dépêche* de Toulouse du 14 mars 1895.)

[1] *Libre Parole* du 20 février 1895.

mique. Il y a eu simplement comme un *trust*, un syndicat formé
entre les hommes du gouvernement, les sociétés financières et
les magistrats. Dans quelque temps, les sociétés financières, au
lieu de payer les journaux, payeront un abonnement aux magistrats et les magistrats condamneront à des peines ignominieuses
tous ceux qui dénonceront les méfaits de la haute banque.

Dans la *Libre Parole* du 15 mai :

Les cercles ouverts, ces claquedents placés sous le patro-
nage de personnages officiels, sont défendus par la magistrature
contre toute révélation indiscrète.

Et dans la *Libre Parole* du lendemain 16 :

Maintenant qu'un *trust* a été constitué entre la magistrature
et la haute banque *pour traquer les écrivains indépendants,
essayer d'éclairer le public serait courir à la ruine.*

Les mêmes idées étaient exprimées dans le *Rappel* par
M. Camille Pelletan le 24 mars :

A-t-on frappé les procédés de vol dont quelques-uns s'étaient
rendus complices ? Et ne les a-t-on pas au contraire encouragés?
Ce qu'on a atteint, j'allais dire ce qu'on a voulu atteindre —
sont-ce les complaisances pour les fraudes financières ou les
critiques qui pourraient les déranger ?.. On connaît le mot de
la fille épousée par un soldat de fortune et qui est introduite à
la cour de l'Empire disant fièrement en manœuvrant à grand
peine sa robe à traîne : C'est nous qui sons les princesses.
« On dit maintenant dans le monde des *gens de proie :* « C'est
nous qui sons les plaignants! »

Deux jours après, le 27 mars, M. de Lannessan écrivait
encore dans le *Rappel :*

Il est entendu que tout journaliste qui tient une plume,
tout directeur ou administrateur de journal — quand, bien
entendu, il s'agit de républicains, les autres étant tous
des modèles de vertus — est un pot-de-vinier, un vendu, un
voleur ou un maître-chanteur... avec les mœurs nouvelles
si un homme public ou un journal dirigent des critiques plus

ou moins vives contre une affaire, une société, une grande compagnie, une banque, on a vite fait de proclamer que leurs critiques constituent une tentative de chantage. »

Mais c'est surtout le procès de la *Voie ferrée* qui paraît avoir fait tomber les écailles des yeux même aux journaux que le souci de l'honnêteté publique rend à l'occasion le plus injustes et le plus aveuglément persécuteurs.

Le cas du directeur de la *Voie ferrée*, M. Ferrier, ressemblait beaucoup sur un point à celui de l'ancien administrateur du *XIXᵉ Siècle*, M. Girard. Le directeur des chemins de fer du Sud, M. Félix Martin, les avait dénoncés l'un et l'autre, comme on l'a vu plus haut, dans un premier moment d'affolement, sous la pression menaçante du juge d'instruction, après avoir été brutalement et injustement arrêté (¹), après avoir été maltraité, après avoir passé par l'anthropométrie et être resté trente-deux heures sans manger. Pour l'un comme pour l'autre, M. Félix Martin s'était formellement rétracté à l'audience, affirmant sous la foi du serment qu'on lui avait fait dire à l'instruction le contraire de sa pensée et que ni M. Ferrier ni M. Girard ne l'avaient jamais menacé. Il n'y avait entre les deux cas qu'une différence : c'est que M. Ferrier avait touché longtemps de la Compagnie des chemins de fer du Sud des mensualités qui s'étaient élevées jusqu'à quinze cents francs, que le service de ses mensualités avait été suspendu, puis repris, tandis que M. Girard n'avait jamais reçu un centime et que ses rapports avec la Compagnie des chemins de fer du Sud s'étaient bornés à une demande courtoise de renseignements.

M. Camille Pelletan, qui n'était pas, il est vrai, tout à fait désintéressé dans la question — car il n'est pas douteux que le procès, on l'a bien vu par les débats, était

_____

(¹) M. Félix Martin a été acquitté par la cour d'assises.

surtout dirigé contre lui — écrivait au sujet de cette affaire dans le *Rappel* du 16 mai :

Ce procès semble marquer pour la presse un régime nouveau. Il tendrait à introduire dans nos lois cette définition singulière : « *Chantage : délit qui consiste, pour la presse, à attaquer les abus et les vols, de tels attaques constituant, en dehors de toute autre circonstance, une prévention suffisante de tentative d'extorsion.* »

Avec cela les exploiteurs sont à leur aise ! La France paye une magistrature non pour les rechercher, mais pour les aider, pour les couvrir.

Le 14 avril 1895, l'organe du parti socialiste, la *Petite République*, disait :

C'est toujours le même système, M. Ferrier est destiné à jouer le rôle de victime nécessaire. C'est tout simplement honteux.

Au moment de l'ouverture des débats, la *Petite République* parle à nouveau de « l'inanité de l'accusation », la *Libre Parole* dit que « le procès intenté à M. Ferrier ne lui nuira pas dans l'opinion, mais en revanche ne rehaussera pas le prestige de certaines instructions judiciaires » [1].

Pour le *Rappel* et le *XIXe Siècle*, la poursuite ne tient pas debout.

Quant à l'*Intransigeant :*

Nous ne sommes pas, dit-il, suspect de tendresse pour les maîtres-chanteurs, mais il ne faudrait pas non plus que le parquet vît partout du chantage et qu'il pût, sous l'inculpation de tentative d'extorsion de fonds, arrêter quiconque attaque une grande société industrielle ou financière, quiconque mène une campagne contre une société véreuse dont il dénonce les agissements [2].

---

[1] *Libre Parole* du 13 mai 1895.
[2] *Intransigeant* du 19 mai 1895.

Le jugement rendu, le même *Intransigeant* déclare « qu'il a fallu pour arriver à ce résultat pas mal de mauvaise foi » :

Donnons-en une preuve, ajoute-t-il. Le seul fait retenu à la charge de Ferrier est le fait relatif aux chemins de fer du Sud et, pour le retenir, le tribunal s'appuie sur la déposition de M. Félix Martin « *tant à l'instruction qu'à l'audience* ». Or on se souvient qu'à l'audience M. Martin a déclaré que sa déposition de l'instruction lui avait été littéralement arrachée (¹).

Le *XIXᵉ Siècle* (directeur M. Lefèvre), enfin, résumait aussi ce que tout le monde dans la presse pensait au fond de la jurisprudence inaugurée dans l'affaire des cercles et dans l'affaire de la *Voie ferrée* :

Le dopfférisme, disait-il, devient une institution politique, voire économique et financière, c'est la revanche des grandes compagnies et des monopoles contre la presse et même contre la tribune. Jamais on n'a trouvé de procédé plus audacieux et plus simple à la fois pour *atteindre sûrement, infailliblement, même absolument innocents, le journal et le journaliste sans avoir à tenir compte des lois sur la presse.* La théorie du parquet, c'est que toute critique formulée dans un journal contre une compagnie constitue une menace, une mise en demeure d'avoir à payer et que, d'autre part, tout traité de publicité entre un journal et une compagnie constitue la réalisation d'une tentative de chantage.

De sorte que la moindre critique à l'endroit d'une grande compagnie ou de n'importe qui d'ailleurs, car le chantage peut s'exercer contre n'importe quel citoyen — suffit à rendre le journal justiciable de la police correctionnelle pour cause de chantage.

La loi de 1881 n'existe plus. On peut toujours s'en affranchir. Au lieu de poursuivre pour diffamation — c'est-à-dire avec faculté pour l'inculpé quand il s'agit de sociétés ou de personnes faisant appel au crédit et à l'épargne — on n'a qu'à

(¹) *Intransigeant* du 29 mai 1895.

relever une prévention de chantage, et dès lors — avantage inestimable pour les plaignants — toute preuve est interdite à l'accusé.

Quoi de plus commode pour le gouvernement et aussi pour les voleurs? *Le gouvernement peut toujours atteindre ses ennemis.*

Les compagnies véreuses, les financiers louches, les teneurs de tripots à la grecque, les escrocs de la bourse et d'ailleurs, sont garantis contre toute critique, assurés de faire condamner quiconque oserait leur reprocher leurs tares...

C'est vraiment la sécurité des bandits, l'amusement des juges, la tranquillité des mauvais gouvernements.

Qui plus est, la théorie juridique du parquet va plus loin. On nous a servi cette thèse que la culpabilité du journal est d'autant plus grande que la gredinerie du plaignant est plus corsée...

Et la thèse juridique du parquet se justifie par cette double considération que les honnêtes gens n'ayant rien à se reprocher ne chanteront pas sous le coup de la menace, tandis que les filous sitôt menacés viendront à composition...

Ceux-ci, dès qu'ils sont attaqués, ont le droit de présumer une tentative de contrainte...

Le chantage existe sans qu'il soit nécessaire que le journal ait formulé des exigences... *L'existence du délit dépend du plaignant.* « *Il n'a qu'à dire qu'il a reçu l'impression d'une menace, d'une contrainte morale, et il est cru sur parole.*

Et la justice — le gouvernement aussi — a conformé son action à ses « principes ». Elle a poursuivi, elle ne poursuit que des journalistes. Les teneurs de tripot, les financiers à faux dividende, les turcarets véreux, elle les respecte, elle les protège, elle essaye même de les venger quand ils ne se plaignent pas et même contre leur gré (1).

Avec la nouvelle jurisprudence, on pouvait et on pourrait poursuivre tous les journaux. On demandait à un

---

(1) Voir le *XIX* *Siècle* du 2 et du 30 mai 1895, articles intitulés *Dopfférisme et monopole* et *Corruption officielle.*

directeur de journal qui occupe dans la presse parisienne une très importante situation, ce qu'il en pensait : « J'en pense, répondit mon ancien confrère, que si elle lui était appliquée, je devrais être condamné à vingt ans de bagne. » Mais il n'était pas de l'opposition, on n'avait aucune raison pour se débarrasser de lui.

Toute la presse, au moins dans sa partie reportage, m'a dénoncé. Presque toute la presse a excité la magistrature à frapper la presse. Parmi tant de mensonges, M. le substitut Thomas a fait entendre une parole de vérité quand il a dit que « loin de reprocher au parquet un excès de zèle, la presse lui criait : « Encore! Encore! » (1)

Au premier rang des dénonciateurs et des provocateurs figuraient ces journaux hybrides qui ne sont ni républicains, ni monarchistes, ni modérés, ni radicaux, ni socialistes, ni anarchistes, qui, pour donner le change sur leurs propres méfaits, se posent depuis quelques années en justiciers, accusant pour ne pas être accusés, dénonçant pour ne pas être soupçonnés, affichant cyniquement la conviction que la vérité, si elle ne dispose pas de moyens suffisants de publicité, sera toujours battue par le mensonge à gros tirage.

Je n'imiterai pas leur exemple. Journaliste depuis 1869, ayant toujours défendu la presse, je n'ai rien dit dans ce mémoire et je ne dirai rien qui puisse nuire à la presse, rien qui puisse compromettre aucun journal, ce journal fût-il le plus déloyal des adversaires, le plus infâme des dénonciateurs.

Mais le parquet lui-même, dans son réquisitoire, avoue la scandaleuse et révoltante partialité dont il a fait preuve à l'égard du *XIXe Siècle*, et cette partialité je puis lui en

---

(1) « Sténographie du réquisitoire de M. le substitut Thomas. » *Revue des procès célèbres*, p. 214.

demander compte sans user d'aucunes représailles, sans dénoncer qui que ce soit.

M. le substitut Thomas a dit dans son réquisitoire du 16 février 1895 : « *Nous avons rempli cette fois une pleine charrette, nous ne désespérons pas de réunir les éléments d'un deuxième convoi... Nous avons des raisons de croire qu'il y a dans la presse plus de maîtres-chanteurs que nous n'en avons arrêtés... Nous irons chercher les coupables où qu'ils soient et nous les traînerons à la barre de la police correctionnelle pour continuer l'œuvre de justice indépendante et impartiale qui vient d'être entreprise* ([1]). »

Pourquoi la justice, se donnant à elle-même le plus outrageant des démentis, a-t-elle tout à coup abandonné « l'œuvre de justice indépendante et impartiale » dont elle avait solennellement promis la continuation? Pourquoi, après avoir dit qu'on ne désespérait pas de réunir « les éléments d'un deuxième convoi », n'a-t-on jamais, selon l'élégante et suggestive expression de M. le substitut Thomas, fait partir la deuxième charrette? Pourquoi, après avoir prétendu que la presse était pleine de maîtres-chanteurs — ce qui est une calomnie, — et après avoir fièrement annoncé qu'on irait chercher les coupables où qu'ils soient, n'a-t-on guère poursuivi et frappé en somme que le *XIXe Siècle*, qui n'a jamais fait de chantage et contre lequel il n'y a jamais eu d'autre plainte que la plainte suspecte et depuis reconnue fausse du tenancier de tripot Isidore Bloch?

Pourquoi?...

([1]) « Sténographie du réquisitoire de M. le substitut Thomas. » *Revue des procès célèbres*, p. 214.

Parce que toute cette bruyante campagne judiciaire n'a été qu'une comédie de vertu, parce qu'en inventant la nouvelle jurisprudence, on n'avait qu'un but : atteindre des adversaires politiques et servir des rancunes particulières...

Et il est fort possible que les magistrats ne se soient pas douté du rôle qu'on leur a fait jouer.

XXIII

Le préjugé de culpabilité.

Arrêtez-le ! — Le juge est infaillible. — Mme Séverine. —
M. Henry Bauër. — M. Henri Rochefort. — Notre duel et
nos dîners chez le docteur Tripier. — M. Édouard Drumont.
— Le dîner des Spartiates. — Le *Rosier de Marie*. — Ce
qu'a dit la presse du procès des cercles. — Opinion de
M. Rochefort, de M. Drumont. — M Alexandre Hepp. —
M. Fernand Xau et les allures policières de la presse. —
M. Maurice Barrès. — Sa méthode intellectuelle. — Com-
ment se forment les légendes. — Ce qu'exigerait la plus
élémentaire équité.

En théorie, tout accusé est présumé innocent; en fait et
dans la pratique, tout accusé est réputé coupable non seulement pour la police, pour les magistrats, mais pour la
presse, pour tout le monde.

Un agent de police, dans la rue, crie : « Arrêtez-le ! »
Toute la foule se précipite à la poursuite du fugitif, vocifé-
rant : « Arrêtez-le ! arrêtez-le ! » Si elle parvient à l'atteindre, elle voudra l'écharper, et c'est la police qui devra
le protéger. Pas une voix de raison ou d'humanité ne
s'élèvera pour dire : « Mais il est peut-être innocent ! »

Pour l'*Intransigeant*, pour la *Libre Parole*, pour la
Petite République, pour personne, M. Thévenet ou M. Trarieux ne sont des hommes infaillibles. Mais l'infaillibilité
qu'ils ne possèdent pas, chacun leur reconnaît le pouvoir

de la conférer. Le licencié en droit, le camarade, le protégé dont ils font un juge d'instruction n'est plus un homme, c'est un pape, c'est un dieu; il ne se trompe pas. Tous les mécréants s'inclinent devant ses oracles.

Quand un juge d'instruction a dit d'un homme : « Arrêtez-le! » tout le monde se rue sur cet homme, surtout s'il est connu. On le piétine, on l'écrase. On plaint le premier venu auquel il arrive un accident; on a pitié d'un chien. On est sans pitié pour l'accusé. Qu'a-t-il fait? Personne n'en sait rien. Personne ne s'en inquiète. Au Parlement, dans la presse, dans les cénacles les plus cultivés, c'est comme dans la rue. « On veut l'arrêter; donc il est coupable. » Personne n'en demande davantage.

Dans son discours du 29 novembre 1894, M. Marcel Habert dit, en parlant de moi : « Je puis bien le nommer, *puisqu'il est poursuivi* ([1]). » Et il ne se contente pas de me nommer; il me diffame, il m'injurie; il m'appelle « maître-chanteur ». Qu'en sait-il? Absolument rien. Sa seule raison, il l'a dite : c'est que je suis poursuivi.

Il faut une grande force de caractère, une grande audace pour risquer le moindre mot en faveur de celui qui a été l'objet de l'anathème du juge d'instruction.

Cette force de caractère, cette audace, une femme les a eues, Mme Séverine. Peu de jours après le commencement des poursuites, le 2 décembre 1894, elle écrivait dans la *Libre Parole* :

« ... La ressource de taper sur Portalis au profit de M. Bloch (le tenancier du tripot de l' « Escrime »), j'avoue préférer la laisser à qui s'en contente. Quoi qu'il ait fait — et si toutes les consciences apparaissaient soudain limpides, il semblerait peut être un bien petit coupable! — c'était, somme toute, un journaliste, sans autres vices, sans autre passion que son

_____

([1]) *Journal officiel* du 30 novembre 1894.

journal, et qui savait écrire... rarissime chose aujourd'hui chez
les chauds de papier. »

Cette gigue sur un homme à terre ne me dit rien qui vaille.
Ce n'est pas preuve de vertu — ah ! mais non ! — et c'est encore moins un acte de courage.

M. Henry Bauër, qui est un écrivain solide, en même
temps que l'un des moralistes les plus indépendants et les
plus humains de l'époque. a donné une nouvelle preuve
du courage dont il est coutumier, en écrivant, dès le lendemain de mon départ, au plus fort de la bourrasque, dans
l'*Écho de Paris* du 26 novembre 1894 :

A la tête des divers journaux qu'il a créés et dirigés,
M. Édouard Portalis a déployé une ardeur, une activité infati-
gables. Il a prouvé un rare talent de polémiste...

Il est certain qu'il n'aimait pas l'argent, qu'il ne menait pas
un train de luxe et de dépenses. Travailleur acharné, toujours
le premier et le dernier à sa rédaction, il n'avait qu'une seule
passion : le journal... Les faits qu'on lui impute sont-ils
exácts, et ceci reste à démontrer, car le plus solide argument
de culpabilité est celui qu'on tire de sa fuite ou de son absence?
Il est lamentable qu'un homme de ce nom et de cette situation
périsse pour une cause qui n'est certes pas celle de l'honnêteté
publique... (la cause des tripots).

Les journaux n'avaient, je le crois, contre moi aucun
motif d'animosité personnelle. Pendant ma longue carrière de journaliste, j'avais toujours vécu avec mes confrères en bonne intelligence. Je n'avais eu de polémique
acerbe qu'avec le *Petit Journal* et avec une autre feuille
qu'il payait pour m'attaquer.

Je n'étais pas en mauvais termes avec M. Henri Rochefort. J'avais été à peu près seul à prendre sa défense
en 1871, quand il était vilipendé par tout le monde ; quand
ses anciens collaborateurs l'accusaient non seulement
d'avoir soutenu la Commune, mais **d'avoir volé les ta-**

bleaux du Louvre, les bronzes de M. Thiers, « d'être un voleur et un cambrioleur » (¹). J'avais aussi pris sa défense en 1889, quand il fut poursuivi devant la haute cour. Je m'étais, il est vrai, battu en duel avec lui en 1886. Violemment et injustement attaqué dans son journal à propos de rien, j'avais assez vertement répondu. Il m'avait envoyé ses témoins, et nous avions échangé quatre balles à vingt-cinq pas, dans le parc de Saint-Ouen, par une belle matinée de mai, au milieu des lilas en fleur.

Après le duel, je l'avais un soir rencontré sur l'escalier de l'Odéon. Nous nous étions serré la main. Il m'avait dit que cette rencontre sur le pré ne devait pas nous empêcher de nous rencontrer, comme par le passé, à dîner chez le docteur Tripier. Nous avons, en effet, depuis lors, dîné quelquefois ensemble et nous n'avons jamais plus eu de polémiques.

Je n'étais pas en mauvais termes non plus avec M. Édouard Drumont. J'avais fait sa connaissance un soir à ce dîner des spartiates qu'Arsène Houssaye avait créé, qu'il animait de son esprit charmant, et qui, grâce à ses fines anecdotes, étaient toujours intéressants, même les soirs d'été où il n'y avait plus guère à Paris que quatre ou cinq spartiates intrépides, parmi lesquels Henry Houssaye, F. du Bois-Gobey et moi.

Quand M. Drumont fit paraître en plaquette la préface de la *France juive*, il me l'adressa avec un « cordial hommage » dont je ne m'exagère pas la signification, mais qui prouve plutôt un peu de sympathie. Dans cette préface, M. Drumont, qui à cette époque se montrait d'ordinaire si peu tendre pour les républicains, citait un article de moi avec une nuance d'éloge. Depuis, je l'ai retrouvé chez une

---

(¹) *Intransigeant* du 1ᵉʳ mars 1896.

de mes amies qui aime à mettre en contact, autour de sa table seigneuriale, de belles dames élégantes et cossues avec des leaders de la régénération sociale, tels que Rochefort, Drumont, Millerand.

En 1891, n'ayant pas de journal, il me fit un jour demander d'insérer dans le *XIXe Siècle* une lettre qu'il adressait au journal *le Rosier de Marie*, qui l'avait vivement attaqué. Je fus très heureux de pouvoir lui rendre ce minuscule service.

Tant que j'ai été debout, M. Édouard Drumont, qui m'a souvent cité, n'a jamais lancé contre moi ni dans ses livres, ni dans son journal la moindre pointe. De mon côté, je ne l'ai jamais attaqué. Le *XIXe Siècle* et la *Libre Parole* n'ont eu que de rares polémiques toujours très courtoises.

Les journaux, en général, ne se faisaient pas d'illusions sur les vraies causes qui m'avaient fait poursuivre. La plupart partageaient l'opinion exprimée depuis par le *XIXe Siècle* (direction de M. Georges Lefèvre) dans son numéro du 26 mai 1895 :

Il est fâcheux que le gouvernement de M. Dupuy soit mort avant la fin des procès de presse qu'il avait intentés pour se faire vivre. On aurait eu du moins le plaisir de lui en voir porter les responsabilités qui ne sont point légères et varient de l'odieux au ridicule... Nous commençons maintenant à pouvoir apprécier cette campagne singulière... Elle est non pas unique dans son genre et renouvelée de temps aujourd'hui entièrement oubliés; car c'est pour la première fois, depuis la Restauration, qu'on voit les gouvernements recourir à la complaisance de la justice pour défendre ses portefeuilles et se servir des tribunaux comme d'un procédé de manœuvres parlementaires.

Car ce n'est point autre chose qu'a fait le gouvernement de M. Dupuy... Né de la peur, c'est par la peur qu'il a voulu vivre... Il ne s'agit pour déshonorer ses adversaires que d'avoir

sous la main quelques coupables notoires avec lesquels on mêle
et englobe les autres. Alors la calomnie, empruntant ce qu'on
appelle la majesté de la justice, devient un instrument vraiment redoutable aux mains des gouvernements.

Tout de suite après que l'ordre de m'arrêter avait été
signé par M. Dopffer, M. Henri Rochefort faisait paraître
dans l'*Intransigeant* un article intitulé : *Escamotage*, qui
commençait ainsi :

Les affaires Bloch et Bertrand sont pour le gouvernement un
dérivatif inespéré ([1]).

Quelque temps après, le 13 janvier 1895, il écrivait en
parlant de ce procès des cercles :

Ce qu'il y avait là-dessous, nous le savons maintenant :
*c'était pour le cabinet menacé, le besoin de menacer à son
tour*. Le seul moyen de ramener à lui une majorité qui commençait à ruer dans les brancards, était de lui agiter sous le
nez le spectre de ses concussions, et sur la tête l'épée de Damo-
clès que M. Dopffer tient dans ses redoutables mains... *Inquiéter
les uns, affoler les autres : tel était le plan adopté par
l'Élysée et les élyséens pour obtenir de la Chambre ce qu'elle
semblait disposée à leur refuser*.

De son côté, M. Édouard Drumont écrivait dans la
Libre Parole du 26 novembre 1894 :

Pourquoi poursuit-on aujourd'hui M. Portalis ?
1° Parce qu'il s'agit d'un juif comme Bloch ;
2° Parce que l'acte de Portalis, dans les circonstances où il
a été commis, est en quelque sorte un acte anarchique, un acte
troublant l'organisation actuelle, un empiètement sur le privilège que se sont arrogé les membres du gouvernement.
Le jeu public est défendu par la loi. Il n'y a que le ministère

---

([1]) *Intransigeant* du 28 novembre 1894.

de l'intérieur et la préfecture de police qui aient le droit de faire chanter les cercles.

Le *XIX* *Siècle* a voulu faire concurrence aux représentants de l'ordre public. Il est puni. Tant pis pour lui.

Vous voyez bien la situation, n'est-ce pas ?

La loi du 1er janvier 1838 a aboli le jeu en France. L'État, dans un scrupule de moralité qui peut s'expliquer, s'est privé volontairement des redevances que lui payaient les maisons de jeu.

Il n'y a qu'à appliquer la loi.

Mais le jeu est une passion indéracinable dans le cœur de l'homme ; toutes les législations se sont brisées contre un vice qui tient à l'essence même de l'être humain.

Alors, rétablissez le jeu public, et faites profiter la collectivité de l'impôt que vous prélèverez sur ce vice.

La clique qui nous gouverne n'est pas de cet avis. Elle permet le jeu, sans abroger la loi qui le défend, et laisse toute une petite bande de juifs, d'hommes politiques véreux, de journalistes complaisants, de croupiers et de grecs, se partager le produit de la cagnotte.

Vous comprenez combien ce système est à la fois infâme, illégal et absurde.

Il faut 65 millions pour l'expédition de Madagascar.

Au lieu de chercher cet argent dans d'équivoques opérations de trésorerie, qui cachent mal des desseins de tripotages, que le gouvernement mette en adjudication la ferme des jeux en France ! Il aura ses 65 millions sans rien demander aux contribuables déjà écrasés.

Remarquez que ces cercles où le jeu est, en réalité, public, sont une perpétuelle occasion de scandales. Le jeu public, au contraire, offrirait certaines garanties ; on n'y pourrait jouer que de l'argent comptant, et les Ardisson et autres philosophes et péloponésiens ne pourraient pas s'y livrer à leurs exercices...

C'est là un magnifique coup de patte pour la police, et Dupuy, qui a constamment refusé de fermer les cercles où l'on joue, au mépris de la loi de 1838, et qui a ses raisons pour agir ainsi, doit se frotter les mains avec ses complices.

Les juifs pourront maintenant voler tout ce qu'ils voudront dans tous les claquedents protégés par la police et présidés par d'anciens ministres, sans que personne ose rien dire. On se tirerait des coups de revolver dans tous les tripots, comme dans les haciendas du Mexique, que pas un journaliste ne se hasarderait à souffler mot; il aurait peur d'avoir l'air de recommencer l'histoire de Portalis.

MM. Rochefort et Drumont voyaient donc bien qu'il y avait dans cette affaire autre chose qu'une entreprise de moralité publique. M. Rochefort dépense les trois quarts de sa verve à nous représenter les magistrats comme « les plats valets du ministère » et le ministère d'alors était le ministère Dupuy. M. Drumont a écrit des pages admirables pour se moquer des naïfs qui attachent la moindre importance aux décisions des magistrats, mais ni l'un ni l'autre n'ont eu un seul instant l'idée que la plainte du tenancier Isidore Bloch pouvait ne pas être fondée et que je pouvais être injustement poursuivi, tellement est enraciné dans nos cerveaux français le préjugé de l'infaillibilité du juge d'instruction et de la culpabilité de l'accusé !

A la même époque, le 25 novembre 1894, M. Alexandre Hepp, ancien directeur du *Voltaire*, écrivait dans le *Gaulois*, de M. Arthur Meyer, un premier article dont je détache ce passage :

Comment, cet homme qui a fait et lancé tant de journaux, de qui la presse était la vie, a-t-il pu arriver à oublier, à outrager pour finir la dignité de l'homme qui écrit! Comment cet esprit merveilleusement organisé, qui a su faire nommer Gambetta, tenir en échec M. Thiers, découvrir Alceste, après des activités si surprenantes, des coups d'intelligence si crânes, a-t-il pu sombrer dans cette plate turpitude !

Ainsi, il avait suffi qu'un juge d'instruction lançât

contre moi un mandat d'arrêt sur l'ordre de M. Dupuy,
pour que M. Alexandre Hepp se crût autorisé, sans autre
preuve, à porter contre un confrère qui n'avait jamais eu
pour lui que de bons procédés, un pareil jugement, pour
décider *ex-cathedrâ* que j'avais « outragé la dignité de
l'homme qui écrit », et que j'avais « sombré dans une
plate turpitude ».

Je connaissais depuis longtemps M. Fernand Xau,
directeur du *Journal*. Je lui avais été agréable toutes les
fois que je l'avais pu. Il semblait m'en savoir gré et
n'attendre qu'une occasion pour me le témoigner. Dès
l'instant où le juge d'instruction eut signé son mandat, le
Journal publia contre moi une série d'articles de dénonciations assez semblables à l'écrit spontané adressé par
de Clercq au chef de la sûreté. Depuis, le 9 décembre 1895,
M. Fernand Xau a écrit sous sa signature dans le *Journal* :
« Trop souvent le journalisme affecte des allures policières, la délation est notre pire défaut ; la calomnie est
d'usage courant .. Je ne fais le procès de personne... »
C'était une erreur. M. Xau faisait le procès de son journal,
le *Journal*.

Comme exemple de la complaisance avec laquelle sont
accueillis les bruits absurdes que la malignité publique
répand contre un accusé, je citerai un article de M. Maurice
Barrès, paru dans le *Figaro* du 25 juin, la veille du jour
où devait être jugé le procès de la Transatlantique.

M. Barrès n'est pas un emballé. Il écrit posément, dans
un style élégant et froid.

Il aime à se donner pour un homme « bien averti ».
A toutes occasions, il vante la sûreté de sa méthode intel
lectuelle et la recommande à la jeunesse. Au mois de
décembre 1895, il déclarait au cours d'une interview :
« Vous voudrez bien croire que j'ai une méthode d'esprit

suffisante pour ne pas considérer comme indemne ou comme déshonoré tel ou tel homme politique, parce qu'un personnage m'affirme qu'il est coupable. Une affirmation sans preuves est simplement non existante [1]. »

Dans son article du 25 juin 1895, M. Maurice Barrès a la prétention d'expliquer comment je suis devenu maître-chanteur. L'article aurait été écrit par un des rédacteurs des faux papiers Nordton, qu'il ne contiendrait pas plus d'erreurs matérielles et de fausses appréciations. Quand je lis de pareilles choses, signées d'un nom connu et justement estimé dans les lettres, les bras m'en tombent. M. Maurice Barrès, qui avait, parmi d'autres histoires, raconté d'invraisemblables calembredaines sur mes relations avec Ernest Picard, quand j'étais rédacteur en chef de l'*Électeur libre*, s'est attiré déjà un démenti catégorique de Mlle Ernest Picard [2]. Je n'ai pas l'intention d'opposer à son long roman le récit de ma vie et de mes travaux. Qu'il me permette seulement de lui faire observer que lorsqu'un écrivain aussi sérieux que lui s'avise de parler d'un livre et de le juger, le moins est qu'il prenne d'abord la peine de le dire.

M. Maurice Barrès, dans cet article, parle de mes *Deux Républiques*. Il en fait même l'éloge. Il dit que le livre « contient d'excellentes pages, notamment sur les lois... » C'est de chic qu'il dit cela, comme le reste, car le livre, il ne l'a pas lu.

M. Maurice Barrès raconte que « j'avais reconnu la nécessité de faire ma paix avec Gambetta qui, depuis le 16 mai, était devenu le maître incontesté et que, pour cette réconciliation, je me composai un terrain en publiant les *Deux Républiques* ».

_____

[1] *Intransigeant* du 30 décembre 1895 et autres journaux de la même date, à propos de la liste des 104.

[2] *Figaro* du 28 juin 1895.

C'est le contre-pied de la vérité. J'avais de la politique une conception tout autre que Gambetta, et le but de mon livre était de proposer une politique qui pût efficacement être opposée à la sienne. J'y exposais tout un programme qui, s'il avait été adopté par le parti républicain, aurait, c'est ma conviction, épargné à mon pays les déceptions, les tiraillements et les hontes de ces dernières années. Émile de Girardin, qui combattait ma thèse et défendait le *statu quo* opportuniste, a dit de ce livre : « C'est le vrai programme d'une vraie politique ([1]). »

M. Émile Zola, qui faisait la critique dramatique dans le *Voltaire*, journal tout dévoué à Gambetta, fut obligé de le quitter parce qu'il avait, dans un de ses feuilletons, parlé en trop bons termes des *Deux Républiques*. Plus tard, M. Ranc écrivait que ce livre, qu'il voulait bien qualifier de « remarquable », avait fourni à l'opposition le terrain sur lequel elle s'était rencontrée pour renverser le ministère Gambetta au commencement de 1882. Voilà comment ce livre a été fait pour me réconcilier avec Gambetta.

N'est-ce pas une iniquité et une barbarie inconcevable de ne pas permettre à l'accusé de se rendre compte des

---

([1]) Émile de Girardin publia dans la *France*, sur les *Deux Républiques*, six articles intitulés « Lettres de Royat », dont la première était datée du 21 juillet 1881. Ces « Lettres » ont été réunies depuis en brochure (Dentu, 1881) avec mes réponses. Avant de les publier, Émile de Girardin m'écrivait de Royat, le 19 ju'llet :

Mon cher et très éminent confrère,

J'ai emporté votre livre.
Je l'ai lu.
Sur dix pages, j'en ai corné neuf.
C'est le vrai programme d'une vraie politique.
Amitiés.

                                        Émile de Girardin.

appréciations, des histoires, des calomnies qui se publient sur son compte et de l'empêcher d'y répondre? De même qu'on dit de celui contre lequel est lancé un mandat d'arrêt : « On veut l'arrêter, donc il est coupable », de même, on dit de tout fait, si invraisemblable qu'il soit, avancé par les journaux : « Il n'a pas été démenti, donc il est vrai », et ce raisonnement rudimentaire sert de base aux croyances du public, aux déductions des psychologues et souvent aussi aux décisions des juges !

XXIV

Les deux Bastilles.

La liberté provisoire est le privilège des riches. — Les protestations de la presse contre la prison préventive. —
M. Paul de Cassagnac. — M. Henry Maret. — *Hodie
mihi, cras tibi.* — M. Jean Richepin. — Madeleine-Bastille.
— Les mémoires de Linguet. — Rien de changé. — Le seul
progrès, c'est l'anthropométrie. — Le dépôt. — Les tinettes
de Mazas. — La chasse aux rats. — Le parloir. — Un préposé galant. — On ne fuit que pour éviter la prison préventive. — Le paradis des souteneurs. — Pire que la torture.
— Congrès pénitentiaires. — La marinade. - Les menottes.
— Le prévenu met son espérance dans le juge. — Premier
interrogatoire. — Gardes, emmenez cet homme ! — Rentrée
au tombeau. — Propos féroce. — Le régime de l'encellulement. — Une loque humaine. — La première comparution
de M. Girard devant la 8ᵉ chambre. — La mort clémente.
— Le résultat de la prison préventive.

L'accusé auquel est accordée la liberté provisoire a un
grand avantage. Il lit les journaux, il sait ce qui se passe,
il peut répondre, et il faut bien dire aussi que, sachant
qu'il le peut, on se montre à son endroit plus réservé.
Mais c'est une faveur à peu près exclusivement réservée
aux riches. On ne la refuse guère à un homme qui, ayant
beaucoup volé, peut offrir quelque centaine de mille francs
de caution. Ainsi les frères Flageolet, qui ont été condam-

nós l'un et l'autre à deux ans de prison pour corruption de fonctionnaires et à un million de restitution envers le trésor, ont obtenu leur mise en liberté provisoire moyennant une caution de 100,000 francs. Les riches fournisseurs militaires, Hemerdinger et Sarda, l'ont obtenue également. Elle a été aussi accordée au directeur de la *Voie ferrée*, M. Émile Ferrier, à cause de son mauvais état de santé. Encore a-t-il dû verser une caution de 10,000 francs. S'il n'avait pas eu ces 10,000 francs, on l'aurait probablement laissé mourir en prison comme a failli y mourir M. Girard.

A la suite du procès des cercles et des arrestations auxquelles il avait donné lieu, de vives protestations se sont élevées dans la presse contre cette coutume de la prison préventive. M. Henry Maret a publié sur ce sujet dans le *Radical* un article éclatant de bon sens :

Tous les honnêtes gens de tous les partis viennent à notre aide dans la campagne que nous avons entreprise contre la prison préventive.

Dans un remarquable article, M. Paul de Cassagnac, avec qui nous n'avons pas souvent la bonne fortune d'être d'accord, discute la question avec grande force et grand talent.

Comme nous, il se demande si nous avons bonne grâce à célébrer la chute de la Bastille, quand nous l'avons remplacée par une Bastille aussi sombre et aussi redoutable.

Comme nous, il montre le juge d'instruction agissant sans contrôle et sans responsabilité, perquisitionnant et arrêtant à tort et à travers, sur la plus bête des dénonciations.

Comme nous, il flétrit l'arrestation préventive, qu'il appelle *la plus odieuse et la plus infâme des ignominies judiciaires*.

« Car elle achève un homme, avant même que sa culpabilité soit établie, et alors que son innocence peut être démontrée. »

Grâce au mélange de *secret* vis-à-vis de l'accusé, qui n'a

aucun moyen de se défendre ni de protester, et de *publicité*
vis-à-vis des reporters, le juge déshonore froidement un homme
avant qu'il l'ait envoyé devant le tribunal.

Souvent, comme on l'a vu, les débats démentent l'instruction.
Mais quoi ? « Vous, s'écrie M. de Cassagnac, vous êtes perdu,
ruiné, soupçonné par la foule, en vertu du proverbe stupide qui
dit qu'il n'y a pas de fumée sans feu. »

Il aurait pu ajouter qu'il se trouve toujours de bons petits
journalistes payés pour relever les propos mensongers d'un
acte d'accusation, et les présenter comme articles de foi.

Comme nous, M. de Cassagnac n'admet pas qu'on donne
pour raison de l'arrestation que l'inculpé peut s'échapper, car,
s'il s'expulse lui-même, tant mieux.

Comme nous, et avec nous, M. de Cassagnac proclame,
et la vérité éternelle le proclame aussi, qu'il vaut mieux laisser
échapper dix coupables qu'arrêter un seul innocent.

Il est temps de remettre en honneur les véritables maximes
de l'équité, si cruellement foulées aux pieds depuis quelque
temps par un tas de farceurs qui soutiennent l'honnêteté
publique comme la corde soutient le pendu.

Il est temps d'en finir avec cette tyrannie judiciaire qui,
selon l'expression du rédacteur en chef de l'*Autorité*, doit
aller rejoindre dans le passé les chevalets et les brodequins.

Et nous sommes heureux, et c'est pourquoi nous l'avons
cité, d'avoir pour appui dans cette campagne un de nos plus
brillants adversaires politiques.

Car il n'y a pas de politique dans cette affaire. Il ne doit
pas y en avoir. Ce qui empêche la réforme de s'accomplir,
c'est que, malheureusement, chaque parti ne crie que lorsque
les siens sont atteints, et applaudit quand ce sont les autres.
Hodie mihi, cras tibi, dit pourtant l'adage. Et c'est ainsi
qu'à notre grand regret, nous voyons, même parmi nos amis
socialistes, ceux-là qui avec raison s'indignaient des arrestations anarchistes, se réjouir d'arrestations d'opportunistes et
de gouvernementaux.

Non, mille fois non, nous ne nous réjouirons pas. Nous
n'avons pas deux poids et deux mesures. Ce qui est une

iniquité est toujours une iniquité. Et nous n'admettons pas plus l'injustice et l'arbitraire pour nos ennemis que pour nos amis.

C'est pourquoi nous faisons appel à tout le monde et à tous les partis. Tous sont intéressés à la sécurité de tous; et plus que jamais dans ces années immondes où le premier coquin venu peut jeter la suspicion sur l'homme le plus intègre et où l'opinion s'étonne, si elle trouve parfois des coupables parmi les accusés, de ne rencontrer jamais que des fripouilles parmi les accusateurs.

HENRY MARET.

L'article est intitulé : *La nouvelle Bastille*.

Plus récemment, mon ancien collaborateur Jean Richepin a écrit, dans le *Journal*, un article plein d'humour et, ma foi, très éloquent dans sa forme ironique, pour nous apprendre que la Bastille n'a jamais été prise (*).

C'est, dit-il, un bruit qui a couru, dans le temps, que la Bastille avait été prise. On a prétendu qu'elle avait été rasée. Mais, du diable, s'il y a encore quelqu'un pour y croire, à cette histoire-là !

La bâtisse, oui, a été rasée; la chose, non.

Et Richepin termine par cette boutade :

Nous passons notre temps à vouloir prendre la Bastille, et nous ne prenons jamais que Madeleine-Bastille.

La Bastille d'aujourd'hui est située boulevard Diderot, à quelques centaines de mètres du lieu où s'élevait l'ancienne. Elle porte comme enseigne ces mots : « Maison d'arrêt cellulaire » et s'appelle Mazas.

Pendant les heures interminables de mon exil, j'ai pu relire les fameux mémoires de Linguet sur l'ancienne Bastille et j'étais frappé de la ressemblance entre la nouvelle et l'ancienne. Si on pouvait mettre les deux Bastilles

_____

(*) *Journal* du 26 janvier 1898, article intitulé : *La Bastille*.

dans une balance, je crois même qu'elle pencherait en faveur de l'ancienne.

Le prélude, nous dit Linguet, quand on amène à la prison une proie nouvelle, c'est la fouille. Le prisonnier est aussi surpris qu'effrayé de se trouver livré aux recherches, aux tâtonnements de quatre hommes dont l'expression semble démentir la fonction.

Ils lui enlèvent son argent de peur qu'il ne s'en serve pour corrompre quelqu'un d'entre eux, ses bijoux pour la même considération, ses papiers, ses ciseaux, couteaux, etc. de peur qu'il se coupe la gorge ou qu'il assassine ses geôliers (1).

Les choses se passent exactement de même aujourd'hui. Le seul changement est qu'avant de vous écrouer à Mazas, on vous garde au dépôt un jour ou deux et qu'on vous fait passer à l'anthropométrie, qui peut avoir son utilité pour les vrais criminels, mais qui n'est qu'une inutile et barbare monstruosité quand il s'agit d'un accusé qui devrait être présumé innocent et qui a été arrêté pour un délit hypothétique comme par exemple le délit inventé par les derniers interprètes du § 2 de l'article 400 du code pénal.

Un journaliste qu'on m'a dit être un ancien magistrat et qui, « nourri dans le sérail en connaîtrait les détours », a fait dans le *XIXᵉ Siècle* du 24 mai 1884 la description du Dépôt et de l'anthropométrie.

« Le Dépôt, non pas même pour un homme du monde, mais tout simplement pour un honnête homme, pour un homme propre et bien élevé, *c'est un lieu de supplice, répugnant et odieux.*

« J'ai visité deux fois le Dépôt avec une autorisation spéciale et sous la conduite du directeur qui faisait valoir son établissement. Et l'impression que j'en ai gardée participe de l'indignation et du cauchemar.

« *L'obscurité crasseuse des sous-sols, l'humidité gluante des murs et des dalles, le relent moisi et pourri de cette atmo-*

(1) *Mémoires de la Bastille*, par Linguet, édition Jonaust, p. 69.

*sphère morte, l'humidité puante des cellules, infectées de la
permanence des immondices soulèvent le cœur de toute créature humaine ayant vécu autre part que dans des tanières.*

« *Mais tout cela n'est rien à côté des tortures morales qui
sont infligées au détenu. Sa dignité d'homme est soumise à
de dures épreuves.*

« La plus abominable de toutes, c'est « le passage à l'anthro
pométrie ».

« La grossièreté de la pratique en aggrave l'humiliation.

« C'est par lots, par groupes, cinq, six, huit à la fois que les
prévenus sont conduits à l'anthropométrie. Tous, en même
temps, *tous* se doivent dévêtir et tous nus attendre leur tour.

« *Vous qui me lisez, figurez-vous qu'un caprice du juge
vous a mis là pêle-mêle avec cinq ou six bandits, voleurs,
souteneurs, assassins.* Et demandez-vous dans quel état d'esprit vous pourriez bien être lorsque après une heure d'attente,
glacé et grelottant, rudement manié, palpé odieusement par
les mains brutales de la chiourme, injurié grossièrement,
frappé quelquefois, vous verrez votre nom et votre image
inscrits à jamais sur ce registre d'ignominie. »

Ce n'est pas à des condamnés, encore une fois, qu'on
inflige ce supplice, c'est à tous les prévenus sans exception...

Les répugnantes installations du Dépôt, ajoute le rédacteur
du *XIXᵉ Siècle*, l'horreur de l'anthropométrie, *l'impossibilité
d'espérer le moindre repos, le moindre sommeil dans ces
cellules et ces corridors perpétuellement retentissants du
tapage* — parfois intentionnel — *des gardiens et, par-dessus
tout, la perpétuelle affirmation de la déchéance morale que
la grossièreté du commandement semble prendre à tâche de
faire sentir et d'exagérer à tous moments, tout cela constitue
le plus abominable des supplices infligé non pas seulement à
des coupables, mais à des innocents.*

Tout est infect à Mazas, le lit, les draps, l'air qu'em-
pestent les horribles tinettes creusées dans le coin de
chaque cellule.

Ah! c'est une bien belle invention, dit M. Émile Gautier dans sa brochure *le Monde des prisons* (1), que les water-closets à tinettes fixes de Mazas et elle fait grand honneur à l'architecte qui en a eu l'idée géniale. Quand ils n'empoisonnent pas la cellule au point d'y rendre l'atmosphère irrespirable (on sait que c'est par là que doit se faire en partie l'aération réglementaire ainsi qu'en témoignent les instructions officielles placardées dans chaque cabanon), ils servent à véhiculer les confidences illicites de MM. les détenus... On y pêche aussi des rats d'égout avec une lanière de toile en guise de ligne, une épingle tordue pour hameçon, un morceau de fromage pour appât. Il se trouve toujours un gardien, bon garçon, pour acheter ce gibier stercoraire, moyennant un demi-litre de vin ou un paquet de tabac, suivant la taille.

Le prisonnier préventivement détenu à Mazas, comme autrefois le prisonnier de la Bastille, est complétement séquestré du monde. A l'horreur de la prison vient ainsi s'ajouter pour lui le tourment de l'incertitude. Il ne sait qu'une chose, c'est qu'on instruit contre lui un ou plusieurs procès, c'est que la police et la presse sont en train de fouiller sa vie, c'est qu'on cherche activement le texte de loi plus ou moins élastique avec lequel on pourra le condamner à passer des mois, des années, peut-être le reste de sa vie dans le tombeau où il est enfermé.

Au bout de dix jours de secret, quelquefois plus, la femme peut obtenir de voir son mari deux fois par semaine, le vendredi et le lundi, comme une bête fauve dans une ménagerie, à travers deux grilles séparées par une espèce de couloir de près d'un mètre. La visiteuse et le prévenu sont enfermés en face l'un de l'autre dans deux cages si étroites qu'on peut à peine s'y asseoir. Un atroce vacarme de conversations, de cris, de pleurs, de sanglots empêche

(1) Lyon, A. Storck. Paris, Steinheil, éditeurs. 1888.

de s'entendre. Au bout de dix minutes, un quart d'heure au plus, un gardien ouvre la cage. Le temps est passé, d'autres attendent, il faut céder la place, s'en aller. Adieu...

Le mari et la femme se sont regardés, ils se sont trouvés déjà bien changés. Lui porte déjà le stigmate que le désespoir inscrit sur le front du prisonnier : qu'il soit condamné ou acquitté, il ne s'effacera plus. Elle a pensé à leur vie déchirée, à leur bonheur écroulé, à leurs espérances anéanties. Ils ont pleuré, ils n'ont rien pu se dire d'utile.

Il reste au prévenu la ressource de la correspondance, triste ressource !

Linguet nous dit qu'à la Bastille les lettres devaient être remises toutes ouvertes au greffe ou bien y étaient décachetées, que c'était pour les préposés à ce triage un amusement que la lecture de ces douloureuses lamentations, qu'ils se divertissaient un moment du ton sur lequel chacun des encagés soupirait ([1]). C'est la même chose aujourd'hui. Un prisonnier de Mazas, l'année dernière, terminait une lettre à sa femme en lui disant « Je t'embrasse », et le préposé facétieux avait écrit au-dessous au crayon : « Moi aussi ! »

Dès qu'une lettre, adressée au prévenu ou écrite par lui, contient quoi que ce soit d'intéressant, elle est interceptée ; le greffe la garde ; elle lui sera remise à sa sortie de prison.

A la Bastille, avec son argent on pouvait se procurer un fauteuil à la place de la chaise trop étroite. Dans nos prisons modernes, pareille faveur n'est jamais accordée sous aucun prétexte ([2]).

Linguet raconte aussi qu'autrefois à la Bastille comme aujourd'hui à Mazas, « tous les prisonniers, même ceux

---

([1]) *Mémoires de la Bastille,* p. 69.

([2]) A la Bastille aussi avec son argent on pouvait faire du feu. C'était une distraction qu'on n'a plus aujourd'hui, toutes les cellules étant chauffées par des conduites d'eau chaude.

qui par leur profession sont le plus étrangers aux mani-
pulations du ménage, sont obligés de faire eux-mêmes
leur lit et de laver leur cellule ». S'ils se font prier ou
s'ils s'y prennent mal, on les menace du cachot.

Je dirai de la prison préventive ce que j'ai dit de l'anthropométrie. Je veux bien admettre qu'elle soit nécessaire
pour les criminels que l'incarcération seule peut rendre
inoffensifs ; mais quelle utilité de l'infliger à des personnes
accusées d'un délit qui n'existait pas hier, qui n'existera
peut-être plus demain? Que craint-on? Qu'elles s'enfuient?
A cette objection, on peut d'abord répondre, avec M. Henry
Maret, que leur fuite ne fait courir aucun danger à la
société et que laisser échapper cent prévenus vaut mieux
que de tenir injustement en prison, même pendant un
jour, un seul innocent. J'ajoute que du jour où la prison
préventive serait abolie pour les délits, les prévenus n'auraient plus les mêmes raisons pour prendre la fuite. Ceux
qui ont un établissement, un intérieur, une femme, des
enfants, une famille, des intérêts qui réclament impérieu-
sement leur présence ne les abandonneraient à aucun prix
s'ils ne savaient que, dans un instant, ils vont en être violemment séparés par l'arrestation préalable. La plupart
des prévenus, enfin, il faut le dire, ont foi dans la justice
et croient fermement à leur acquittement. Ils sont persuadés de l'excellence de leurs moyens de défense ; ils sont
impatients de les faire valoir. S'ils prennent la fuite, c'est
uniquement pour échapper à la prison préventive.

La peine infligée par provision aux prévenus sous forme
de prison préventive (¹), dans une prison comme Mazas,
produit, d'ailleurs, sur le physique et sur le moral des

(¹) Dans l'affaire des Cercles, M. Trocard, ex-directeur du journal
la Paix, et M. Raoul Canivet, directeur du journal *Paris*, ont été ac-

prévenus, des effets très différents, selon leur condition sociale. Pour les uns, c'est le plus humiliant et le plus horrible des supplices, — il arrive qu'on en meurt ; — pour les autres, ce n'est qu'un désagrément ; pour d'autres, enfin, c'est une bonne fortune.

Le soir de ma condamnation par défaut, ma femme dînait seule. Elle regardait ma place vide et ses larmes coulaient. La domestique qui la servait, fille d'un pauvre paysan, jadis condamné à cinq ans de prison pour avoir essayé de fabriquer un peu de fausse monnaie, la voit pleurer, et pour la consoler : « Ah ! madame a bien tort de se faire tant de chagrin. On n'est pas si mal en prison. Mon père n'a jamais été si tranquille que lorsqu'il a fait ses cinq ans, et quand il est sorti de prison, il avait un pécule de six cents francs. Jamais il ne s'était vu si riche ! »

Tout est relatif. Pour le vagabond, ne vaut-il pas mieux coucher à Mazas que sous les ponts, un jour de bise ?

Au mois de septembre 1895, un pauvre diable de coiffeur, nommé Jean Reistroffer, âgé de dix-sept ans, simulait un vol, afin de se faire mettre en prison. La prison était son rêve. Elle lui donnerait tout ce qui lui manquait : de quoi manger, un abri, du travail, le moyen d'épargner un peu d'argent et de s'acheter des vêtements respecta-

---

quittés l'un et l'autre et renvoyés des fins de la plainte sans dépens, mais non sans avoir fait l'un et l'autre deux mois et demi de prison préventive.

M. Merry, maire de Gien, arrêté à la suite de cette même affaire, avait été, comme je l'ai dit, condamné en première instance, le 28 février 1895, à quatre mois de prison. En appel, le jugement fut confirmé le 11 avril, mais avec application de la loi Béranger qui, on le sait, dispense le condamné de faire sa prison. A cette époque, il ne restait plus à M. Merry que quinze jours de prison à faire pour être libéré. Lui appliquer la loi Béranger dans ces conditions, n'était-ce pas démontrer l'iniquité de la prison préventive ? Dans l'affaire Lebaudy, MM. Carle des Perrières, Rosenthal, de Labruyère, Chariasolo, de Civry, ont également été acquittés après plusieurs mois de prison préventive.

bles, car avec ses haillons, aucun patron ne l'eût accepté ([1]).

L'ambition du souteneur qui, durant les jours d'été, rôde et dort sur les fortifs est de se faire emprisonner pour six mois à Mazas, au début de la mauvaise saison. Une fois, au moins, par semaine, sa bonne amie ou sa mère, souvent les deux ensemble, lui apporteront du vin et de la mangeaille. En dépit de ses horribles tinettes, de sa vermine, de l'humidité qui suinte des murs, Mazas est pour lui un agréable lieu de retraite où il se voit délivré du souci quotidien du vivre et du gîte. Il s'y prélasse ; il en sort frais et gras.

Est-ce que vraiment le sort de ce souteneur est comparable à celui d'un père de famille arraché à l'affection de sa femme et des siens, à son foyer, à ses habitudes, à son travail, à ses amis ?

Un homme âgé avait été récemment impliqué dans un procès dont les débats occupèrent plusieurs audiences. Il avait obtenu du secrétaire du parquet que, chaque soir, il serait reconduit à Mazas en fiacre. Un jour, par oubli, les gardes n'avaient pas été prévenus. On le fait monter dans la voiture cellulaire avec six ou sept souteneurs, qui se mettent à se moquer de lui et à lui reprocher de « faire

---

[1] *Petite République* du 22 septembre 1895 et tous les autres journaux de la même date.

Tous les journaux du 17 janvier 1896 ont publié le fait-divers suivant :

POUR SE FAIRE ARRÊTER.

Un jeune homme de dix-huit ans, qui passait hier soir, vers huit heures, rue de Bellechasse, a lancé son couteau ouvert dans la vitrine d'un restaurant, situé au n° 35 de la rue, et tenu par M. Noirot. La grande glace a été brisée.

Le jeune homme, qui était resté sur le trottoir, a été arrêté par le patron de l'établissement et remis aux mains des gardiens de la paix.

Cet individu est un nommé Eugène Lejeune, tailleur, sans travail ni domicile. Il a déclaré à M. Prélat, commissaire de police, qu'il n'avait pas mangé depuis deux jours et qu'il avait brisé la glace du restaurant pour se faire arrêter.

Eugène Lejeune a été envoyé au dépôt.

sa poire ». A Mazas, on fait déshabiller la bande. Le préposé à la visite inspecte les prisonniers, leur fait ouvrir la bouche, leur introduit à tous, les uns après les autres, le doigt quelque part pour s'assurer qu'ils n'ont pas caché là quelque pièce de monnaie et, entre chaque opération, néglige de se laver les mains. Si l'un de ces misérables est infecté de quelque maladie contagieuse, tant pis pour le suivant. Pendant toute la cérémonie, les souteneurs rigolent et font des plaisanteries obscènes; mais, pour l'autre, quel supplice! La torture ne valait-elle pas mieux?...

Nous a-t-on assez rebattu les oreilles, depuis un siècle, depuis cinquante ans surtout, avec les grands mots de philanthropie, de réformes philanthropiques! Chaque année, les journaux annoncent qu'un congrès pénitentiaire s'est réuni quelque part. Il n'y est question que de l'amélioration du sort des détenus, de la nécessité de respecter la dignité de l'homme même prisonnier. En fin de compte, rien ne change. Probablement les congressistes ne savent rien de ce qui se passe dans les prisons. Les jours de la visite officielle, ils ne voient que l'endroit de notre système pénitentiaire : l'envers leur est soigneusement caché. Quant aux détenus, leur situation leur permet rarement de pouvoir saisir l'opinion de ce qu'ils ont vu et subi. Lorsqu'elle le leur permet, ils n'en parlent pas pour cela davantage. Leur dette à la justice ou à l'injustice une fois payée, ils ne demandent qu'une chose : oublier. Ils écartent systématiquement de leurs préoccupations tout ce qui pourrait leur rappeler l'horrible cauchemar. Ils n'ont plus ni la force, ni le courage, ni l'envie de protester

Dans son tombeau de Mazas, le prévenu attend un temps plus ou moins long — temps d'inexprimable angoisse — toujours sans rien savoir de la marche de l'instruction. Les policiers appellent cela : « le laisser mariner ».

On vient enfin le chercher pour le conduire à l'instruction. On commence par lui mettre les menottes, puis on
l'enfourne dans la voiture cellulaire dans laquelle, pour
peu qu'il ait de l'embonpoint, il ne peut même pas s'as-
soir. Entre deux gardes, tenu en laisse par un brin de
ficelle, il est amené dans le couloir du juge, où il attend
longtemps, livré en spectacle à la curiosité méchante du
public. Un tas de gens qu'il connaît, les rédacteurs et les
employés de son journal, s'il est journaliste, défilent
devant lui, presque tous sans le saluer, d'autres en rica-
nant insolemment, quelques-uns en lui disant bonjour
d'un air de pitié protectrice.

Le prévenu s'est toujours cru un honnête homme. Sauf
dans ces polémiques passagères de journal, — s'il est
journaliste, — il s'est toujours vu traiter comme tel. Toutes
les personnes avec lesquelles il était en rapport lui
témoignaient de l'estime.

Au milieu de ces terribles épreuves, une seule pensée le
soutient : il va enfin savoir au juste de quoi on l'accuse.
Ce premier interrogatoire si impatiemment attendu, si
ardemment désiré, va lui permettre d'éclaircir tous les
malentendus, de dissiper toutes les équivoques. D'un mot
il se justifiera, il prouvera son innocence, il sortira de
chez le juge la tête haute.

Si le juge chargé de rechercher impartialement la
vérité et de faire la lumière s'appelle M. Dopffer, voici
exactement comment les choses se passeront :

Dès l'entrée du prévenu dans son cabinet, avant même
de lui demander ses noms et prénoms, le juge lui dira :

« Ah ! Vous voilà ! Vous êtes un scélérat. Vous allez
payer tous vos crimes.

— Mais...

— C'est bon! C'est bon! Taisez-vous. Votre nom? — Votre âge? — Avez-vous déjà été condamné?

— Non.

Le juge alors a un sourire ironique qui veut dire clairement qu'il n'en sera pas longtemps ainsi.

— Vous êtes inculpé de ..

Le prévenu veut répondre : « Monsieur le juge... »

Le juge l'interrompant : « C'est effrayant ce que je reçois de plaintes contre vous... (souvent le juge n'en a reçu qu'une, comme dans l'affaire des cercles, ou n'en a pas reçu du tout, comme dans l'affaire de la Transatlantique).

— Monsieur le juge...

— Vous niez? Très bien. Greffier, écrivez qu'il nie. »

Le juge n'interrogera pas. Il n'attendra pas les réponses. Vous niez? Greffier, écrivez! Quand le greffier aura écrit, le juge dira : « Gardes, emmenez cet homme! »

En vain le prévenu demandera qu'on lui donne connaissance des prétendues plaintes portées contre lui, qu'on le confronte avec les témoins, qu'on lui lise leurs dépositions. Peine perdue! « Gardes, emmenez cet homme! » Là-dessus le prévenu, qui n'a pas pu placer un seul mot, est reconduit à Mazas, toujours avec les menottes et en voiture cellulaire. Il rentre dans son tombeau, affolé, abasourdi, se demandant s'il rêve et si vraiment il n'est pas un grand criminel.

Le même jour ou le lendemain, la femme du prévenu, tout en pleurs, ira demander au juge le permis exigé pour voir son mari à travers les grilles de la cage qu'on décore du nom de parloir. Elle sera reçue de façon bourrue, et le juge, en lui remettant le permis, lui dira : « Votre mari, madame, est dans une bien triste position. »

« Rien, écrivait Linguet en 1782, n'est mieux imaginé que le régime de la Bastille pour faire passer un homme

par toutes les gradations du désespoir, surtout s'il a le
malheur d'avoir une de ces âmes fières et actives que le
sentiment de l'injustice révolte, pour qui l'occupation est
un besoin et l'attente un supplice (¹). »

« L'homme vieux ou jeune, dit Emile Gautier plus d'un
siècle après, *en 1882*, qui, n'étant pas un malfaiteur de
métier, franchit pour la première fois le seuil du purgatoire pénal, n'est pas loin de se croire irrévocablement
perdu. C'est un écrasement, un anéantissement moral et
physique qui broie le cerveau, détend les nerfs, ramollit
les muscles et fait du plus **crâne** une sorte de chiffon
inerte (²). »

Quoi d'étonnant si dans ces conditions on assiste à des
scandales comme celui auquel a donné lieu le procès de la
Transatlantique?

Ouverte à la fin de novembre 1894, l'instruction de cette
affaire avait, comme je l'ai dit, duré sept longs mois et la
date du procès avait été enfin fixée au 26 juin 1895.

J'emprunte à des journaux de nuances opposées et en
commençant par les plus hostiles au *XIXᵉ Siècle* la description de l'état auquel sept mois de prison préventive
avaient réduit M. Girard.

Le *Petit Journal :*

M. Girard comparaît blanchi, cassé, la voix tremblotante,
ayant de la peine à articuler ses mots : un moribond.

Le *Figaro :*

M. Girard est dans un état de santé déplorable : complètement blanchi, les yeux éteints, les mains tremblotantes,
presque courbé en deux et obligé pour se soutenir de s'appuyer sur l'épaule d'un garde, il excite la compassion générale.

---

(1) *Mémoires sur la Bastille,* par LINGUET, 1782.
(2) *Le monde des prisons,* par ÉMILE GAUTIER.

Le *Journal* :

Deux gardes soutiennent M. Girard et l'installent à son banc. Le régime de Mazas a amolli, distendu sa chair, ses joues sont molles et tombantes, sa pâleur est extrême, son regard éteint.

L'*Éclair* :

M. Girard apparaît enfin. Deux gardes doivent le soutenir, il s'effondre sur le banc; avec ses yeux éteints et ses joues tombantes, d'une pâleur livide, il ne semble plus qu'une ombre.

La *Libre Parole* :

Tout courbé et comme brisé, le teint pâle, le prévenu semble anéanti : c'est une ruine, il fait pitié.

La *Petite République* :

Enfin, M. Girard arrive, mais dans quel état! Il n'est plus que l'ombre de lui-même. Deux gardes le soutiennent par les bras : la tête est tremblante, les yeux sont sans regards, la voix est éteinte. C'est véritablement un moribond, qui fait pitié.

Voici maintenant d'après les mêmes journaux le compte rendu de l'audience :

M. le président Couturier demande à M. Girard s'il se sent capable de répondre à l'interrogatoire.

— Oui, oui, répond M. Girard d'une voix fébrile, oui, qu'on me juge, voilà assez longtemps que cela dure, je veux en finir !

M. le président Couturier procède à l'interrogatoire.

C'est avec une extrême difficulté que M. Girard parvient à s'exprimer, son corps est agité d'un tremblement convulsif.

— Il serait inhumain, dit M. Couturier à ses assesseurs, de juger un homme dans cet état.

Le tribunal ordonne que séance tenante M. Girard sera examiné par le médecin du palais, qui déclarera si le prévenu peut sans danger pour sa vie suivre les débats du procès.

L'audience est suspendue pendant une demi-heure.

A la reprise de l'audience, M. le docteur Karl, suppléant du docteur Floquet, qui a examiné M. Girard, s'avance à la barre.

— J'ai constaté, dit le témoin, que le prévenu est, d'une part, affaissé physiquement d'une façon très marquée et que, d'autre part, ses organes sont profondément atteints. Son excitation nerveuse est très grande. Bref, je ne crois pas que le prévenu puisse supporter les débats de l'audience.

Le prévenu, interrompant. — Si, je suis en état ! si, je suis en état ! Je veux être jugé !

Le témoin. — Je crois que la prévention que subit le prévenu ne peut qu'aggraver son état actuel.

Le prévenu. — Ne l'écoutez pas, je veux en finir, jugez-moi ! jugez-moi !

M. le substitut. — Je m'en rapporte à la sagesse et à l'humanité du tribunal.

Le tribunal ordonne la mise en liberté provisoire de M. Girard.

Et le *Figaro* ajoute :

Pendant que les gardes emmènent M. Girard avec toutes sortes de difficultés et de précautions, on l'entend encore supplier « qu'on le juge, qu'on en finisse » !

Cette scène navrante a profondément impressionné l'auditoire.

M. le député Rouanet écrivait le soir de l'audience dans la *Petite République* (¹) :

C'est une obsession. J'ai toujours dans l'oreille et dans le cœur l'accent désespéré de ce misérable, joignant les mains dans l'ardeur d'une adjuration dernière et criant, avec des sanglots qui s'étouffaient dans la gorge : Laissez-moi parler ! Jugez-moi, interrogez-moi, je vous répondrai.

J'ai surpris chez le président Couturier lui-même un mouvement de pitié, tôt réprimé dans le geste de sous-off qui lui est habituel. Oui ! ce malheureux émouvait jusqu'aux juges.

---

(1) *Petite République* du 2? ... ' 95.

Pitié suprème ! Puis l'inexorable nécessité a repris ses droits et le procès Girard a été renvoyé *sine die.*

« Ah ! je comprends maintenant, ajoute M. Rouanet, les plaintes de Félix Martin racontant que Dopffer avait brisé toute volonté en lui pour l'amener à dénoncer Ferrier... »

Le lendemain, M. Camille Pelletan écrivait dans le *Rappel* (1) :

Le tribunal allait juger un homme que je n'ai nulle envie d'excuser. Mais un homme reste un homme, et je ne sache pas que nous puissions accepter pour personne le rétablissement de la torture. On avait donc extrait ce malheureux de sa prison pour l'asseoir de nouveau sur le banc des accusés. Les spectateurs virent arriver un cadavre. Quelqu'un qui était là, et qui assurément n'a aucune sympathie pour les journalistes de sa sorte, me disait qu'il avait le cœur serré à voir ce vieillard n'ayant plus qu'un souffle pour voix, presque défaillant à chaque mot qu'il prononçait ; et pourtant, comme le juge renonçait à l'interroger et voulait remettre l'affaire (était-ce par commisération ? vous allez le voir) : « Non, je vous en supplie, s'écriait l'agonisant, interrogez-moi ! Qu'on en finisse par pitié ! Je sens que je pourrai répondre jusqu'au bout ! Ne prolongez pas mon supplice ! »

On consulta un médecin, et l'affaire fut remise.

Maintenant, qu'est-ce qui a tué ce malheureux ? De longs mois d'instruction secrète entre les mains d'un magistrat... « vertueux ». S'il faut en croire des témoins qui ont été, je crois, confrontés avec lui, le magistrat « vertueux » a pendant de longs mois joué avec lui comme le chat avec la souris. Sans cesse, il le faisait extraire de son cachot, ramener devant lui. Et alors, c'étaient d'aimables railleries. — « Eh bien ! mon bon monsieur Girard, vous avez encore cette affaire-ci ; vous en avez d'autres : j'en ai encore un certain nombre contre vous. Oh ! nous sommes gens de revue, mon bon

---

(1) *Rappel* du ?? juin 18?5.

monsieur Girard ! Nous causerons encore pendant deux ou trois ans ! » Etrange langage pour un homme qui représente la loi dans ses rigueurs, assurément, mais aussi dans sa sérénité, et pour qui un accusé ne devrait, à ce qu'il semble, pas être un jouet dont il se divertisse. Qui croirait cette énormité, que ceux auxquels sont livrés, au nom de la sécurité et de la morale publiques, l'honneur, la liberté de tous, peuvent devenir des sortes de dilettantes savourant les souffrances des coupables qu'ils manient? N'est-ce pas révoltant? N'est-ce pas odieux? Imaginez un homme, qui a encore des fibres humaines pour souffrir; imaginez-le tombant de la situation d'un journaliste parisien dans cet enfer, dont il ne voit pas l'issue, et où une figure implacablement ironique s'acharnera sur lui, le traînant de poursuite en poursuite, d'interrogatoire en interrogatoire, d'angoisse en angoisse... Mais non : cette torture ne se prolongera pas, la mort sera plus clémente que le magistrat, elle mettra le malheureux en liberté.

Voilà ce que l'encellulement préventif dans la nouvelle Bastille peut faire d'un accusé jusque-là très robuste...

Et c'est ainsi que, pour le malheureux que le caprice d'un ministre, la rancune d'un ennemi bien en cour, la plainte d'un tenancier de tripot, la dénonciation hypocrite d'un puissant financier ou une malechance quelconque fait tomber sous la main de la justice, il n'y a plus de justice. Privé de tout moyen de défense devant l'opinion, il se trouve le plus souvent, le jour de sa comparution devant le tribunal, dans l'impossibilité morale et même physique de lutter contre l'accusation.

Autrefois, « le juge d'instruction était tenu de rendre compte, au moins une fois par semaine, des affaires dont l'instruction lui était dévolue, à la chambre du conseil composée de trois juges au moins ». Le second Empire trouva cette disposition trop libérale. En 1856, il fit voter par son Corps législatif et par son Sénat le nouvel article 127 du code d'instruction criminelle qui permet au juge d'instruction de prolonger les instructions aussi long-temps que bon lui semble, et de maintenir indéfiniment l'accusé en détention préventive. Qui pourrait dire combien de temps la loi du second Empire restera encore en vigueur ? Dans notre pays, les lois restrictives de la liberté sont indestructibles. Contre les autres, contre celles qui lui sont favorables, c'est, au contraire, une conspiration per-manente.

XXV

Conclusion.

Le duel de l'empereur Commode. — Un grand juge criminel.
— La séparation des pouvoirs. — Le président « solide ».
— Extraction de témoignages. — Le réquisitoire. — Les
plaidoiries. — Les droits de la défense. — Le compte
rendu des journaux. — L'éloge de l'avocat. — M. Thévenet
juge d'honneur. — Nos petits Marats. — Danger de la dictature judiciaire. — Une note d'infamie. — Le globe est trop
petit. — Examen de conscience. — Il y a eu erreur sur la
personne. — Un défi. — Ma faute, ma très grande faute. —
Fausse conception des droits et de la liberté de la presse. —
Un coup de Jarnac. — Le bouc d'abomination. — La
gredinerie et la peur. — La consolation de l'ancien ministre
Baïhaut. — Défense aux morts de ressusciter. — Les menaces
du *Petit Journal*. — Le chantage parlementaire. — L'armée
des croupiers. — Les obligés de la Transatlantique. — Le
dernier mot aux tenanciers. — Advienne que pourra !

Quand l'accusé est amené entre deux gardes comme un
dangereux malfaiteur dans l'étroite salle d'audience, déjà
trop pleine, une atmosphère épaisse chargée de passion
hostile le prend à la gorge et, dès son entrée, le suffoque.

Tout de suite, le duel commence entre le président et
l'accusé, duel à la manière de l'empereur Commode
qui, armé d'une excellente lame, forçait son adversaire

à se battre avec un simple fleuret garni de liège (¹).

C'est le procureur de la République qui distribue les affaires entre les différentes chambres correctionnelles. Il est le représentant du pouvoir exécutif, il agit d'après les instructions du ministère de la justice. Il est le *manager* du procès. Il met son amour-propre à ce qu'il se termine par une exemplaire condamnation. Dans une affaire comme celle des cercles, où sont intéressées des personnes et des questions touchant à la politique, il choisira la chambre devant laquelle l'accusation a le plus de chance de triompher, et il ne se fera pas faute de styler le président qui, neuf fois sur dix, est à lui seul le tribunal, les assesseurs n'étant là, en général, que pour opiner du bonnet.

Bien plus puissant que le président des assises qui ne fait que donner la sanction légale à la décision du jury en prononçant l'acquittement ou en fixant la peine, le président de police correctionnelle est juge du fait et du droit. Nul dépositaire de l'autorité ne détient un pouvoir aussi formidable. Avec l'excessive incertitude des preuves admises en matière criminelle et avec l'indéfinie élasticité des lois, il dispose, à peu près selon son bon plaisir, de l'honneur, de la liberté, de la vie même des accusés qu'il peut faire enfermer vivant dans un tombeau pour cinq années, une éternité. Et comme la magistrature, encouragée par le législateur, s'efforce sans cesse de restreindre la juridiction du jury en correctionnalisant — comme on dit — le plus grand nombre d'affaires possible, le président de police correctionnelle tend de plus en plus à devenir, dans ce pays, le grand juge criminel.

A qui donc sont dévolues d'aussi hautes et d'aussi redoutables fonctions?

(¹) Voir les notes écrites en prison par Camille Desmoulins sur le rapport de Saint-Just, rapport au sujet duquel il disait : « J'ai mis Saint-Just dans un numéro rieur et il me met dans un numéro guillotineur, où il n'y a pas un mot de vrai à mon égard. »

Sans doute à des hommes dont la vie tout entière aura
été consacrée à l'étude de la criminologie? A des magistrats
parvenus au sommet de la hiérarchie judiciaire? A des
juges qui, n'ayant plus rien à espérer de la faveur des
gouvernements ni rien à craindre de leur colère, puissent
conserver, sans trop d'efforts, au milieu des luttes des
partis une imperturbable impartialité?

Erreur. Pour tout magistrat qui se respecte, les chambres
correctionnelles sont un purgatoire qu'on traverse quand
on ne peut pas faire autrement, mais dont on a la plus
grande hâte de sortir pour aller juger dans les chambres
civiles, les beaux procès de murs mitoyens, les nobles
causes dont l'enjeu est la divine pièce de cent sous ou une
parcelle de la sacrosainte propriété, ce qui, au dire de
tout le monde judiciaire, demande beaucoup plus de
lumière, d'expérience et de science, et ce qui est beaucoup
plus honorable que de statuer sur la vie et l'honneur des
gens. Le président de police correctionnelle est un crimi-
naliste d'occasion : il ne l'était pas hier, il ne le sera plus
demain. C'est, en général, un nouveau venu dans le ressort, ce n'est jamais qu'un passant qui, en distribuant à
droite et à gauche des années de prison, des flétrissures et
des amendes, continue sa route vers les places plus considérées de président d'une chambre civile ou de conseiller
à la cour (1). Les ministres tiennent son avenir entre leurs
mains et les notes du parquet ont pour son avancement une
capitale importance.

----

(1) On en peut dire autant des magistrats du parquet. « Pour les
substituts de la Seine, dit M. l'avocat général Jean Cruppi dans son
étude sur la cour d'assises de la Seine, les services correctionnels
sont, en général, la corvée imposée aux derniers venus : on leur
préfère les services civils, même aux audiences qu'on dit muettes...
A la cour d'appel, il en est de même : le substitut, l'avocat général
traverse avec impatience la chambre des appels de police correctionnelle. »

Ainsi tout procès correctionnel, depuis le commencement jusqu'à la fin, est l'insolente négation de ce grand principe de la séparation des pouvoirs tant prôné par nos pères, si scrupuleusement respecté dans les pays libres et si dédaigneusement mis de côté maintenant par nos jeunes politiciens comme une vieille défroque usée, démodée, inutile et gênante.

Il y a cependant des présidents de police correctionnelle, j'en ai connu et j'en connais, qui montent au tribunal avec le ferme propos d'examiner sérieusement l'affaire qui leur est soumise et de se former par eux-mêmes une opinion; mais il y a aussi des présidents qu'on pourrait appeler des « solides », comme on appelait, en 1793, les jurés du tribunal révolutionnaire qui suivaient aveuglément l'impulsion du comité de salut public et de l'accusation. Le président solide croit que son devoir est d'assurer quand même la victoire du ministère public. Ce président-là n'est pas un juge, ce n'est même pas un accusateur, c'est l'exécuteur. Il n'interroge pas l'accusé, il n'attend pas qu'il lui réponde, il lui dit : « Vous avez fait ceci, vous avez fait cela. » Avec le président solide, tous les efforts que fera l'accusé pour repousser une accusation odieuse tourneront contre lui. Plus il se défendra, plus le président solide le rudoiera, comme ces chasseurs qui se mettent en fureur quand la pièce de gibier qu'ils viennent d'abattre se permet de gigoter encore.

Après l'interrogatoire de l'accusé, vient ce que M. l'avocat général Jean Cruppi appelle non pas l'extorsion, mais l'extraction des témoignages (¹), de même qu'on dit l'extraction d'une dent pour exprimer l'action de l'arracher.

___

(1) *Revue des Deux Mondes* du 1ᵉʳ janvier, p. 140. « D'après la loi, dit M. Cruppi, toute déposition doit être spontanée; on entend un témoin, on ne l'interroge pas. »

Si le témoin ne répond pas exactement dans le sens de
l'accusation, le président solide le terrifie par quelque
apostrophe menaçante et, s'il veut s'expliquer, le président
solide lui ferme la bouche par la traditionnelle injonction :
« Allez vous asseoir ! »

Après l'interrogatoire, le réquisitoire. On a vu ce qu'il
devrait être et ce qu'il est quand le siège du ministère
public est occupé par un substitut comme M. Thomas.

Enfin, pour la première fois depuis le jour où il a été
frappé d'anathème par le juge d'instruction, une voix
s'élève en faveur de l'accusé, celle de l'avocat. Rude tâche
que la sienne ! Dans l'affaire des cercles, les ordonnances de
renvoi sont du 5 et du 6 février 1895. La première
audience a eu lieu le 13. C'est seulement le 6 pour les
premières affaires, le 7 pour les autres, que les avocats ont
pu avoir communication du dossier contenant le réquisitoire
définitif, l'énumération des charges, les dépositions des
témoins qui, d'après la nouvelle méthode, ne sont plus
confrontés et dont les témoignages sont totalement inconnus
de l'accusé. Il a fallu alors faire copier les innombrables
pièces de ce volumineux dossier.

L'avocat, enfin, a souvent d'autres affaires qu'il lui est
impossible de négliger entièrement. Pour conférer avec
son client, il faut qu'il aille à l'autre bout de Paris, à
Mazas, à des heures déterminées. A peine lui restera-t-il
quelques heures pour se préparer à lutter contre une
accusation qu'on aura mis trois mois à édifier et qui a
pour elle l'invincible préjugé. C'est à ce minimum que se
réduit ce qu'on appelle emphatiquement les droits et la
liberté de la défense.

Les juges écoutent les plaidoiries d'une oreille plus ou
moins attentive et en tiennent plus ou moins compte Quant
au public, hormis celui très restreint qui suit jusqu'au

bout l'audience, il n'en aura jamais connaissance, car les journaux ne rendent pour ainsi dire jamais compte que des interrogatoires et du réquisitoire. Il est excessivement rare qu'ils donnent même un résumé sommaire de la défense. S'ils sont bienveillants, ils diront : « Maître un tel a prononcé en faveur de l'accusé une très belle plaidoirie », — on fait toujours l'éloge de l'avocat, c'est le style, — s'ils sont malveillants : « Maître un tel a fait de vains efforts pour blanchir son client », et c'est tout.

L'avocat s'assied. Le tribunal prononce son jugement. Parfois même, s'il acquitte, à plus forte raison s'il condamne, ce jugement est une note d'infamie. Quel est donc le retardataire qui prétendait que les jugements de police correctionnelle ne déshonoraient que dans les pays où les juges étaient honorés ? Jamais en France les juges n'ont été aussi peu honorés, jamais le pouvoir de déshonorer ne leur a été aussi unanimement reconnu.

Je suppose qu'un législateur fantaisiste ait obtenu du Parlement la création d'une nouvelle judicature spéciale-ment chargée de prononcer sur l'honneur des gens et que le gouvernement ait nommé à ce poste redoutable un des hommes publics qui à tort ou à raison sont chaque jour accusés d'avoir fait commerce de leur vote, de leur éloquence, de leur influence, un de ceux que la presse socialiste appelle des « non-lieu », celui par exemple avec lequel M. Jacques Meyer se vantait « d'être de mèche » [1]

---

[1] On connaît l'histoire qui a été souvent racontée et n'est pas de celles qui puissent être démenties. En janvier 1888. M. Jacques Me_er, avait entrepris une grande spéculation à la baisse sur les actions de la Banque de France. A ce moment, M.Thévenet déposa sur le bureau de la Chambre une proposition de loi interdisant le remploi des biens d'in-capables et de mineurs en actions de la Banque de France pour cause d'insécurité.

M. Denécheau, aujourd'hui député de l'Aisne, alors chargé des infor-mations au journal *le Matin*, voulut interviewer M. Thévenet au sujet

dans sa campagne contre la Banque de France, l'avocat du *Petit Journal*, M. Thévenet. Quel éclat de rire ce sera par toute la France! Quelles huées! M. Thévenet juge d'honneur! Ce flétri flétrissant les autres. Vous voyez d'ici tout ce que les journaux intransigeants, socialistes et révolutionnaires broderaient sur un pareil thème. Mais que l'on donne au même M. Thévenet le droit de nommer des juges, qu'on lui jette sur les épaules la simarre du garde des sceaux, ceux dont il fera des juges auront le pouvoir de prononcer sur l'honneur de tous. Chacun s'inclinera. Les juges nommés par M. Thévenet ne verront que par les yeux de M. Thévenet. Ils jugeront exactement comme M. Thévenet aurait jugé et la presse la plus ennemie de M. Thévenet s'empressera de reconnaître aux créatures de M. Thévenet le droit de flétrissure que certainement elle lui dénierait à lui-même.

On avouera bien qu'à une époque où les plus grands ambitieux rêvent d'être de petits Marats, ce fétichisme de la décision de justice auquel n'échappent pas les esprits les plus dégagés, les plus frondeurs, rend particulièrement effrayante la perspective dont je parlais au commencement

---

de sa proposition, mais M. Thévenet était à Lyon, M. Denécheau se rabattit sur M. Jacques Meyer, dont il connaissait les relations avec le futur garde des sceaux, et M. Jacques Meyer dit à M. Denécheau : « Je vais vous faire l'interview au nom de M. Thévenet. Soyez sûr qu'il ne me démentira pas. Nous sommes de mèche. »

M. Arthur Meyer a raconté d'autre part, dans le *Gaulois* du 22 juillet 1889, que M. Jacques Meyer était venu un jour le trouver et lui avait tenu ce langage:

« Vous savez que je suis l'un des chefs et l'un des principaux intéressés dans la campagne contre la Banque de France.

« Je commence à être effrayé moi-même de la tournure que prend cette affaire. Elle me déborde, mais je ne suis pas seul. J'ai derrière moi des membres du Parlement, des avidités.

« Vous n'ignorez pas que c'est moi qui ai inspiré la proposition de loi de M. Thévenet contre la Banque de France, proposition qui a amené une baisse de 50 francs sur les actions; dites donc aux grands financiers, près de qui vous avez accès, qu'il faut terminer au plus vite cette affaire, sinon, *ça deviendra vilain.* »

de ce mémoire, d'une dictature judiciaire qui se mettrait tour à tour au service de toutes les passions politiques dans leurs luttes implacables et féroces.

L'homme flétri par la justice est frappé de mort civile. Il est privé du feu et de l'eau. Il n'a plus qu'à s'expatrier. Et encore, où aller? Le monde, à présent, est si petit! Quel est le coin du globe où on ne lui reprochera pas d'avoir passé en police correctionnelle?

Souvent, depuis mon départ, pendant les longues heures de l'exil, j'ai fait mon examen de conscience. J'ai, sans doute, apporté parfois dans mes critiques trop de vivacité, trop de passion, trop de ténacité. Quel que fût mon désir d'être juste — et c'était ma constante préoccupation — il m'est certainement arrivé d'être injuste... Que le journaliste qui ne l'a jamais été me jette la première pierre!... Peut-être aurais-je dû, dans plus d'une circonstance, m'imposer à moi-même et recommander à mes collaborateurs, aux rédacteurs judiciaires, aux reporters du *XIXe Siècle* plus de circonspection, plus de modération, plus d'indulgence; mais, à part cela, je n'ai rien à me reprocher. Je ne suis pas l'homme que les juges ont cru condamner. Il y a eu erreur sur la personne. Je n'ai jamais fait de chantage, et si j'étais libre, si seulement j'obtenais ma liberté provisoire, comme l'ont obtenue MM. Flageolet, Hemerdinger, Sarda, de Soubeyran, Ferrier et tant d'autres, je défierais bien aucun de mes anciens collègues du Syndicat de la presse parisienne, ni aucun de mes anciens confrères de l'Association des journalistes républicains, d'oser soutenir en face de moi que j'en aie jamais fait.

Le lendemain du jour où un mandat d'amener avait été lancé contre moi, M. Henri Bauër écrivait, dans l'*Écho de Paris* du 24 novembre 1894 : « Il avait attaqué de puis-

santes personnalités dont la coalition devait tôt ou tard
l'atteindre. » La faute, la très grande faute, l'unique faute
que j'aie commise, mais dont je n'aurai jamais le courage
de demander pardon à Dieu ni aux hommes, c'est de ne
pas avoir admiré le génie de M. Dupuy, la bonne foi du
Petit Journal, la probité des tenanciers de tripot, les ca-
pacités financières et maritimes de M. Eugène Pereire.
C'est pour cette faute que j'ai été traqué par la police,
accablé d'humiliations, de chagrin et d'outrages; c'est
pour cette faute que j'ai été condamné par défaut à cinq
ans de prison et que j'ai déjà subi dix-huit mois d'exil;
c'est pour elle qu'on a tué mon journal, qu'on m'a dé-
pouillé, au point que je n'aurais pas aujourd'hui de quoi
payer un avocat et que si, après avoir fait opposition,
j'étais de nouveau condamné, je devrais me résigner à
rester en prison non seulement pendant la durée de ma
peine, mais jusqu'à l'expiration du temps fixé pour la contrainte par corps, car je ne saurais pas, en vérité, comment je pourrais solder le montant de l'amende et les frais
du procès

J'avais une fausse conception des droits et de la liberté
de la presse. Je croyais bonnement qu'en attaquant ou
en laissant attaquer certains procédés de publicité, certains
hommes politiques que leur situation désigne aux critiques
des journaux, certaines entreprises financières et les tripots, un directeur de journal ne s'exposait qu'à des polémiques de presse, à des duels et peut-être à des procès en
diffamation. Je ne prévoyais pas que les « puissantes personnalités » dont a parlé M. Henry Bauër se coaliseraient
pour me frapper traîtreusement et lâchement par derrière
avec un procès de chantage. Je ne m'attendais pas à ce
coup de Jarnac.

Tout le monde sait très bien, dans la presse, que si le

ministère Dupuy était tombé six semaines plus tôt, je n'aurais pas été poursuivi. C'est à ces hasards parlementaires que tiennent les réputations. Question de jour et même d'heure. On est un voleur ou un honnête homme, selon le ministère qui règne.

On a fait de moi le bouc d'abomination de l'Écriture, et tandis qu'on me chargeait de toutes les imprécations que peuvent inspirer la gredinerie et la peur ; d'autres qui se sont fait des rentes en commettant ouvertement le prétendu délit pour lequel j'ai été poursuivi et que je n'ai jamais commis, continuaient à tenir le haut du pavé, étaient comblés d'honneur, jouissaient de l'estime générale, et on les voyait dîner à la même table que les ministres les plus à cheval sur la vertu.

Celui qui est coupable a, au moins, comme l'ancien ministre Baïhaut, la consolation du repentir et de l'expiation. Cette consolation, je ne l'ai pas. La douleur de ma ruine et de ma défaite est, au contraire, à chaque instant avivée par le sentiment de l'iniquité dont je suis victime, iniquité monstrueuse, bien plus monstrueuse encore que le lecteur qui a lu ces pages ne peut le supposer.

Maintenant, j'ai fini. J'ai dit non pas, certes, tout ce que j'avais à dire, mais tout ce que je voulais dire.

Je ne me fais pas d'illusion. Un condamné qui fait appel de sa condamnation devant l'opinion, devant la presse, devant les juges qui l'ont prononcée, c'est comme un mort qui s'aviserait de ressusciter : « Malheureux, lui dirait-on, que viens-tu faire parmi les vivants ? Il n'y a pas de place pour toi. Ton nom est rayé de la liste des convives. Hâte-toi de rentrer dans ton tombeau ! » Je compte peu sur les hommes politiques. Il est rare que l'affectation de passer pour incorruptibles ne les rende pas sourds, aveugles et lâches. Se rendre complices par le silence des pires infa-

mies leur semble souvent plus habile et plus honorable que
de s'exposer en protestant au soupçon de céder à l'amitié.
La publication de ce mémoire pourrait bien en revanche
avoir pour conséquence de rallumer la haine de mes
ennemis. Leur vengeance pourtant devrait être satisfaite.
Je suis à un âge où, quand on est tombé, on est bien tombé,
car on ne peut plus recommencer une carrière ni refaire
sa vie. Mais ils m'ont trop calomnié ; ils m'ont fait poursuivre et condamner trop injustement : ils ne voudront pas
en avoir le démenti. Le *Petit Journal* qui n'a jamais craint
d'user à l'égard des gouvernements et même à l'égard des
juges de la contrainte morale, de la menace implicite et
même explicite ; M. Charles Dupuy et les dupuystes ; mon
ancien concurrent aux dernières élections dans l'arrondissement de Gien, M. Alasseur, un de ces produits obscurs
du scrutin d'arrondissement qui n'ont pas de parti, qui ne
prennent jamais la parole, mais qui, armés de leur bulletin,
savent très bien dire aux gouvernements de droite ou de
gauche, en prenant des airs de sainte Nitouche et en traitant les autres de maîtres-chanteurs, que s'ils ne pour-
suivent pas celui-ci ou celui-là, s'ils ne le font pas arrêter et
condamner, s'ils ne commettent pas telle ou telle infamie, ils
voteront et feront voter leurs amis contre eux (¹)... Les
croupiers brandissant leurs palettes et leurs râteaux ;

(¹) M. Alasseur, envoyé à la Chambre par les conservateurs de l'arrondissement de Gien, n'a cessé d'être le mameluck de M. Dupuy pendant
toute la durée de son ministère. Il ne lui a refusé son vote ni pour la
loi dite contre les menées anarchistes ni dans aucune autre circonstance.
Depuis il a soutenu avec la même ardeur le ministère Bourgeois, dont il
aurait obtenu une faveur plus qu'étrange : la nomination de M. Lucien
Rabuel, ancien rédacteur du *Petit Giennois*, comme receveur d'enregistrement. Je n'ai pas pu vérifier le fait, et s'il est vrai, M. Claudius-
Marius-Morel mériterait une trésorerie générale. Il devrait se mettre
sur les rangs. Comment M. Viger, à la face duquel M. Rabuel a vingt
fois craché au visage toutes les ordures de son répertoire, a-t-il pu
laisser faire cette nomination ? L'aurait-il ignorée ?

la nombreuse clientèle de journalistes et d'hommes politiques qui vivent des produits et des sous-produits de la cagnotte; les administrateurs de la Compagnie Transatlantique, avec l'influence que leur valent les places dont ils disposent, les marchés qu'ils concèdent, les subventions qu'ils distribuent; tout ce monde se mettra en campagne pour que le dernier mot dans cette affaire reste aux tenanciers de tripots et au gros financier qui, d'après tous les hommes du métier, mène l'une de nos plus grandes entreprises à un inévitable désastre.

Et ensuite ils se vanteront d'avoir assuré le règne de la vertu!

Au besoin, pour suppléer aux accusations que ce mémoire réduit à néant, ils en inventeront de nouvelles aussi pyramidales que celle du vol de la souscription de Vienne. Ils recruteront de nouveaux faux témoins, comme MM. Bloch, de Clercq, de Pont-Jest et Haguet. Dans une des belles plaidoiries qu'il a prononcées pour moi contre les gens du *Petit Journal*, Mᵉ Tézenas, qui est bien le modèle de la modération et de la correction, disait un jour après avoir donné lecture d'un article du *Petit Journal*, que si j'avais répondu à de telles attaques par des coups de revolver, il m'aurait fait acquitter devant la cour d'assise. Souvent je me suis demandé et je me demande encore si ce ne serait pas là pour moi le meilleur moyen d'obtenir justice. De cette façon, au moins, je serais jugé par le jury.

Seul, sans aucun moyen d'action, entièrement désarmé, que puis-je contre des ennemis nombreux, puissants, acharnés, sans scrupules?

Pour gagner mon procès devant l'opinion et devant les juges, je n'ai, comme Alceste, que la raison, mon bon droit, l'équité.

Est-ce assez?

J'ai, en tout cas, l'intime conviction qu'en écrivant ce mémoire j'ai rempli mon devoir envers le public, envers mes anciens collaborateurs, envers les intéressés et les lecteurs du *XIXᵉ Siècle*, envers les 7,400 électeurs qui m'ont donné leurs voix en 1889 et en 1893, envers mes amis et envers moi-même.

INDEX DES NOMS CITÉS

C

H

M

N

O

P

Q

R

S

T

TABLE DES MATIÈRES

www.ingramcontent.com/pod-product-compliance
Lightning Source LLC
Chambersburg PA
CBHW031611210326
41599CB00021B/3140